한국과 베트남 국제결혼을 통해 본

다문화 가족의 이해

지은이 **남복현**

Multicultural Families

도서출판 장서원

저자약력

서울시립대학교 도시행정대학원(석사)

미국 University of Oregon 정책학전공(석사)

미국 NGO 자격증 취득(University of Oregon)

베트남 주호치민총영사관 영사(국제결혼이민관)

현, 보건복지부 근무

현, 청운대학교 겸임교수(사회복지)

주요관심 분야는 빈곤, 사회보장이다

e-mail : nawochen2000@yahoo.com

다문화가족의 이해

첫판 1쇄 2010년 8월 30일

지은이 남복현

펴낸이 장석홍

펴낸곳 도서출판 장서원

141-160 서울 용산구 남영동 7-1(201호)

전화 703-5362 팩스 797-5362

등록 제 01-01213호

shjang1011@hanmail.net

정가 20,000 원

파본 된 책은 바꿔드립니다.

머리말

저자는 보건복지부에 근무하면서 국민의 건강과 행복을 위해 요람에서 무덤까지 함께하는 행복 울타리의 한 영역을 담당하고 있다. 국제결혼에 관심을 가지게 된 동기는 최근 베트남에서 국제결혼이민관 직책의 외교관경험을 하였기 때문이다. 국제결혼의 최전선에서 현장 경험과 청운대학교 겸임교수로 재직하면서 강의 경험을 바탕으로 이 책을 저술하였다.

최근 각종 언론매체에서 다문화가족에 대한 특집, 기고, 인터뷰 등 다양한 형식으로 다문화에 대한 기사가 하루라도 보도되지 않는 날이 없을 정도로 우리 사회의 주요한 관심분야가 되고 있다. 불과 2년 내지 3년 사이에 일어난 일이다. 그동안에 다문화가족과 관련하여 출간된 책들의 대부분이 현장에서 활용하도록 사회복지의 실천적이 측면을 강조하거나 또는 지극히 이론 중심의 번역서가 다수를 차지하고 있었다. 따라서 가족·다문화가족에 대한 이론을 비롯하여 현장의 경험을 모두 담고 있는 입문서의 필요성을 절감하여 그동안의 경험과 지식을 활용하여 이 책을 출판하게 되었다.

이 책은 1부와 2부로 구성되어 있다. 처음에는 넓은 의미의 가족을 다루고 다음에는 그보다 작은 범위인 다문화가족을 다루며 끝으로 가장 하위개념인 결혼이민자 가족을 다룬다. 이처럼 넓은 범위에서 좁은 범위로 축소하는 대신 깊이 있는 접근을 시도하는 것이다.

제1부에서 첫째, 가족을 바라보는 사회과학의 패러다임을 분석틀로 제

시하고 있다. 물론 사회과학방법론에 절대적으로 옳거나 단일한 접근법이란 것이 없지만 여기에서 설명하는 접근법들을 알면 각종 책자나 연구보고서를 읽는데 도움이 된다. 따라서 가족을 주제로 관심이 있는 일반인에게는 교양을 높이는 서적으로, 대학이나 교육기관에서 공부하는 학생이나 연구자에게는 학문체계 수립에 기본 토대를 제시했다는 점에서 의의가 크다.

둘째로 다문화가족에 대한 입체적인 접근방법을 선보인다. 학계에서 논의되기 시작한지 얼마 되지 아니하여 교과서 성격의 전형적인 틀이 정립되어 있지 아니한 상태이므로 필자가 기존의 자료들에 소개된 내용들을 참고하여 편의상 분류하고 정리하였다. 나름대로의 분류기준과 목적은 여기서 다루고 있는 다양한 이론을 설명해 줌으로써 일반인의 교양과 전문적으로 학문을 추구하는 학생 모두에게 다문화와 다문화가족에 대한 이해와 지식을 제공하고자 한다.

제2부에서는 베트남이라는 특정지역의 국제결혼을 살펴봄으로써 보편주의로 접근하는 방법을 지양하고 있다. 첫째, 한국과 베트남의 국제결혼에서 가장 커다란 문제로 지적된 국제결혼중개업자에 대한 깊이 있는 분석을 시도했다. 둘째, 중개업관리에 관한 법률 시행 1년이 지난 시점에서 동법에 대한 평가를 담았고 향후 발전방안을 제시하였다. 셋째, 논문이나 연구서에서 발견할 수 없는 생생한 외교현장의 정보를 제공하고 있다. 즉, 중개업의 맞선이 이루어지는 현장, 각 省의 결혼담당 공무원과의 인터뷰 및 실제 베트남 인터뷰 장면에 대한 정보, 대만 외교관을 통해 알게 된 대만의 국제결혼에 대한 보석 같은 정보 등이 다양하다. 이는 이론뿐만 아니라 현장에서 외교관의 경험을 생생하게 활용하였기에 가능한 일이었다.

불행하게도 이 책을 탈고하는 시점에서 베트남 여성이 한국 남성과 결혼한지 일주일만에 정신병력이 있는 남편에게 살해되는 사망사건이 부산에서 발생했다. 그동안 후엔마이, 쩐 탄 란 등 사망사건이 발생할 때마다 베트남 현지에서 느꼈던 현지 언론의 성난 보도를 떠올리면 가슴이 아프다. 문제는 이러한 비극적인 사건이 일회성이 아닌 구조적인 사회문제로 인해 끝없이 발생한다는 점이다. 장기적으로 국익을 위해 대단히 우려되는 점이다.

이 책이 나오기까지 여러 사람의 지원과 격려에 힘입은 바가 크다. 베트남에서 많은 지원과 협조를 해 주었던 베-한 친선협회 응웬 투이 짱 사무국장님, 호치민 인문사회과학대학 루이엔 한국학과장님, 국제결혼이민관 파견 철수를 안타까워하시며 백방으로 노력해 주신 김상윤 주호치민 총영사님, 유엔인권정책센터 소속으로 출국 전 사전정보 프로그램을 운영해 온 김재원 코디네이터 등께 감사의 말씀을 드린다. 또한 현장경험을 중심으로 베트남의 생생한 분위기를 전달하고자 하는 충정을 이해하여 흔쾌히 출판을 결정해 주신 장서원의 장석홍 사장님 배려에 감사드리고 특히 다문화에 관심을 가지고 물심양면으로 격려와 지원을 아끼지 않으신 청운대 박은주 책임교수님과 동료교수이신 신상춘·황수연 교수님, 그리고 다문화를 주제로 박사학위 논문을 준비하면서 좋은 의견을 주신 정상기 교수님께 감사드린다. 아울러 자료정리에 많은 도움을 준 안지영씨와 교정에 도움을 준 지인들의 노고를 잊을 수 없다. 그리고 바쁘신 가운데에서도 선뜻 표지 그림을 그려주신 운곡 강장원 화백님의 따스한 정을 감사드리며 끝으로 청운의 꿈을 이루기 위해 열심히 공부하고 있는 아들 윤수, 딸 태경에게 격려의 박수를 보내며 아내 원윤희께 다함없는 감사의 인사를 드린다.

수락산 기슭에서

차례

제1부 : 가족과 다문화가족

제1장 가족정의와 이해

제1절 가족의 이해

1. 가족의 개념

1) 가족의 속성

가족이란 무엇인가? 라는 질문은 누구나 잘 알고 있는듯하면서도 막상 대답이 쉽지 않은 성격을 지니고 있다. 가족을 한 마디로 정의하기는 어렵지만 가족이 지니고 있는 속성을 통해 성격을 살펴보자. 첫째, 가족은 친숙하면서 일상화 되어 있어서 질문의 여지가 없다고 여겨진다. 그러나 가족생활에 조금이라도 영향을 미칠만한 사건이 발생하면 그때서야 그동안 문제 삼지 않았던 가족이란 무엇인가 물어보게 된다. 둘째, 가족은 의식적이든 무의식적이든 한 개인의 일생에 막대한 영향을 미치는 제도이다. 가족 저변에 흐르는 정념과 무의식의 영향력은 강하며 끈끈한 성격을 갖는다. 셋째, 가족은 개인적인 영역과 관련됨과 동시에 공적인 영역과 긴밀한 관계를 맺고 있다. 이러한 가족의 이중적이고 복합적인 성격이 그 존재를 파악하기 어렵게 만드는 것이다. 넷째, 가족은 모든 사람들의 보편적인 경험이기도 하지만 또한 각 개인이 경험하는 현실 속에서 아주 다양하고 특수하게 나타나는 현실이기도 하다. 따라서 가족을 획일적인 양식으로 규정해 '가족은 이러이러한 것이다.' 라고 규정지을 수 없을 정도로 현실에서 우리가 경험하는 가족의 모습은 다양하고 이러한 다양성 자체가 의미를 갖는 것이다.

2) 가족의 개념

가족은 한 사회의 기본 단위이자 매우 중요한 자원이다. 건강하고 기능적인 가족은 그 성원들의 생애과정에 걸쳐 사회적·심리적·물리적·정신적·경제적 욕구를 충족시켜 준다. 또한 가족은 둘 이상의 성원들로 구성된 관계나 집단으로서, 여타 사회집단이나 제도와 명백하게 다른 가족 고유의 역동성을 지니고 있다

많은 학자들이 가족은 둘 이상의 성원들이 혼인이나 혈연, 입양, 동거 등에 의하여 성 또는 세대관계를 구성하고, 정서와 자원을 지속적으로 공유하며 상호의존적으로 발달하는 집단체계라고 정의하고 있다. 아울러 가족은 구조적 측면에서 핵가족뿐만 아니라 한 부모가족, 계부모가족, 수양가족 등 다양한 형태를 취하며 자녀출산이나 입양, 경제적 부양 등 여러 가지 기능을 수행한다.

우리가 이러한 가족의 기능에 기초하여 가족을 정의한다면 가족이란 혈연이나 혼인 또는 동거에 의하여 맺어진 성원들로, 경제적 자원을 공유하고 어린 아동과 노인, 또는 질병이나 장애를 지닌 성원들을 돌보는 기능을 하는 집단으로 정의하기도 한다. 그런데 이처럼 구조와 기능에 기초한 가족의 정의는 다양한 모습으로 살아가는 가족들을 모두 포함하지 못하는 제한점이 있다. 예를 들면 동성애커플이나 동거커플, 이혼 후 양육비를 지급하지 않는 비동거 부모라든가 법적으로 부부지만 서로에게 더 이상 애정이 없는 상태에서 경제적 이유나 자녀 때문에 한집에 사는 경우의 가족은 가족의 정의에서 배제되는 한계가 있다. 따라서 구조와 기능적 측면에서 보편적으로 동의할 수 있는 단일한 가족의 개념은 없으

며 그것을 규정하는 학자들이나 일반인에 따라 매우 다양하게 정의된다 (유계숙외, 2007)

<표 1-1> 가족의 고유성에 기초한 가족의 정의

학자	가족의 정의
Lamanna & Riedmann (1991)	혈연, 결혼, 입양 등에 의하여 이루어진 관계로 성원들이 서로 몰입되어 있고 동거, 경제적 단위형성, 자녀 양육등의 기능을 하며 가족의 정체성을 형성한다
Schwartz & Scott(1994)	혈연, 결혼, 입양, 동거 등에 의하여 이루어진 관계로 여타 사회집단에 비하여 상대적으로 지속적인 관계를 유지하며 성원들 간에 경제적 또는 정서적 지원을 제공하는 집단이다
Anderson & Sabatelli(1999)	성원들이 역사를 공유하고 정서적 유대감을 경험하며 성원 개인과 집단 전체의 욕구를 충족하기 위한 전략들을 개발하는 상호의존적 집단체계이다
Bidwell & Mey(2000)	혈연, 결혼, 입양 등에 의하여 이루어진 관계로 성원들이 서로 몰입되어 있고 고유한 정체성을 지니며 경제적 단위를 형성하고 성인성원들은 어린 성원들에 대한 책임을 가진다
Eshleman(2000)	혈연, 결혼, 입양 등에 의하여 이루어진 친족 구조적 집단으로 대개 부부단위와 자녀양육의 권리 및 의무를 포함한다

출처 : 가족정책론, 2007 유계숙 외

2. 가족관련법

가족과 관련된 법을 어떤 기준으로 분류하는가에 따라 달라질 수 있지만 여기서는 크게 2가지로 들어보겠다.

첫째, 「호주제」 폐지와 새로운 대안으로 「가족관계등록부」 도입이고

둘째, 저출산 · 고령화 추세의 대응책이자 이혼급증 등 기존 가족제도의 불안정성을 보완하려는 「건강가정기본법」의 실시이다.[1)]

1) 「호주제」 폐지와 「가족관계등록부」 신설

민법의 「호주제」 조항은 우리나라 가족제도 및 가족관계의 기본을 구성하는 내용을 담고 있었다. 이 「호주제」의 특징은 남성 중심적 가족제도이며 남성 호주를 가족의 중심으로 하되 가족원의 출생, 입양, 혼인, 이혼이나 재혼, 사망에 이르는 생애사적 신분변동이 기록되고 축적되는 제도이기 때문에 전국민을 개별가족의 가족원으로 조직화한다. 이와 같은 남성 중심적 호주승계 관행의 결과 한국 특유의 남아선호사상이나 남성우월의식 및 여성비하성향이 쉽게 없어지지 아니하였던 것이다. 가족생활이 다양성을 지니고 있음에도 남성 중심적 호주제의 잔재는 양성평등의 구현이라는 시대정신과도 배치되는 것이었다. 이러한 시대정신을 반영하여 2005년 3월 「호주제」는 헌법정신에 어긋난다는 대법원 헌법불합치 판결이 내려지면서 호적법에 대체할 수 있는 「가족관계등록부」가 신설되어 2008년 1월 1일부터 실시되었다. 「가족관계등록부」의 가족편제 방식은 이전의 호주중심에서 국민 한 사람마다 개인별 신분기록부인 「가족관계등록부」로 작성된다. 본인기준으로 작성되는 「가족관계등록부」는 증명 목적별로 다섯 가지로 구분된다.[2)] 「호주제」 폐지 이후에 많은 변화가 있었다. 첫째, 사회의 기본단위가 가족에서 개인으로 바뀌면서 여

---

1) 현행 국내에서 결혼이민자와 관련된 법으로는 「대한민국 헌법」, 「재한외국인 처우기본법」, 「다문화가족지원법」, 「국적법」, 「출입국관리법」, 「재외동포의 출입국과 법적지위에 관한 법률」, 「결혼중개업의 관리에 관한 법률」 등이 있다. 제5장 제3절 참조하면 도움이 될것이다.

2) 1. 가족관계증명서 2.기본증명서 3. 혼인관계증명서 4. 입양관계증명서 5. 친양자 입양관계 증명서 등이다.

성의 경우 '출가외인'이라는 사회적 신분의 변화가 존재하지 않게 되었다. 따라서 본인 이 외의 가족사항 변동에서 오는 사회적 편견이나 사생활 침해의 여지가 없어졌다. 둘째, 양성평등의 원리에 따라 아버지의 성과 본을 따르지만 부부합의가 있을 경우 어머니 쪽으로 등록할 수도 있다. 셋째, 남성본위의 가족모델이 개인위주로 재편된 효과를 볼 수 있다. 넷째, 남성 호주우대 각종 사회적 제도의 해제로 인하여 여성에게 반사적 이익이 돌아갈 수 있다. 이는 여성의 노동시장 활동에 활력을 불어넣은 효과를 가져 올 수 있다. 다섯째, 가족정책에 대한 국가의 역할이 확대되거나 적극적 개입이 절실하게 요구되어질 것이다. 왜냐하면 이전에 가족이 사회의 기본단위가 되어 실질적으로 가족원 간의 상부상조적 복지나 부양역할을 담당하던「호주제」가구가 더 이상 존재하지 않기 때문이다. 이것은 개인 복지에 대해 국가가 보다 적극적으로 책임을 지는 시대로 접어들었다는 것을 의미한다.

2) 「건강가정기본법」의 제정 및 실시

2005년 1월에 실시된「건강가정기본법」은 국가가 가족해체 등 오늘날 직면하고 있는 변화 속의 가족 현실을 종합적으로 예방하고 해결하려는 의지를 담은 가족단위로 제정된 최초의 가족기본법이라는 점에서 의의가 있다.「건강가정기본법」의 기본방향은 가정의 기능강화, 가정의 잠재력 개발, 가족공동체 문화의 조성, 다양한 형태의 가족욕구 충족, 가정과 사회의 통합으로 요약할 수 있다(정민자, 2003). 그러나 법안제정과정 및 내용을 둘러싸고 이해당사자 및 주체 간에 이견이 많았다. 건강가정기본법 제정과정에서 가족과 가족정책에 대한 이견구도는 "정부-가정학계" 대 "사회복지계-여성 및 시민사회계"로 대별될 수 있다(김혜경, 2005). "정부-가정학계"는「건강가정기본법」을 주장하고 "사회복지계-여성 및 시민사회계"는「가족정책기본법」을 중심으로 각각 가족기본법 제정을 주장하였다. 결국은 「건강가정기본법」으로 제정이 되어 실시되었는데 전문내용은 크게 1. 총칙 2. 건강가정정책 3. 건강가정사업 4.건강가정전담조직 5. 보칙 등으로 구성되어 있다. 총칙에는 이법의 목적, 기본이념, 정의, 국민의 권리와 의무, 국가 및 지방자치단체의 책임, 가족가치, 혼인과 출산, 가족해체 예방 등이 담겨 있다. 건강가정정책에는 중앙 및 지자체 건강가정위원회, 건강가정기본계획의 수립, 5년마다 가족실태조사를 명시하고 있으며 건강가정사업으로 가정에 대한 지원, 자녀양육지원강화, 가족단위복지증진, 가족건강 증진, 가족부양지원, 양성평등한 가족관계의 증진, 가정봉사원, 이혼예방 및 이혼가정지원, 건강가정교육 등이 있다. 건강가정전담조직에는 전담수행부처로 여성가족부, 시도 및 시군구, 건강가정지원센터 설치를 규정하고 있다.

<표 1-2>「건강가정기본법」과「가족정책기본법」 관련 쟁점의 비교

구 분	「건강가정기본법」	「가족정책기본법」
법안명칭	모든 가정은 건강성을 지향해야 하므로 건강을 삭제하면 안 됨	다른 기본법과 같이 중립적 법률명으로 수정
가족개념	혼인ㆍ혈연ㆍ입양으로 이루어진 사회의 기본단위(동성애ㆍ동거혼은 사회복지법에 따라 보호되어야)	혼인ㆍ혈연ㆍ입양으로 이루어진 공동체+사실혼공동체+후견인+1인 독신자 가구+국제가족 등 포함
기본이념	가정은 개인의 기본적 욕구를 충족시키고 사회통합을 위해 기능할 수 있도록 유지ㆍ발전되어야	가족형태ㆍ가치ㆍ기능 등 다양성은 존중되어야하되, 가족관계는 평등ㆍ민주적이어야
주요용어	'가족해체예방', '건강가정지원센터','건강가정사','가족봉사원'	'위기가족지원', '가족센터', '가족지원사', '전문돌봄요원'
건강가정교육	의무규정 : 결혼준비교육, 부모준비교육, 가족윤리교육, 가족가치실현 및 가정생활관련 교육	관련조항 없음

출처 : 「여성신문」 2006년 9월 22일자 재구성

제2절 가족의 유형

1. 가족의 형태변화

가족제도의 변화는 사회구조의 변화와 밀접한 관계에 있다. 따라서 과거를 통하여 미래를 예측할 수 있듯이 미래사회의 가족형태를 전망하기 위해서는 미래사회의 사회구조를 살펴보는 것이 유용하다. 사회가 변화하면서 가족의 형태가 변화해 왔는데 수렵채취사회에서는 소규모가족이 이상적이었으나 농업사회에서는 대규모가족으로 대체된다. 그 후 산업사회에서는 핵가족이 이상적인 가족이 되었으며 정보화 사회가 되면서 기존의 핵가족에 새로운 변화가 일고 있다.[3] 따라서 정보화 사회에서는 산업혁명의 전형적 가족인 핵가족 이외에 동거가족, 독신가족, 계약결혼, 개방결혼, 동호인가족, 동성애가족, 한 부모가족 등 다양한 가족이 등장할 것이다. 맥클린(Macklin, 1987)은 전통적인 가족과 미래에 등장할 비전통적인 가족의 구분을 아래의 표와 같이 8개 차원에서 분류하고 있다(조정문외, 2001). 이렇게 비전통적인 가족에서 제시하는 8가지 특성 중에 어느 하나라도 요소를 갖추면 비전통적인 가족으로 분류하고 있다.

여기서는 비전통적인 가족들 중에서 대표적인 한 부모가족, 독신가족, 동거가족, 동성애가족을 중심으로 가족의 구조적 특성, 가족구성원의 사회적 특성, 문제점 등을 살펴보기로 한다.

---

3) 미래학자 앨빈 토플러는 “제3의 물결”에서 가족의 구조를 미래사회는 정보사회가 될 것이라고 주장하였다.

<표 1-3> 전통적 가족과 비전통적 가족의 비교

구분	전통적 가족	비전통적 가족
1.법적구속	법적인 결혼	독신 또는 동거
2.자녀유무	자녀를 가짐	자발적인 무자녀
3.양친존재	양친이 있는 가족	편부모만 있는 가족
4.항구성	영구적인 결혼 및 가족관계	계약결혼, 이혼, 재혼
5.부부간역할분담	남성이 부양책임과 권위 가짐	남녀가 가사와 경제적 부담 공유(개방결혼, 맞벌이부부, 주말부부)
6.배타성	배타적인 결혼관계	배우자이외에도 자유로운 성관계
7.동성/이성	이성간의 결혼	동성 간의 결혼
8.가족단위	두 명의 성인으로 이루어진 핵가족	여러 명의 성인으로 이루어진 복합가구(집단혼, 코뮨)

출처 : 가족사회학, 2001, 조정문 외

1) 한 부모가족

한 부모가족은 양친 중에 한쪽만 있는 가정을 의미한다. 전통적인 관점에서 한 부모가족은 가족의 기능을 제대로 하지 못하므로 가능하면 한 부모가족의 출현을 억제하고 예방해야 했다. 그러기에 배우자의 부재로 한 부모가족이 되면 이를 정상가족으로 복원시키려는 노력을 강구한다. 그러나 새로운 관점은 한 부모가족도 가족으로서의 기능을 다 할 수 있는 정상가족의 한 형태라고 주장한다. 이를 병리적 현상이 아닌 개인의 특수한 상황에 대한 적응의 산물로 보는 것이다. 한 부모가족이 당면하는 문제 중 첫째가 경제적 곤란이다. 한 부모가족의 대부분이 편모가족인데 여성들의 경제활동 참여가 낮을 뿐만 아니라 경제적인 어려움에 직면하게 된다. 전통적 가치관은 편모가족이 경제적 어려움을 극복할 수 없다고 보지만 새로운 관점은 편모가족의 문제가 아닌 여성의 경제적 지위, 즉 여성이 당하는 불이익과 차별을 강조함으로서 이를 해결해 주면 경제적 어려움을 극복하는데 도움이 될 수 있다고 본다. 둘째로 직면하는 문제는 자녀양육의 문제이다. 한 부모가정에서 자란 자녀는 성역할 발달, 정서발달 및 인지능력 발달이 느리고 비행이나 자살과 같은 문제행동을 하는 자녀들이 많다(조정문외, 2001). 또한 한 부모가족의 자녀는 가사활동에 많이 참여하고 독자적인 의사결정을 많이 한다. 이는 자녀에게 부담감을 주거나 부모의 통제를 벗어난 조숙한 행동을 하기도 한다. 이처럼 한 부모가족의 자녀가 많은 문제를 보이지만 그 원인이 편부모라는 사실 그 자체에서 기인한 것인지 아니면 편부모가 처해있는 여러 가지 여건 때문인지는 정확히 알 수 없다.[4] 셋째로 편부모 자신의 적응문제이다. 편부모는 혼자서 가정과 일을 동시에 책임져야 하기에 가정생활과 직장생활과의 갈등, 혼자 모든 문제를 해결해야 하는 어려움, 개인생활을 위한 시간의 부족, 친구나 친지로부터의 거리감으로 인한 사회적 고립 등을 느끼기도 한다. 그러나 가장 근본적인 어려움은 배우자의 상실보다도 경제적 궁핍에 기인한 것이라고 한다. 배우자가 없더라도 경제적 곤란에 빠지지 않는다면 한 부모가족도 제대로 기능할 수 있는 것이다.[5] 한 부모가족이 당면하는 문제를 극복하기 위해서는 여성의 경제적 지위가 향상되고 자녀양육을 부모에게만 책임지우지 않는 환경이 마련된 다면 한 부모가족도 양친가족처럼 기능할 수 있을 것이다.

---

4) 편모가족의 딸은 재혼가족의 딸보다 문제행동을 적게한다는 연구(Peterson and Zill, 1986)가 있으며 반면에, 재혼가족의 자녀들이 한부모가족의 자녀들 보다 친구의 비행유혹에 쉽게 동조한다는 연구(Steinberg, 1987)도 있다.

5) 미국의 정신건강상담소를 찾는 사람들 중에서 가장 우울한 집단은 수입이 낮으면서 어린 자녀를 가진 젊은 편모라고 하는데 이는 이들의 경제적 수준이 낮기 때문이다(Macklin, 1987)

2) 독신가족

현대사회는 여러 가지 사연으로 인하여 혼자 사는 성인이 증가하고 있다. 독신생활 자체가 비정상적인 것이 아니라 자발적으로 결혼을 하지 않는 사람도 있다. 일반적으로 여성 독신자가 남성 독신자들보다 교육수준, 직업지위, 정신건강 등 여러 가지 면에서 뛰어나다고 한다. 이러한 사실에서 여성들의 경우 자발적인 독신자가 많고 남성의 경우에는 비자발적인 독신자가 많음을 유추할 수 있다(Macklin, 1987). 아래 표에서와 같이 독신자의 유형을 자발성과 영속성을 기준으로 4가지로 나누어 볼 수 있다(Shostak, 1987).

<표 1-4> 독신자의 유형

<table>
<tr><td colspan="2" rowspan="2">구 분</td><td colspan="2">자발성</td></tr>
<tr><td>자발적</td><td>비자발적</td></tr>
<tr><td rowspan="2">영속성</td><td>일시적</td><td>양면형 독신</td><td>희망형 독신</td></tr>
<tr><td>항구적</td><td>결단형 독신</td><td>포기형 독신</td></tr>
</table>

출처 : 가족사회학, 2001, 조정문 외

양면형 독신은 지금 당장은 아니지만 언젠가는 결혼할 부류이다. 주로 교육이나 직업으로 인하여 결혼을 연기하는 부류가 여기에 속한다. 희망형 독신은 현재 배우자를 찾고 있으나 아직 찾지 못하고 있는 사람을 의미한다. 결단형 독신은 의도적, 자발적으로 선택에 의하여 지속적으로 독신생활을 선택한 계층의 사람이다. 그리고 포기형 독신은 결혼을 원했으나 결혼을 단념한 유형을 의미한다. 결론적으로 독신가족에 해당하는 것은 항구적인 독신자인 결단형 독신과 포기형 독신이다. 독신생활의 긍정적인 면은 개인적 자유를 누릴 수 있고 가족부양의 책임이 없이 자신의 일에 몰두할 수 있으며 서로가 서로를 구속하지 않고 늘 새로운 파트너

또는 친구를 만날 수 있다는 점이다. 그러나 부정적인 면을 살펴보면, 결혼관계가 제공하는 심리적 안정감의 결여, 늘 새로운 파트너를 찾아야 하는 불편함과 사회적 승인 또는 지지가 결여된 독신생활로 인한 불편함 등이다. 아직까지 우리 사회에서는 독신생활에 대한 편견이 있고 독신자의 대부분은 어려움을 결혼 또는 가족망을 통해 해결[6]하므로 독신생활의 어려움은 더욱 가중된다.

3) 동거가족

전통적인 가족관은 남녀가 공식적인 결혼관계를 맺지 않고 함께 기거하는 것을 비도덕적이라고 간주한다. 이는 결혼 전에 순결을 강조하는 가치관에 기반을 두고 있다. 그러나 성에 대한 개방적인 태도가 확산되고 교육이나 직업 등 결혼시기를 늦춰야 하는 사회적인 구조나 환경으로 인하여 동거가족이 늘고 있는 추세이다. 동거가족의 형태를 다음과 같이 5가지로 구분할 수 있다(Macklin, 1987). 첫째, 일시적이고 우연적인 만남의 동거이다. 이는 두 남녀가 애정이나 경제적인 이유 등으로 일시적으로 함께 기거하는 것으로 반드시 결혼을 전제로 하는 동거는 아니다. 둘째, 애정적이고 지속적인 만남으로서의 동거이다. 이는 상대방에 대한 신뢰와 믿음이 어느 정도 확립된 후에 장차 결혼을 기대하면서 하는 동거이다. 셋째, 결혼 시험으로서의 동거이다. 배우자로서 적합한지 여부를 검토하기 위해 일정기간 이루어지는 동거생활이다. 넷째, 결혼에 대한 일시적 대안으로서의 동거이다. 전통적 결혼생활이 갖는 상대방에 대한 구속성, 배타성을 극복할 수 있는 대안이 될 수 있는가 확인하기 위해서 이루어진다. 다섯째, 결혼에 대한 항구적인 대안으로서의 동거이다. 전통적인 결혼생활을 거부하고 동거생활이 새로운 결혼생활의 방식이 될 수

6) 2000년 이후에 국제결혼이 급증하게 된 사회적 배경의 원인을 여기에서도 찾아볼 수 있을것이다.

있다는 확신에서 이루어지므로 가장 비전통적인 생활방식이다. 동거를 결혼의 전단계로 생각하는 사람과 결혼의 대안으로 받아들이는 사람들을 별도로 구분할 필요가 있다.

4) 동성애가족

고대 그리스나 로마시대까지는 인간의 다양한 성생활이 용인되었으나 로마제국이 멸망하고 기독교가 서구문화를 지배하면서 재생산을 위한, 쾌락이 배제된 성만을 인정하게 되었다. 그 후 1960년대 이후 서구사회에서 자유주의 이념이 등장하고 개성과 자율의 존중, 물질적인 풍요로 다양한 삶에 대한 모색, 피임법의 보급, 여성운동으로 여성의 성에 대한 재발견 등으로 성혁명 또는 성해방의 물결이 일어나게 되었다. 인간의 성은 이성에게 향하는 지향과 동성에게 향하는 지향을 동시에 가지고 있다는 지적이 있다. 그러므로 동성애를 비정상적인 현상이라기보다는 인간의 잠재적인 욕구의 일부분이라고 보기도 한다[7] 미국에서도 동성애를 비정상적인 치료의 대상이 아니라 생활양식의 하나로 수용하고 있다. 1973년부터 미국정신병학회에서 더 이상 동성애를 정신질환으로 간주하고 있지 않게 되었다. 동성애자 중에는 이성부부처럼 안정적이고 지속적인 관계를 유지하는 커플도 있다. 남성동성애자보다 여성동성애자가 지속적이고 안정적이며 배타적인 배우자 관계를 잘 유지하며 높은 수준의 상호작용을 누리고 있는데 이는 여성들의 관계지향적이고 순응적인 성격 때문이라고 한다. 또 한 가지 특기할 사항은 초기의 동성애 커플은 스스로 전통적인 남성역할과 여성역할을 설정하여 각각 수행하였다고 하였지만 지금은 이런 인위적인 역할설정을 하지 않는다고 한다(Macklin, 1987).

---

7) 동성애의 원인으로 남성이 유아기때 남성다운 모습을 습득하지 못하여 성인이 된 이후에도 여성을 성적 대상으로 보지 못하게 된다는 정신분석이론, 후천적인 학습의 효과 때문이라고 하는 학습이론, 생물학적인 특성을 강조하는 생물학 이론 등이 있다(윤기현, 1990)

2. 한국사회의 미래가족

지금까지 여러 가지 다양한 가족의 모습을 살펴보았다. 이러한 비전통적인 가족생활들이 지속적으로 증가한다면 전통적 핵가족은 어떻게 변화할 것인지 예측해보자. 현재로서 추정할 수 있는 것은 다양한 가족이 사회문제를 일으키지 않고 계속 확산된다면 전통적인 핵가족은 축소될 것이고, 반대로 다양한 가족의 역기능이 노출되어 확산되지 못한다면 핵가족은 계속 유지될 것이라는 점이다.

1) 전통적인 핵가족의 장래

다양한 가족들이 공통적으로 추구하는 가치들은 개인의 자율성, 전통적 성역할 거부, 핵가족의 배타성 극복, 개인의 특수한 욕구와 다양한 가족생활의 인정 등으로 요약할 수 있으며 이는 가족생활에서만 나타나는 것이 아니라 사회생활의 다른 영역에서도 새롭게 등장하고 있는 가치관이다. 따라서 이러한 가치관이 사회생활 속에 널리 퍼지면 다양한 가족생활 역시 더욱 확산될 것으로 예상된다. 흔히 가족이라는 집단이 사회적 약자인 어린이, 노인, 여성을 보호하는 울타리가 되어 왔기 때문에 가족이 약화되면 이들이 가장 먼저 고통 받을 것이라고 생각된다. 그러나 이러한 생각은 어린이, 노인, 여성은 당연히 사회적 약자이고 이들을 남성이 도와야 한다는 고정관념을 기초로 하고 있는 것이다. 따라서 앞으로의 사회정책은 가족을 강화시키는 정책이 아니라 지금까지 당연히 사회적 약자일 수밖에 없다고 간주해 온 집단들의 권리를 찾아 주는 일이다. 지금까지 가족의 안녕과 행복을 위해 개인을 희생할 수 있다는 논리가 사회적 약자인 여성의 희생을 정당화했다. 이는 여성을 속박하는 이데올로기였다. 한편으로 다양한 가족의 당면과제도 있다. 전통적인 가족제도는 인위적이고 때로는 강제적인 방식으로 개인의 자율성을 상실하면서까지 가족집단을 유지하고자 했기 때문에 문제가 발생하였다면 새로운 방식의 가족생활은 개인의 자율성을 지나치게 강조하여 가족생활의 의미 자체가 약화되는 현상을 초래할 수 있다. 또한 다양한 가족생활의 등장으로 전통적인 핵가족에도 많은 변화가 나타나고 있다. 외형상 핵가족이지만 내용상 다양한 가족이 추구하는 가치를 수용한 수정된 핵가족 형태인 기러기 부부, 맞벌이 부부, 주말부부, 평등가족 등이 등장하였다. 핵가족이 현대사회의 변화에 적응하여 구조적인 틀을 유지하면서 내용을 변화시켜 간다면 미래사회에서도 여전히 중요한 가족으로 남아있을 것이다. 전통적인 핵가족은 여성의 취업기회 확대, 현대사회의 다양한 생활방식, 높은 자율과 개성실현 욕구 등에 적절히 반응하지 못했기 때문이다. 따라서 전통적인 가족의 회복이 아니라 다양한 가족들이 제 기능을 다할 수 있는 사회정책을 강조해야 할 것이다.

2) 한국의 미래가족 변화

한국사회의 가족변화는 산업화·정보화라는 보편적 요인 이 외에 한국사회의 특수성에 의해서도 영향을 받는다. 한국의 전통가족을 출발점으로 하여 미래 한국 가족을 전망해 보자. 첫째, 권위주의적 부자관계에서 민주적 부자관계로 변화할 것이다. 효가 과거 지향적이고 비생산적이지만 이타적이고 도덕적인 반면, 자식 사랑은 미래 지향적이고 생산적이기는 하지만 이기적이고 계산적이다. 둘째, 부자관계 중심에서 부자관계와 부부관계를 다 같이 중요시하는 가족으로의 변화이다. 가족생활에서 부부관계를 중요하게 여김으로써 부모와 자녀간의 상호 의존도가 약화되어 자녀의 진학, 취업 그리고 배우자 선택에 미치는 부모의 영향은 약화될 것이다. 부모역시 노후생활을 자녀에 의존하기를 원치 않으므로 자녀를 위한 부모의 희생도 감소한다. 셋째, 확대가족에서 수정된 확대가족으로 변화할 것이다. 전통사회에서는 3대가 한 울타리에서 생산과 소비를 공유하는 직계확대가족이 이상적이었으나 한국의 미래사회에서는 문화적 전통으로 결혼한 자녀와 노부모가 따로 떨어져 독립된 가구를 형성한다 하더라도 서구사회처럼 서로가 완전히 독립하지는 않을 것이다. 따라서 서로가 긴밀한 접촉을 유지하고 필요할 때는 서로 도움을 주고받으면서 한 가족이라는 정신을 유지하는 수정된 확대가족이 보편화될 것으로 예상된다. 넷째, 부계중심의 친족관계에서 양계중심의 친족관계로 변화할 것이다. 노부모에 대한 부양을 반드시 아들만이 아니라 아들과 딸 모두에게 책임이 있다는 의식과 남아선호사상이 많이 희석되고 있다. 물론 가계 계승의식이나 조상에 대한 제사와 같은 관습이 아직 남아 있기에 형식적이고 의례적인 면에서는 부계친족과 접촉이 유지되지만 일상생활에 필요한 도움과 여가생활 등은 모계친족 중심으로 이루어지는 경향이 두드러질 것으로 예상된다.

제2장 가족이론

제1절 가족이론 이해를 위한 사회과학 방법론

사회과학 관련 책이나 논문을 이해하기 위하여 반드시 이해하고 넘어야 할 기본적인 지식이 있는데 바로 사회과학 방법론이다. 지식탐구를 과학에 의존하는 것이 과학적 지식탐구방법이다. 과학적 방법은 현상에 대하여 의문을 제기하고 그것을 과학적으로 증명하는 것이다. 물론 가족이론도 이 범주에 해당한다. 과학으로서의 사회과학은 자연과학과 달리 인간을 대상으로 하는 연구 속성으로 인하여 복잡하고 가변적이며 비인간화를 초래할 가능성이 있다. 연구자들은 연구를 어떻게 수행하는가? 사회과학에서 과학은 어디 있는가? 라는 질문은 사회 연구방법을 배우고자 하는 사람이면 누구나 관련이 있다. 왜냐하면 그 답은 연구자가 사용하는 방법에 있기 때문이다. 사회과학을 과학적이게 하는 것이야말로 연구방법론이다. 오귀스트 콩트, 에밀 뒤르켕, 칼 마르크스, 존 스튜어트 밀, 그리고 막스 베버와 같은 고전적 사회이론가들은 이 질문을 숙고했다. 사회 연구자는 과학에 대한 대안적 접근법 가운데 선택함을 의미한다. 각 접근법마다 각자의 철학적 가정과 원칙의 집합, 그리고 연구 수행 방법에 관한 서로 다른 입장을 가지고 있다. 우리가 살펴볼 접근법들은 철학에서 추상적인 쟁점과 구체적인 연구기법을 연계시키는 데에 도움을 준다. 여기에 제시된 접근법들은 우리가 사회연구 문헌들을 읽으면서 마주치는 다양한 시각들을 이해하는 데에 유익할 것이며 연구 및 이론의 다른 측면들이 보다 명확해짐을 알게 된다. 가족학자, 사회복지학자를 포함하여 사회과학을 연구하는 이론가들이 접근하는 사회과학의 3대 주류 패러다임이 있으며 요소별로 보면 실증주의, 해석주의, 비판주의 등이다. 아울러 1980년대부터 새로운 패러다임으로 페미니즘과 포스트모더니즘을 설명하고 있다(Neuman, 2003).

1. 실증적 사회과학(Positivist Social Science: PSS)

1) 사회과학 연구목적

실증적 사회과학은 자연과학에 대한 접근법과 동일하다. 실증주의의 변형은 논리 실증주의, 후기 실증주의, 자연주의, 포섭법칙 모형 (covering law model), 그리고 행동주의 등이 있다. 실증주의는 많은 구체적인 사회이론들과 관련이 있는데 그중 구조-기능적, 합리적 선택, 그리고 교환이론 프레임워크 등이 잘 알려져 있다. 실증주의 연구자들은 정밀한 양적 데이터를 선호하여 실험, 설문조사 및 통계를 이용한다. 엄밀하고, 정확한 척도와 "객관적인" 연구를 추구하고, 척도로부터 도출된 수치들을 면밀하게 분석함으로써 가설을 검증한다. 많은 응용 연구자들 즉 행정가, 범죄학자, 시장연구자, 정책분석가, 프로그램 평가자 및 기획자 등이 실증주의를 채택한다. 이를 비판하는 사람들은 실증주의가 사람을 수치로 환원시킴과 더불어 추상적인 법칙 또는 공식에 대한 관심은 실제 사람들의 실제적인 삶과 무관하다고 비판한다. 실증주의 접근법은 1960년대와 1970년대에 영국, 캐나다, 스칸디나비아 및 미국에서 주요 사회학 학술지의 논문들에서 지배적이었다가 1980년대와 1990년에 이르자 유럽 학술지에서는 쇠퇴한 반면, 북미 학술지에서 지배적인 위치를 유지했다. 사회과학과 자연과학은 같은 방법을 사용해야 하며 사회과학을 포함한 모든 과학은 가장 진보한 과학인 물리학과 같아지게 된다. 모든 과학은 일단의 공통된 원칙과 논리를 공유한다. 연구의 궁극적인 목적은 과학적 설명 즉, 인간의 행동에 대한 보편적인 법칙을 발견하고 증거를 밝히고 그럼으로써 사람들이 사건을 통제하거나 예측할 수 있도록 하는 것이다. 인간 생활을 지배하는 법칙을 발견하기만 하면 우리는 이것들을 이용하여 사회관계를 개조하고 사물이 이행되는 방법을 개선하고, 또한 어떤 일이 일어날 것인지를 예측할 수 있다.

2) 과학과 상식 그리고 이론

실증주의자들은 과학과 비과학의 명확한 분리를 인정한다. 과학지식은 지식을 얻는 열등한 방법 즉 종교나 점성술 또는 개인적 경험보다 논리적이고 일관성이 있다. 실증주의의 초기에는 전지전능한 신만이 지식을 소유하기 때문에 인간은 결코 모든 것을 알 수 없다는 입장을 견지했으나 창조물들은 지식을 습득할 커다란 능력을 갖고 있으므로 인간은 할 수 있는 한 많은 것들을 발견할 의무가 있다. 현대의 실증주의자들은 실재론적 견해를 취한다. 현실은 실재하고 그것은 “저쪽에” 존재하며 발견되기를 기다린다. 예를 들면 만유인력의 중력법칙은 이미 존재하고 있는 것을 발견한 것이다. 사회적 현실은 무작위적이 아니고 패턴을 띠고 질서가 있다. 만약 세계가 규칙성이 없으면 논리와 예측은 불가능할 것이다. 과학은 인간이 이러한 질서와 자연의 법칙을 발견하게 한다. 우리는 한 번에 하나씩 현실의 많은 부분들을 연구할 수 있고 그러면 파편들을 서로 합하여 전체에 대한 그림을 그릴 수 있다. 실증주의에서는 인간을 이기적이고 향락을 추구하는 합리적인 개인으로 가정한다. 사람들은 외부적 원인을 기초로 하여 행동하며 이때 동일한 원인은 모든 사람에게 동일한 영향을 미친다. 우리는 사람들의 행동, 즉 우리가 외부 현실에서 보는 것을 관찰함으로써 그들에 대해 알 수 있다. 이것은 내부적, 주관적 현실에서 일어나는 것보다 더 중요하다. 때때로 이것은 기계론적 인간모형 또는 행동주의 접근법이라고 불린다. 실증주의자들은 단지 한 사람이 원한다는 이유로 인간의 행동 또는 사회제도가 발생하지 않는다고 말한다. 인간적인 사건들은 원인과 결과를 기술하는 인과법칙과 관련하여 설명될 수 있다. 사회과학이론이 수학 및 자연과학에서의 이론들과 유사해질 것이다.

3) 이론의 검증

실증주의에서 설명이 진지하게 고려되려면 다음 세 조건을 충족해야 한다. 즉 논리적 모순이 없고 관찰된 사실과 모순이 없어야 하며 재현성(replication)도 필요하다. 어느 연구자든 동일한 조건이 갖추어 진다면 동일한 결과를 재현할 수 있기 때문에 객관적인 사실을 기준으로 정직성을 보장한다. 인과법칙에 대한 충분한 증거는 뒷받침하는 사실들의 축적 이상의 것을 필요로 하고 인과법칙과 모순되는 증거의 탐구를 필요로 한다. 예를 들어 모든 백조는 하얗다는 주장을 검증하기를 원한다면 1,000마리의 흰 백조를 발견한다고 할지라도 한 마리의 검은 백조(하나의 부정적인 증거)를 찾으면 주장을 반박할 수 있다는 논리이다. 실증주의자들은 객관적인 가치중립적인 과학을 주장한다. 연구자 본연의 역할은 "사심 없는 과학자가 되는 것"이다.

2. 해석적 사회과학(Interpretive Social Science: ISS)

1) 사회과학 연구목적

해석적 사회과학(ISS)에는 몇 가지 변형이 있는데 논리적 해석법, 구성주의[8], 민속방법론, 인지, 이상주의, 현상학적, 주관주의 및 정성적 사회학

등이 있으며 사회학에서 상징적 상호작용론 또는 시카고학파와 관련이 있는데 이를 가리켜 정성적 연구방법이라 부른다. 해석적 사회과학의 기원은 독일의 사회학자 막스 베버와 철학자 빌헬름 딜타이까지 거슬러 올라간다. 해석적 사회과학은 논리적 해석법(hermeneutics)과 관련이 있는데 "글자 그대로 모호한 것을 명료하게 함"을 의미하므로 이것은 텍스트에 대한 세부적인 판독 또는 조사를 강조한다. 연구자는 텍스트 안에 간직된 의미를 발견하고 자신의 주관적인 경험을 텍스트에 반영한다. 해석적 사회과학 연구자들은 연구 대상자들과 직접적인 대면접촉에 많은 시간을 투입하게끔 한다. 상호작용을 상세하게 이해하기 위해 대화 녹취록 또는 행동에 대한 연구 비디오테이프를 자세히 분석하여 미묘한 비언어적 의사소통을 찾는다. ISS 연구자는 사람들이 일상생활에서 어떻게 의미를 만들어 내는가에 대하여 심층적인 이해를 위해 어쩌면 다수의 사람과 1년 동안 함께 생활하면서 많은 양의 질적 데이터를 수집하기도 한다. 해석주의 연구자는 자신이 연구하려는 사람들의 감정과 해석을 공유하고 그들의 눈을 통해 보기 때문에 관찰 가능한 행위가 아니라 유의미한 사회적 행위를 연구한다. 사회적 행위는 사람들이 주관적인 의미를 부여하는 행위이며 의도를 가진 활동이다. 연구자는 사회적 행위자의 이유와 행위의 사회적 맥락을 고려해야 하는데 예를 들면, 손가락 하나를 드는 행위는 구체적으로 방향, 우정의 표시, 욕설 등 사회적 행위자들이 공유하는 문화적 의미체계에서 의미를 부여하는 것이다.

2) 과학과 상식 그리고 이론

해석적 사회과학(ISS)은 사회적 현실은 발견되기를 기다리지 않으며 일

8) 제이버 구브리움 외 지음, 최연실 외 옮김, 「가족이란 무엇인가?-사회구성주의적 관점에서 본 가족담론-」, 도서출판 하우, 2008을 참고하기 바란다. 그들은 가족이 한 마디로 정의내릴 수 있는 실체라기 보다는 오히려 사람들의 실제 삶에서 이루어지는 구성체라고 보기 때문에 제각각의 해석이 있을 수 있다는 입장을 견지한다. 이들은 현상학이나 해석학, 질적 방법론에 관심을 갖는다.

종의 성취(accomplishment)로 본다. 사회생활은 사람들이 그것을 경험하고 그것에 의미를 부여하는 대로 존재한다. 실증주의자가 모든 사람이 같은 의미체계를 공유하고 세계를 같은 방식으로 경험한다고 가정하지만 해석적 접근법은 사람들이 사회적 또는 물리적 현실을 같은 방식으로 경험하거나 또는 경험하지 못할 수도 있다고 말한다. 해석주의 연구자는 실증주의자들이 중요한 질문을 회피하고 세계를 경험하는 한 가지 방법만을 타인들에게 강요한다고 비판하며 인간의 경험에 대한 다양한 해석이 가능하다고 가정한다. 사람들은 자신의 행위에 대해 나름의 이유를 갖고 있으므로, 연구자는 비록 개인적인 동기가 불합리하고 그릇된 사실과 편견을 포함할지라도 그것을 고려하는 것이 중요하다. 실증주의자들은 일반상식을 과학보다 열등하다고 보는데 반하여 해석주의 연구자들은 보통사람들에게 있어서 일반상식이 일상생활에서 길잡이 역할을 수행하므로 일반상식부터 파악해야 한다고 강조한다. 이렇게 일반상식을 이해하는 것이 중요하게 여겨지는 이유는 사람들이 일상적인 사회적 상호작용에 관여할 때 사용하는 의미를 포함하기 때문이며 일반상식이 사람들을 이해하기 위한 중요한 정보원이기 때문이다.

3) 이론의 검증

해석적 접근법은 귀납적이며 어떤 것에 대하여 상세한 설명을 제공한다. 해석적 연구 보고서는 수학적 증명보다는 소설 또는 자서전에 가깝게 들릴 수 있다. 실증주의자들은 이론으로부터 논리적으로 연역하고, 데이터를 수집하고, 다른 과학자들이 검증할 수 있는 방식으로 사실들을 반복하고 반복검증을 견뎌낼 때 참이라고 간주하는 반면에 ISS의 경우 심층적 또는 직관적으로 이해하면 참이다. 따라서 객관적이지도 않고 중립적이지도 않다. 해석주의 연구는 가치중립성을 추구하지 않는다. 실제로, ISS는 가치중립성의 달성 가능성에 회의적이다. 해석주의 연구는 인간만사 어디에나 가치와 의미가 있다고 보기 때문이다. 해석적 접근법은 다년간 실증주의에 대한 충실한 반대자로서 존재했다. 비록 일부 실증주의 사회연구자들이 탐구적 연구에서 해석적 접근법의 유용성을 수용하지만 그것을 과학적이라고 보는 실증주의자는 드물다.

3. 비판적 사회과학(Critical Social Science: CSS)

1) 사회과학 연구목적

비판적 사회과학(CSS)은 방법론의 의미에 제3의 대안을 제공하는데 이 접근법에 속하는 견해들을 가리켜 변증법적 유물론, 계급분석 및 구조주의라 한다. 이것은 해석적 접근법이 실증주의에 대하여 제기하는 비판 가운데 많은 것에 동의하지만 일부 사항에서는 ISS와 의견을 달리 한다. 이 접근법의 기원은 칼 마르크스와 지그문트 프로이드까지 거슬러 올라가며, 에리히 프롬 및 허버트 마르쿠제에 의해 정교하게 가다듬어졌다. 흔히 CSS는 갈등이론, 페미니스트 분석 및 급진적 심리요법, 그리고 1930년대 독일 프랑크푸르트학파에 의해 최초로 발전된 비판이론과도 연결되어 있다. 비판적 사회과학은 실증주의 과학을 옹색하고 반민주적이며 비인도적이라고 비판했으며 사회적 맥락을 간과하고 반인간적이라고 생각하는 면에서 해석적 사회과학과 동일하다. 비판주의 연구자들은 실증주의가 현재의 사회를 불변하는 사회 질서로 가정하기 때문에 현상유지를 옹호한다고 생각하고 아울러 해석적 접근법은 지나치게 주관적이고 상대주의적이라고 양쪽 모두를 비판한다. 비판주의 연구자들에게 CSS는 사회과학을 사람들이 자신에게 더 좋은 세상을 만들기 위해 물질세계의 실제적인 구조를 폭로하는 비판적인 탐구 과정이라고 정의하면서 비판적 연구의 목적은 세계를 바꾸는 것이기에 비판주의 연구자들은 사회관계를 비판하고 바꾸기 위해 연구를 수행한다. 비판적 사회 연구자는 행동 지향적이므로 현상에 만족하지 않고 개선을 추구한다. 실증주의 연구자는 대개 정부 또는 기업 엘리트에 의해 정의된 바에 따라 문제를 해결하려고 한다. 그에 반해, 비판주의 연구자들은 난처한 질문을 던지고 위선을 폭로하며 일반대중의 행동을 촉구하기 위한 조건들을 조사한다. CSS는 현실주의적인 입장을 취하며 변화와 갈등, 특히 사회관계가 조직되는 바로 그 방식에 내재하는 모순 또는 갈등에 초점을 맞춘다. 갈등은 내적 모순이 있다. 사망과 탄생은 상반된 것으로 보이지만 사망은 탄생으로부터 시작한다. 우리는 태어나는 날부터 죽기 시작한다. 우리 신체는 우리가 삶을 영위함에 따라 노화하고 쇠퇴하기 시작한다. 그러므로 탄생은 필연적으로 그 부정, 즉 사망을 야기한다. 그리하여 생존과 노화 사이에 항상 내적 긴장이 진행된다. 생존하려면 우리 신체는 노화하거나 또는 죽음을 향해 나아가야 한다. 사망과 탄생은 겉으로 보이는 것처럼 상반된 것이라기보다는 오히려 더 큰 단일한 변화 과정의 상호 연동된 부분들이다. 이처럼 변화를 초래하는 자기모순적인 내적 갈등 또는 모순이라는 사상을 가리켜 변증법(dialectic)이라 한다.

2) 과학과 상식 그리고 이론

비판적 사회과학은 새로운 사회관계, 사회제도 또는 사회의 진화, 그리고 중요한 사회변화의 원인에 관심을 갖는다. 비판적 접근법은 사회는 환상, 신화 그리고 왜곡으로 가득 차 있기 때문에 사회변화와 갈등이 언제나 명백하거나 또는 관찰 가능한 것은 아니라고 말한다. 그것은 인간의 감각이 제한적이기 때문이다. 비판주의 접근법은 사회적 현실은 여러 계층으로 이루어져 있으므로 관찰 가능한 표면적인 현실 이면에는 심층구조 또는 관찰 불가능한 메커니즘이 존재한다. ISS와 CSS 모두 사회적 현실은 변화한다고 보는 관점에서는 동일하지만 ISS가 미시적 수준의 대인간 상호작용과 그 의미체계의 수용을 강조하는 것에 비해 비판주의 연구자는 사회적 상황에 의문을 갖고 그것을 더 큰 거시적 수준의 역사적 맥락에 위치시킨다. 예를 들면, 해석주의 연구자는 남자 사장과 그의 여비서의 상호작용을 연구하고, 그들의 행동규칙, 해석 메커니즘 및 의미체계에 대하여 다채로운 설명을 제공한다. 그에 반해, 비판주의 연구자는 처음부터 페미니스트 관점을 갖고 해석적 기술에서 간과된 문제들에 주목한다: 왜 사장은 남성이고 비서는 여성인가? 왜 사장과 비서의 역할은 불평등한 권력을 갖는가? 왜 우리 사회 전반에 걸쳐 대규모 조직에서 그러한 역할이 형성되는가? 어떻게 불평등한 관계가 역사적으로 발생하였고, 여성이 항상 비서인가? 사회에서 성 역할은 관계에 어떻게 영향을 미치는가? 왜 사장은 비서에게 모욕감을 주는 음란한 농담을 할 수 있는가? 사장의 컨트리클럽 회원권, 신차, 대저택, 연금제도, 주식투자 등 일상적인 상황과 비서의 저임금 시간급, 아이 돌보기, 공과금 지불에 대한 걱정, TV가 유일한 오락거리 등 일상적인 상황과 관련하여 사장과 비서의 역할은 어떻게 갈등 관계에 있는가? 비서는 다른 사람들과 연합하여 자기 사장 및 다른 사장들의 권력에 도전할 수 있는가? 실증주의는 결정주의(determinism) 사상을 기초로 하기 때문에 인과법칙에 의해 결정된다. ISS는 주의설(voluntarism)을 가정하고 있어서 사람들은 자유의지를 갖고 있어 사회적 의미를 형성한다고 한다. 그런데 비판주의 접근법은 이 둘 사이에 속한다고 볼수 있으므로 부분적으로 결정론이면서 주의설이다. 법칙은 변하기 때문에 비판주의 접근법은 인간 행동의 고정된 법칙에는 관심을 덜 기울인다. 실증주의는 가설을 추론하고, 반복된 관찰로써 가설을 검증하고, 이론을 검증하고 해석주의 연구자들은 행위의 의미체계와 규칙이 연구대상자들에게 의미를 갖는지 고찰함으로써 이론을 입증하며 비판이론은 사람들이 자신의 세계를 이해하고 변화시키는데 도움이 되는 자원을 제공하는 것을 목적으로 한다.

3) 이론의 검증

비판주의 접근법은 실행(praxis)을 이용하여 좋은 이론과 나쁜 이론을 구별한다. 이론을 실제에 적용하고, 적용 결과를 이용하여 이론을 재구성한다. 실행의 의미는 설명을 통해 사람들에게 세계를 실제로 이해시키고 그것을 변화시키는 행동을 취하도록 도울 때 가치가 있다고 한다. 실증주의는 모든 합리적인 인간이 동의하는 논쟁의 여지가 없는 중립적인 사실이 있다고 가정하고 해석주의 접근법은 사회 세계가 사람들에 의해 창조되고 협상된 의미로 구성된다고 보며 비판주의 접근법은 객관-주관의 격차를 메우려고 노력한다. 비판적 사회과학은 어떤 가치가 다른 가치보다 더 좋다고 말하고 행동주의적인 성향을 갖는다. 그러므로 가치관적 태도에 대한 신념을 필요로 하는 도덕-정치적 활동을 요구한다. 비판주의 접근법은 오직 하나 또는 아주 적은 수의 올바른 관점이 있다고 주장하기에 다른 관점들은 철저히 부정한다. 비판적 연구자는 어떤 연구기법이든 이용할 수 있지만, 주로 역사-비교 방법을 선호하는 경향이 있다. 그 이유는 그것이 변화에 역점을 두고 연구자가 근원적인 구조를 드러내는데 유용하기 때문이다.

4. 페미니스트와 포스트모던 연구(Feminist and Postmodern Research Conclusion)

1) 사회과학 연구목적

아직 형성 단계에 있고 이미 설명한 3가지 두드러진 접근법보다 덜 알려진 두 가지 추가적인 접근법이 있는데 그것은 페미니스트와 포스트모던 연구이다. 두가지 모두 실증주의를 비판하고 해석적 및 비판적 사회과학을 토대로 하는 대안들을 제안한다는 점에서 공통점이 있다. 페미니스트 방법론은 여성들에게 발언권을 주고 사회과학의 발전에서 지배적이었던 남성 중심의 시각을 교정하려고 노력하며 많은 페미니스트 연구자들은 실증주의를 남성적인 관점이라고 본다. 그것은 객관적, 논리적, 임무 중심적, 그리고 수단적이고 경쟁, 환경에 대한 지배와 통제, 그리고 세계에 작용하는 엄연한 사실과 힘을 강조하는 남성적 시각을 반영하기 때문이다. 그에 반해 여성들은 조화와 점진적으로 발전하는 인간적 유대를 강조하므로 사회세계를 신뢰 및 상호 의무감에 의해 묶여진 사람들로 연결된 인간관계의 망으로 본다. 여성들은 사회생활의 주관적, 감정이 입적, 과정 중심적, 그리고 포괄적인 측면을 강조하는 경향이 있다.

2) 페미니스트 접근법

페미니스트 연구자들은 페미니스트에 속하지 않는 많은 연구들이 성 차별적이라고 주장한다. 그러한 연구들은 남성의 경험을 모든 사람에게까지 지나치게 일반화하고 남성을 준거점으로 삼으며 또한 전통적인 성 역할을 가정한다. 예를 들면, 전통적인 연구자는 가정이란 그 가정의 성인 남성이 안정된 직장을 구할 수 없을 때 실업이란 문제를 겪게 된다고 말하며 똑같은 가정의 여성이 가사 이외의 안정된 일자리를 구하지 못할 때, 그것은 같은 수준의 가정문제로 보지 않는다. 마찬가지로 미혼모라는 개념은 전통적인 연구자들에 의해 널리 사용되지만, 미혼부와 대등하지 않다. 페미니스트 접근법은 연구자들을 근본적으로 성 차별적인 존재로 본다. 연구자는 필연적으로 하나의 성을 가질 수밖에 없고, 이것은 현실을 경험하는 방식을 형성하므로 그들의 연구에 영향을 미친다. 성은 다방면으로 문화에 영향을 미치고 과학적 탐구의 사회적 과정에서 고립 및 격리될 수 없는 기본적인 신념과 가치를 형성한다. 페미니스트 연구자들은 객관적이거나 초연한 태도를 취하지 않고 정량 분석과 실험을 회피하는 경향이 있다. 그들은 복합적인 방법을 사용하며, 흔히 질적연구와 사례연구를 이용한다. 일부학자는 많은 페미니스트 연구자들의 해석적 사회과학에 대한 선호를 비판한다. 왜냐하면 ISS가 연구대상자들의 의식에 제약을 받고 숨겨진 구조를 드러내지 못한다고 생각하기 때문이며 따라서 페미니스트 연구자들이 더 비판적인 접근법을 채택하고 더 적극적으로 사회변화를 주장하기를 강조한다.

3) 포스트모던 접근법

포스트모던 연구는 인문학에서 시작되었고 실존주의, 허무주의 및 무정부주의와 같은 철학과 하이데거, 니체, 사르트르 및 비트겐슈타인의 사상에 뿌리를 두고 있다. 모더니즘은 계몽운동 시기에 등장한 기본적인 가정, 신념 및 가치를 가리키는데 논리적 추론을 신뢰하고, 미래에 대해 낙관적이고 진보를 믿으며 기술과 과학을 신뢰할 뿐만 아니라 인도주의 가치를 수용한다. 모더니즘은 대부분의 사람들이 동의할 수 있는 미, 진리 및 도덕성에 대한 기준이 존재한다고 주장한다. 포스트모던 연구는 예술 또는 인문학과 사회과학 사이에 어떠한 구분도 없다고 보며 사회 세계의 신비성을 제거하려는 비판적 사회과학의 목표를 공유한다. 포스트모더니즘은 추상적인 설명을 신뢰하지 않고 모든 기술은 동등하게 타당하다고 주장한다. 어느 연구자의 기술은 다른 연구자의 기술보다 우월하거나 열등하지 않으며 그의 개인적인 경험을 기술할 뿐이다. 해석적 및 비판적 사회과학을 뛰어넘어 사회과학을 변형하거나 해체하고자 노력한다. 극단적인 포스트모더니스트들은 사회 세계에 대한 과학의 가능성을 부정하고 모든 체계적인 경험적 관찰을 불신하며 시간의 경과에 따른 지식의 일반화나 축적 가능성에 회의적이다. 포스트모더니스트들은 연구 결과를 공평하고 중립적인 방식으로 제시하는 것에 반대하기 때문에 보고서에 그들이 명확하게 드러나게 해야 한다. 포스트모더니즘은 반엘리트주의이고 과학을 이용한 예측과 정책결정을 거부하고 실증주의 과학을 이용하여 권력 관계와 사람들에 대한 관료적 통제를 강화하려는 사람들에게 대항한다.

4) 존재론적인 문제

이상에서 두 가지 중요한 것을 배웠다. 첫째, 과학의 목적과 사회적 현실의 성격에 대해 서로 다른 철학적 가정을 근거로 하여 사회연구에 대해 서로 경쟁하는 접근법들이 존재한다. 둘째, 3가지 이상형의 사회과학 접근법은 연구에 대한 기본적인 질문에 대하여 서로 다른 답을 제시한다. 대부분의 연구자들은 주로 한 가지 접근법 내에서만 활동하지만 다른 접근법의 요소들을 결합하는 연구자도 많다. 다만, 각 접근법마다 서로 다르게 그것에 접근한다는 점이다. 3가지 접근법은 사회연구와 관련한 과목에서 우리에게 무엇을 의미하는가? 첫째, 그것은 사회과학 연구에는 절대적으로 옳거나 단일한 접근법이 없음을 의미한다. 그러나 이것은 어떤 것이든 괜찮다거나 또는 잠정적인 합의를 위한 토대가 전혀 없음을 의미하지 않는다. 그 보다는 사회연구를 수행하기 위한 토대가 정해지지 않았음을 의미한다. 달리 말해, 현재 둘 이상의 접근법이 "경쟁하는 중"이다. 접근법들을 알고 있으면 연구 보고서를 읽는데 도움이 된다. 둘째, 연구를 수행할 때 달성하려고 하는 것 즉, 법칙 발견, 근원적인 구조 파악, 의미체계 기술 등은 선택하는 접근법에 따라 다르게 됨을 의미한다. 사회연구를 수행할 때 3가지 접근법들에 대해 알고 있음으로써 수행하려는 연구 유형에 대해 지식에 근거한 결정을 내릴 수 있다. 예를 들면, 실증주의자들은 비용-편익 분석을 수행할 가능성이 높고 해석주의 연구자는 탐색적 연구를 수행할 가능성이 높으며 비판주의 연구자는 행동 지향적인 연구를 선호한다. 셋째, 사회연구에 사용되는 다양한 기법 즉 표본추출, 면담, 참가자 관찰 등은 궁극적으로 상이한 접근법들의 가정을 기초로 한다. 이러한 접근법들에 대해 알고 있음으로써 특정한 연구기법의 근거가 되는 원칙들을 더 잘 이해할 수 있다. 예를 들면, 실험연구의 정확한 척도와 논리는 실증주의로부터 직접 나오는 반면 현장연구는 해석주의 접근법을 기초로 한다는 사실이다.

제2절 가족연구의 관점들

다른 사회현상과 마찬가지로 가족에 대한 학문적 접근도 다양하다. 가족사회학자들은 가족현상을 가장 잘 설명해 주고 그 현상에 대한 지식을 잘 조직해 준다고 믿는 개념적 틀에 입각하여 가족을 연구한다. 이렇게 개념적 틀은 학자들의 주제에 대한 관점을 의미하기 때문에 학자들은 각기 다른 시각에서 관심 있는 주제에 대한 접근을 시도한다. 즉 학자들은 같은 현상에 대해서도 각각 다른 질문을 제기한다. 그러나 우리는 어느 접근이 가장 옳고 어느 것이 가장 그르다고 말할 수 없다. 그 이유는 각 접근은 단지 연구자가 문제를 형성하고, 조직화하며 그리고 이해하는 데 필요한 개념적 도구에 불과하기 때문이다. 또한 우리는 단 하나의 접근이 가족에 대한 모든 질문을 가능하게 하거나, 모든 해답을 제공할 수 있다고 보지 않는다. 이 때문에 어떤 관점이 다른 관점보다 더 옳다고 주장할 수 없는 것이다. 이러한 맥락에서 가족연구 역시 학제적 특성을 띠고 있다고 할 수 있다. 본 장에서는 가족에 대한 여러 접근들 가운데 구조기능론, 상징적 상호작용론, 발달론, 교환론, 갈등론 그리고 최근에 대두된 가족에 대한 새로운 시각인 여권론적 접근들을 다루어 보기로 하겠다.

1. 구조기능론

1) 균형상태 유지

20세기 초 사회인류학자와 사회학자에 의해 대두된 구조기능론은 1960

년대까지 사회학계의 지배적인 이론으로서 어느 관점보다도 가족 연구에 가장 많이 활용되어 왔다. 구조기능론에서는 사회를 상호 관련적이며 상호 의존적인 부분들로 이루어진 하나의 체계로 본다. 따라서 체계는 하나의 전체를 의미하며, 전체는 또한 부분들과 상호 관련되어 있어 부분들이 독립적으로 존재하는 것이 아니라 상호의존적이며 전체로 조직화된다고 가정한다. 구조기능론은 사회를 상호 관련되고 상호 의존적인 부분들의 체계로 이해하므로 전체로서의 사회는 균형 상태를 유지하는 경향이 있다고 본다. 따라서 이 관점은 전체 체계를 구성하는 서로 다른 부분들이 서로 잘 부합하고 서로 적응하여 이루어 내는 상호 통합에 주목한다. 그러므로 균형상태가 깨진 것을 변동으로 보고, 체계의 어떤 한 부분에서 일어난 변화는 다른 부분에 변화를 일으켜 새로운 균형을 이루어 간다고 가정한다. 이러한 가정 때문에 구조기능론은 사회변동을 급격한 것이 아니라 기본적으로 점진적이고 완만한 것으로 간주하는 경향이 있다. 예를 들면 우리의 몸은 여러 기관들로 이루어져 있고 각 기관은 우리의 생존유지를 위해 각각 어떤 기능을 수행한다. 또한 각 기관은 다른 기관들과 밀접하게 관련되어 있으므로 한 기관에 문제가 생기면 그것이 다른 기관에도 변화를 일으키고 결과적으로 모든 기관들은 다시 인체의 항상성을 유지하는 방향으로 작용한다.

2) 특정 기능을 위한 특정 구조

구조기능론자들은 특정 구조가 모든 사회에 존재한다고 보는데 이는 이것이 사회유지를 위해 필수적 기능을 수행하기 때문이다. 예를 들면, 어느 자동차에서나 엔진이 장착되므로 엔진은 자동차를 위한 필수품이라고 할 수 있다. 이와 유사하게 사회에는 가족, 종교, 교육, 경제 그리고 정치제도와 같은 부분 체계 또는 부분 구조가 있으며 이 제도들은 어느 사회에서나 발견되므로 사회의 존속을 위해 중요한 기능을 수행하는 필수적인 것으로 간주된다. 다시 말하면 사회를 위해 중요한 기능을 수행하기 때문에 어떤 구조가 존재한다는 것이다. 구조기능론적 관점에서 보면, 가족도 과거와 현재 그리고 어느 사회에서나 발견되는 보편적 제도이므로 전체 사회의 존속을 위해 중요한 기능을 수행할 것이라고 학자들은 가정한다. 예를 들면, 구조기능론자들은 사회구성원의 재생산과 자녀의 양육 및 사회화를 가족의 중요한 기능으로 꼽고 있다. 이렇게 구조기능론은 가족을 모든 사회의 기능적 요구물로써 각 사회구성원들을 위해 그리고 동시에 사회 전체를 위해 중요한 기능을 수행하는 하부 체계로 가정한다.

3) 수동적인 인간

구조기능론적 관점은 사회구조가 사회구성원들의 행동을 어떻게 유형짓는가에 관심을 갖고 있다. 개인은 사회화를 통해 내면화된 사회적 규범과 가치에 따라 행동한다고 가정한다. 즉 개인들의 행동은 구조에 의해 영향을 받는다는 것이다. 그러므로 구조기능론은 개인을 사회와의 관계에서 수동적인 존재로 파악하려는 경향이 있다. 구조기능론적 관점은 구조(structure), 기능(function), 지위(status), 역할(role)과 같은 개념을 강조한다. 사회를 위해 구성원들이 정규적으로 수행하는 활동들은 개인의 성별, 연령, 직업 등에 따라 달라진다. 가족과 사회와의 관계에 대한 연구들은 전체 사회를 위한 가족의 역할을 강조한다. 전통사회는 대규모 친족단위였으므로 가족이 경제적·정치적·교육적·종교적 기능을 담당하는 다기능적 단위였다. 이때는 일과 가족이 결합되어 있었다. 그러나 사회가 변화되면서 가족은 이러한 기능들을 별개의 독립된 단위로 등장한 정치·경제·종교 및 교육제도에게 넘겨주게 되고, 현대의 가족은 자녀의 사회화와 성인에 대한 심리적 지원을 제공하는 제도로만 남게 되었다. 또한 산업사회로의 이행은 친족집단을 붕괴시키고 부부 중심의 핵가족 체제를 출현시켰다. 생산은 더 이상 친족집단의 협조가 필요하지 않으며, 직업은 고도로 전문화되고 훈련된 노동력을 요구하며 사회적·지리적 이동을 야기 시켰기 때문에 핵가족의 출현은 산업 경제에 적응하기 위한 반응이라는 것이다. 이러한 핵가족은 자녀를 사회화하고 양육하며, 경쟁적이고 비인격적인 산업사회에서 성인에게 정서적 안정을 제공하는 공간으로 작용한다는 것이다.

2. 상징적 상호작용론

1) 능동적인 인간

상징적 상호작용론은 오늘날 가족연구에 가장 많이 적용되고 있는 관점이다. 상징적 상호작용론은 상징을 만들고 이를 사용하고 해석하는 인간의 능력을 강조한다. 이러한 능력 때문에 인간은 동물과 달리 자기 주변의 대상물에 의미를 부여하고 언어라는 상징적 수단을 통해 의사소통을 하며 추상적 기호를 해석할 수 있다. 특히 인간의 의사소통은 상징적 상호작용을 통한 의미의 공유에 힘입은 바가 크다. 인간이 타인과 의사소통할 수 있는 것은 상징적인 상호작용을 통해 의미의 교환과 공유가 이루어졌기 때문이다. 즉 서로의 몸짓이나 언어적 표현이 무엇을 의미하는지를 서로가 알게 되었기 때문이다. 상징적 상호작용론은 인간을 자기의 세계에 능동적으로 대처할 수 있는 존재로 본다. 즉 인간은 사회규범에 수동적으로 따르는 것이 아니라 자기가 처한 상황을 규정하고 의미를 부여함으로써 그에 맞추어 자신의 행위를 조정하는 능동적 존재라는 것이다. 따라서 가족구성원들 간의 상호작용과 개인들이 이러한 상호작용에 부여하는 의미에 초점을 맞추고 있다. 특히 이들의 관심은 가족의 두 가지 주요 과정, 즉 자아의 발달과 사회화에 있다. 상징적 상호작용론자들이 공유하는 기본적 가정은 다음과 같다. (1) 인간이 동물과 다른 것은 학습하고 기억하며, 상징적 의사소통을 할 수 있는 능력을 가진 점이다. 이러한 상징의 의미는 다른 사람들과의 상호작용을 통해 학습된다. (2) 인간은 가치 판단을 할 수 있다. 즉 우리의 상징세계를 이해하고 평가할 줄 안다는 것이다. (3) 상징은 인간행동을 이해하는데 중요하다. 인간은 다른 사람과의 상호작용을 통해 학습된 상징과 상징이 갖는 의미의 중요성에 기초하여 자신의 행동을 결정한다. (4) 인간은 성찰적이다. 인간은 다양한 대상들을 구분할 수 있을 뿐만 아니라 점차 자기 자신의 일부와 그렇지 않은 것을 구분할 수 있는 능력을 갖게 된다. 이러한 과정은 타인과의 상호작용을 통해 발달한다. (5) 인간은 행위자인 동시에 반응자이다. 이러한 과정은 사회화를 통해 이루어진다. (6) 막 태어난 아이는 사회적도 반사회적도 아닌 비사회적이다. 이 가정은 인간이 처음 태어났을 때에는 백지상태(tabula rasa)이나 다른 사람들과의 상호작용을 통해 사회적 존재가 된다는 것을 의미한다. 즉 아이는 사회화를 통해 사회규범, 가치, 상징, 그리고 의미들을 학습하게 되는데 이러한 사회화가 처음 일어나는 곳이 가정이다.

2) 인간의 상호작용

상징적 상호작용론의 핵심적 개념은 인간의 상호작용이다. 사람들은 역할 놀이와 역할 취득을 통해 효과적으로 상호작용하는 것을 배운다. 역할 놀이는 어린이가 다른 사람들의 역할, 예를 들어 엄마, 아빠, 의사의 역할 등을 그대로 흉내 내어 자기도 그런 행동을 해보는 것이다. 이러한 구체적이고 개별적인 역할 놀이를 통해 어린이는 집단의 기대에 부응하는 행동을 알 수 있게 된다. 역할 취득은 어린이가 다른 사람의 입장에 서 봄으로써 그 역할을 취득하는 것이다. 이를 통해 어린이는 다른 사람들이 자신의 행동을 어떻게 받아들이는지, 또 자신의 행동이 다른 사람들의 기대에 부응하는 것인지를 알 수 있다. 따라서 상징적 상호작용론은 사회화를 강조한다. 이는 사회화를 통해 개인의 자아발달과 역할 취득이 이루어지기 때문이다. 이러한 사회화의 주요한 주관자는 가족인데, 가족구성원들 간에는 높은 친밀감이 존재하며 또한 그들 사이에는 대면적 상호작용이 강도 높게 이루어진다.

3) 가족의 내적과정

상징적 상호작용론자들은 가족구성원들 간 상호작용에 관심을 두기 때문에 이들은 가족현상을 가족의 내적 과정이라는 측면에서 해석하려고 노력하고 있다. 그러므로 상징적 상호작용론자들은 가족의 제도적 측면보다는 가족 내에서의 역할수행, 지위관계, 의사소통문제, 의사결정, 긴장관리 그리고 사회화와 같은 가족의 내적 과정들을 주로 다룬다. 상징적 상호작용론적 관점에서 행해진 연구를 다음 세 가지 분야로 나누어 살펴볼 수 있다. 첫째, 가족은 아이를 처음 사회세계로 인도하는 일차적 친밀집단이기 때문에 가족의 자녀사회화 과정과 인성 발달에 지대한 관심을 보여 왔다. 자녀들은 부모로부터 자신들의 성장에 필요한 양육과 사랑을 받는 반면에 부모들은 부모로서의 역할을 수행함으로써 정서적 만족감을 얻는다. 가족은 또한 아이가 자신의 자아를 처음으로 의식하게 해 주는 곳이다. 자녀의 자아발달에는 가족구성원 간 상호작용, 특히 부모와 자녀 간 상호작용, 그 중에서 예측 가능한 상호작용이 매우 중요하다. 예를 들어 어머니는 아이에게 일관된 행동을 보여줌으로써 아이는 자신의 특정 행동에 대한 어머니의 반응을 예측할 수 있어야 한다. 둘째, 역할 체계라는 면에서의 가족분석이다. 이러한 특정 역할, 예를 들어 아버지, 어머니, 남편, 아내, 오빠, 동생 같은 역할들은 사회적·문화적으로 이미 정해진 것이기도 하나, 경우에 따라서는 가족의 기능적 요구와 역할의 실행가능성에 의해 결정되기도 한다. 그러나 역할에 따라 사회적 위신, 권력 그리고 보상 등의 정도가 다르기 때문에 구성원 역할 수행능력과 재능과는 무관하게 가족 내의 역학관계에 의해 역할 할당이 이루어지지 않는 경우도 많다. 셋째, 상징적 상호작용론적 관점은 남녀교제나 배우자 선택, 결혼 적응, 부부 불화, 이혼 등의 가족의 형성과 해체에 대한 연구에도 많이 적용되고 있다. 또한 상징적 상호작용론자들은 가족의 형성뿐만 아니라 가족의 해체에 관해서도 많은 관심을 갖고 있다. 이혼은 가족 내의 일상적 역할 관계가 무너진 것으로, 그리고 배우자 사망으로 홀로 된 경우는 자아의 재정립과 가족의 역할체계의 재조직이라는 면에서 분석되었다. 또한 가족의 형성과 해체 그리고 기타 가족 내의 상호작용과 관련된 현상들이 개인들의 열망, 태도, 감정 그리고 성격 등에 미치는 영향에 관해서도 많은 연구가 이루어졌다.

3. 발달론

1) 생애주기

가족에 대한 발달론적 관점은 가족도 인간처럼 탄생, 성장, 소멸이라는 제 나름의 생애주기[9]를 갖고 있음에 주목한다. 그러므로 이 관점은 인간의 탄생과 성장과정을 설명하는 인간발달론에 영향 받은 바가 크다. 특히 인간발달론 중에서도 인간의 발달을 단계별로 나누어 설명하는 프로이드의 정신분석이론, 그리고 에릭슨, 피아제, 미드 등의 발달과정에 크게 기초하고 있다. 발달론적 관점은 가족을 정태적이기보다는 동태적인

9) 가족주기는 여러 가지 방식으로 분류할 수 있으나 대표적인 것은 듀발과 밀러(Duvall and Miller, 1985)의 8단계 가족발달주기이다. 이들은 가족발달을 (1)신혼기(자녀 탄생 전), (2)영아기(첫 자녀 탄생부터 30개월까지), (3) 미취학 아동기(첫 자녀 30개월부터 6세까지), (4)학동기(첫 자녀 13세까지), (5)사춘기(첫 자녀 13-20세), (6)진수기(첫 자녀가 집을 떠난 후 막내가 집을 떠날 때까지), (7)중년기(빈 둥지 시기부터 퇴직까지), (8)노년기(퇴직 후부터 사망까지)로 제시한다. 이렇게 8단계를 설정하고 각 단계에 따라서 가족생활을 수행해야 할 과제가 무엇인지 이를 위해서 가족구성원에게 요구되는 역할기대가 무엇인지를 보여주고 있다. 한편 에릭슨은 인간발달의 사회적 맥락을 강조하여 8단계 이론을 정립시켰다. 이를 에릭슨의 심리사회이론이라 부른다.

관점에서 연구한다. 따라서 동일 가족이라도 발달단계에 따라 가족구성원이 수행해야 하는 발달과제 및 이들에게 요구되는 역할 기대가 달라짐을 강조한다. 예를 들어 자녀의 탄생으로 부부는 아내와 남편 역할뿐 아니라 부모 역할을 추가적으로 해야 한다. 그리고 같은 부모 역할이라도 자녀가 성장함에 따라서 그 수행방식이 변하게 된다. 또한 결혼생활 만족도나 부부간의 권력관계 등도 고정된 것이 아니라 가족 주기에 따라 달라진다.

2) 체계주의

발달론적 관점은 가족을 하나의 체계로 본다. 그래서 가족 내 모든 구성원들의 개인 발달과제는 유기적으로 서로 연결되어 있어 다른 가족구성원의 발달과제 수행과 상호영향을 미치면서 이루어진다고 가정한다. 결국 각 개별 가족구성원들의 발달과제는 가족 발달과제라는 큰 틀 안에서 수행된다. 발달론적 관점은 또한 대부분의 가족이 유사한 경로를 통해 발전한다고 가정하므로 자녀 출생, 자녀 성장, 자녀 결혼, 퇴직, 배우자의 사망과 같은 일련의 과정을 대부분의 가족이 순차적으로 거친다고 본다. 이러한 가정은 핵가족 형태에 근거를 둔 것으로 무자녀 가족, 한부모가족, 재혼가족, 동성애가족과 같은 다양한 가족들이 등장하고 있는 현대사회의 가족연구에는 적용하기 적합하지 않은 면도 있다. 따라서 발달론적 관점은 이러한 다양한 가족들을 연구하거나 또는 이혼, 예기치 않은 배우자의 사망과 같은 가족 내 돌발사건이 가족생활에 미치는 영향을 연구하는 데는 한계가 있다.

3) 발달주기와 발달과제

발달론적 관점의 핵심개념은 가족주기와 발달과제이다. 가족주기는 인간 생명체의 발달주기에 대응하는 개념으로 가족이 경험하는 탄생, 성장,

소멸이라는 전 과정을 말한다. 가족의 탄생은 결혼으로 이루어지며, 성장은 자녀의 출생과 성장 그리고 가족의 소멸은 이혼이나 배우자의 죽음으로 나타난다. 발달론적 관점의 또 다른 핵심개념인 발달과제는 가족이 가족주기상의 특정 단계에서 반드시 발달시켜야 하는 과제를 의미하는데 이는 가족구성원의 생리적 욕구 및 문화적 욕구 충족을 위해 그리고 가족유지를 위해서 수행되어야 하는 일들로 구성된다. 대신 가족 전체의 발달과제라는 틀 아래서 수행되기 때문에 가족의 발달과제는 각 가족구성원의 발달과제의 단순한 합 이상으로 가족구성원들이 공동으로 달성해야 할 과제도 포함된다. 또한 가족 발달과제에는 가족이라는 집단을 유지시키기 위해서 가족구성원들이 노력해야 하는 과업들도 포함된다. 이러한 가족의 발달과제는 가족주기에 따라 달라진다. 신혼 초기의 과제가 부부간 적응 및 미래를 위한 준비라면 자녀 양육기의 과제는 적절한 자녀양육 그리고 부부관계 유지와 자녀양육 간의 조화가 될 것이며, 자녀 성장 후의 과제는 노후생활의 설계가 될 것이다. 이처럼 개인 및 가족에게 부과된 역할이 변함에 따라 발달과제 역시 달라지는데 발달론적 관점은 발달단계에 따라 가족생활의 양상이 크게 달라진다고 가정한다. 따라서 이 관점은 가족주기에 따라 결혼생활 만족도, 부부권력 그리고 가족구성원 간 상호작용의 유형이 어떻게 달라지는가를 연구한다. 가족구성원 간 상호작용은 가족주기에 따른 가족구성원 수의 변화에 큰 영향을 받는다. 즉 자녀의 탄생으로 부부간 상호작용이 감소될 수 있을 뿐만 아니라, 자녀가 부모 중 어느 쪽으로 치우치느냐에 따라 부부간의 권력관계가 영향을 받기도 한다. 다만, 현대사회에는 부모의 이혼으로 인한 한부모가족과 재혼가족이 증가하고 있으며 무자녀가족과 동성애가족도 나타나고 있다. 이런 가족은 전통적인 가족 발달단계로는 설명하기 어렵다.

4. 교환론

1) 공리주의 기반

인간관계를 주고받는 교환으로 이해하는 이 관점은 고전 경제학파가 제기한 공리주의에 기초하고 있다. 공리주의는 인간을 자유로운 경쟁적 시장상황에서 타인과의 거래나 교환시 물질적 이익이나 효용을 최대한 확보하는 합리적 존재로 가정한다. 하지만 이 주장은 인간관계가 완전한 자유경쟁 속에서 이루어지지 않는다는 점, 자신이 얻게 될 효용과 지불해야 할 비용을 계산하기 쉽지 않다는 점, 그리고 인간이 언제나 합리적으로만 행동하지 않는다는 점 등 때문에 비판을 받는다. 교환론적 관점을 일반 사회생활에는 적용할 수 있을지 몰라도 사랑, 희생, 보살핌과 같은 정신에 기초를 둔 가족생활에는 적용할 수 없다는 지적도 있다. 그러나 가족생활에도 많은 교환적 요소가 내재하고 있다. 그래서 교환론적 관점을 적용하여 배우자의 선택 과정, 부부간의 권력관계나 결혼 만족, 이혼 그리고 노인의 지위 향상을 위한 전략 등을 설명하려는 시도들이 이루어지고 있다.

2) 기본 가정

교환론적 관점으로 인간의 사회생활을 설명하는 기본 가정들은 다음 9가지이다. (1) 인간은 합리적 존재이다. 따라서 인간은 자신이 소유한 정보와 미래에 대한 예측 능력 범위 안에서 가장 많은 이익을 가져다줄 수 있는 선택을 한다. (2) 인간은 반응자일 뿐만 아니라 행위자이다. 그래서 문화적 기대가 지시하는 대로만 행동하지 않고 스스로 선택하고 결정한다. (3) 보상을 얻기 위해서는 반드시 비용을 지불해야만 한다. 즉 어떤 보상을 얻기 위해서는 다른 목적을 위해서 사용할 수도 있는 시간과 노력의 제공이라는 대가를 지불해야만 한다. (4) 과거에 보상되지 않는 사회적 행위가 반복되는 경우는 없을 것이다. 물론 경우에 따라서는 다른 대안이 없거나 그나마 비용이 가장 적게 들 것이라고 기대될 경우에는 예외적으로 그 사회적 행위를 반복할 수 있다. (5) 이익을 가져다주는 선택 대안들이 전혀 없다고 생각되는 경우에는 불이익을 최소화하는 대안을 선택하게 된다. (6) 관계가 지속될수록 무엇을 받았으면 그것에 상응하여 무엇을 주어야 한다는 상호성의 규범이 출현하게 되고 이것이 향후의 교환관계를 이끌게 된다. (7) 정의의 원리이다. 교환관계가 안정될수록 공정한 교환이라는 규범의 지배를 받게 된다. 그 결과 본인에게 주어진 것이 자신에게 합당한 것이라고 생각하는 사람은 만족하지만 부족하다고 생각하는 사람은 분노하게 되며, 오히려 분에 넘친다고 생각하는 사람은 죄책감을 느낀다. (8) 한계효용의 원리이다. 즉 교환관계에서 타인으로부터 얻은 어떤 것을 많이 가질수록, 그것을 더 얻을수록 생기는 부가적 효용가치는 감소한다. (9) 사회적 단위들 간의 특정 교환관계가 안정되고 균형을 이룰수록 다른 교환관계는 불균형해지고 불안정해질 수 있다. 다시 말해 한 인간이 맺고 있는 모든 교환관계가 동등한 가치를 갖는 것은 아니며, 때로는 특정 교환관계 유지를 위해서 다른 교환관계를 희생시키기도 한다. 이상의 가정들은 인간의 합리적 행위양식에 적합한 것이지만 배우자 선택 및 부부 혹은 부모와 자녀 관계 등에도 적용될 수 있는 부분이 많다. 교환이론은 자극, 보상, 처벌, 가치, 비용, 상호성, 공정성 그리고 비교수준 및 대안적 비교수준과 같은 개념들을 이용하여 인간의 교환관계 및 가족생활의 교환적인 측면을 설명하는 것이다.

3) 배우자 선택과정

가족연구에서 교환론적 관점을 가장 많이 적용하는 분야는 배우자 선택과정이다. 교환론적 관점에서 보면 배우자 선택과정은 합리적이고 계산적이다. 우선 결혼을 통해 얻을 수 있는 보상과 지불해야 되는 비용을 계산하여 결혼 여부를 선택하고, 그 다음 단계에서는 자신에게 최소의 비용으로 최대의 보상을 제공할 수 있는 사람을 선택하며, 마지막으로 현재 사귀는 사람을 미래에 나타날 가능성이 있는 사람과 비교하여 현재 사람이 낫다고 판단될 때 이 사람을 결혼상대자로 선택하게 된다. 모든 배우자 선택이 이런 합리적 계산에 의한 것은 아니지만, 이 과정에 어느 정도의 계산이 작용하는 것이 현실이다. 이혼 현상 역시 교환론적 관점으로 설명할 수 있는데, 친구의 결혼생활이 자신의 결혼생활보다 여러 면에서 월등하다면, 자신의 결혼생활 만족도는 낮다. 그러나 결혼생활에 불만을 가진 사람이라도 이혼 후에 자신이 얻을 수 있는 것과 잃는 것을 고려하여 이것이 현재의 결혼생활보다 못하다면 이혼하지 않고 살아가게 된다.

5. 갈등론

1) 이기적 인간

갈등론적 관점은 사회를 모든 구성원들의 이해가 상충되는 불안정한 구조로 파악한다. 그래서 갈등론적 접근은 모든 사회관계에는 이해 갈등이 만연해 있어 사회체계는 구조적으로 갈등을 일으킬 뿐만 아니라 갈등을 피할 수 없는 정상적인 현상으로 간주한다. 그리고 이러한 갈등이 사회변화의 원동력으로 작용한다고 본다. 가족생활은 사랑과 희생을 바탕으로 하므로, 가족연구에는 갈등론을 적용하기 어렵다고 생각할 수도 있지만 실제 가족생활 속에는 여러 가지 갈등적 요소들이 산재되어 있어, 우리는 이것들을 풀어갈 뿐 갈등 자체를 근본적으로 제거하지는 못한다. 따라서 가족연구에 있어서도 갈등론적 접근은 아주 유용한 분석틀이라고 하겠다. 갈등론자들은 모든 인간은 자신의 욕망과 이익을 추구하는 존재라고 가정한다. 그래서 인간은 타인이나 사회 전체에 대한 배려보다는 자신의 이익 추구에 더 많은 관심을 갖고 있다고 본다. 따라서 사람들이 모여 있는 사회에는 어디에나 사람들 간의 갈등이 있게 마련이며, 가족 집단이라고 예외는 아니라고 본다.

2) 갈등관리

이기적인 인간이 혼자 살지 않고 가족과 같은 집단생활을 영위하는 이유는, 이를 통해 자신의 이익을 극대화할 수 있다고 생각하기 때문이다. 그리고 경우에 따라서는 집단구성원들이 서로 협력하기도 하고 때로는 갈등이 가족과 같은 사회조직의 안정에 미치는 긍정적 효과도 있다. 특히 강렬하거나 폭력적이지 않은 갈등은 사회체계의 혁신과 창의성을 유발하며, 적개심의 사전방출로 극단적 대응을 방지하여 안전밸브 역할을 한다. 뿐만 아니라 이러한 갈등은 갈등적 관계를 규제할 수 있는 규범을 형성하게 하며 당면 문제에 대한 인식을 고양시키고 가족구성원들 간에 연합적 제휴를 증가시키기도 한다. 물론 가족생활의 갈등이 언제나 기능적인 것은 아니며 가정폭력, 아동학대, 유기, 노부모 방치 등의 치명적인 결과를 가져오기도 한다. 따라서 갈등론자들은 갈등을 가족생활의 본질로 파악하기 때문에 갈등을 표출·관리하고 규제하는 과정에 관심을 갖는다. 또한 이 과정에서는 자신의 이익을 최대한으로 관철시키기 위해서 상대방에 대한 지배, 권력행사 또는 협상 등과 같은 현상이 나타난다. 결과적으로 갈등론의 가장 기본개념은 갈등이다. 이는 흔히 불일치, 충돌, 이해나 이념의 부조화 등으로 이해되나 희소자원, 양립 불가능한 목표 그리고 상이한 수단 등을 둘러싼 개인 및 집단들 간의 대립으로 정의할 수 있다.

3) 경쟁과 협동

갈등론자들은 주어진 상황이 경쟁적인지 아니면 협동적인지에 주목한다. 경쟁적 상황에서는 자원의 희소성 때문에 자원의 분배에 모두가 만족할 수 없으며 누군가는 희소자원에서 배제되어야 하는데 비해, 협동적 상황에서는 가족구성원 간 의견 대립은 있을 수 있지만 모두가 만족하는 방식으로 해결이 가능하다. 경쟁적 상황의 예로는 자녀출산으로 부부 중 한 명이 일을 그만두어야 하는 경우, 경제적 어려움으로 여러 자녀 중 한 명만 대학에 진학시켜야 하는 경우, 서로가 각자의 자녀양육 방식을 고집하는 경우 그리고 처가와 친가 중 어느 한쪽만 방문할 수 있는 경우 등을 들 수 있다. 그리고 협동적 상황의 예로는 주어진 집안일, 자녀양육, 친족관계 등을 가족구성원이 어떤 방식으로 분담할 것인가를 결정해야 하는 경우를 들 수 있다. 갈등론자들은 가족 내의 자원분배 방식이 협동적이기보다는 경쟁적인 경우가 더 많기 때문에 경쟁이라는 분석틀로 가족을 연구할 때 가족생활을 더 잘 이해할 수 있다고 강조한다. 협상은 갈등을 처리하는 방식의 하나이다. 특히 자신이 원하는 바가 타인의 협력 없이는 불가능하거나 가족구성원 간 관계가 민주적이고 평등적일 때 협상을 통해 갈등이 처리된다. 그러나 상대방의 도움 없이도 자신이 원하는 바를 충족할 수 있거나 가족구성원 간 관계가 권위적인 경우에는 일방적 강압이나 강요를 통해 갈등이 처리되기도 하지만 이런 강압이 지속되면 이혼 등을 통해 관계 자체가 해소되기도 한다.

6. 여권론

1) 전통적 역할 분담

가족에 대한 전통적인 관점은 가정 내 남성과 여성의 역할 구분을 당연하게 여기면서 가족을 안식처 내지 보금자리로 묘사하는 경향이 있다. 하지만 이를 위해 수고하는 여성의 가사노동과 희생에는 주목하지 않았다. 그러나 최근에는 여권론의 등장으로 남성과 여성 간의 전통적 역할

분담에 대한 비판이 제기되고 있다. 여권론자들은 가정생활에서 여성에 대한 억압이 존재한다는 점에 대해서는 모두 동의하지만, 이 여성억압의 원인과 해결방법에 대해서는 다양한 의견을 제시한다. 남성과 여성 간 조화 가능성을 회의적으로 보는 급진적 여권론자들은 독신·동성애·이혼과 같은 대안을 제시하면서 현행 결혼제도 그 자체를 비판한다. 그러나 자유주의 여권론자들은 남성과 여성 간 조화로운 결혼생활을 위해서는 점진적인 제도적 변화와 양성적 성역할의 사회화를 강조하기도 한다. 또한 사회주의 여권론자들은 가족생활에서의 남성 지배를 남성 개인의 문제라기보다는 가부장제와 자본주의의 산물로 이해한다. 이처럼 다양한 여권론이 존재하지만 모든 여권론자들의 공통점은 전통 가족제도를 남성 중심의 가부장적 가족제도로 규정하고 이에 대한 변화를 주장한다는 점이다.

2) 기본적인 시각

여권론자의 기본적인 연구입장은 다음과 같다. (1) 가족생활을 인간의 생물학적 특성에 기초한 자연적인 현상이 아니라 사회적 산물로 간주한다. 이렇게 사회의 산물로 보는 이유는 가족생활이 사회에 따라 다양한 형태로 존재하기 때문이다. 특정 유형의 가족생활만을 자연적인 것으로 강요한다면, 이런 가족생활을 하지 못하는 사람들에게는 억압이 될 수 있다. (2) 인간에게 가장 소중한 정서적인 관계는 가족 내에서 만으로 한정하지 않는다. 가족구성원에만 한정한다면 가족 밖에서 맺어지는 많은 유의미한 관계들을 과소평가하게 되고 또 다른 억압이 될 수 있다. (3) 가족구성원 모두가 가족생활을 동일하게 인식하거나 서로가 대등한 권력관계에 있다고 보지 않는다. 가족생활 가운데도 특히 부부간 역할 분담, 가사 일에 대한 책임 소재 등에 있어서 남성과 여성 간 차이가 많다고 본다. (4) 가족을 공적영역, 특히 경제제도 및 국가의 정책과 독립적인 존재로 인식하지 않는다. 가족이 경제활동의 단위로서 기능할 뿐만 아니라, 한 사회의 경제제도와 밀접한 관련이 있고 나아가 국가의 정책에 의해서 영향을 받는다는 사실을 통해 알 수 있다. (5) 가족을 the family라고 표현하는 것이 이데올로기적이라고 주장한다. 왜냐하면 가족을 언제나 the family라는 단수로 표현하는 것은 가족생활에는 특정한 한 가지 유형만이 있음을 의미하기 때문이다. 그리고 특정한 유형을 부부간 역할 분화에서 전통적인 방식으로 이루어진 핵가족으로 간주한다면 그렇지 않은 생활에 대하여는 the family라고 부를 수 없는 문제가 생긴다. 그래서 여권론자들은 Families라는 복수형이 현대사회의 가족생활에 대한 적합한 표현이라고 주장한다.

3) 가부장적 가족의 변화

여권론적 관점은 지금까지의 가족제도를 가부장적 가족이라고 부르는데, 이는 남편이 자녀와 아내에 대한 통제권을 행사하는 남성 중심의 가족생활을 의미한다. 그러나 여권론자들의 등장으로 지금까지 당연시되었던 가부장적 가족 내의 모순과 이에 대한 변화 필요성이 대두되고 있다. 따라서 여권론자들은 가부장적 가족의 모순을 극복하고 여성의 입장을 반영한 대안적 가족을 모색하고 있는데 이러한 대안적 가족에는 맞벌이가족, 평등가족, 여성간의 동성애가족, 여성 중심의 대가족, 그리고 편모가족 등이 있을 수 있다. 가부장적 가족의 변화를 위해서는 가정 내에서의 남성과 여성 간 엄격한 역할 구분이 완화되어야 하므로, 이를 위해 여권론자들은 생물학적 성(sex)과 사회적 성(gender)을 구분한다. 생물학적 성은 남성과 여성의 생물학적 차이에 기초를 둔 성정체감을, 그리고 사회적 성은 이러한 생물학적 성에 기초한 후천적으로 학습된 성정체감을 의미한다. 여권론자들은 가사노동의 사회화를 강조한다. 식사, 빨래, 집안 청소와 같은 기계적인 가사노동뿐만 아니라 자녀양육과 노부모 부양과 같은 정서적 가사노동도 일정 부분 사회에 맡겨야 한다고 주장한다. 여권론자들의 이런 주장은 여성들이 가사노동으로부터의 해방 없이는 기혼여성의 경제활동 참여가 불가능하다는데 기인한다. 여권론자들이 추구하는 대안적 가족은 여성의 변화만으로는 불충분하며 남성의 변화가 수반되어야 완전히 실현될 수 있다.

제3장 가족정책 및 서비스

제1절 가족정책

현 정부의 가족정책은 직제상 여성가족부가 담당하도록 되어있다. 가족정책업무의 주관부처가 자주 변경[10]되어 가족정책의 정체성에 대한 문제점이 있다. 2010.3.19부터 가족정책업무가 보건복지부에서 여성가족부로 약 2년 만에 다시 환원되면서 가족업무를 복지적 관점에서 평등의 시각으로 다루는 기반이 마련되었다고 판단된다. 가족정책을 직접 다루는 부처의 입장에서는 정책의 구체적인 대상과 실체를 명확하게 잡기 어렵다. 아동, 노인, 장애인 등 대상별 정책을 입안하는 것은 상대적으로 뚜렷하나 실체가 잡히지 않는 가족정책 전반에 있어서는 구체적 대상으로 삼기도 쉽지 않고 정책화하기에는 더더욱 어렵다. 따라서 이하에서 가족정책에서 가족을 다루어야 하는 관점에 대한 이해와 가족정책수립의 방향을 찾아보기로 한다.

---

10) 2005.3.24 보건복지부→여성부
2008.2.29 여성가족부(여성부)→보건복지부(보건복지가족부)
2010.3.19 보건복지가족부(보건복지부)→여성부(여성가족부)
( )안은 정부조직 개편후의 명칭을 가르킨다.

1. 가족정책의 개념

1) 가족정책의 정의

가족정책의 정의는 분류방식에 따라 협소할 수도 포괄적일수도 있다. 그러므로 가족정책을 다룰 때는 가족정책을 무엇으로 정의하고 어디까지 포함시킬 것인지 그 범위에 대한 합의과정이 필요하다. 가족정책의 명칭과 용어, 그리고 가족정책의 범주와 내용을 정리해 보자면 "가족정책" 또는 "가정정책" 등 명칭이나 용어의 통일이 이루어지지 않고 있다(김경신, 2007). 가족정책 용어를 선호하는 주장은 가정의 범주 속에 포함된 사람, 즉 가족원이 중심이 되므로 다양한 가족을 위한 정책으로는 가족정책이 적절하고 국민에게 수월하게 접근될 수 있다고 한다. 이때 가족을 단지 구성원 중심으로 한 관계뿐만 아니라 가족을 둘러싼 인적·물적 관계, 생활환경을 포괄하는 개념으로 규정되어야 한다는 점을 강조하고 있다. 가정은 '장소'의 개념이 강한 반면에 정책급여의 대상과 내용 등을 정책과 연계시킬 때 가족정책이 바람직하다고 한다. 반면에 가정정책을 선호하는 입장은 가족이 구성원과의 관계 지향적 성향을 중시하는 반면에 가정은 가정생활전반, 가정생활주기 등을 포함하는 용어로 사용되어 포괄적이다. 또한 가족정책은 기존의 민법상 가족에 대한 정책으로 오인될 수 있는 반면, 가정정책은 가정의 잠재된 역량강화를 통해 가정의 생활의 질 향상과 함께 궁극적으로 사회통합에 기여할 수 있다고 강조한다. 아울러 건강가정기본법, 건강가정지원센터의 용어에서 보듯이 '가정'이라는 용어로 일치시킬 필요가 있으며 가정정책에서 다루는 가족의 의식주 생활, 경제활동, 물리적·정신적 측면을 모두 포괄하고 있어 보다 더 적절하다고 주장한다.

2) 가족정책의 범주

가족생활이 갖는 포괄성 및 타 사회현상과의 연계성으로 인하여 정책의 범주가 다양하게 규정되고 있다. 가족정책의 분류기준으로 명시적(explicit) 정책과 묵시적(implicit) 정책으로 나누기도 한다(Kamerman & Kahn, 1978). 명시적 정책은 가족을 위한 목적과 목표를 명확히 제시한다. 예를 들면 아동보육시설 확대나 조세급여, 주택정책 등이 이에 해당된다. 묵시적 가족정책은 정부활동과 정책들이 가족에 우선적인 목적을 두는 것이 아니고, 간접적으로 결과를 가져오는 활동을 말한다. 예를 들어 도로건설, 이민정책 등 임시적, 간접적인 결과를 포함한다. 짐머맨(Zimmerman)은 가족정책을 직접적이든 간접적이든 가족에게 영향을 미치며, 정부에 의해 조장되거나 제지되는 모든 활동을 가리킨다고 정의하고 가족정책이 다른 정책과 다른 점은 개인이 아닌 가족원으로서의 개인 즉, 가족에 초점을 둔다고 보았다(권인숙외 2006, 재인용). 가족을 위한 정책의 결과를 중시하는데 가족을 변화시키기 위한 직접적인 목표를 표방한 것과 직접적 목표를 표방하지는 않았지만 정책수행의 결과 가족에게 일정한 영향을 미칠 수 있는 정책들을 가족정책으로 포함하기도 하는데 가족정책의 범주로 가장 빈번하게 제시되는 내용은 '가정생활주기'와 '가정생활의 내용이나 구성요소'로 정리할 수 있다(김경신 외, 2007). 생활주기 측면에서 접근하는 가족정책은 가족의 탄생부터 소멸에 이르기까지의 전 생애주기를 포괄하는 정책을 의미하는 것으로서 구성원 모두의 복지가 증대되어야 한다는 것, 그리고 기존의 아동·노인·청소년·여성을 대상으로 선별적이고 산발적으로 추진되었던 정책의 비효과성을 해결하기 위해 각 생활주기에 필요한 가족정책들, 예컨대 육아기에는 부모역할, 노년기에는 생활설계 등 '통합성'의 관점에서 가족정책이 접근되어야 함을 강조한다. 한편 가족생활의 내용이나 구성요소 측면에서 접근하는 가족정책은 가족생활의 전반적인 영역 즉, 의식주 생활,

가족관계, 가계경제, 소비생활, 양육과 부모역할, 자원관리 등을 기준으로 가족생활 전반적인 영역으로 가족정책의 범주를 제시하는 것을 말한다. 이와는 별도로 대상을 중심으로 모든 가족원, 즉 아동과 노인, 청소년, 여성, 남성 등을 포괄해야 한다는 점에서 대상을 강조한 분류방법도 있다(변화순외 2001). 결론적으로 가족정책의 범주는 가족의 전 생애주기를 포괄하면서 내용면에서는 다양한 가정생활체계의 하위체계와 요소를 포함하고 아동·청소년·성인·노인 등 모든 가족원의 삶과 관련된 요인들을 포괄해야 한다는 것으로 정리할 수 있다.

2. 가족정책의 우선순위

1) 선별주의

선별주의란 개인적 욕구에 근거를 두고 도움이 필요한 사람들에게만 급여를 제공하여야 하며 도움이 필요한지 여부는 자산조사에 의해 결정되어야 한다는 가치이다. 기존의 잔여적·사후적인 복지접근의 한계를 극복하고 예방적이고 보편적인 복지를 실현해야 한다는 주장이 점점 설득력을 얻고 있기는 하지만 여전히 빈곤가족과 차상 위 가족, 위기가족 등의 문제가 발생하는 상황에서 문제해결과 치료를 위한 정책적 접근과 서비스가 소외되어서는 안 될 것이다. 제한된 예산 내에서 정책을 추진하기 위해서는 가정정책의 우선적이고도 핵심대상을 선정하여 효과적으로 정책을 추진할 필요가 있다. 이는 우선적으로 도움이 필요한 문제가족이나 위기가족에 대한 지원에 우선순위를 두자는 견해이다. 즉 모든 가족을 대상으로 정책을 추진하는 것이 바람직하나 아직은 빈곤 및 저소득가족, 위기가족 등에 집중해야 하며 이로서 문제해결과 치료에 우선적인 순위를 두어야 한다는 의견이다. 이밖에도 가족정책의 우선순위로는 다양한 가족, 맞벌이 부부가족, 직접적 지원서비스가 우선적으로 필요한 가족(결혼이민자가족, 조손가족 등), 노인가족(고령 노인을 돌보는 가족) 등 특정한 정책대상이 제시되기도 한다.

2) 보편주의

보편주의란 사회복지 급여는 사회적 권리로서 전 국민을 대상으로 골고루 주어져야 한다는 가치이다. 기존의 가족정책 관련 제도와 정책이 주로 가족의 문제에 사후적으로 개입하고 위기가족을 지원하는 내용이었다는 점에서 가족정책은 오히려 지금까지 정책대상에서 소외되어온 일반가족을 우선적인 대상으로 하면서 예방적 정책을 주도해야 한다는 주장이다. 즉 역차별이라는 맥락에서 지금까지 대부분의 정책이 특정 대상에게 편중되어 있으므로 가족정책이 국민 모두의 정책이 되기 위해서는 일반 가정을 우선적인 대상으로 해야 한다는 의견이다. 결론적으로 가족정책은 긴급한 지원을 필요로 하는 위기가족을 우선적인 대상으로 하면서 동시에 기존의 복지적 접근의 한계를 극복하기 위해 예방중심의 보편적 접근이 필요하다고 할 것이다.

제2절 정부의 가족정책

1. 가족사업 추진방향

<가족정책 비전과 목표>

비전	가족 모두가 행복한 사회
정책목표	가족친화적 사회환경 조성

가족정책 인프라 확충	• 정부정책의 가족 영향 분석 실시 • 가족서비스 전달체계 개선
가족돌봄 통합 지원망 구축	• 돌봄서비스 가족단위 통합 체계 구축 • 보육제도 틈새 보완을 위한 지역 양육망 구축
다양한 가족의 자립 역량 강화	• 다문화가족의 생애주기별 맞춤형 서비스 지원 • 한부모·미혼모가족 자립 촉진
일과 가정의 양립 지원	• 가족친화 직장문화 조성 • 남성의 아동양육 참여 활성화
예방중심의 가족 복지 서비스 지원	• 생애 전환 시기별 시민가족교육 프로그램 운영 • 가족충격 완충망 구축 운영

출처 : 2009 가족사업안내, 보건복지가족부

정부의 가족정책을 실현하는 수단을 한눈에 알아볼 수 있는 것이 정부사업을 안내하는 매뉴얼을 검토하는 방법이 유용하다.『2009 가족사업안내』[11]는 이러한 목적달성에 적합하다.

1) 정책성과

정부는 가족정책 지원서비스에 대한 수요자 접근성을 제고하고 전국적인 균형 발전을 위해 건강가정지원센터 설치를 지속적으로 확대해 왔다.[12] 한편 기존에 한 부모가족희망센터를 2008년도에 건강가정지원센터로 통합하였고 기술적으로 건강가정지원센터, 다문화가족지원센터 등 가족사업 관리시스템의 일원화를 구축하였다. 가족의 아동양육 부담 경감 및 사회적 일자리 확충을 위한 아이돌보미 사업을 지원하고 있는데 일시적이고 긴급한 돌봄이 필요한 가정에 아이돌보미를 파견하고 아이돌보미 비용의 일부를 지원하는 것이다. 또한 지속적으로 증가하는 저소득 한 부모가족의 생활안정을 위해 지원 대상을 확대하고 있다. 2007년도에『한 부모가족지원법』개정[13]으로 부자가족, 조손가족을 지원 대상에 포함하고 미혼모의 자녀양육비 추가지원 근거를 마련하였다. 아울러 범정부 차원의 다문화가족지원정책 추진을 위한 법적, 제도적 기반을 마련하였는데「여성결혼이민자 사회통합 지원 대책」수립 · 추진(관계부처 합동, '06.4)과「결혼중

---

11) 『2010년도에는 가족사업안내』라는 종합적인 매뉴얼을 발간하지 아니하고 사업별로 건강가전지원센터운영지침, 아이돌보미 지원사업안내, 다문화가족지원사업안내 등 개별사업에 대한 지침을 발간하기로 하였다. 이러한 지침은 단순 반복적인 사업수행을 위한 가이드를 제시하고 있으나 정책의 기본방향을 다루는 것이 아니기 때문이다. 아마도 2010.3.19부터 보건복지가족부에서 여성부(개편후 여성가족부)로 사업이 이관되면서 가족정책의 추진주체가 바뀜에 따른 배려로 보여진다. 따라서 이 글에서는 보건복지가족부에서 추진하고 있는 기본방향을 중심으로 전개하고자 한다. 향후 여성가족부에서 발표하게 될 추진방향과 비교해보는 것도 좋을 것이다.

12) 센터수는 3개소('04) → 16개소('05) → 50개소('06) → 65개소('07) → 83개소('08)이고 이용자수는 1만명('04) → 10만명('05) → 32만명('06) → 45만명('07) → 48만명('08)이다.

13) 모자복지법('89) → 모부자복지법('02) → 한부모가족지원법('07)으로 명칭이 변화하였다.

개업의 관리에 관한 법률」('08.6),「다문화가족지원법」('08.9) 등이 있다. 이 외에도 가족친화 사회 환경 조성을 위한 제도적인 기반 마련을 위하여 「가족친화 사회 환경 조성 촉진에 관한 법률」시행('08.6)과 가족친화 기업(기관) 인증제 도입을 실시('08년 12월, 14개 기업 선정)하였다.

2) 향후 정책여건

세계적인 경제상황의 악화가 단시일 내로 해소되지 않고 있어 우리 경제의 어려움이 지속되고 있으며 이로 인한 취약가족의 어려움 증가 및 아동 돌봄 공백이 증가할 것으로 예상된다. 경제위기에 따른 가구 주의 실직 증가와 시장소득 감소 등으로 취약가족의 경제적·심리적·정서적 어려움이 증가하고 저소득, 서민층의 맞벌이 증가로 아동 돌봄 공백 발생이 우려되며 취약가족의 역량강화를 위한 정부의 지원 필요성이 증대될 것이다. 아울러 다문화가족의 지속적인 증가와 함께 정부 정책에 대한 대내외적 관심이 커지고, 정책수요도 세분화될 것으로 전망된다. 다문화가족 지원서비스가 다양한 기관에서 여러 방식으로 제공되면서 서비스 전달·추진체계 효율화 필요성이 증대되고 있으며 결혼이민자의 경제·사회적 자립역량강화 및 자녀 양육·성장 지원에 대한 관심이 더욱 부각되고 있다.

3) 가족정책의 추진을 위한 기본방향

정부의 가족정책 목표는 경제위기 등 위기상황으로 약화된 가족의 기능 및 역량강화에 주력하고 다문화가족의 다양한 수요에 선제적으로 대응하는 사회적응 지원서비스를 확대하여 다문화가족의 사회통합을 촉진하며 가족 친화적 기업운영의 수준을 제고하는 것이다. 따라서 이러한 목표를 위해 실천해야 할 기본방향으로 아래와 같이 다양한 사업을 추진하고 있다.

1. 건강가정지원센터, 다문화가족지원센터 전담체계의 효율화
2. 어려운 가족 발생 대비, 녹색가족지역연대사업 및 상담지원사업 개발 지역자원 연계시스템 구축 등 건강가정지원센터 지원체계 강화
3. 지역단위의 가족관련 자원연계 및 자조모임 활성화
4. 생계활동으로 방치될 수 있는 아동의 돌봄 기능을 강화하고, 위기가족 상담체계 구축하여 운영
5. 한 부모가족의 지원을 강화하고, 취약가족의 역량 강화를 위한 심리적 지지 및 자원연계 사업 추진
6. 다문화가족구성원 전체를 대상으로 생애주기별 맞춤형 서비스 제공
7. 다문화가족지원센터의 서비스 대상 확대 및 사각지대 해소방안 마련 · 추진
8. 기업들의 가족 친화적 제도 도입 및 인증참여를 유도하기 위하여 체계적 홍보 및 인증기업에 대한 인센티브 발굴 등이다.

정부의 구체적인 주요 사업은 크게 3개로 분류할 수 있는데 첫째, 가족기능강화지원 사업이다. 즉, 가족정책 전달체계(건강가정지원센터) 운영강화, 아이돌보미 사업 전국 확대, 취약계층 역량강화를 위한 교육 · 상담 · 문화 사업, 취약가족 역량강화사업(사례관리), 위기가족역량강화지원[미혼모(부) 지원 거점기관 운영], 저소득 한 부모가족 지원강화 등이다. 둘째, 다문화가족 지원 사업이 있다. 구체적으로 다문화가족지원센터 운영, 국제결혼중개과정의 체계적 관리, 결혼이민자 사회적응 지원, 다문화가족 자녀에 대한 교육, 결혼이민자 경제 · 사회 자립역량강화 등이 있다. 셋째, 가족친화 사회 환경조성 사업[14]이 있으며 구체적으로 가족친화경영 도입 확산을 위한 교육 및 컨설팅 실시, 가족친화제도 수준 측정, 가족친화 우수기업 인증제 지속 추진, 가족친화 사회 환경조성 캠페인 및 홍보활동 전개 등이다. 이를 위한 2009년도 사업예산은 총 1,033억 원이며 일반회

---

14) 본 사업은 민간 위탁 사업으로 진행되며 사업자 선정은 공모를 실시한다. 2009년도의 경우에 사업자로 대한상공회의소가 선정되었다.

계 예산이 777억 원이고 복권기금이 258억 원이었다.

□ 일반 회계 : 77,776백만 원

(금액 : 백만원)

구분	'08예산 (A)	'09예산 (B)	증 감 (A-B)	증감율 (B/A)	주 요 내 역 (심의안 기준)
1. 가족기능강화	79,993	77,446			
1) 한부모가족지원	44,833	54,256	9,423		
▪ 한부모가족복지시설 기능보강	3,483	2,786	△697	△20	▸ 한부모가족복지시설 기능보강 (신축 1, 증·개축 3개소 등)
▪ 한부모가족복지단체 지원	33	30	△3	-	
▪ 저소득한부모가족 보증보험료지원	171	171	-	-	
▪ 자녀양육비이행지원 서비스	325	325	-	-	
▪ 한부모가족자녀양육·교육비 지원	41,478	50,656	9,178	22.1	▸ 자녀양육비지원대상확대 - '08년 8세미만(38천명) → '09년 10세미만(48천명) ※ '08년 예비비 822백만원 포함
▪ 저소득한부모가족이 차보전	165	288	123	74.5	▸ 복지자금 규모 확대(20억→30억)
2) 가족친화환경조성	1,031	847	△184		
▪ 가족사업관리	193	193	-	-	
▪ 가족문화조성사업	500	350	△150	△30	
▪ 가족친화적사회환경 조성사업	338	304	△34	△10.1	
3) 아동양육지원	5,315	15,644	10,329	194	

▪ 아이돌보미사업관리	150	142	△8	△5.3	
▪ 아이돌보미지원사업	5,165	15,502	10,337	200	- '08년 예비비 11억 포함
4)건강가정지원센터 운영	4,624	5,828	1,204	26	
▪ 중앙건강가정지원센터 운영지원	1,301	1,353	52	4	
▪ 지방건강가정지원센터 운영지원	3,323	4,475	1,152	34.7	‣ 센터 신규설치 확대 : A형(16개) - '08년38개 → '09년 54개
5) 건강가정지원	382	238	△144		
▪ 국제결혼중개업 및결혼 이민자정착지원	181	181	-	-	
▪ 건강가정육성사업지원	201	57	△144	△71.6	
6) 다문화가족자녀언어발달 지원	-	473	473	100	
▪ 다문화가족자녀언어발달 지원	-	473	473	순증	‣ 다문화가족자녀 언어발달을 위한 전문 언어교육사 양성 · 파견
7) 위기가족역량강화지원	-	160	160		
▪ 미혼모(부)지원 거점기관 운영	-	160	160	순증	(6개 시도)

출처 : 보건복지가족부 내부자료(2009)

□ 복권기금 : : 25,851백만원

구 분	'08예산 (A)	'09 예산 (B)	증 감 (A-B)	증감율 (B/A)	주 요 내 역
취약계층 지원 (결혼이민자 가족지원)	22,986	25,851	2,865		2009년 일반회계에서 이관
▪ 결혼이민자가족지원	2,064	3,005	941	45.6	
▪ 다문화가족지원센터운영지원	2,770	4,844	2,074	74.9	
▪ 결혼이민자가족방문교육관리	1,500	1,350	△150	△10	
▪ 결혼이민자가족방문교육	16,652	16,652	-		

출처 : 보건복지가족부 내부자료(2009)

2. 가족정책 주요사업

정부의 가족정책목표는 가족친화적인 사회 환경을 조성하는 것이다. 이를 구체화하기 위한 성과목표로 일과 가정의 양립 지원과 가족의 역량 강화를 추진하고 있다. 주요내용을 살펴보기로 한다.[15)]

1) 가족친화 사회 환경 조성 촉진

저출산・고령화에 따른 급격한 인구구조 변화는 성장 잠재력 약화로 이어져 국가의 지속발전 가능성에 심각한 장애로 대두되고 있어서 출산율을 제고하고, 여성인력 활성화 등 성장 동력 확보를 위해 일과 가정생활을 병행할 수 있는 가족친화적인 직장환경의 마련이 필요하다. 그러나 기업들은 가족친화 경영 정보의 부족 또는 가족친화 경영으로 인한 단기적 비용부담 등으로 가족친화 제도 도입에 소극적인 실정이다. 그러나 개인 내지는 가족과 함께하는 삶에 대한 가치를 중시하는 근로자의 의식변화 등 일과 가정생활을 조화롭게 병행할 수 있는 제도적 지원이 요구된다. 아울러 「가족친화 사회 환경의 조성 촉진에 관한 법률」 제정・시행으로 ('08.6) 가족친화경영 지원에 대한 기반이 마련되었다.

가족친화경영 기반마련 지원을 위하여 직장 내 가족친화교육 실시와 가족친화 프로그램 컨설팅을 지원하고 있다. 그리고 가족친화지수를 측정하고 이를 분석하여 가족친화제도 활용도 등을 진단하고 있으며 설문을 통하여 기업 및 공공기관에 대한 가족친화지수를 측정하고, 규모・업종별 등 분류기준에 따라 결과를 공표하고 있다. 또한 가족친화 우수기업에 대한 인증제를 추진하고 있다. 가족친화경영을 도입・확산하기 위해서는 기업의 자발적 참여와 협력을 이끌어 내는 것이 필수적이나, 기

---

15) 『2009년도 보건복지가족부 성과관리 시행계획』과 『2010년도에는 가족사업안내』를 참조하여 작성하였다.

업들의 자발적인 참여를 유도하기 위한 여건이 미흡하므로 가족친화 인증제[16] 운영을 통한 기업이미지 제고 및 인센티브 제공으로 기업의 가족친화경영 시스템 도입을 장려하고 있다.

《 가족친화 인증마크 》

이러한 정책을 통하여 일과 가정의 양립을 통한 여성인력 활용으로 저출산·고령사회 성장 동력을 지속적으로 유지하고 출산율 제고, 아동 등 미래세대의 건전한 육성을 위한 가장 효과적인 사회투자전략으로 기대하고 있는 것이다. 근로자 차원에서는 경력단절을 극복하고 가정안정 등 삶의 질 제고에 기여가 가능하며 근로와 양육에 대한 스트레스 감소 효과와 함께 인격형성기에 있는 자녀에 대한 적절한 관심으로 가정생활 만족도가 증가할 것으로 기대된다. 기업 차원에서 직원의 직무만족도 및 충성도 제고, 우수 인력 유치, 이직률 저하 등으로 생산성을 제고하고 사회적 책임을 다하는 기업으로 내외 고객의 신뢰도를 향상시켜 기업의 지속적 성장이 가능할 것이다.

16) 가족친화인증제란 근로자가 일과 가정생활을 조화롭게 병행할 수 있도록 가족친화제도를 모범적으로 운영하고 있는 기업 등에 대하여 심사를 통해 인증을 부여하는 제도

2) 아이돌보미 서비스 확대

아이돌보미 서비스 확대를 추진하는 목적은 양육자의 질병, 야근 등으로 인한 긴급·일시적 돌봄이 필요한 가정에 돌보미를 파견하여 보육사각지대 해소, 맞벌이·한 부모 가정의 양육부담 경감 및 취업지원을 위함이다. 구체적인 내용으로 0세(3개월)~만 12세 아동이 있는 서비스 이용 희망가정에 월 80시간(연 480시간)내 아이돌보미 서비스 이용요금을 차등 지원하고 부모가 올 때까지 임시 보육, 보육시설 · 학원, 학습보조, 놀이활동 등을 지원한다. 이렇게 아이돌보미 서비스를 확대하고, 가족 돌봄 지원을 위한 기반을 마련하여 돌봄 부담을 경감함으로써 궁극적으로 가족역량강화 및 지속발전 가능한 사회를 구현함에 기여하고자 한다. 이렇게 부모의 출장 및 야근에 따른 긴급하고 일시적인 양육지원 서비스를 확대하여 국민의 서비스 체감도를 증가할 것이다. 그러나 아이돌보미 사업 확대 시 유사사업과의 중복 등이 해결해야 할 과제이다. 가족의 자녀 돌봄 부담 경감 및 돌봄의 사각지대 해소를 위한 아이돌보미 사업 확대 시 보육정책 및 타 부처 유사사업(노동부 '아가야' 사업)과의 서비스 중복 문제, 정확한 수요조사의 어려움, 홍보 문제 등이 우려되고 있으며 매년 예산편성 및 심의과정에서도 지적되는 사안이다. 아울러 기존의 가족 중심으로 아동 돌봄 지원체계가 한계에 도달하였다고 볼 수 있다. 왜냐하면 가족 규모 축소, 여성의 경제활동 증가, 가족과 지역공동체 단절 등으로 가족 내 돌봄에서 공백이 발생하기 때문이다. 그러나 돌봄을 분담할 수 있는 사회적 지원체계는 미흡하며, 특히 기관보호(보육시설, 유치원 등) 중심의 서비스 제공으로 시설 미 이용 아동에 대한 지원이 부족한 실정이다.

3) 다문화가족 사회통합 지원강화

최근 국제결혼이 급증[17]하고 있으나 사회적 편견, 대규모·속성의 결혼중개시스템, 문화·언어적 차이 등으로 인해 결혼이민자가 가정과 한국사회 적응에 어려움을 겪고 있다. 따라서 다문화에 대한 우리 사회의 인식 개선과 결혼이민자 및 그 가족의 사회 통합을 지원할 수 있는 제도개선 및 서비스 제공을 위한 인프라 구축이 필요하며 다문화가족지원법('08.9)과 결혼중개업관리에 관한 법률이 시행('08.6)되었으며 이를 집행하기 위한 기관으로서 다문화가족지원센터[18]가 있다. 이들 센터를 통한 각종 서비스 제공으로 결혼이민자의 한국사회 적응, 자녀양육 및 사회·경제적 자립을 지원하고 있다. 아울러 국제결혼중개업 관리강화, 결혼 전 사전정보제공, 배우자교육 등 결혼이민자에 대한 인권보호 강화사업도 추진하고 있다. 하지만 다문화가족 지원 서비스와 관련하여 서비스의 중복 및 사각지대에 대한 문제해결이 요구된다. 예를 들면 다문화가족 지원서비스 대상자 발굴, 현황 및 이력관리를 위한 다문화가족 등록·관리체계 구축이 필요하며 특히 상업화된 국제결혼 관행으로 인한 결혼당사자의 인권침해 및 피해 사례를 예방하기 위해 결혼중개과정에서의 정확한 정보제공 등 국제결혼중개업자의 신상정보 제공의무를 부여하는 제도적 장치를 마련해야 한다. 그러하지 않을 경우 결혼당사자간 정보부족 및 상호이해 결여 등으로 결혼 후 가정폭력 및 가족해체 등 사례가 발생하고 있다. 아울러 지속적으로 증가하고 있는 다문화가족 자녀의 언어발달지원 및 보육시설 등의 다문화 수용성 제고가 필요하다.

---

17) '07년 국제결혼은 전체 결혼의 11.1%를 차지하며, 농림어업종사자 남성의 경우 40%가 외국여성과 결혼(통계청)하였고 자녀(58,007명) 중 미취학아동 비율(57.1%)이 높으며 초등생 32.2%, 중·고생 10.6%의 순이다('08.5 행정자치부)

18) 다문화가족지원센터에서 한국어·문화 교육, 상담, 자녀지원 등 다양한 서비스를 원스톱으로 제공하고 있으며 센터 수는 지속적으로 증가하여 '08년 80개소 → ('09년) 100개소 → ('10년) 159개소 등이다.

4) 건강가정지원센터 운영지원

건강가정지원센터의 설치[19] 목적을 중앙센터의 경우에는 건강가정지원 프로그램 개발·보급, 인력양성·관리, 지방센터 지원·평가, 가족관련 정보 제공을 통해 가족지원 서비스의 확산 및 서비스 질 제고 등이고 지방센터의 경우에는 지역주민 교육·상담·가족문화운동 전개 및 지역주민의 특성을 고려한 맞춤형 가족지원서비스를 제공하여 가족문제 예방 및 가족기능을 강화하고자 함에 있다.

5) 위기가족 역량강화 지원

위기가족 역량지원은 재가 미혼모·부자 등의 자녀양육, 경제적 자립을 위하여 임신초기부터 지역거점기관을 통해 자녀출산, 양육 및 자립에 대한 지원·상담·정보제공을 목적으로 한다. 추진배경은 한 부모가족, 위기가족, 실직가족 등 취약가족의 증가로 가족기능이 약화되고 해체가족이 증가하여 사회 안정의 근간인 가족의 불안정이 가속화되는 실정이다. 따라서 취약가족이 역량을 강화할 수 있도록 수요자 중심의 맞춤형 지원 전달체계 구축 및 질적 서비스 확충이 필요하다. 이의 근거법령으로 한 부모가족지원법 제17조(가족지원서비스)와 건강가정기본법 제21조(가정에 대한 지원) 제2항이 있다. 지원조건은 국고 50%와 지방 50%로 구성되어 있으며 사업시행주체는 여성가족부, 시·도(시·군·구), 건강가정지원센터 등이다.

---

19) 건강가정기본법 제35조(건강가정지원센터의 설치) ① 국가 및 지방자치단체는 가정문제의 예방·상담 및 치료, 건강가정의 유지를 위한 프로그램의 개발, 가족문화운동의 전개, 가정관련 정보 및 자료제공 등을 위하여 중앙, 시·도 및 시·군·구에 건강가정지원센터를 둔다. 중앙센터는 국고보조 100%를, 지방센터는 서울 30%, 지방 50%를 정부가 보조해주고 있다.

6) 한 부모가족 지원

한 부모가족 지원 사업은 저소득 한 부모가족의 자녀학비·아동양육비 지원 및 장기저리의 사업자금융자 등으로 한 부모가족의 생활안정 및 자활·자립기반 조성을 목적으로 하며, 한 부모가족복지시설 신축 및 노후시설의 증개축 및 개보수를 통하여 생활이 어려운 한 부모가족을 일정기간 보호함으로써 자립기반을 조성하도록 지원하는 사업이다. 최근에 이혼 등의 가족해체 사유로 한 부모가족(부자가족, 모자가족, 미혼모)이 지속적으로 증가하고 있으며, 한 부모가족의 경제상황이 매우 열악한 상황임을 고려한 정책이다. 한 부모가족의 주거 및 자녀양육에 어려움을 겪고 있는 무주택 저소득 한 부모가족을 일정기간 보호함으로써 자립기반을 조성하고 기초생활보호대상사업에 의해 보호를 받지 못하는 차상 위계층 한 부모가족을 지원하기 위한 사업으로 한 부모가족의 아동양육, 가사, 생계유지 등의 복합적인 어려움을 완화하는데 커다란 기여를 하고 있다. 지원형태는 지자체 보조(한 부모가족복지시설기능보강, 한 부모가족아동양육·교육비 지원)와 융자(한 부모가족복지자금융자)가 있다. 사업시행주체는 여성가족부, 시·도(시·군·구), 농협중앙회 등이다.

제3절 외국의 가족정책[20)]

가족정책은 그 사회의 고유한 가족제도, 사회적 가치관, 경제수준 및 환경 등에 따라 달라지므로 이를 비교 문화적으로 살펴보는 것은 정책의

20) 김경신, 「통합적 가족정책을 위한 과제 및 가족지표 개발」, 대통령자문 정책기획위원회, 2007에서 발췌

전개과정과 특징을 이해하는 데 도움이 될 것이다. 이를 위해 복지정책의 이론가인 에스핑-앤더슨(Esping-Anderson)이 주장한 복지국가의 유형을 설명하는 것이 외국의 가족정책을 이해하는데 도움이 될 것이다. 그는 탈상품화[21]와 탈가족화[22]의 정도에 따라 서구 복지국가를 3가지 유형으로 분류하였다. 첫째, 자유주의적 복지국가로서 시장과 가족의 역할을 강조하며 국가의 개입을 최소화하는 유형이다. 탈상품화가 최소한으로 이루어지며 탈가족화도 미비하거나 시장을 통해 이루어진다. 국가의 개입이 최소화되어 잔여주의적 모델을 선택하며 미국, 캐나다가 대표적이다. 둘째, 조합주의적 복지국가로서 사회보험과 노동자 중심의 급여체계가 발달되어 있고 탈상품화는 중간정도로서 독일과 프랑스가 대표적이다. 셋째, 사회민주주의적 복지국가로서 보편주의에 입각하여 사회권이 가장 잘 보장되어 있고 탈상품화와 탈가족화 정도도 가장 높다. 노르웨이, 스웨덴 등 북유럽국가가 해당된다.

1. 미국

미국은 국가의 책임보다 시장의 역할을 중시하는 자유주의 유형이다. 따라서 아동과 가족을 대상으로 하는 가족복지정책의 대부분도 빈곤집단이나 국가의 특별한 보호가 필요한 취약집단을 중심으로 발전되어 오면서 연방정부 차원의 명시적이고 포괄적인 아동 및 가족관련 정책이 존재하지 않았다. 특히 1980년대 중반이후 복지정책 운영에 관한 연방정부 책임의 대부분을 주정부로 이양하면서 지역단위의 복지관련 정책을

21) 탈상품화란 개인의 복지가 시장과 자본에 의해 결정되지 않는것으로서 시장의 힘으로부터 개인이 자유로워질수 있는 정도를 의미한다. 즉 강제로 노동을 하지 않으면서도 최저의 생활을 영위할 수 있는 정도를 말한다.

22) 탈가족화는 개인의 생존을 위해 수행하는 가족부양의무를 어느정도 완화시키고 가족의 전통적 기능을 사회화할 수 있는가를 의미한다. 탈가족화는 전통적으로 가족내 역할을 수행해 온 여성의 노동권 보장의 전제가 된다.

수행하고 있다. 가족복지정책 담당 정부기구를 보면 연방정부 수준에서 가족을 전담하는 독립부서가 없고 아동과 가족에 대한 정책을 여러 부처에서 나누어 수행하고 있다. 건강복지서비스부(DHHS:Department of Health and Human Services)가 대표적인 아동 · 가족관련 정책의 주무부서라고 할 수 있다. 아동의 교육복지 지원과 관련해서는 교육부(Department of Education)가 있으며 취업모의 가족간호휴가 보장 등에 관련해서는 노동부(Department of Labor)가 있다. 유족과 보호아동에 대한 급여 및 연금 등의 관리를 위해서는 사회보장국(Social Security Administration) 등이 긴밀한 유대관계를 바탕으로 아동 · 가족과 관련된 정책을 수행하고 있다.

1) 소득보장정책

대표적인 가족소득지원정책으로 빈곤가족한시부조(TANF : Temporary Assistance to Needy Family)프로그램이 있다. 수혜대상 가족들의 노동참여를 유발하여 자활능력을 고취하고 자녀부양의 가족기능을 회복할 수 있도록 지원하는 것을 핵심전략으로 삼고 있다. 또한 생애 전 기간 중에 5년 이상 지원받지 못하게 법적으로 규제하고 있으며 취업이 불가능한 특정한 상황을 제외한 모든 경우에 대해 부모의 적극적인 노동참여를 요구하고 있다. 미국은 아동수당 또는 가족수당 등 직접적이고 보편적인 현금급여를 통한 가족소득보장 정책은 없으나 조세제도를 이용하여 자녀가 있는 가정에 대한 간접적 재정지원을 하고 있다. 대표적인 세제지원으로 저소득 가정에 대한 근로소득보전세제(EITC : Earned Income Tax Credit)를 들 수 있는데 이 정책은 자녀가 있는 가족에 대하여 소득수준에 따라 근로소득부분에 대한 조세감면 또는 면제 혜택을 부여함으로서 노동을 통한 복지를 추구하고자 하는 연방정부의 복지목표 달성에 중요한 역할을 담당하고 있다. 빈곤가정의 최저생활 수준을 보장하기 위하여 농림부(Department of Agriculture)에서 시행하고 있는 식품권(Food Stamp)을 발행하고 있다.

2) 모성보호 및 자녀양육지원정책

미국은 부모의 휴가정책을 국가정책으로 접근하지 않고 있다. 그러나 임금보상을 받지 않고 무급으로 가족휴가를 이용할 수는 있다. 미국의 영유아 보육정책은 저소득층 가족의 영유아를 대상으로 양질의 교육과 조기교육 기회의 확대를 통하여 빈곤의 세습을 방지하고 건강한 사회구성원을 양육하고자 하는 국가적 기대가 포함되어 있다. 출생 직후부터 3세까지 영유아를 대상으로 하는 조기헤드스타트(Early Head Start)와 4세 이상부터 취학 전 아동을 대상으로 헤드스타트(Head Start)가 대표적인 공보육 프로그램이다.

2. 일본

일본도 우리와 마찬가지로 출산율 저하와 인구 고령화가 진전되면서 가족정책이 개별적인 가족문제에 한정되지 않고 포괄적으로 추진되도록 변화하고 있다. 중앙부처의 담당기관은 후생성이다

1) 소득지원정책

가족단위 소득지원정책으로 생활보호제도, 아동수당제도, 모자가정지원정책 등이 있다. 생활보호제도는 80년대 이후 대상을 한정시켜 생존권보장이라는 공적책임보다는 노동능력이나 자산의 활용을 전제로 하고 있고, 친족부양우선을 엄격하게 적용하고 있다. 아동수당제도는 자녀양육비의 경제적 부담을 경감시키는 보편적인 제도로서 의무교육 취학 전 아동을 대상으로 하는데 출생순위에 따른 수당 액의 차등을 두고 있다. 모자

가정을 대상으로 하는 복지정책에는 소득보장과 자립지원시책, 세제상의 조치 등이 있다.

2) 모성보호 및 자녀양육지원정책

자녀양육지원은 저출산과 관련한 대응책으로 추진되고 있다. 노동과 가족적 책임의 동시적 수행을 권리로 보장하는 육아·개호휴직제도가 2001년에 확대 개편되었으며 2003년 차세대육성기본법의 제정 등으로 신엔젤플랜(New Angel Plan)을 중점적 시책으로 펼쳐지면서 다양화된 양육서비스의 제공을 추진하고 있다. 본 법에 따라 육아 휴게소, 아동-가정지원센터, 종합보육서비스, 지방자치단체별 육아지원 5개년 계획과 함께 가족지원서비스를 확대하고 있다.

3. 독일

독일의 가족정책은 가족의 주체적인 책임을 우선시하며 국가는 가족의 자립을 보조하는 역할을 담당하는 것을 기본으로 한다. 최근 독일사회가 출산율의 저하 및 인구의 고령화로 인한 인구구조의 변화, 이혼과 재혼가족 그리고 독신가구의 증가 등으로 대표되는 가족구조의 변화 등을 경험하면서 가족단위의 복지정책이 필요하게 되었다. 가족정책 역시 기존의 잔여적 경향에서 탈피하여 적극적이고 보편적인 방향으로 전환을 시도하고 있다. 즉 정부는 가족에 대한 인식을 전환하여 가족을 그들이 지닌 구조적 취약성 때문에 보호하는 것이 아니라 가족이 지닌 국가와 사회를 위한 고유한 능력 때문에 보호해야 한다는 기본인식을 새롭게 정립하고 있다. 현재 독일의 중앙정부 기구 중 가족정책을 담당하는 부서는 가족노인여성청소년부이다.

1) 소득보장정책

아동수당과 자녀세금공제의 두 가지가 중심이다. 이외에도 자녀가 있는 가족인 경우 주택수당, 실업수당 등도 지급받게 된다.

2) 모성보호 및 자녀양육지원 정책

저출산문제 해결을 위해 가족의 재생산을 위한 제반 여건 조성에 역점을 두고 있다. 여성이 직장과 가정을 양립할 수 있는 다양한 방안을 모색하고 있으며 직장 내 보육시설 확충, 자녀양육비를 24개월 동안 지급하고 모성보호휴가를 확대하고 있다. 양육을 담당하는 여성을 위한 연금제도인 주부연금제도가 시행되고 있는데 이 제도는 자녀양육을 위해 취업을 중단 또는 포기할 경우 자녀양육기간에 비례하여 노후연금을 지급하는 조치로 아동 양육을 위해 직업을 포기한 어머니의 경우 한 자녀 당 3년간의 연금횟수가 인정된다.

4. 스웨덴

보편적인 사회보장제도를 운영하고 있다. 스웨덴의 사회정책은 평등을 목표로 하고 있어 독일과 마찬가지로 모자가정 등의 구분은 사회 통념상 무의미하다. 모자가정이 전체가구의 16%로 이혼과 별거로 인한 모자가정이 대부분이다. 모자가정의 70%이상이 수당이나 소득지원을 받고 있으며 모자가정은 아동보육서비스의 이용에 있어서 우선권이 있다. 가족정책은 보건사회부(Ministry of Health and Social Affairs)에서 담당하고 있다. 중앙정부는 구체적이고 직접적인 서비스를 제공하지 않고 정책개발과 평가 및 감독을 수행하며 직접적인 서비스는 지방정부를 통해 제공한다.

1) 소득보장정책

자녀수당의 종류에는 기본자녀수당, 추가자녀수당, 연장자녀수당 등 3가지이다. 기본자녀수당은 모든 가족의 아이가 16세(재학 중일 때는 20세)가 될 때까지 지급받으며 둘째 자녀까지 동일한 수당이 지급된다. 추가자녀수당은 자녀가 세 명 이상일 때 해당되며 일률적인 금액으로 정해지고 있다. 연장자녀수당은 자녀가 16세 이상인데도 의무교육을 계속 받고 있는 경우 같은 액수의 학업보조비가 제공된다. 아동수당은 모든 아동들에게 지급된다. 자녀가 있는 가족에게 주택수당을 지급하는데 지급전에 자산조사를 실시하며 주택가격과 자녀의 수에 따라 차등지급을 한다.

2) 모성보호 및 자녀양육지원정책

부모보험은 임신수당, 부모수당, 임시부모수당의 3종류가 지급된다. 임신수당은 임산부가 임신으로 일을 할 수 없을 때 지급되며 최대 50일간 수입의 80%를 받는다. 신생아를 출산하거나 아기를 입양한 부모에게 주어지는 육아휴직은 정상임금의 90%를 받으며 360일간 사용이 가능하다. 보육관련 정책담당부서가 보건복지부에서 교육부로 1996년 이관되면서 보육시설에서의 교육기회제공에 대한 시책이 시행되고 있다.

제4장 다문화 사회

제1절 다문화의 이해

1. 다문화의 개념

1) 문화이론

우리 사회에는 국제적 인적 교류 확대, 국제결혼 증가 등에 따라 언어적·문화적 배경이 다른 구성원들의 비중이 증가하고 있다. 이렇게 우리 사회는 이미 매우 다양한 구성원들로 이루어진 다문화사회로 진입했으며 이들의 문화와 역사를 존중하고 이해하는 사회 환경을 조성하고 인권보호 및 사회통합을 강화할 필요성이 제기되는 것이다. '문화'란 예배, 존경, 충성을 의미하는 라틴어 'cultus'에서 유래하였는데 이러한 개념은 이후에 '수양, 배양'을 의미하는 'cultura'의 의미로 바뀌어 지성과 행동 수양이라는 개념으로 확대되었다. Bateston(1979)은 문화의 특징으로 <표 4-1>와 같이 6가지를 제시하였다.

<표 4-1> 문화의 특성

<table>
<tr><td rowspan="5">문화는 인간과 다른 동물을 구별해 준다.</td><td>인간중심적</td></tr>
<tr><td>도구사용 대 도구제작</td></tr>
<tr><td>다른 손가락과 마주 볼 수 있는 엄지</td></tr>
<tr><td>인간과 영장류만이 도구를 만들고 사용할 수 있는 동물</td></tr>
<tr><td rowspan="4">문화는 학습된 행동이다.</td><td>모방학습</td></tr>
<tr><td>기타 학습 : 언어</td></tr>
<tr><td>사인과 심벌 : 언어와 예술</td></tr>
<tr><td>문화는 인간이 만들어 낸 유물</td></tr>
<tr><td rowspan="3">문화는 사회적 산물이다.</td><td>같은 종의 사람들이 상호작용하는 집단</td></tr>
<tr><td>사회적 맥락에서 통용되는 언어 사용</td></tr>
<tr><td>사회적 맥락에서 통용되는 사회적 행동</td></tr>
<tr><td rowspan="2">문화는 사회적 맥락에서의 행동이다.</td><td>위계가 있음</td></tr>
<tr><td>체계가 있음</td></tr>
<tr><td rowspan="2">문화는 과정이다.</td><td>적응적</td></tr>
<tr><td>역동적이고 발전적</td></tr>
<tr><td rowspan="4">문화는 다음의 것들로 구성된다.</td><td>사람</td></tr>
<tr><td>언어</td></tr>
<tr><td>의사소통</td></tr>
<tr><td>사회구조(가족, 지역사회, 사회)</td></tr>
</table>

출처 : Bateston, 1979

문화 변용(acculturation)의 개념과 이론은 이주, 식민지 혹은 다른 형태의 문화적 교류의 결과로서 한 가지 문화적 맥락에 익숙해진 개인이 어떻게 새로운 문화적 맥락에 적응하는가를 설명해 주는 것이다. 문화 변용의 논의를 개인 차원으로 전개할 때 학계에 익히 알려져 있는 문화 적응 전략(acculturation strategies)은 John W. Berry(1997)에 의하여 잘 정리되었다. Berry는 두 가지 차원, 즉 고유한 문화 정체성의 유지와 주류 사회문화 수용 여부에 기반을 둔 이주민의 문화 적응의 상황을 네 가지 범주로 구분하여 설명하고 있다.

<표 4-2> 문화 적응 전략의 범주화[23]

<table>
<tr><td colspan="2" rowspan="2">차원1 / 차원2</td><td colspan="2">문화적 정체성과 특성의 유지</td></tr>
<tr><td>그렇다</td><td>그렇지 않다</td></tr>
<tr><td rowspan="2">주류 사회 문화 수용</td><td>그렇다</td><td>통합 (Integration)</td><td>동화 (Assimilation)</td></tr>
<tr><td>그렇지 않다</td><td>분리 (Segregation)</td><td>주변화 (Marginalization)</td></tr>
</table>

먼저, 자신의 모국에서 가지고 온 문화적 특성과 자신의 문화 정체성을 유지하면서 주류 사회의 문화를 수용하여 소화시키면 통합의 범주에 속하고, 두 가지 차원에서 모두 그렇지 않으면 주변화 범주로 매겨진다. 한편, 자신의 문화적 정체성을 유지하지 못하고 주류 사회의 문제에 함몰되면 동화된다고 하며, 주류 사회의 문호를 수용하지 않고 자신의 문화적 정체성만을 고집하면 분리의 범주에 속하게 된다고 한다. 이러한 네 가지 범주는 이주민의 상황과 이주 시기, 그리고 이주한 지역의 환경에 따라서 결정되겠지만, 주로 이민자들은 통합의 범주를 가장 선호하는 것으로 보인다(조정아 외, 2006, 재인용). 문화 적응의 과정과 결과는 개인에게 발전적이고 긍정적인 측면을 가져오기도 하지만 개인의 정체성, 통합성, 대처 능력의 상실 등 부정적인 측면을 불러오기도 한다.

2) 다문화 개념

다문화의 정의는 한 사회 내에 다양한 문화가 존재함을 의미한다. 그러나 이러한 단편적인 개념 정의는 한 국가나 사회에서 문화를 규정하는 방법에 따라서 혹은 다문화의 주체에 따라서 그리고 다문화와 정치적 지향성과의 관련여부 등에 따라서 여러 가지로 해석될 수 있다. 예를 들어

23) 최명인 외, 「문화적 다양성과 사회복지」, 학지사, 2009

문화를 '사회 구성원의 일반적인 생활양식'이라고 포괄적으로 규정하는 경우 다문화는 개인 대 개인 혹은 집단 대 집단의 생활양식 상의 차이를 모두 포함하게 된다. 그러나 문화를 소수 공동체 고유의 관습 등 특수한 생활양식으로 규정하게 되면 다문화는 사회 내의 다수집단과 특정 소수집단 간의 문화적 차이를 의미하게 되어 다문화의 구조는 주도적 문화와 소수집단 문화 간의 대립양상을 띠게 된다. 다문화의 주체를 전체 사회 구성원으로 정의하는 경우 다문화는 사회 내의 다양한 이질성을 모두 포괄하는 이상적인 형태를 띠게 된다고 볼 수 있으나 문화적 다양성을 보이는 일부 집단을 지칭하는 경우 다문화는 집단 간 문화적 차이와 대립양상에 초점을 두게 되며 그 중에서도 특정 소수집단으로 규정되는 경우에 다문화는 해당 소수집단의 고유한 문화에 국한되어 좁은 의미로 정의되기도 한다. 때로는 다문화가 정치적 지향성을 띠게 되기도 하는데, 특히 한 국가 혹은 사회 내의 이질성 및 문화적 갈등 해소와 통합을 목적으로 한 논의에서 다문화는 다분히 사회통합을 저해하는 요인 혹은 해소되어야 하는 문제점으로 치부되며 국가 혹은 사회 내의 정치적 이데올로기와 제도적 장치 등과 결부되어 흔히 정치적인 지향성을 가지게 된다.

3) 동화주의

동화주의는 근대시대의 산물로서 과거 민족국가의 통치이념이었다. 동화주의의 목적은 한 국가의 구성 집단 중 다수를 이루는 민족 혹은 지배적 위치에 있던 민족의 생활양식을 문화적 기준점으로 삼고, 그 외 소수민족이나 이질적인 집단은 고유의 생활양식에서 벗어나 지배적 집단의 문화를 수용하고 동화되는 것이다. 따라서 동화주의적 시각에서 소수집단의 문화는 무시되거나 배척되어야 할 대상으로 파악되며, 국가는 다문화 보다는 하나의 통일된 문화를 가지고 운영되는 것을 이상적이라고 본다. 반면에 다문화주의는 국가 내의 문화적 다양성을 인정하는 이데올로기이다.

그 시초는 1960년대 서구의 시민권운동으로 볼 수 있으며 국가의 지배계층이 아닌 소외된 집단이 문화적 권리의 인정을 요구하는 것으로부터 시작되었다(오경석, 2007). 이를 기점으로 하여 다문화주의는 교통수단의 발달과 세계화로 인한 전 세계적인 이주의 증가로 더욱더 활발히 논의되고 있으며 각 국가에서 다문화주의는 고유한 역사적 배경 및 정치적 요구 등에 따라서 조작적으로 정의되어 정치적 이념으로 수용되고 있다.

4) 다문화 주의

광의적으로 다문화주의[24]는 국가 구성원들이 보유한 모든 종류의 다양성을 인정하며 이를 근거로 시민적 권리에 어떠한 차별도 하지 않는 것을 의미한다. 보다 협의적으로는 다양한 문화적 주체들의 특정 요구를 해소하기 위한 정치적이며 제도적 장치의 보장을 의미하기도 한다. 다문화주의와 정치적 및 제도적 장치들 간의 연관성에 따라 '온건 다문화주의'와 '강경 다문화주의'로 구분할 수 있다(마르티넬로, 2002). 온건 다문화주의는 한 사회 내의 생활양식 등의 온건한(soft) 부분에서 타문화의 양식을 추구하고 반영하려는 것으로 이러한 온건 다문화주의는 개인적이거나 문화적인 부분에 영향을 미칠 뿐 정치적이거나 제도적인 범주로 확대되지 않는다. 반면에 강경 다문화주의는 한 사회 내에 존재하는 다양한 문화 및 정체성에 대하여 사회적·제도적·정치적으로 인정하며 그러한 사회 변화의 중심에 다양성을 가진 사람 및 집단이 주체가 되어야 한다

24) 다문화주의의 목적과 관련하여 정치통합에 순기능을 하는 것으로 인식되고 있다. 미국은 도가니론에 기초하여 다문화주의를 등한시 했지만 최근에는 국민통합의 수단으로 이용하고 있다. 다문화주의가 구체적으로 추진하는 목적은 다음과 같다. 첫째, 이주자, 원주민, 소수민족 등의 문화를 공식적으로 인정하는데 있다. 둘째, 소수민족이 주류사회의 문화를 이해하고 획득하도록 교육기회를 확대하고 그들의 사회참가와 기회균등을 달성하는데 있다. 셋째, 소수민족 집단간 상호교류를 적극적으로 추진하는데 있다. 넷째, 주류사회의 구성원이 이문화, 이언어에 대한 수용성을 높이는 한편, 편견, 선입견, 차별의식 등을 타파하는데 있다. 다섯째, 구조적 불평등과 차별을 없애는데 있다. 여섯째, 사회통합을 추구하는데 있다.(구견서, 「다문화주의의 이론적 체계」, 한국인문사회과학회, 현상과 인식, 제27권 3호(통권 90호), 2003)

는 것이다. 따라서 강경 다문화주의는 사회적·제도적·정치적 개입이 적극적으로 일어나야 하며 그 결과 다양성을 가진 주체의 불평등 및 차별 등이 시정되는 것을 목적으로 한다.

5) 한국의 다문화 실태

전 세계 220여개 국가 중 단일민족국가로 꼽혀 온 한국은 다문화의 역사가 그리 오래되지 않는다. 국제결혼의 증가로 인하여 다문화가정이 정책적 논란의 대상이 되기 이전에는 소수민족의 문화적 다양성이란 공식적으로 인정되지 못하였고 다양성의 주체들은 한국의 주류문화에 동화되도록 하는 것이 정책적 양상이었다. 그러나 세계화의 물결 속에서 소수민족에 대한 한국의 태도는 동화주의로부터 변화를 꾀하게 되었다. 그리고 최근에는 정책적·제도적으로도 다문화주의를 수용하려는 뜻을 표방하고 있다. 다문화의 주체를 결혼이민자 가정에 국한하며 특히 결혼이민자 가정 중에서도 한국인 남성과 결혼이민자로 구성된 가정을 정책의 중심 범주에 두고 있는 점은 다문화주의의 실현에 장애요인으로 지적되고 있다. 이는 외국인 남성과 한국인 여성으로 구성된 가정, 외국인 부부가정 그리고 미등록 이주노동자 가정 등 서구에서 다문화주의의 핵심주체로 포함시키고 있는 집단들이 정책적 대상에서 제외되기 때문이다. 따라서 한국의 다문화는 그 대상에서 다분히 제한적이며, 온건한 형태의 다문화주의가 주류를 이루고 있다고 볼 수 있다.

2. 다문화 사회를 위한 다문화주의[25)]

1) 다문화 사회

다문화 사회[26)]란 "세계화 진전과 노동의 국제이동, 난민 증가의 결과로

25) 김범수외, 「다문화 사회복지론」, 양서원, 2008에서 발췌하였다.

나타난 다인종 사회"라는 의미와 "다른 가치와 문화를 존중하는 다양성의 사회"라는 의미를 복합적으로 내포한다. 다문화 사회에서의 가장 중요한 고민은 이러한 집단을 어떻게 통합해 가는가 하는 것이었다. 이러한 통합의 문제는 크게 다원주의(pluralism) 대 동화주의(assimilation)의 이분적 논리로 이루어져 왔다(조옥라 외, 2006). 여기서 다원주의는 다문화주의 혹은 문화다원주의를 의미하는 것으로 이민 사회, 다문화 사회의 현실적 기반 위에서 이미 구축되었거나 향후 추구해야 할 하나의 이데올로기를 뜻한다. 과학과 문명의 발달, 통신과 교통 분야의 비약적인 발전으로 과거와는 다르게 하나의 국가는 여러 민족과 다양한 문화를 한 국가 안에 포함한 형태로 모습을 이루고 있으며, 한 민족으로 구성되어 있는 국가라 하더라도 문화교류와 여러 다양한 목적을 가진 이민자 등으로 인하여 국가는 여러 다양한 인종과 문화를 포함한 복합적인 구성요소를 가지고 있다. 이런 다문화, 다민족사회를 설명하기 위해서 캐나다 출신의 철학자 킴리카(Kymlicka)는 다문화(Mutinational)사회와 다인종(Polyethnique)사회의 두 가지 유형으로 다문화 사회를 구별하고 있다. 다문화사회는 기존에 존재하던 여러 다양한 문화적 실체들이 하나의 국가로 통합되는 과정에서 자신들의 모습과 색깔을 드러내기 위해 다른 문화들과 부딪치면서 소수집단의 문화와 정체성의 다양성이 발생한다. 그 과정을 거치면서 한 국가는 주류를 이끌어가는 다수집단과 문화적 다양성을 표출하는 소수집단의 두 집단으로 나누어진다. 다인종사회에서 나타나는 다양성은 한 국가를 구성하는 기존의 인종과 대규모 이민으로 형성된 인종집단 사이에서 드러난다. 이 경우 이민으로 이주해 온 두 번째 집단은 국가의 형성 시기에서부터 존재한 구성원이 아니기 때문에 기존의 구성원들에게 그 국가를 이루는 국민의 구성체로 간주되지 않는 경우가 많다. 현대사회에서 국가는 어느 사회에서나 다양성이 존재하며 기존의 문화와 인종을 넘어

---

26) 최홍 외, 「다문화사회 정착과 이민정책」, 삼성경제연구소, 2010.5.19(제756호)

서는 이질성이 존재한다. 이런 이질성을 어떻게 인식하고 받아들이느냐 하는 문제가 제기되고 그 사회가 소수집단들이 표출하는 다양성들을 어떠한 기준을 가지고 접근하느냐 하는 문제도 제기된다. 여기서 특수성과 이질성에 접근하는 방법에는 동화주의적 접근방법과 다원주의적 접근방식이 있다.

2) 동화주의적 접근방식

동화주의적 접근방식의 가장 대표적인 사례는 미국문화의 '용광로(Melting Pot)'이론이다. 미국은 초기의 국가형성 시기에서부터 이민정책을 유지하여 왔고 세계 각지에서 이주해 온 여러 다양한 인종과 문화들이 미국 사회라는 하나의 커다란 용광로 안에서 녹아 섞여들고 있다. 하지만 이 동화주의적 접근방식에는 하나의 커다란 기준이 있다. 이미 기존에 존재하는 다수집단 또는 사회의 주류들이 만들어 둔 기준에 의해서 후기 이주민 또는 이주문화가 이미 형성된 기존의 사회 기준에 알맞은 형태로 녹아드는 동화를 의미하는 것이다. 동화주의 사회에서는 소수집단이 다수집단이라는 커다란 사회 속으로 녹아서 융해되는 것이다. 그 과정에서 문화적, 사회적 적응이라는 것을 목표로 소수자들이 자신의 정체성을 잃고 사회의 주류들에 의해 정의된 다수문화에 적합한 형태로 융해되어 바뀌는 것이다. 그 때에 개인이나 소수집단은 자신들의 특징과 문화적 정체성을 잃게 되거나 그렇지 않으면 사적이고 개인적인 공간에서만 자신들의 정체성을 표출할 수 있게 된다. 또한 이주민들은 새로운 사회나 국가에 자신들이 잘 융해되어 훌륭한 사회의 구성원이 되었음을 기존의 다수집단에게 증명 해 보여야만 그 사회 또는 국가에 무사히 안착할 수 있다. 이것은 동화주의의 특성으로 이민국가에서는 소수인 이주자들의 문화적 정체성의 전이를 용이하게 하기 위하여 여러 다양한 동화주의적 접근방식을 가진 정책을 시행하고 있다. 동화주의적 접근방식을 가진 대표적인 국가 정책으로 속지주의를 들 수 있다. 그중에서 국적이나 시민권을 부여하는 국가의 정책으로 동화주의적 접근방식을 가진 사회에서는 이주민들에게 쉽게 시민권을 부여하는 것이다. 속지주의는 자국의 영토 안에서 태어나는 모든 사람들에게 자동으로 국적을 부여하는 것으로 현재 미국, 캐나다, 프랑스 등에서 시행되고 있다. 또한 동화주의 사회에서는 귀화 절차도 아주 간단하다. 이런 정책들은 이주민 또는 후기 이민자들이 기존의 사회에 빠르고 쉽게 국적을 취득할 수 있도록 도와주어 한 나라의 국민이라는 커다란 틀에 쉽고 빨리 들어올 수 있도록 하는 정책이다. 이렇게 새로운 사회에 이주하여 적응하는 이주민들은 그 사회의 언어와 문화를 배워야 한다. 그리고 그 언어를 사용해야만 하며 그 문화를 받아들여야 한다.

3) 다원주의적 접근방식

동화주의적 접근방식과는 달리 다원주의적 접근방식은 소수집단의 문화와 정체성을 어느 정도 인정한다. 이민이나 국제결혼 등을 통해서 생겨난 소수의 인종집단이나 문화집단의 특수성과 정체성이 공적으로 인정되는 것이다. 기존의 사회상과 다수집단의 방식을 중심으로 동화시키는 것이 아니라, 개인이든 소수집단이든 자유롭게 모여서 자신들의 문화와 정체성을 인정하며 보존할 수 있게 하는 접근방식이다. 또한 정치철학으로서의 문화 다원주의는 한 사회 내에 존재하는 각 하위사회 또는 소수집단의 특수성과 정체성을 똑같이 인정하고 존중해야 한다고 주장한다. 그것은 음식, 의복, 주거형태, 장례의식, 이념, 종교, 언어사용 등에 있어서 모든 집단에게 자유를 인정하고 공존을 주장하는 것이다. 이민자들이 자신들의 이익집단을 결성하고 자신의 자손들 또는 다른 사회구성원에게 자신들의 문화를 교육시킴으로써 다음 세대들에게 문화적, 인종적 정체성을 교육을 통해 전달하여 자신들의 정체성과 특수성을 보존할 수 있게 하는 것이다. 또한 다른 집단 또는 다수집단들에게 자신들에 대해 알릴 수 있는 기회를 만들어냄으로써 자신이 속한 소수집단에 대한 편견과 고정관념을 바꿀 수 있다. 미국에서는 각각의 이민자 단체에서 자신들 고유의 문화, 언어, 음식 등에 관한 강좌를 개설하거나 홍보를 통해서 출신 국가의 문화를 유지하고 이주 2세대들의 고유 정체성 확립을 돕고 있다. 그리고 다원주의적 접근방식을 가진 사회는 동화주의 사회에 비하여 상대적으로 개방적이다. 따라서 소수집단들이 자신들의 권리를 보호하고 차별정책에 맞서 싸우기 위해 또는 사회로부터 소외됨으로 생기는 불균형을 해소하기 위해서 활발한 민권 운동을 전개하는 특징이 있다. 요즘 대두되고 있는 샐러드 보울(Salad Bowl) 이론처럼 사회의 구성원들이 자신의 문화와 정체성을 잃지 않고 다양한 색깔과 모양 그리고 맛을 가진 샐러드가 되자는 것이 다원주의 접근 방식이다. 하지만 서구 국가에서 지향하는 자유민주주의적 다문화주의는 여전히 다수의 문화를 지배적으로 여기고 소수문화가 그것에 크게 위배되지 않는 범위 내에서만 인정하려 한다는 점에서 비판을 받고 있다. 이는 소수집단의 문화를 배척하고 차별하는 문제점을 극복하기 위한 대안이라 할 수 있다. 즉, 다원주의적 시각에서 채택한 다문화주의 사회라 해도 문화적·경제적 주류와 기득권층에서 자신들의 기존 문화를 중심으로 자신들의 문화와 시각 안에서만 다양성을 인정하는 것이다. 그것을 '다수문화 보편주의'라 한다. 다원주의적 접근방식을 가졌다고는 하나 다수문화 보편주의는 오히려 동화주의적 시각을 더 많이 가지고 있다. 그로 인해 현재 다문화주의를 채택하고 있음에도 불구하고 호주나 유럽에서 다수문화 보편주의는 백인과 유색인종 사이에서 갈등의 원인이 되기도 한다.

제2절 다문화주의

1. 다문화주의의 개념

다문화주의란 한 국가 또는 사회 안에서 몇 가지의 문화가 공존하는 것을 의미하며 일반적으로 인간 사회의 인종적·문화적 다양성과 특수성을 설명할 때에 사용된다. 따라서 다문화주의라는 용어는 사용하는 사람에 따라, 분야에 따라, 국가에 따라 많은 다양한 의미를 포함할 수 있다. 다문화주의란 단어는 캐나다가 다문화주의 정책을 시행하면서 많이 사용되기 시작하였고 1980년대 이후로 북아메리카와 오스트레일리아 그리고 유럽에서 본격적으로 사용되었다. 더욱이 요즘 대부분의 사회와 국가에서 다문화주의를 받아들이고 이미 다문화적인 사회가 된 현실을 인식하지 않을 수 없다.[27] 많은 사람들에게 다문화적인 현실이 관심의 대상이 되고 있다. 따라서 다문화주의는 현재 우리가 살고 있는 사회를 나타내는 것이며 사회적인 의미를 넘어 정치적·철학적 의미도 가지고 있다. 그리고 한 국가나 사회 구성원들의 다문화주의는 개인 또는 소수집단이 가지고 있는 인종과 문화의 정체성과 다양성을 어떻게 어느 정도 받아들이느냐에 따라 온건 다문화주의, 강경 다문화주의, 그리고 시장 다문화주의로 나누기도 한다.[28]

---

27) 1997년에 글레이저(Nathan Glazer)는 '이제 우리는 모두 다문화주의자다(We are all Multiculturalists now).라고 주장하며, 다문화주의화된 현실을 지적하였다.

28) 마르코 마르티니엘로(2002)는 다문화주의를 사회 내에서 여러 가지 종류의 다양성을 인정하는 다양한 방식으로 정의하고 그 방식이 정치적 및 제도적 장치들을 어떻게 사용하고 있는지에 따라서 '온건 다문화주의', '강경 다문화주의' 및 '시장 다문화주의'로 구분하였다.

2. 온건 다문화주의

한 사회 안에서 일반적으로 많이 볼 수 있는 외국 문화와 관련된 것, 그리고 다른 문화의 영향을 받은 생활양식과 소비양식은 온건한(Soft) 또는 가벼운(Light) 다문화주의라고 할 수 있다. 이는 더 이상 우리 고유의 것만을 찾는 것이 아닌 무언가 색다른 것을 받아들여서 일상적인 생활 안으로 끌어들인 것으로 코스모폴리탄(Cosmopolitan)적인 사람들이나 기존의 국민적 문화와 정체성 안에서 답답함을 느끼는 사람들이 이색적인 것을 찾아 개인적인 독특함을 추구하려는 욕구를 반영한 것이다. 따라서 개인이 다문화적이고 다양한 정체성을 추구하며 펼치려 하는 것이다. 하지만 그것은 개인적인 것으로 그 안에서 심오한 철학적 성찰이나 정치적 행동을 만들어 내지는 않는다. 온건 다문화주의는 한 사회 내의 생활양식 중에서 '온건한(soft)' 부분에서 타 문화의 양식을 추구하고 반영하려는 것으로 이러한 온건 다문화주의는 개인적이거나 문화적인 부분에 영향을 미칠 뿐 정치적이거나 제도적인 범주로 확대되지 않는다. 다른 나라의 또는 어느 민족 고유의 요리, 음악, 의상, 생활패턴, 철학 등이 사람들에게 색다른 매력을 제공하는 것은 사회적으로 다양성을 탐구하고 그것에 가치를 부여한다는 점에서 다문화주의의 한 예로 볼 수 있다. 또한 다른 문화권에서 전해진 이국적인 의상, 철학, 종교 역시 많은 기존의 사회에 영향을 끼치며 인기를 누렸다. 유럽과 미국 사회에서 불교에 관심을 가지기 시작했으며 아메리칸 인디언의 철학도 성공을 거두었다. 유럽의 패션쇼장에서 이국적인 복장이나 장신구를 보는 것은 아주 흔한 일이 되었다.

3. 강경 다문화주의

강경 다문화주의는 온건 다문화주의에서 가져온 생활의 변화와 피상적인 의미의 다원주의를 넘어서서, 개인 또는 소수집단의 민족적·문화적 정체성과 다양성을 받아들일 것을 요구하며, 기존에 존재하던 다수집단 또는 주류가 이끌어가는 사회에 변화를 촉구하고, 그 결과로 국민이라는 정체성의 확장을 이끌어내며, 사회적·정치적·공적인 인정과 변화를 만들어 내는 것을 말한다. 그리고 그 변화의 과정에서 특수성과 다양성을 가진 개인 또는 소수집단들이 그 변화의 중심에 설 수 있는 가능성을 고려하는 것이다. 결국 건강한 시민사회 건설에 있어서, 특수성과 다양성이 개인과 공동체 사이에서 어떤 위치에 놓여 있는지 사회구성원이 함께 토론하여, 그 사회의 기준에 맞추어서 한 국가 내에서 문화공동체를 인정하는 원칙을 정당화하는 것이다. 결국 다문화주의는 정치적인 영역에 이르게 된다. 정치적인 영역에서의 다문화주의는 어느 한 사회 안에서 문화의 정체성과 다양성을 고려하는 것을 이르며 다양성과 특수성이 인정을 받고 그것을 받아들이려고 하는 공적인 시도를 말하는 것이다. 결국 정치 영역에서의 다문화주의는 다양성과 특수성을 가진 소수집단이 정치적 결사의 형태를 만들게 되고 그들의 목적은 차별 받거나 소외되지 않을 권리를 주장하며 특수한 권리 또는 특별 대우를 얻어내려고 노력하게 된다. 정치적 영역에서의 다문화주의는 온건함을 넘어선 강경함을 띠게 되는 것이다. 그 과정에서 사회와 정부의 공적이고 적극적인 개입이 필요하다.[29] 한편, 김희정(2007)은 다문화주의란 소수 문화를 존중하고 이를 보존하려는 권리를 인정해 주는 국가의 정책을 지칭하기도 한다고 설명하고 다문화주의의 공식성 여부에 따라서 이를 실질적 다문화정책과 공식적 다문화정책 등 두 가지로 분류하였다. 공식적 측면에서 다문화정책은 국가의 적극적 개입에 따른 다문화정책을 의미하는 반면에 실질적 측면에서의 정책은 문화의 다양성에 대한 국가의 수동적 인정을 의미한다

29) 철학자 킴리카는 소수집단에 가해지는 차별적 정책과 사회의 불평등을 스스로 조절하는 것이 불가능하기 때문에, 국가가 문화와 인종의 다양성 영역에서 중립적이어서는 안된다고 하였다.(현대정치철학의 이해, 2006)

(김희정 2007 재인용). 그는 한국의 다문화주의가 혈통주의적인 측면에서 이루어지고 있다고 비판한다. 결혼이민자와 혼혈인 아동 등에 대해서는 적극적 정책을 펼치면서 화교, 이주노동자 등에 대해서는 무관심한 편으로 한국의 다문화주의는 그 대상을 차별화하고 있다는 점을 지적하였다.

4. 시장 다문화주의

다문화적인 생활방식이 시장경제에도 영향을 주고받고 있는 것이 바로 '시장 다문화주의'이다. 시장의 다문화주의는 소수집단과 다수집단 사이의 철학적 논쟁에 적극적이지 않다. 오히려 시장 다문화주의는 그 논쟁에서 장점만을 최대한 극대화 시켜 다문화사회 안에서의 경제적 이익을 극대화 시키는 것을 목표로 한다. 즉 철학적·사회적·논리적 사고에서 벗어나 단순히 경제적 이익을 찾아가는 논리인 것이다. 기업체에서도 자신들의 경제적인 이익을 극대화시키기 위하여 회사구성원들의 다양성과 특수성을 인정하고 장려하는 것이지 그들이 다문화주의 논쟁에 결코 적극적으로 뛰어들지는 않는다. 이렇게 보면 시장 다문화주의는 사회주의적인 논점이 아닌 경제 또는 경영의 논리로 그 영역을 확대하고 있는 것이다. 미국에서 히스패닉(Hispanic)[30]계 이민자들이 많이 밀집해서 살고 있는 지역에는 스페인어 TV 채널이 있어 그들의 문화적 욕구와 수요에 응답하며 그로 인한 경제적이고 실체적인 이윤을 창출하고 있다. 이렇게 문화 매체에 대한 수요가 구매력을 가지게 될 때 그에 상응하는 공급이 생겨나게 된다. 또한, 우리나라뿐만 아닌 서구의 국가들에서 외국음악이나 음식에 대한 사람들의 기호가 커지자 그에 발맞추어 민족음악이나 외국음악에 대한 대형 음반시장이 확대되고, 다양한 외국음식을 제공하는 식당들이 생겨났다.

30) 히스패닉(Hispanic)은 스페인어를 사용하는 중남미 출신의 미국 이주민을 지칭하는 단어로, 라틴아메리카 출신이라는 뜻의 라니토(Latino)라고 쓰기도 한다.

소비적인 측면뿐만 아니라 생산적인 부분에서도 다문화주의의 영향을 받고 있다. 1970년대 프랑스의 자동차 회사에서는 공장 안에 이슬람 노동자들을 위한 예배소를 설치하여 노동자들의 신앙생활을 도와주었다. 당시 회사 측에서는 노동자들의 이러한 문화적 특수성에 대한 욕구를 해소함으로써 생산성을 향상시킬 수 있을 것이라고 생각했던 것이다. 즉 국가가 개입하지 않는 부분에서도 이렇게 다양성과 다문화는 개인 또는 소수집단의 사적 영역에 개입하고 있는 것이라고 판단할 수 있다. 이렇게 1980년대 이후 문화간(Intercultural) 경영이라는 개념이 등장하면서 기업 내부에서 다문화주의적 정책들이 갖고 있는 장점들이 부각되었고 1990년대 이후 광범위하게 전파되기 시작하였다.

제3절 다문화주의의 양면성

다양성을 가진 사회에서 다문화주의가 모든 해결책을 제시하지는 않는다. 한 사회 안에서 다문화주의에 관한 조치나 접근이 때로는 위험을 초래하고 사회·정치적 통합에 큰 위협을 초래하기도 한다. 인종적, 문화적 차이나 특수성을 존중하는 좋은 의도에서 출발한 다문화주의가 때로는 역효과나 역차별을 가져올 수 있으며, 전체주의적인 사고로 개인이나 여러 집단 단체 등을 고립시키거나 분열시킬 수 있다. 다음은 우리가 고려해 보아야 할 다문화주의의 위험한 요소이다.

1. 개인의 고립과 집단분열

1) 개인의 고립

사람들은 때때로 자신들이 어떤 한 문화권 안에 소속되어야만 한다고 느끼거나 요구받을 때가 있다. 특히 개인이 단 하나의 문화에만 소속되어야 한다는 배타주의적인 다문화주의 개념에 휩싸여 집단들 간의 경계를 명확하게 하고 보호와 존속을 목표로 설정한 채로 자신들만의 집단을 만들어 내는 것이다. 이러한 다문화주의는 개인을 하나의 문화적 집단에 귀속시키며 한 가지의 정체성을 강제로 부과하고 그 집단 안에서 개인의 정체성 변화 등을 전혀 고려하지 않는다. 그런 다문화주의의 영향을 받게 되는 개인은 그 집단 안에서 외부와 단절된 상태에서 고립되어 집단 속에서 자신의 존재감을 잃게 될 수도 있다. 그리고 이러한 다문화주의의 영향을 받게 되면 민족 문화 공동체 안에서 자신들만의 장벽을 더 높고 공공하게 만들어 오히려 사회통합에 장애가 될 수도 있다. 또한 그런 다문화주의는 한 개인이 한 가지 또는 여러 가지의 문화권 안에 동시에 소속될 수 있는 권리를 부정하는 것이다.

2) 도덕질서

다양성을 인정하는 사회 안에서 개인이나 집단의 정체성과 특수성에 위배되는 언어나 행동을 하게 되면, 그 사회의 새로운 도덕질서인 다문화주의에 위배된다고 하여 도덕적이지 못 하다라는 비판을 받게 된다. 그러면, 과연 그것이 정의롭다고 할 수 있을까? 만약 그렇다면 다문화주의 정책은 문화적·사회적 불평등 해소를 위한 것이 아니라 사회의 도덕질서를 정의하고 정립하려는 새롭게 등장한 이데올로기가 될 수밖에 없다. 다문화주의가 새로운 도덕적인 이데올로기가 된다면 다문화주의를 비판하는 사람은 비도덕적인 사람이나 인종차별주의자로 낙인이 찍히게 되어 사회에서 매도될 것이다.[31] 한순간의 실수로 어휘를 잘못 사용하거나 잘못된 행동을

31) 백악관을 60년이상 출입해온 전설의 할머니 기자 헬렌 토마스(89세)가 백악관에서 열린 유대인 행사에서 만난 유대교 지도자에게 "팔레스타인 주민은 자신들 땅을 점령당했다. 유대인들은 팔레스타인을 떠나 폴란드나 독일로 가야한다"고 말했다가 기자

하는지 감시하다가 새로운 도덕질서를 비판하거나 위배되는 발언이나 행동을 하게 되면, 사회적으로 공개비판을 당하게 되는 것이다.

3) 소수자 중심

다문화주의 사회가 대두되고 다양성과 특수성을 가진 개인과 소수집단을 위한 공적인 인정과 정책적인 지원이 늘어나면서 다문화주의 논의와 정책에 참여하려는 집단의 종류와 수도 점점 늘어나고 있다. 그들은 모두 자신들이 사회를 이끌고 있는 다수집단에 의해 희생되고 억압받는 소수집단이라 주장하고 있다. 이렇듯이 너무나 많은 개인과 소수집단의 등장은 당황스러운 일이 될 수도 있을 것이다. 또한 다문화주의의 영향으로 점점 더 다양한 집단들이 결집하여 사회의 한 구성원으로 등장하면서 자신들의 특수한 정체성과 욕구를 충족하기 위한 공적인 인정과 재원, 특별 대우 등을 요구하게 되었는데 그런 요구들이 때로는 기존의 상식을 넘어서는 것일 수도 있다. 그리고 때로는 그것이 집단 간의 경쟁을 유발시키며 집단 사이의 분열과 갈등을 조장하게 된다. 또한 그런 특별 대우들로 인하여 사회의 다른 구성원이 차별을 받게 될 수도 있다. 그렇게 되면 소수집단 사이의 갈등뿐만 아니라 소수와 다수의 갈등도 존재하게 되는 것이다.

2. 불평등의 은폐

다문화주의와 다양성에 관한 논의는 주로 문화의 영역에만 한정되는 경우가 많다. 문화적인 측면만을 대두시키면서 개인이나 소수자가 겪고 있는 사회적, 정치적, 경제적 불평등을 슬그머니 감추려 하는 것이다. 하지만 사회적 또는 경제적 부조리와 불평등에 대한 논쟁은 다문화주의 사회건설을 위해서 제외될 수가 없다. 이주민이나 소수집단 대부분이 사회의 경제적인 하

직에서 물러났다(매일경제, 2010.6.8)

층민을 구성하고 있기 때문이다. 미국의 이민역사를 보아도 많은 이민자들은 대부분 경제적으로는 사회의 하층민으로 이주민의 삶을 출발하였다. 따라서 다수집단에 속하지 못한 개인이나 소수집단은 그 사회의 사회적, 경제적 약자로 존재하는 경우가 많다. 그럼에도 불구하고 다양성을 인정하고 다문화주의의 확립을 이야기할 때 개인이나 소수집단이 가진 사회적·경제적 부조리와 불평등이 논쟁에서 제외되는 경우가 많다. 그러나 개인이나 소수집단이 겪고 있는 사회적·경제적 부조리와 불평등을 잊어서는 안 될 것이다.

3. 다문화 위기와 정부 개입 논거

1) 위기의 정의

위기는 개인이나 가족에게 위험하면서도 동시에 성장과 변화, 새로운 대처방법을 습득하는 기회가 되기도 한다. 대체로 위기는 복잡한 증상을 수반하기 때문에 다양한 영역에서 신속한 개입이 요구되고 때로는 정형화된 문제해결 방법의 적용이 어렵다. 다문화 위기개입의 중요한 관점은 문화적 가치와 다양성을 인식하고 수용하는 것이다. 즉, 인종주의와 자민족 중심주의, 고령자, 종교, 장애인에 대한 차별, 동성애 공포증, 성 차별주의 등과 같은 문화적·개인적 편견을 줄이는 것이며 이를 위해서는 먼저 자신이 가지고 있는 가치와 인종, 문화, 집단에 대한 편견을 인식하는 데에서 시작해야 한다. 결국 철저한 자기인식을 바탕으로 실천하는 것이다. 이러한 자세는 비단 위기개입에서만 강조되는 것이 아니라 사회복지 실천의 전 분야에서 요구되는 관점이다.

2) 정부 개입 논거

(1) 개인과 가족의 발달과정상의 위기

개인은 출생에서 사망에 이르기까지 다양한 단계들을 거치게 된다. 각 단계별로 사회적·신체적·심리적인 변화를 경험하게 되는데 다음 단계로 성공적으로 나아가지 못하는 경우 발달상의 위기를 경험하게 된다. 때로 발달과정상의 위기를 모든 사람들이 성장과정에서 경험하기 때문에 정상적 위기라고 보는 견해도 있으며 대표적으로 에릭슨(Erikson)의 8단계 과업의 내용이 이에 해당한다. 다문화가정들도 가족의 생활주기에 따라서 발달적 위기를 경험하게 된다. 그러나 급격한 환경의 변화는 정상적인 가족생활주기를 위협하고 발달 단계에서 위기의 문제를 겪게 된다. 예를 들어 우리나라 결혼이주여성 가족의 경우 결혼이주여성은 부부관계를 공고히 하기 전에 자녀를 임신하여 엄마로서의 역할로 갑작스런 전환이 요구되고 이로 인해 부부관계의 갈등이나 문제해결 능력 등에서 어려움을 겪을 수도 있다. 또한 모국에서와는 달리 사회적으로 요구되는 여성의 역할이나 아내, 어머니로서의 역할에서의 갈등이나 정체성의 혼란을 경험함으로써 심리적으로 고통을 경험하게 된다.

(2) 상황적 위기

상황적 위기는 우발적으로 일어나는 위기로 기본적인 욕구충족에 필요한 자원이 비정상적으로 혹은 예기치 않게 상실되어 발생하는 것이다. 상황적 위기의 예로는 실직, 금전의 상실, 도움을 받는 사람의 상실, 지위와 존경의 상실, 질병 혹은 외과적 수술, 자녀사망, 정신병 혹은 알코올 중독, 신체장애, 원치 않는 임신 혹은 결혼 외 임신, 전쟁, 거대한 자연 재해 등이다. 이러한 사건들은 정서적으로 위험한 상황을 유발시키게 된다. 지위와 역할 변화도 중요한 상황적 위기에 포함되는데 배우자의 사망은 아내 역할의 중단을 가져온다. 또한 복잡한 현대의 사회, 경제 및 정치구조는 과거보다 개인의 발달에 더 많은 직·간접적인 영향을 미치고 있다.

제5장 다문화 가족

제1절 다문화 가족의 의의

1. 다문화 가족[32)]의 개념

2008년 3월 다문화가족지원법이 만들어지면서 다문화가족지원법에 의한 다문화가족의 법률적 정의는 결혼이민자(혹은 귀화자)와 한국인으로 이루어진 가족이다. 다문화가족지원법은 다문화가족 구성원이 안정적인 가족생활을 영위할 수 있도록 함으로써 이들의 삶의 질 향상과 사회통합에 이바지함을 목적으로 한다. 이러한 목적을 둔 이유는 외국인의 수가 급증함에 따라 외국인정책의 중요성이 부각되기 때문이다. 특히 농촌에

---

32) 한국에서의 다문화가족의 범주는 크게 네 가지로 유형화할 수 있다. 첫째, 한국인 남자와 외국인 여자 또는 한국인 여자와 외국인 남자처럼 국제결혼을 통해 가정을 이룬 경우이다. 둘째, 외국인 근로자가 한국에서 결혼하거나, 본국에서 결혼하여 형성된 가족이 국내에 이주한 외국인 근로자 가족이다. 셋째, 북한에서 태어나 한국에 입국하거나 한국에서 한국인 또는 외국인을 만나 결혼한 북한이탈주민 가족이다. 넷째, 1인 가구로 혼자 들어온 외국인 근로자 또는 외국인 유학생이 이에 해당한다(평택대학교, 2007).

유 형	내 용
결혼이민자 가족	한국인 남자+외국인 여자, 외국인 남자+한국인 여자
외국인 근로자 가족	한국에서 결혼 혹은 본국에서 결혼 후 국내로 이주한 가족
북한 이탈주민 가족	북한 태생으로 한국입국, 한국인과 결혼, 외국인과 결혼해 형성된 가족
1인 외국인 가구	외국인 근로자, 유학생

거주하면서 겪고 있는 여성결혼이민자의 적응문제는 급속하게 증가하고 있는데 문화차이에 따른 부부갈등, 부부간의 폭력과 학대, 아동에 대한 교육 및 사회적응에 관한 것이다. 다문화가족 정의와 구분하여 결혼이민자의 개념을 동법상에 명시적으로 규정하고 있다는 점에서 특징이 있다. 동 법에서 규정하는 다문화가족의 범주는 '결혼이민자와 한국인으로 이루어진 가족', '국적법에 의해 귀화허가를 받은 자와 한국인으로 이루어진 가족으로 정의된다. 원래 '다문화가족'이라 함은 외국인 노동자, 국제결혼이주여성, 북한이주민 등 우리 사회에 새롭게 이주한 가족을 수용할 의도에서 사용하였으나, 「다문화가족지원법」에도 다문화가족을 주로 결혼이민자 가족으로 한정하고 있다. 다문화가족지원법에 나타난 결혼이민자의 정의는 <표 5-1>과 같다.

<표 5-1> 「다문화가족지원법」에 나타난 결혼이민자의 정의

제2조(정의) 1. '다문화가족'이란 다음 각 목의 어느 하나에 해당하는 가족을 말한다. 가. 「재한외국인 처우기본법」 제2조 제3호의 결혼이민자와 「국적법」 제2조에 따라 출생시부터 대한민국 국적을 취득한 자로 이루어진 가족 나. 「국적법」 제4조에 따라 귀화허가를 받은 자와 같은 법 제2조에 따라 출생 시부터 대한민국 국적을 취득한 자로 이루어진 가족 2. '결혼이민자 등'이란 다문화가족의 구성원으로서 다음 각 목의 어느 하나에 해당하는 자를 말한다. 가. 「재한외국인 처우기본법」 제2조 제3호의 결혼이민자(대한민국 국민과 혼인한 적이 있거나 혼인관계에 있는 재한외국인) 나. 「국적법」 제4조에 따라 귀화허가를 받은 자

2. 다문화가족의 출현 배경 및 원인

1) 국외 출현 배경

(1) 국제이주의 확대

과학기술의 발전으로 인한 이동수단 및 교통의 발달, 그리고 세계화의 심화에 따라 국가 간 인구이동이 대규모로 증가하였으며, 국가적 차원에서 자국의 문화와는 다른 이질적인 문화를 소유한 다문화가족의 출현이 빈번해졌다. 유엔이 발간한 보고서에 따르면 2005년도 전 세계 인구는 65억 명으로 이 중 약 3%인 1억9천100만 명이 국제이주로 인하여 출생국이 아닌 타 국가에 거주하고 있다고 밝혔다. 이는 국제이주의 규모면에서 7천5백만 명이었던 1960년대와 비교해 무려 2.5배 증가한 수준이며 국제이주의 형태면에서도 이전보다 상당히 다변화되고 있는 것으로 나타났다(UN, 2006). 특히, 선진국 국민의 10분의 1이 그리고 개발도상국 국민의 70분의 1이 이주민으로 구성되어 있으며 10명의 국제이주자 중 6명은 소득수준이 상대적으로 높은 국가에 거주하고 있다(UN, 2006). 국제이주자들은 새로 정착한 국가에서 결혼을 통하여 가족을 이루거나 본국의 가족을 추가로 이주시켜 가족의 결합을 이루는 등의 방법으로 다문화가족을 구성하고 있으며, 따라서 국제이주는 다문화가족의 출현 및 증가의 직접적인 요인이 되어 왔다.

(2) 거시적 원인

거시적 원인으로 전쟁 및 식민지화, 세계화, 국가 간 고용시장 및 생활환경의 격차, 그리고 유입국의 인구학적 변화 등이 있는데 이러한 요인들은 국가의 정치·경제·사회적 환경에 기반하여 국제이주를 촉발시키고 있다. 거시적인 원인 중 전쟁 및 식민지화는 강제적 이주를 유인하는 특성을 띠게 되며, 이러한 경우 불가피하게 피난·망명 등의 국제이주가 발생하게 되며, 신변의 안전, 정치이데올로기 혹은 자유 및 인권의 추구 등을 목적으로 하게 된다. 이러한 형태의 국제이주는 아시아, 아프리카 및 남아메리카 각국의 식민지화, 제 1·2차 세계대전의 발발 및 베트남전·한국전 등이 발생했던 19~20세기 중반의 국제이주의 주요 요인으로 작용해

왔다. 반면에 국가 간 고용환경 및 생활환경의 격차와 유입국의 인구학적 변화는 최근의 국제이주 요인으로서 대두되고 있다. 최근 고용시장의 세계화가 가속되면서 소득수준이 낮거나 고용기회가 적거나 생활환경이 열악한 국가의 노동자들은 더 나은 고용기회 및 생활환경을 찾아 타국으로 이주하게 된다. 또한 국가의 출산율, 사망률, 연령구조 및 노동력규모 등 인구학적 변화도 국제이주의 요인으로 작용하는데, 특히 출산율 저하 등으로 인구규모가 축소되는 국가와 청·장년층 감소 등으로 인하여 노동인력규모가 축소되는 국가로 인력이 유입되는 경향을 보인다.

(3) 미시적 원인

미시적인 원인은 개인 혹은 가족이 국제이주를 결정하게 되는 원인으로 사회심리적 특성을 가지고 있다. 최근 전 세계적으로 개인과 가족의 경제·사회적 욕구를 충족시키고자 소득수준과 생활환경이 낮은 국가에서 보다 안정적이고 바람직한 환경을 보유한 국가로, 교육기회가 낮은 국가에서 높은 국가로 이주하는 경향이 있다. 또한 가족구성원 중 일부가 국제이주를 통하여 타국에 거주하는 경우 가족과 결합하고자 하는 욕구는 본국의 가족을 이주한 국가로 이동하도록 하는 결정요인이 된다. 이렇듯 소득의 최대화, 생활수준의 최적화, 가족의 결합 및 양질의 교육기회 확대 등 개인과 가족의 경제·사회적 복지수준을 최대화하려는 노력은 국제이주의 결정요인으로서 작용하게 된다.

2) 국내 출현 배경

(1) 저임금 단순노동력 대체

우리나라는 1980년대 후반 이전까지 국제사회에서 국제이주 송출국으로서 1960~70년대에는 독일에 광부 및 간호사 등을 파견하였으며, 1970~80년대에는 중동에 건설기술 및 노동인력을 파송해 왔다. 그러나 1980년대 후반에 접어들면서 인력송출국에서 인력유입국으로 변화하게 된다. 이는 국내 중소기업 등에서 단순노동인력으로 활용 가능한 인력을 보충하기 위한 단순노동자의 해외유입이 시작되었기 때문이다. 1990년대에 국제적으로 세계화가 심화되면서 정부는 세계화의 추세에 발맞추어 국내 자본시장과 노동시장을 개방하였다. 이러한 정책적 변화에 따라서 국내에 유입되는 외국인노동자의 수가 증가하였고, 외국인노동자의 체류기간도 증가하게 되었다. 국내의 단순노동인력감소는 부분적으로 저출산 및 고령화로 인한 청·장년층의 노동인구의 감소에 기인하며, 또한 전체적인 소득수준의 향상에 따라 저임금의 단순노동을 기피한려는 현상에 일부 기인한다고 볼 수 있다.

(2) 국제결혼의 증가

국제결혼의 증가로 외국인 여성결혼이민자의 입국이 늘어나게 되었다. 국내적으로 농촌남성들이 배우자를 찾는 데 어려움을 겪어 왔으며 또한 도시 저소득층의 남성들도 상대적으로 열악한 결혼여건으로 혼인시장에서 배제되어 왔다. 이러한 국내 사정과 함께 우리나라와 비교하여 상대적으로 빈곤한 국가의 여성들이 경제상황 및 생활환경 등이 여유로운 국가로 이동하여 더 나은 취업 기회 및 생활환경을 개척하고자 하는 추세와 맞물려서 국제결혼의 증가 원인이 되고 있다. 1990년대에는 우리나라 남성과 외국인 여성과의 국제결혼에서 상대여성의 출신국가는 주로 일본, 중국이었는데 반해, 2000년 이후에는 필리핀과 베트남 여성들이 급격히 늘어나고 있다. 우리나라의 경제수준이 저개발국의 경제수준보다 높아 이주여성들에게 상당한 유인 조건으로 작용하고 있다는 점, 일부 종교단체가 일본과 필리핀 여성을 주 대상으로 선교 목적으로 국제결혼을 주선하고 있다는 점, 또한 결혼상대자를 구하기 어려운 우리나라의 농촌의 실정 등이 복합적으로 작용하여 이러한 현상을 가속화시키고 있다[33].

33) 1980년대 말에 '북방정책'을 통해, 중국, 소련과의 교류가 시작되었고, 1990년대 초에는 '농촌총각 장가보내기 운동'의 일환으로 국제결혼을 추진하면서 한국인 남성과 외국인 여성, 특히 동남아시아 출신 여성들의 국제결혼이 증가하기 시작하였다.

이와 함께 2000년에 들어서면서는 국제결혼을 통해 영리를 추구하려는 국제결혼 중개업체[34]의 증가가 국제결혼 증가의 요인으로 크게 작용하는 것으로 파악되고 있다(설동훈 외, 2005). 이와 같이 국내의 다문화가족 발생원인은 세계화에 따른 시장개방, 상대적으로 높은 소득수준 및 노동시장환경, 그리고 혼인시장의 불균형과 출산율 저하 및 농촌지역의 여성인구수 감소 등을 국내의 인구학적 변화 요인으로 볼 수 있다.

제2절 다문화가족의 현황 및 전망

1. 다문화가족의 현황

1) 다문화가족의 규모

행정안전부 통계에 따르면 2009년도 5월 기준으로 외국인주민[35]수가 1,106,884명으로 나타났다. 110만 명 시대에 진입한 것이다. 이중 결혼이민자의 규모는 125,673명으로 결혼이민자의 수는 큰 폭의 증가 추세를 보이고 있다. 통계청 자료에 의하면, 2009년 국제결혼은 총 33,300건으로 전체 결혼 건수의 10.8%를 차지하고 있으며, 그중 외국인 여성과의 결혼은 75.5%를 차지하였다. 13.5%로 최고치에 달하였던 2005년에 비해서는 조금 감소하고 있지만 2004년이래로 계속 11%대를 유지하고 있다.[36]

34) 1999년 8월부터 결혼중개업이 '허가제'에서 '신고제'로 바뀌었고, 그 이후 자유업으로 전화되면서 사설 중개업체들이 적극적인 영업활동을 하면서 국제결혼은 급증하게 되었다.

35) 90일초과 체류 외국인, 대한민국 국적 취득자, 그 자녀 등으로 정의한다.

36) 총혼인건수 대비 외국인과의 혼인 구성비는 11.2%('04)→13.5%('05)→11.7%('06)→10.9%('07)→11.0%('08)→10.8%('09)로 변화하였다.

2) 다문화가족의 지원 필요성

다문화가족의 지원 필요성이 제기되는 이유는 국제결혼 증가 현실에서 찾을 수 있다. 특히 1990년대 이후 농촌총각 장가보내기 운동은 이러한 사회적 현상의 원인이 되었다. 국제결혼 이후에 이들의 사회부적응과 인권침해 사례가 많이 제기 되어 왔다.[37] 따라서 다문화가족을 지원해야 할 필요성은 첫째, 그들이 인간으로서의 존엄성이 유지되는 건강한 가정생활을 영위하는데 있다. 국내체류 외국인도 헌법상 보장하는 인간의 존엄과 가치를 누린다. 따라서 건강한 가정생활을 할 권리는 국적과 무관하게 모든 인간이 누려야 할 기본적 권리이며 국가는 이를 보장하여야 한다. 둘째, 여성결혼이민자를 지원하는 것은 오늘날 국제사회가 요구하는 보편적인 인권의 관점에서도 필요하다. 셋째, 다문화가족 지원은 우리 후세를 위해서도 필요하다. 사회비용의 증가를 미연에 방지할 수 있기 때문이다. 넷째, 다문화가족의 지원은 사회통합을 위해서도 반드시 필요하다.[38]

3) 다문화가족 지원 정책[39]

정부는 1990년대 중반 이후부터 급격히 늘어난 한국 남성의 국제결혼에 대해 처음에는 국제결혼이 초래할 사회적 현상에 대한 고려 없이 단순하게 농어촌 지역의 결혼문제를 해결하는 수단으로 이해하였다. 따라서 1990년대에 국제결혼을 통해 이주한 결혼이민자들은 정부나 지방단체의 지원을 거의 받지 못하였고, 지역사회에서도 결혼이민자들이 스스로

---

37) 소라미, 「국제결혼 이주여성의 안정적 신분보장을 위한 법제도 검토(지정토론 요지)」, 저스티스 통권제96호, 한국법학원, 2007을 참조하기 바란다.

38) '05.12 프랑스에서 인종폭동이 발생한 바 있다.

39) 정부에서는 여성결혼이민자에 대해 2004년도까지 거론된 바가 거의 없으며 2005.8월에 처음으로 사회문화관계 장관들이 제1차 대책을 세웠고 그해 11월에 제2차 지원대책을 세웠으며, 2006년에 제3차 대책을 세웠다. 제3차 지원대책의 공식명칭은 "여성결혼이민자가족의 사회통합 지원대책"으로서, 우리나라의 결혼이민자에 대한 정책의 주된 목적이 사회통합, 즉 동화주의라는 것을 공식적으로 선언하고 있다.

의 삶을 개척하고 적응할 수밖에 없었다. 그 후 시민단체나 언론을 통해 이들의 열악한 상황이 알려진 후 정부 및 지방 자치단체는 결혼이민자를 지원하기 위한 정책을 마련하기 시작하였다. 결혼이민자에 대한 차별 해소와 다문화 사회를 위한 정책이 시급한 과제로 떠오르면서 정부는 2004년 후반부터 전국적인 실태 파악에 나섰고, 여기에 2005년 5월 대통령 지시와 관심으로 결혼이민자 정책은 활기를 띠게 되었다. 2006년에는 미국의 슈퍼볼에서 한국계 미국인 하인즈 워드의 성공 스토리가 알려지면서 폐쇄적인 우리 사회를 반성하고 결혼이민자, 나아가 다문화 사회에 대한 정부 정책에 힘이 실리게 되었다. 정부는 결혼이민자 유입이 던져 준 이러한 과제를 해결하기 위해 2005년 8월 16일과 11월 25일, 2006년 4월 26일 세 차례에 걸쳐 지원 대책을 마련하였다. 특히, 제3차 대책은 결혼이민자의 사회 통합 지원에 맞춰 '결혼이민자에 대한 차별과 복지 사각지대 해소를 통한 사회 통합과 열린 다문화 사회 실현'에 주안점을 두었다. 결혼이민자 가족 관련 제 부처들이 공통으로 마련한 '여성 결혼이민자 가족의 사회 통합 지원 대책'의 주요 내용[40]은 다음과 같다.

· 탈법적인 결혼 중개 방지 및 국제결혼 당사자 보호
· 가정폭력 피해자에 대한 안정적인 체류 지원
· 한국 사회 조기 적응 및 정착 지원
· 자녀의 학교생활 적응 지원
· 여성 결혼이민자 가족의 안정적인 생활환경 조성
· 다문화에 대한 사회 인식 개선 및 업무 책임자 교육

아울러 정부의 다문화가족 지원 강화 계획(보건복지가족부, 2008.5)은 입국 전 단계부터 정착기에 이르기까지 다문화가족의 생애주기에 맞는 서비스를 제공하고, 결혼이민자를 대상으로 하는 정보 제공을 통해 이들의 사회 참여를 장려하기 위한 대책이라 할 수 있다. 그러나 한국의 결

40) 보다 자세한 내용은 제7장의 결혼이민자가족 지원정책에서 언급하기로 한다.

혼이민자 정책과 서비스에 대한 비판으로 가부장적 가족 질서 속으로의 편입이 크게 부각되는 반면, 여성 개인이 가진 특별한 역량이나 잠재된 자원 발굴의 시각은 거의 드러나지 않는 점, 이주여성을 정책의 수혜 대상으로 여기는데 머물고 있는 점, 지역사회와의 연계와 지역 커뮤니티의 비전이 제시되지 않는 점이 지적되고 있다. 프로그램상으로도 한국어나 요리, 전통문화, 예절 교육 등 일방적 문화 습득을 강요하는 경향이 강하고 지역 서비스가 중첩되는 반면, 결혼이민자의 경제적 자립을 돕는 프로그램이 부족하고 다양한 전문 프로그램 개발이 어렵다. 국내 거주 기간이 길어질수록 취업의 희망 욕구도 증대하는 데 반해 취업 교육과 일자리 연계 등으로 연결되지 못하고 있다(이희숙, 2008).

2. 다문화가족의 전망 및 영향

1) 전망

향후 저출산·고령화가 심각해지고, 지속적인 세계화 현상과 정보산업의 발달로 국가 간의 정보교환의 속도가 빨라지고 거리감이 감소함에 따라 다양성의 추구와 함께 다문화사회가 더욱 촉진될 것으로 전망된다. 이와 함께 여성의 고학력화와 경제활동의 확대로 만혼화 내지는 결혼기피현상이 심화되는 한편, 혼인수급의 불균형 등으로 농촌과 도시 저소득층의 남성 등은 배우자를 구하는데 어려움이 계속 될 것으로 예상되어 외국 여성과의 국제결혼은 지속적으로 증가될 전망이다. 그리고 국내외 이주산업(국제결혼 중개업 등)의 활성화가 지속적으로 결혼이민자의 증가를 촉진하는 요인으로 작용할 것이다. 또한 인적·사회적 네트워크가 점차 세계화 되어 가면서 외국인의 한국방문과 이주가 증가할 것으로 기대되며, 현재 국내에 거주하는 외국인이 출신국의 잠재적 이주 가능성이 있는 자들에게 인적·사회적 네트워크로서 역할을 할 것으로 전망된다. 따라서 국내거주 외국인이 본인의 출신국 외국인(결혼이민자 및 외국인근로자)의 이주를 촉진하는 데에 일정부분 기여할 것으로 예상되며, 이러한 경향은 국내거주 외국인의 규모가 커질수록 더욱 강화될 것으로 보인다. 또한 정부의 다문화가족을 위한 복지정책 마련 등의 정책적 변화는 한국사회를 다문화사회로 개방하는 데에 큰 역할을 하게 될 것으로 기대되며, 외국인의 이주와 관련된 정책의 변화추이에 따라서 다문화가족의 증가추세의 폭이 결정될 것이라고 판단된다. 아울러 한국의 소득수준과 이민자 송출국의 소득수준 간의 격차가 한국 내 다문화가족의 증가추이를 결정짓게 될 것으로 보인다. 최근 전 세계적 금융위기로 인하여 한국은 IMF 경제위기 이후 또다시 경제적 위기를 맞고 있다. 국제적으로 원화의 가치가 하락하고 실업률이 증가하며 물가가 급등하는 등의 여러 가지 경제적 위기요인을 경험하고 있다. 최근의 이렇게 경제적 상황이 지속되는 기간이 장기화되거나 악화되면서 한국과 이민자 송출국 간의 소득수준 격차가 다소 축소되는 경향이 있을 것이며, 이러한 현상은 한국으로의 국제이주 특성(출신국 분포 등) 및 규모 등에 있어서 영향을 미칠 것으로 보인다. 이와 같은 국내외 여건 하에서 국제결혼은 지속적으로 증가할 전망이다. 국제결혼율 장기전망에 의하면 국제결혼 비율은 매년 상승하여 우리와 사회·경제 여건이 비슷한 대만 수준인 32%(2003)에 이를 것으로 보고 있다. 한편, 법무부 추계에 의하면 국내 결혼이민자는 2007년 말에는 11만 명이었으나 2020년 말에는 30만 7천명, 2030년 말에는 46만 7천명으로 지속적인 증가가 예상된다. 다문화가족의 자녀 역시 2006년 3만 5천명에서 2020년에는 167만 명으로 지속적으로 증가할 전망이다.

2) 영향

향후 다문화가족이 주는 영향을 전망해 보면 다음의 세 가지를 들 수 있다. 첫째, 긍정적 요인으로 다문화가족의 증가는 농촌지역 출산율을 증가시킴으로써 저출산·고령화 현상에 억제기제로 작용할 것으로 예상된다. 둘째, 노동시장 및 국가 간 교류영역에 이중 언어 구사 및 다문화적 감수성을 갖춘 유능한 글로벌 인재를 제공할 가능성이 높다. 즉, 결혼이민자와 그 자녀는 출신국과 우리 사회를 잇는 가교 역할을 수행할 잠재적 글로벌 인재로 볼 수 있기 때문이다. 셋째, 외국인에 대한 사회적 차별이 지속되고 결혼이민자와 그 자녀가 사회적으로 소외될 경우 심각한 사회 갈등 요인으로 작용할 우려가 크다. 즉, 민족주의와 인종주의에 따른 차별 대우와 외국인 배척 현상이 지속될 경우 선진국이 먼저 경험한 프랑스에서 발생한 이슬람 청년 폭동과 같은 '문화충돌' 현상이 나타날 것으로 보인다. 또한 외국인 밀집거주지(게토)가 출연할 경우 외국인 체류자들의 주류사회의 편입을 늦추게 하는 요인으로 작용할 가능성이 높다.

3) 앞으로의 과제

다문화가족이 주는 영향을 통하여 앞으로 우리 사회가 심각하게 고민을 하고 정책적인 조치를 취해야 할 과제를 정리해 보자. 첫째, 국제결혼의 자녀에 대한 관심이 필요하다. 행정안전부에서 실시한「2009년 지방자치단체 외국인주민 현황조사 결과」에 따르면, 2009년 5월 기준으로 외국인주민[41] 자녀수는 107,689명으로 전체 외국인 주민의 9.7%를 차지한다. '08년도에는 58,007명이었으며 49,682명이 증가하였다.[42] 연령별로는

---

41) 외국인주민이란 다음의 사항을 모두 포함한다. 첫째, 90일 이상 체류하면서 한국국적을 가지지 아니한자이다. 외국인 근로자, 결혼이민자, 유학생, 재외동포(국내거소 신고자에 한함), 기타 외국인을 말한다. 둘째, 한국국적 취득자로서 혼인귀화자, 기타사유 귀화자를 포함한다. 셋째, 외국인주민의 자녀로서 외국인부모, 외국인과 한국인의 부모 등 결혼이민자, 한국국적 취득자의 자녀를 국적취득 여부에 관계없이 부모유형에 따라 구분하였다.

42) '09년도에 대폭 증가한 이유는 결혼이민자의 배우자정보를 활용하여 조사하였기 때문이다. '08년 이전 조사시에는 결혼이민자 배우자의 주민등록번호를 활용하지 못하여 자녀조사가 곤란하였으나 '09년에는 법무부 외국인등록정보시스템 결혼이민자의 배우자 정보를 활용하여 자녀를 조사하였기 때문에 보다 사실에 정확한 결과를 산출할 수 있었다.

만6세 이하가 64,040명, 만7세-12세 이하가 28,922명으로 외국인주민 자녀의 86.3%를 차지하고 있다. 이들 부모의 국적은 중국이 50.7%, 동남아가 34.9%, 일본 6.3%, 몽골 1.6%의 순으로 나타났다. 이들을 잘 교육하고 지원할 경우 이들이 성장하여 사회생활을 할 나이가 되면 우리 문화의 다양성과 문화의 세계화에 기여할 것으로 기대된다. 따라서 체계적이고 장기적인 관점에서 이들을 우리 사회가 필요로 하는 인재로 양성하기 위한 정부의 적극적인 정책이 필요하다. 둘째, 다문화가족의 대부분을 차지하고 있는 한국인 남편과 외국인 아내와의 이혼이 해마다 증가하고 있다는 점이다. 2005년에 2,382건이던 이혼이 2007년에 5,707건, 2009년에 8,300건으로 급증하고 있다. 결혼하는 과정에서도 결혼당사자의 인권침해로 인하여 국제적으로 국가이미지가 실추되는 사례가 발생하고 있는데, 결혼 후에도 적응의 어려움과 경제적·사회적 위기로 인해 이혼하는 사례가 증가하는 것이다. 결혼이민자 개인뿐만 아니라 가족 전체를 대상으로 하는 연계정책의 마련이 필요하다. 셋째, 우리 국민의 의식 개선이 요구된다. 우리 국민은 다문화가족, 다문화사회에 대해 이중적인 인식을 지니고 있다. 서울시민을 대상으로 조사한 바에 따르면 결혼이민자가 우리나라 국민이 되는 것에 79.6%가 찬성하고 직장동료로 받아들이겠다고 하는 비율도 68.9%로 나타났지만 본인 혹은 자녀의 배우자로는 42.6%가 반대하고 있다(서울시, 2008). 넷째는 외국인결혼이민자들의 경제적 상태와 관련되어 있다. 보건복지부 조사에 따르면 다문화가족의 소득수준은 전반적으로 낮으며 빈곤층이 다수 있는 것으로 나타났다. 월평균 가구소득은 100-200만원 미만이 38.4%로 가장 많고 다음이 200-300만원 미만으로 18.7%이었다. 저소득층인 100만원 미만이 21.3%로 가구소득이 전반적으로 낮았다(보건복지부, 2010). 이밖에도 다문화사회에 대한 부작용을 들 수 있다. 구체적으로 저소득층 취업경쟁이 심화되고 공공지출의 부담이 증가하는 등 경제적 비용이 증대될 것이다. 이주민이 적응에 실패하고 빈곤층으로 전락할 경우 사회복지서비스에 의존할 확률이 높아 재정지출이 증가하게 되면 공공재정에 부담을 주는 이주민에 대한 복지혜택 부여를 거부하려는 움직임이 반이주정서로 발전할 가능성이 있다.[43]

제3절 다문화가족을 위한 법·제도

결혼이민자의 법적 지위와 관련하여 보건복지가족부(현재 여성가족부)와 법무부에서 제정된 주요 관련법과 제도는 <표 5-2>과 같다. 현행법들은 다문화가족의 형성 단계에 따른 제도적 장치들로 모두 다문화가족의 사회통합을 목적으로 하고 있다. 관련법들은 결혼이민자의 출입국 및 대한민국의 국적을 취득하는 과정과 자격에 관한 기준을 제시하고 있을 뿐 아니라(출입국관리법, 국적법) 실제로 결혼이민자가 대한민국의 국민으로서 사회로부터 어떠한 보호를 받을 수 있는지, 지역사회는 이들을 어떻게 지원해야 하는가에 대한 방향을 제시하고 있다(재한외국인처우기본법, 다문화가족지원법, 결혼중개업의 관리에 관한 법률). 또한 결혼이민자들이 결혼을 통해 한국과의 인연을 시작하면서 이들의 인권과 합법성을 보장해야 할 것인가에 대한 사회적 합의를 제시하기 위한 법률도 있다(결혼중개업의 관리에 관한 법률).

결혼이민자는 입국 시 「출입국관리법」에 따라 다른 외국인과 마찬가지로 해당 지역의 출입국관리사무소에서 '외국인' 등록을 하게 되며 일정기간 국내에 체류, 혼인생활을 유지하는 경우 한국국적 취득이 가능하도록 되어 있다. 「국적법」에 따르면, 결혼이민자는 귀화에 의한 국적취득(동법 제4조) 중 간이귀화요건에 해당되며, '배우자가 대한민국의 국민인

43) 최홍 외, 「다문화사회 정착과 이민정책」,삼성경제연구소, 2010.5.19(제756호)

<표 5-2> 다문화가족 관련 제도 현황

관련 제도	해당부처	제정일시 (시행일시)	제도 목적
다문화 가족 지원법	보건복지부 (현, 여성가족부)	2008.3.21 (2008.9.22)	다문화가족 구성원의 안정적인 가족생활을 통해 삶의 질 향상과 사회통합에 기여
결혼중개업의 관리에 관한법률	보건복지부 (현, 여성가족부)	2007.12.14 (2008.6.15)	결혼중개업의 건전한 지도, 육성과 이용자보호를 통한 건전한 결혼문화 형성
국적법	법무부	2007.7.5 개정	대한민국의 국민이 되는 요건을 정함
재한외국인 처우기본법	법무부	2007.5.17 (2007.7.18)	재한외국인이 대한민국에 적응하여 개인능력을 최대한 발휘하도록 하고, 대한민국 국민과 재한외국인이 상호 이해하고 존중함으로써 대한민국의 발전과 사회통합에 기여
출입국 관리법	법무부	2005.8 4. 개정	대한민국에 입국하거나 대한민국으로부터 출국하는 모든 국민 및 외국인의 출입국관리와 대한민국에 체류하는 외국인의 체류관리 및 난민의 인정절차 등에 관한 사항 규정

출처 : 박지영, 「다문화가족의 사회지원체계, 다문화 사회복지 실천 매뉴얼」 평택대학교 다문화가족센터, 2008.

결혼이민자는 입국 시 「출입국관리법」에 따라 다른 외국인과 마찬가지로 해당 지역의 출입국관리사무소에서 '외국인' 등록을 하게 되며 일정기간 국내에 체류, 혼인생활을 유지하는 경우 한국국적 취득이 가능하도록 되어 있다. 「국적법」에 따르면, 결혼이민자는 귀화에 의한 국적취득(동법 제4조) 중 간이귀화요건에 해당되며, '배우자가 대한민국의 국민인 외국인으로서 1) 혼인한 상태로 2년 이상 계속하여 주소가 있는 자 2) 혼인한 후 3년이 경과하고 혼인한 상태로 대한민국에 1년 이상 계속하여 주소가 있는 자 3) 배우자의 사망 등 자신의 귀책사유 없이 혼인생활을 할 수 없었던 자 4) 한국국적의 미성년자녀를 양육 또는 양육예정인 자'의 경우 귀화허가를 받을 수 있도록 되어 있다. 2007년 7월에 제정된「재한외국인처우기본법」에서는 결혼이민자의 경우 국적취득 여부와 상관없이 거주지역 내에서 외국인으로 지원대상이 되고 있다. 결혼이민자의 출신국이 중국이나 러시아 등의 재외동포인 경우에는「재외동포의 출입국과 법적 지위에 관한 법률」에 적용되며,「가정폭력방지 및 피해자보호 등에 관한 법률」의 보호를 받고 있다. 주요 법률의 제정배경과 취지, 주요내용, 성과와 한계에 대해 살펴보기로 한다.

1. 결혼중개업의 관리에 관한 법률

결혼이주여성의 인권침해사례 금전문제를 둘러싼 가족갈등과 폭력피해사례, 가출 및 별거·이혼 등 결혼안정성을 위협하는 문제가 결혼중개업에 의한 위장결혼, 거짓정보 등과 밀접한 관계가 있어 이에 대한 대응책으로「결혼중개업의 관리에 관한 법률」이 제정되었다. 동법에는 그동안 국제결혼을 알선하고 중개하는 과정에서 비롯되었던 인권 침해 및 여러 부정적인 사안들을 예방하고 대처하기 위한 제도적 안전망을 포함하고 있다. 특히 국제 결혼중개업의 등록과 유지 기준에 대하여 제시함으로써 불법적인 국제결혼 중개를 예방하고 점차 증가하고 있는 다문화가족 형성과정에서의 안전성을 확보하도록 하였다. 이들 중개업자에 대한 예방교육이 실시되고 있다. 다음 <표 5-3>에는 동법률 시행령 및 시행규칙의 주요 내용이 제시되어 있다. 결혼당사자의 신상정보 제공 의무와 관련된 사항, 외국 현지 형사법령 위반의 범위와 위반자 통보에 관한 사항을 명시하고 있고 중개업 관리를 위한 신고와 등록, 게시의무, 위반사항의 구체적 내용, 중개업자 대상의 교육의 의무사항에 대해 명시하고 있다.

<표 5-3> 법률 시행령 및 시행규칙의 주요내용

1. 결혼중개업의 관리에 관한 법률 시행령 제정령안
1) 국제결혼중개업이 등록기준 사항(안 제3조) 2) 결혼중개업자가 계약당사자에게 작성하게 한 후 서면으로 상대방에게 제공하여야 할 신상정보에 관한 사항(안 제5조) 3) 외국 현지 형사법령 위반의 범위와 그 위반자 통보에 관한 사항(제6조, 제7조)
2. 결혼중개업의 관리에 관한 법률 시행규칙 제정안
1) 국내 결혼중개업의 신고 및 변경신고에 필요한 서류 및 신고방법 등에 관한 사항(안 제2조, 제3조) 2) 국제결혼중개업의 등록 및 변경등록에 필요한 서류 및 등록 방법 등에 관한 사항(안 제4조, 제5조) 3) 결혼중개업자가 게시하여야 할 사항 및 게시방법에 관한 사항(안 제8조) 4) 거짓, 과장된 표시, 광고의 범위 등에 관한 사항(안 제10조) 5) 국제결혼중개업자에 대하여 실시하는 교육의 내용, 방법, 시간과 교육 실시기관 위탁 등에 관한 사항(안 제16조)

「결혼중개업의관리에관한법률」은 결혼이민자의 인권과 국제결혼 생활에 중대한 영향을 미치는 결혼중개업에 대한 관리를 강화하려는 정부의 의지가 잘 반영되어 있으며 법에 정한 중개업의 의무와 책임을 다 하지 않는 경우에 대한 조치와 처벌규정을 명시한 점에서 그 의의가 있다. 절차상의 위반에 대한 중개업의 시정명령(제17조)과 영업정지(제18조), 폐쇄조치(제19조), 이용자의 손해에 대한 손해보상책임의 보장(제25조), 벌칙으로 형사처벌과 벌금형(제26조), 과태료 부과(제28조) 등 처벌규정을 갖

추고 있다. 이 법의 제정 취지와 맞게 국제결혼 중개업의 관리에 초점을 두는 것이 실효성이 클 것으로 판단되며, 국내 보다는 국제 중개업의 위반, 탈법에 대해 좀 더 강력한 처벌 규정을 정하는 것이 바람직할 것이다.

2. 다문화가족지원법

결혼이민자 및 그 자녀 등으로 구성되는 다문화가족은 언어 및 문화적 차이로 인하여 사회부적응과 가족구성원 간 갈등 및 자녀교육에 어려움을 겪고 있음에 따라, ① 다문화가족의 구성원이 우리 사회의 구성원으로 순조롭게 통합되어 안정적인 가족생활을 영위할 수 있도록 하기 위한 가족상담·부부교육·부모교육 및 가족생활교육 등을 추진하고, ② 문화의 차이 등을 고려한 언어통역, 법률상담 및 행정지원 등의 전문적인 서비스를 제공하도록 하는 등 다문화가족에 대한 지원정책의 제도적인 틀을 마련하기 위한 것이다. 주요내용으로는 평등한 가족관계의 유지(제7조), 가정폭력 피해자 보호·지원(제8조), 다문화가족에 대한 지원시책(제9조 내지 제14조), 다국어에 의한 서비스 제공(제11조), 다문화가족지원센터의 지정(제12조), 다문화가족실태조사 등이 있다. 「다문화가족지원법」은 우리사회의 화두가 되고 있는 다문화가족을 공식적으로 규명하고 이들 가족에 대한 지원을 제도화했다는 점에서는 의의가 있다. 그러나 다문화가족을 우리사회에서 수용하고 통합, 지원하는 기본법으로서 매우 중요한 의미를 갖고 있음에도 불구하고 미흡한 점도 있다. 첫째, 다문화가족의 '안정적인 가족생활 영위'에 목적을 둠으로써 다문화가족지원을 위한 기본법으로서는 그 범위가 너무 축소된 점 둘째, 다문화가족 중 결혼이민자가족에만 초점이 맞추어 있고 외국인근로자나 북한이주민 등 우리사회 내 문화적으로 다양한 가족을 포괄하지 못한 점 셋째, 우리사회 내 문화적 다양성에 대한 기본적인 관점을 제시하기보다는 이주여성에 대한 폭력 예방 및 가족지원서비스에 국한되어 있을 뿐만 아니라 넷째, 지원서비스 내용에 있어서도 현행 제도를 크게 벗어나지 못하였다는 점 등이다.

3. 재한외국인 처우 기본법

이 기본 법안은 재한외국인에 대한 처우의 기본적인 사항과 종합적·체계적인 외국인 정책 수립 및 추진체계를 담고 있다. 입법배경은 최근 세계 최저수준의 출산율·고령화 등으로 인한 경제활동인구의 감소, 이에 따른 외국인력 수요의 증가 및 국제결혼 건수의 지속적인 증가로 인하여 국내 체류외국인의 수가 급격히 증가하고 외국인의 국내체류 유형 또한 외국인 근로자·외국국적 동포·결혼이민자·난민 등으로 다양화됨에 따라, 범정부차원에서 종합적·체계적으로 외국인정책에 관한 계획을 수립·추진할 필요성에서 그 법적 기반을 마련한 것이다. 주요내용으로는 재한외국인의 처우 등에 관한 기본적인 사항을 정함으로써 재한외국인의 조기 사회 적응을 지원하고 대한민국 국민과 재한외국인 상호 이해·존중하는 사회환경을 조성하여 국가의 발전과 사회통합에 기여함을 그 목적으로 하고 있다. 이 법은 제1장 총칙, 제2장 외국인정책의 수립 및 추진체계, 제3장 재한외국인 등의 처우, 제4장 국민과 재한외국인이 더불어 살아가는 환경 조성, 제5장 보칙으로 구성되어 재한외국인에 대한 처우의 기본적인 사항 외에 외국인정책의 수립 및 추진 체계도 포함하고 있다. 재한외국인 처우 기본법은 최근의 심각한 사회문제로 지적되어 온 결혼이민자와 그 자녀에 대한 차별금지 등을 규정하고 있고 대한민국 국민과 사실혼 관계에서 출생한 자녀를 양육하고 있는 재한외국인 및 그 자녀에 대하여 준용한다고 규정하고 있다는 점은 주목할 만하다. 그러나 동법은 대한민국에 거주할 목적으로 합법적으로 체류하고 있는 자만을 "재한외국인"이라 하여 그 보호범위를 한정하고 있다. 또한 영주자격 등에 대해서는 여전히 출입국관리법의 규정에 따르도록 되어 있다. 불법체류외국인에 대한 인권옹호의 문제가족 결합권과 관련된 외국인 자녀의 국내입국의 문제, 사회보장에 대한 일반적인 입장은 규정되어 있지 않다. 이러한 점에서 동법안은 실질적인 권리와 의무에 관한 사항을 규정하기보다 국가의 정책을 개발하고 추진하기 위한 법률이라 할 것이다.

4. 체류 및 국적 관련법[44)]

여성결혼이민자가 한국에서 체류하는데 관련된 국내법으로는 출입국관리법과 재외동포의 출입국과 체류관리에 관한 법률 및 법무부의 '국민의 외국인 배우자에 관한 체류관리지침' 등이 있다. 결혼이민자는 한국인과 결혼하게 되면 '국민배우자(F-2)' 비자를 발급받는다. F-2비자는 체류기간이 통상적으로 1년 부여된다. 관련법에 명시되어 있듯이 외국인이 한국인과 결혼하더라도 그의 신분이 바로 한국인이 되지 않는다. 즉, 여성결혼이민자가 한국인과 혼인 후 2년까지는 외국인으로서의 지위를 가진다. 따라서 국제결혼을 하여 1년을 거주한 뒤에는 체류 연장 절차를 밟아야 하고 거주지를 이전할 때 체류지 변경신고를 해야 하며 외국으로 출국했다가 재입국했을 시에는 출국 전에 재입국허가를 받아야 하는 등의 절차를 거쳐야 한다. 혼인하여 2년을 거주한 후 'F-5(영주자격)'나 '한국 국적 신청(간이귀화[45)])' 둘 중 하나를 선택해야 하는데, 영주자격(F-5)과 국적취득의 다른 점은 본국 국적을 유지한 채 한국에 안정적인 체류를 보장받고 싶은 경우에 영주비자를 신청하는 것이며 국적 취득은 본국 국적을 포기하는 것이다. 하지만 영주비자 소지자는 내국인과 동일한 시민권(투

44) 이 절은 김오남(2008), 「결혼이민자가족의 이해」에서 발췌하였다.

45) 간이귀화라고 표현하는 이유는 외국인이 일반적인 귀화절차에 따라 한국국적을 취득하려면 국내 거주기간이 5년 필요한 것에 비해 한국인과의 혼인을 이유로 외국인이 귀화 신청을 하면 2년으로 단축된 국내거주기간이 적용된다는 점에서 그러하다.

표권, 공무 담임권 등), 사회권(사회보장 혜택)의 혜택을 받지 못한다는 한계가 있다. 체류 연장과 국적신청을 할 때에는 한국인 배우자의 도움이 필수적이다. 결혼 후 2년 동안은 결혼이민자의 신분이 매우 불안정하다고 볼 수 있으며, 이러한 상황이 부부 사이를 동등한 것이 아닌 위계적인 관계로 이끌도록 작용할 수 있다. 또한 외국인이 한국인과 결혼하여 F-2 체류자격 비자를 취득하거나, 국적취득이나 영주자격을 취득하기 위해서는 본인이나 한국인 배우자의 재정능력을 입증하는 서류가 요구되는데 결혼이민자에게 재정능력을 요구하는 이유는 국가의 사회보장 서비스를 담보할 수 있는 재정능력의 한계 때문이라고 볼 수 있다. 입국 시 외국인에게 재정능력을 요구하는 것은 불가피하다고 할지라도 한국에 이미 정착하여 가정을 이루며 살아가는 결혼이민자에게 재정능력에 대한 입증을 요구하는 것은 부적절한 면도 있다. 한국인과 결혼한 외국인이 혼인에 근거한 체류 연장 및 간이 귀화신청을 하기 위해서는 원칙적으로 신청 당시 정상적인 혼인관계가 유지되어야만 한다. 따라서 혼인관계가 중단된 외국인은 체류 연장 신청 및 귀화신청을 할 수 없다. 다만 예외적으로, 혼인이 중단된 것에 대해 외국인에게 책임이 없는 경우에는 혼인이 중단되었어도 체류 연장 및 국적신청이 가능하도록 허용하고 있다.

5. 다문화 사회통합프로그램 이수제[46)]

법무부는 다문화사회 진입에 따른 인종·민족·문화·국적의 다양성에 대한 관용의 중요성을 강조하여 이민자 및 국민 등 사회 구성원이 주인의식을 함양하도록 하고, 다문화사회에서 일시적 또는 영구적 사회구성원이 갖추어야 하는 소양을 가지도록 다문화 사회통합프로그램을 실행중에 있다. 특히 결혼이민자는 한국인과 결혼하여 2년 후 귀화필기시험을 면

46) 법무부, 출입국·외국인정책본부(2008), 「다문화 사회통합프로그램 구축방안 마련을 위한 공청회」 자료집을 참고하였다.

제받고 국적을 취득하므로 한국어 능력이 초급수준에 그치고 있으며, 일반귀화 신청자의 경우도 5년 이상 한국사회에 거주하였음에도 한국사회 및 다양성 이해 등 기본소양 함양이 부족하여 사회부적응 문제를 야기하고 있다. 또한 국민의 다문화사회에 대한 이해가 부족한 문제가 발생하여 사회통합프로그램 이수제를 실시하는 것이다.

제6장 다문화가족의 사회 환경

제1절 한국사회의 수용성

1. 사회통합

사회통합은 개개인의 입장에서 보면 적응이고 사회전체의 수준에서 보면 통합이 된다. 역사적으로 이민자 통합의 문제와 다문화사회에 대한 논의는 동화주의 대 다원주의, 자유주의(또는 개인주의) 대 공동체주의, 평등주의 대 차별주의 등의 이원적 대립으로 조건지어져왔다(조옥라 외, 2006). 자유주의자들은 공적인 영역에서 문화와 정체성의 다양성을 인정하려 하지 않고 공동체주의자들은 문화와 정체성의 다양성을 인정하려고 한다. 실제로 동화주의와 다원주의는 동시에 나타난다. "전적으로 동화주의 사회 또는 다원주의 사회는 존재하지 않으며 그들 상호간의 관계에 의해서만 의미를 갖는 서로 경쟁하는 이념적 산물이다."(조옥라 외, 2006 재인용)

1) 사회통합의 필요성

사회통합이란 인종과 민족 그리고 문화적인 배경이 다른 사람들이 한 사회 내에서 제한 없이 평등하게 공동체로 진입시키는 과정이다. 집단과 주장이 분화·분열하고 갈등상태에 있음을 전제로 하는데 이들은 어느 정도 봉합되었다 하더라도 또 다른 균열과 이에 따른 갈등이 발생하는 등 갈등과 통합은 일상적인 사회과정이다. 이러한 과정에서 균열을 최소화하고 동질감을 확대시키며 합의절차와 결과에 대해 수용을 전제로 해야 하는데 이 과정에서 사회통합은 하나로 모이는 과정이며 일방적인 흡수나 동화가 아닌 자발적인 의지가 필요하다. 그러므로 동화와는 다른 상호관계, 언어적 소통, 문화적 공유, 사회적 연대감 등의 가능성을 포함하는 포괄적인 동의의 문제로 이주자나 이주국의 국민들 모두가 쌍방향으로 필요한 과정이다. 현행 이민자 사회통합정책이 결혼이민자를 중심으로 일방적인 형태의 교육이 이루어지고 있다는 점이 문제로 제기되고 있다. 아울러 사회통합을 제도화하여 의무화하고 있지 않으며 사회통합이 이주민으로 하여금 한국사회로의 적응에 국한하고 있으며 적응을 지원목표로 하고 있다는 점이다.[47] 또한 동화에만 목적이 있고 내국인과 외국인간의 상호이해, 소통 등을 결여하고 있어 진정한 의미의 사회통합에 관한 내용은 부족하다. 예를 들면 외국인, 다문화가족, 이주민의 사회참여를 위한 규정들이 거의 전무하다. 다문화가족을 정책의 대상으로 보고 지원위주의 정책을 규정하고 있을 뿐 이들이 우리 사회의 주체로서 인정받지 못하고 있어 사회통합의 의미가 불분명하고 오히려 사회통합이 동화정책을 가장하고 있다는 비판도 존재한다.[48] 그러나 사회통합정책의 대상은 이민자와 한국인도 포함하여야 한다는 인식의 전환이 필요하다. 이때에 한국사회로의 통합과정에서 수반되는 부정적인 측면을 적극적으로 해결하기 위해서는 여러 문제점을 입체적으로 분석하고 사회적 편견에서 벗어난 통합정책이어야 한다. 통합의 의무는 이민자에게 주어져 통합에

47) 이유진 외, 『다문화사회 기반구축을 위한 사회통합교육 프로그램 개발연구』. 법무부. 2007

48) 김이선·황정미·이진영, 『다민족·다문화사회로의 이행을 위한 정책 패러다임 구축(Ⅰ)』, 한국여성정책연구원, 2007

실패할 경우 모든 책임이 이민자에게 돌아가는데 이민자들이 지키고 싶어 하는 문화적 정체성이 있으며 또한 지킬 권리가 있다는 점을 인정해야 할 것이다. 주변화를 방지하고 사회적 유대를 강화하며 한국사회로의 참여를 확대하는 평등한 교육의 기회가 제공되어야 한다. 이를 실현하기 위해서는 국민의식 향상을 도모해야 하는데 먼저 학교교육을 통하여 국제결혼이민자와 혼혈아에 대한 인식을 제고해야 하고 언론매체를 통해 다양한 민족의 문화, 음식, 언어, 종교 등을 소개함으로써 국제결혼이민자가족에 대한 이해의 폭을 확대해야 한다. 또한 지역사회는 다문화 수용 분위기를 조성하고 현지에서 정착하도록 교육이 구체적으로 실시되어야 한다.

2) 사회통합 정책의 유형[49)]

특정 국가의 이민정책을 획일적으로 판정하기란 쉽지 않다. 한 국가의 이민정책은 다양한 정책 모형이 혼재하고 있기도 하고 시대에 따라서는 조금씩 변화하기도 하기 때문이다. 그러므로 국가적 이민정책은 개별 국가 상황을 세부적으로 탐색해야만 한다. Castles과 Miller(1998)에 따르면 이주민 유입국이 이주민을 수용하고 정착을 지원하는 유형은 이주민 수용의 방법, 국적 부여의 원칙, 이민자에 대한 사회적 분위기 등을 토대로 크게 네 가지로 생각할 수 있다.

(1) 다문화주의 유형(multicultural mode)

이 유형의 국가에는 캐나다, 뉴질랜드, 호주, 스웨덴이 속한다. 이 정책 모형은 이주민 집단의 문화와 관습을 인정하고 이를 유지하도록 하는 것을 장려하거나 지원하고, 다양한 민족의 문화를 유입, 국내에 공존하게 함으로써 갈등을 예방하거나 사회통합을 유지해 나가려는 정책을 말한다. 이모형은 샐러드 보울(Salad bowl) 혹은 민족 모자이크(ethnic

---

49) 최명민 외, 『문화적 다양성과 사회복지』. 학지사. 2009에서 발췌하였다.

mosaic)에 비유한다.

(2) 문화다원주의 유형

이 유형에 해당하는 미국은 공식적으로는 다문화주의를 표방하지 않지만 실제로 사회 상황은 다문화주의 유형에 가까운 것으로 분류하여 유형화하였다. 여기에는 이민 사회 내 문화의 다원성 혹은 다양성을 인정하면서도 주류 사회에 주류 문화가 존재함을 전제로 하는 경우가 있는가하면, 조금 다르게 구분하여 주류 문화, 소수집단 사회문화 혹은 이민자집단의 문화를 모두 동등하게 중요시하는 경우도 있다. 한편, 이민국가내에서도 미국의 경우는 문화다원주의에 해당하고 캐나다는 다문화주의로 인식된다. 이것은 소수 민족과 이주민 집단의 문화 보호 및 장려에서 국가의 개입 정도에 의한 구분과 일치하는데, 미국의 경우 국가의 역할이 거의 없는 방임적 형태지만 캐나다와 호주의 경우는 그들의 고유문화를 유지, 발전시키는데 적극적으로 개입하는 형태로 볼 수 있다

(3) 동화주의 유형(assimilationist mode)

이 유형의 국가들에는 영국, 아일랜드, 프랑스, 네덜란드, 이탈리아 등의 나라가 포함된다. 이민자 입장에서는 자신의 고유한 문화적 정체성을 버리고 이주한 지역의 주류 문화에 합류되는 것을 의미한다. 즉, 유입국사회의 입장에서는 이민자를 일방적으로 자국의 문화에 통합시키는 것이다. 이러한 동화를 기반으로 국적 취득을 허용하거나 국민의 자격을 얻게 하는 정책 유형이다. 동화의 유형은 과거 제국주의 식민지 시대의 식민지 주민을 대상으로 하는 착취적이고 악명 높은 동화정책(예를 들어, 과거 프랑스의 정책)에서 시작하여 최근의 변화된 모습의 동화정책 유형등 다양하게 존재한다. 예를 들어, 미국이 1960년대까지 표방하였던 용광로(Melting Pot)모형, 프랑스가 최근까지 유지해 오는 '공화주의 정책 모형' 등이 이에 해당한다고 볼 수 있다.

(4) 차별 배제 유형(differential exclusionary mode)

유형의 국가에는 독일, 벨기에, 중동 등이 포함된다. 이 정책 유형에서는 일반적인 형태의 이민을 허용하지 않고 외국인을 노동시장의 일부 영역(예를 들어, 3D 업종)에만 개방하는 정책으로서, 임시 체류 외국인들에게는 국적 획득, 참정권 불허, 복지 혜택 배제 등과 같이 사회정치 영역에는 참여하지 못하게 하는 정책 유형을 의미한다. 한국, 일본, 대만 등의 정책 또한 여기에 해당한다. 또한 1960년대 독일의 임시 이주도동자제도, 2006년까지 유지되었던 한국의 산업연수생제도, 그리고 현재의 외국인 고용허가제도, 일본의 산업연수생 및 인턴제도 등이 해당한다. 차별배제 유형의 정책 하에서는 사회 내 모든 영역과 제도가 일관적인 정책기조를 유지하지 못하는 경우가 많다. 예를 들어, 앞에서 언급된 국가들의 차별 배제적 제도들이 시행된 시기에 외국인 노동자를 교체 순환 원칙(rotation principle)으로 고용하고 있었지만 한쪽에서는 정주가 가능한 전문기술자의 이민이 이루어지고, 영구 정착과 시민권을 목적으로 한 결혼이민자의 입국이 진행되기도 하였다. 또한 미국, 프랑스, 캐나다 등 다른 유형의 이민정책으로 분류되는 국가에서도 이주하는 일부 집단(특히, 단순 노동이주자 등)에는 차별 배제 유형을 적용하고 있는 것이다.

2. 사회통합의 과제와 전망

다문화정책을 사회통합 측면에서 접근하는 것은 당연하다. 중앙정부는 결혼이민자에 대한 복지정책을 보다 구체적으로 수립하고 아울러 지방정부, 시민단체들이 사회통합의 지속적인 추진이 가능하도록 구체적인 대안을 마련하는 모임을 상설화하는 것이 바람직하다. 지속적이고 안정적인 사회통합정책을 전개함으로서 결혼이민자의 국내정착과 아울러 국내정주를 촉진해야 할 것이다. 중앙정부의 정책변화에 맞추어 지방정부도 각 지역에 구축된 사회통합 프로그램을 추진하고 대학기관과 연계를 통하여 시책의 효율성을 높이도록 해야 한다. 지방과 농촌에 분산된 결혼 이민자가 보다 용이하게 프로그램에 참여하도록하고 사회통합이 단순한 교육 프로그램 제공과 제도변경으로 해결되지 않으므로 중앙정부의 이민 정책, 노동정책, 사회통합 정책이 조화를 이루고 지방정부와 대학기관, 시민단체의 뒷받침을 통해 가능한 것이다. 동시에 국민과 이주민 상호이해 증진과 사회통합 촉진이 공동목표로 설정되어야 한다.

<그림 6-1> 전환기 다문화정책과 사회통합의 필요성

2010년 : 외국인대책에서 사회통합으로

- 외국인유입 20년
- 세계화선언 15년
- 다문화정책 5년

⇒ 사회통합정책의 필요성

국가경쟁력의 중시와 외국인 인재

- 글로벌 인재 적극유치
- 숙련공 외국인노동자 수용
- 외국인 유학생의 급증

⇒ 글로벌인재의 사회통합 ⇒ 사회통합을 위한 다문화정책으로

보충이민으로서 다문화가정

- 결혼이민자 사회통합
- 다문화자녀 교육지원
- 다문화의 활력중시

⇒ 다문화가정의 사회통합

출처: 양기호, 「전환기 한국의 다문화 정책과 사회통합」, 국토(통권342호), 2010.4

제2절 결혼이민자의 생활환경

1. 한국사회 부적응

1) 언어

인간으로써 의사소통을 하며 살아가는 것은 어려움을 극복할 수 있게 해 주는 힘이 된다. 사람들과의 의사소통 방법에는 여러 가지가 있으나 가장 보편적인 것이 언어를 통한 방법이다. 한국인 부부 사이에서도 언어를 통한 의사소통 문제가 존재하는데, 하물며 다른 언어를 구사하는 부부가 같이 생활하는데서 오는 어려움이란 이루 말할 수가 없을 것이다. 결혼이민자들은 제 2의 언어로 한국어를 습득하게 된다. 언어 습득기가 지난 성인이 다시 언어를 배우고 사용하는 것은 결코 쉬운 일이 아니다. 언어를 통한 의사소통 문제는 결혼이민자들이 이주해 와서 가장 먼저 겪게 되는 부부 간의 문제이다. 언어장벽으로 인한 부부 간의 대화 부족은 일상생활에서 서로를 이해하지 못하고 불만이 누적되거나 스트레스의 요인으로 작용하며, 직접적으로 부부갈등의 원인이 되기도 한다. 처음에는 대화의 종류가 제한적이고 단편적일지라도 남편이 인내심을 갖고 아내인 결혼이민자에게 차근차근 설명을 해 준다거나 아내의 모국어 중에서 기본적인 단어 등을 미리 알아둔다면 비록 시간이 많이 걸릴지라도 부부 간의 불만이 쌓인다거나 아내가 소외감을 느끼는 경향이 많이 줄어들 것이다. 따라서 결혼생활에 있어서 부부 간의 주고받는 대화의 중요성을 고려해 볼 때 서로가 사용하는 언어에 대해 존중하고 보다 적극적으로 학습하려는 노력이 필요하다. 많은 결혼이민자들이 시댁, 시부모와의 의사소통 문제를 겪고 있음을 부정할 수는 없다. 전통적인 사고를 지닌 시부모와 같이 생활함에 있어 서로의 가치관이나 생활 방식 등을 이해시킬 수 있는 마땅한 방법이 대화 외에 마련되어 있지 않다. 다시 말해 결혼이민자의 한국어 습득이 남편을 비롯한 시댁식구와의 관계를 개선할 수 있는 가장 시급한 문제라고 할 수 있다.

2) 문화

결혼이민자들은 언어를 통한 의사소통 문제뿐만 아니라 문화적인 차이에서 오는 다양한 고통에 직면하게 된다. 일상생활에서 발생하는 문화적 차이에 대한 문제는 크게 세 가지로 요약할 수 있다. 첫째, 음식 문화의 차이에서 발생하는 소외감이다. 음식 문화의 차이는 성장 배경이 다르기 때문에 발생하는 대표적인 문제 중 하나이다. 예를 들어 결혼이민자가 요리한 음식에 대해 시부모들은 음식의 향과 맛에 비위가 상하여 거부하거나, 결혼이민자가 새로운 음식을 만드는 것 자체를 싫어한다. 또한 결혼이민자의 시각에서는 하루 세끼 식사를 푸짐하게 먹는 한국의 음식 문화가 가사노동과 직접적으로 연결되어 부담으로 작용한다. 둘째, 한국사회에 뿌리 깊게 자리 잡고 있는 외국인에 대한 선입견과 차별이다. 한국사회와 결혼이민자의 출생 국가 간의 사회적인 문화 차이에서 발생하는 선입견들은 결혼이민자, 배우자뿐만 아니라 시부모에게도 적응을 어렵게 한다. 국제결혼을 결심한 한국 남성들은 대부분 한국사회에서 상대적으로 낮은 지위에 속해 있으며, 국제결혼을 결심한 외국 여성들은 결혼을 통해 한국사회에서 풍요로운 생활을 기대하게 된다. 이러한 생각이 흔히 접할 수 있는 결혼이민자와 배우자간 인식의 차이이다. 셋째, 결혼이민자와 시부모와의 불신이다. 고부간의 관계는 상대적으로 서로의 차이를 좁히기가 쉽지 않은 특징이 있다. 특히 시부모의 보수적인 성향과 결혼이민자의 개방적인 성향이 갈등을 유발시키고, 이를 심화시키기도 한다. 또한 친정에 대한 도움의 손길을 원하는 결혼이민자와 본인의 가정이 한국에서 넉넉하게 살고 있지 않다고 주장하는 시부모와의 대립은 국제결혼가정에서 종종 발생하는 문화적 차이의 문제이다. 또한 시부모가 국제결혼가정의 경제권을 장악하고 아들과 며느리 모두 시부모가 시키는 대로 하도록 강요하거나, 남존여비적인 태도로 아들에 대한 순종과 복종을 강요하기도 하여 결혼이민자가 적응하는데 어려움을 겪게 된다.

2. 가정폭력 및 성폭력 등 인권문제

1) 현장의 시각

한국이주여성센터의 상담[50]유형 중 3분의 1정도가 가정폭력이고, 3분의 1정도가 체류문제이며 나머지 3분의 1정도가 시댁과의 갈등을 비롯한 생활 상담이었다. ① 가정폭력(상습적 구타)과 관련하여 한국남성과 결혼한 이주여성들은 상습적인 아내구타와 폭언에 시달린다. 한국남편들의 의처증 증세가 주요원인인데 이는 생활기반이 약하고, 나이 차이가 많다 보니 젊은 아내들에게 위기감을 느낀다는 것이다. 이들의 의처증에는 자기 부인이 돈을 목적으로 한국에 왔고, 자기와는 위장결혼을 했으니까 언젠가는 도망갈 것이라는 의혹이 깔려 있어 이 의혹이 폭력으로 이어진다는 것이다. ② 성적 학대와 인격모독이 있다. 한국남성과 결혼한 이주여성들이 힘들어 하는 것은 구타도 구타지만 인격적인 모독이다. 대부분 국제결혼 알선업체를 통해 결혼한 경우 결혼비용과 선물비 등 결혼의 부대비용을 한국남성이 부담한다. 자신이 결혼하기 위해서 든 비용 때문에 남편은 아내를 배우자로 대하는 것이 아니라 돈 주고 사온 소유물 같이 취급한다. 이주여성들이 듣기 싫어하는 말 중의 하나가 '너는 내가 돈 주고

50) 여성결혼이민자가 직면하는 문제로서 가장 많이 지적되는 부분이 가정폭력과 성적학대를 포함하는 인권의 문제이다. 한국염 한국이주여성인권센터 대표의 『이주 여성 현장에서 본 이주여성 정책과 입법』(2006)에서 발췌하였다

사왔으니까 내 말을 잘 들어야 한다."라는 말이다. 자기 마음에 안들 경우 툭하면 "나가라"고 한다. 뿐만 아니라 남편이 가하는 성적 학대에 모멸감을 느끼게 되는 경우도 있다고 한다. ③ 유기문제이다. 아내 구타 보다 더 심각한 문제는 남편이 아내를 유기하는 경우다. 이 경우는 두 가지 모습으로 나타나는데 하나는 여성의 나라에서 결혼식을 하고 합방 절차까지 거친 남자가 한국에 돌아와서 자기 아내를 초청하지 않은 경우다. 한국남편이 초청하지 않아 오도 가도 못하는 경우가 된 여성들이 나타나고 있다. 또 다른 경우는 한국에서 살다가 같이 살기 싫다고 이혼을 강요하는 경우다. 비자 연장을 해야 하는데 신청해 줄 사람이 없어 불법체류자가 될 위기에 처한 여성들이 늘고 있다. 이혼을 종용당해 이혼을 할 경우 결혼 사유가 해소되어 강제출국 대상이 되기 때문이다. ④ 술먹고 괴롭히거나 생활비를 주지 않는 경우이다. 실제 상담의 많은 부분은 남편으로부터의 직접 구타보다는 알코올 중독이거나 장애자, 남편이 일을 안 나가고 부인 보고 돈 벌어오라고 괴롭히는 경우다. 초기에 여성결혼이민자들이 결혼해서 한국에 들어올 때는 국적이 취득될 때까지 취업이 허용되지 않았으나 국제결혼 가정의 생활이 너무 어려워 정부가 여성결혼이민자의 취업을 허용하였다. 그러나 오히려 이것이 많은 경우 여성을 착취하는 도구가 되고 있다. 남편들이 자기는 놀면서 부인보고 돈을 벌어오라고 내몰고 그 돈을 갈취하는 일이 발생하고 있다. 이런 이유로 남편과 헤어질 경우 그 여성은 한국에 체류할 수 없게 되어 있다. ⑤ 국적 취득 신청 기피의 경우가 있다. 현재 국제결혼해서 한국에 살고 있는 여성들이 8만 명가량 되지만, 국적을 취득한 여성은 약 10%에 불과하다. 남편들이 국적 취득 신원보증을 해주지 않기 때문이다. 주요원인은 국적 취득 후 도망갈까 봐 안 해주는 경우인데 국적취득 신청을 배우자 학대하는 무기로 삼기도 한다.

2) 부부갈등에 대한 조사결과

2006년 여성가족부에서 실시한 『결혼이민자 가족실태조사 및 중장기 지원정책방안 연구』(설동훈 · 이혜경 · 조성남)에 의하면 결혼이민자의 절반가량(52.2%)이 부부싸움을 거의 하지 않는다고 응답했다. 거의 매일 싸우는 경우는 2.0%이고 일주일에 한두 차례는 5.5%, 한 달에 한두 차례는 20.0%로 나타났는데 부부싸움이 발생하는 주요원인이 '배우자와의 성격차이'가 38.8%로 가장 많고 그 다음으로 '생활방식의 차이(24.2%)', '생활비 문제(11.9%)', 자녀의 교육 및 행동(11.1%), '음주로 인한 늦은 퇴근(8.3%) 등의 순서이다. 가정폭력이 발생한 경우 가정폭력 해결 방법 중 가장 도움이 된 방법은 결혼이민자 상담소의 방문상담(11.3%)이며 경찰신고(8.0%)와 상담전화 이용(6.3%)의 순서로 나타났다. 또한 보건복지부에서 2005년에 실시한 연구용역 『국제결혼 이주여성 실태조사 및 보건 · 복지지원 정책방안』(설동훈 외)에 따르면 현재 남편과 살고 있는 국제결혼여성들 중 41%정도는 거의 부부싸움을 하지 않는다고 한 반면, 일주일에 한두 차례 갈등을 겪는다는 부부는 8%, 한 달에 한두 차례 갈등을 겪는다는 부부는 28%정도 된다. 베트남과 필리핀 출신 여성 결혼이민자들이 다른 지역출신 여성 결혼이민자들보다 부부싸움 빈도가 낮은 편이며, 태국과 구소련 출신 여성 결혼이민자들이 부부갈등을 더 많은 것으로 나타났다.

부부갈등의 가장 큰 원인은 남편과 성격차이(33.4%), 생활방식의 차이(22%), 경제문제(12%), 음주(11%) 순으로 많이 지적하고 있다. 남편과 성격차이 문제는 거의 모든 국제결혼 여성들이 공통적으로 많이 지적하는 부부갈등의 원인이다. 여성 결혼이민자의 출신국별로 부부갈등의 원인이 두드러지게 차이나는 경우 베트남 출신 여성 결혼이민자들이 다른 집단에 비해 음주와 부모와의 불화 그리고 특히 남편의 외도로 남편과 갈등을 자주 하는 것으로 나타난다.

<표 6-1> 여성 결혼이민자 출신국별 부부갈등 빈도

(단위: %, 점수, 명)

	전체	중국 동포	중국 한족	일본	필리 핀	베트 남	태국	몽골	구소 련	기타
	(749)	(337)	(112)	(95)	(67)	(56)	(19)	(13)	(28)	(22)
일주일에 한 두차례이상	8.0	6.2	13.4	7.4	9.0	5.4	10.5	.0	10.7	10.7
한달에 한두 차례	27.6	26.7	23.2	37.9	26.9	12.5	42.1	46.2	35.7	35.7
6개월에 한 두 차례	11.9	9.2	18.8	14.7	9.0	8.9	15.8	7.7	21.4	21.4
1년에 한두 차례	11.9	11.9	17.9	11.6	3.0	12.5	10.5	30.8	3.6	3.6
거의 하지 않음	40.6	46.0	26.8	28.4	52.2	60.7	21.1	15.4	28.6	28.6
계	100.0	100.0	100.0	100.0	100.0	100.0	100.0	100.0	100.0	100.0
평균	3.49	3.65	3.20	3.15	3.60	4.09	2.89	3.16	3.03	3.29

출처: 보건복지부, 2005

<표 6-2> 여성 결혼이민자 출신국별 부부갈등 사유

(단위: %, 명)

	전체	중국 동포	중국 한족	일본	필리 핀	베트 남	태국	몽골	구소 련	기타
	(649)	(279)	(112)	(85)	(64)	(36)	(16)	(11)	(27)	(19)
남편과의 성격차이	33.4	36.6	24.1	36.5	40.6	25.0	37.5	.0	29.6	42.1
남편과 생활방식 차이	21.6	25.4	25.0	11.8	10.9	11.1	18.8	18.2	33.3	31.6
경제 문제	11.7	8.6	17.0	16.5	14.1	2.8	6.3	27.3	14.8	5.3
자녀의 교육 또는 행동	7.9	3.2	16.1	16.5	4.7	2.8	.0	18.2	7.4	10.5
음주	10.8	9.7	9.8	9.4	15.6	19.4	18.8	27.3	3.7	.0
부모와의 불화	2.8	3.6	.0	2.4	3.1	8.3	.0	.0	3.7	.0
나 또는 남편의 외도	1.7	1.1	.9	.0	.0	19.4	.0	.0	.0	.0
기타	10.2	11.8	7.1	7.1	10.9	11.1	18.8	9.1	7.4	10.5
계	100.0	100.0	100.0	100.0	100.0	100.0	100.0	100.0	100.0	100.0

출처: 보건복지부, 2005

3. 취업

결혼이민자의 취업과 그들의 경제적인 상황은 불가분의 관계이다. 대부분의 결혼이민자들은 출신 국가에서 경제적인 이유로 인해 국제결혼을 결심하게 된다. 우리나라의 생활환경이 출신 국가의 생활환경보다 훨씬 좋은 것은 사실이지만, 처음에 국제결혼을 통해 기대했던 수준은 아닌 경우가 많다. 실제 국제결혼을 선택하고 이민을 와서 결혼 생활을 해보니 기존에 알고 있던 경제적 현실과 너무 달라 실망하게 된다. 실제로 최저생계비 이하의 경제력을 지닌 절대빈곤 하에서 생활하는 한국 남성과 결혼하게 되는 경우도 흔한 일이며, 심지어 의료보장체계의 범위 내에도 속하지 못한 채 살아가고 있는 국제결혼가족도 드문 일이 아니다. 이렇듯 국제결혼가족이 구성원 소득에만 의지해 생활을 유지해야하는 경우에는 힘든 생활을 해야 한다. 빠듯한 생활을 하는 중에 스트레스를 경험하게 되고, 자녀들의 교육과 배우자의 은퇴시기가 다가옴에 따라 미래에 대한 걱정으로 더욱더 힘든 생활을 살게 된다. 그러므로 결혼이민자의 현실적인 사회 환경으로 인해 취업을 생각하게 된다. 2008년 한국보건사회연구원에서 실시한 다문화가족 실태조사에 따르면 결혼이민자와 한국인 배우자의 취업 의향이 매우 높다는 것을 알 수 있다. 다음 <표 6-3>에서 보는 바와 같이 전체 결혼이민자 중 66.5%가 취업을 희망하고 있다. 그런데 전체 한국인 배우자들 중 78.3%가 취업을 희망하고 있어 결혼이민자들보다 더 취업에 대한 의향이 높은 것으로 조사되었다. 지역별로 살펴보면 농·어촌 지역 결혼이민자 중 66.0%, 도시 지역 결혼이민자 중 67.4%가 취업 의향이 있었다. 한편 농·어촌 지역 한국인 배우자 중 86.2%, 도시 지역 한국인 배우자 중 74.1%가 취업 의향이 있는 것으로 나타났다.

<표 6-3> 결혼이민자와 한국인 배우자의 취업 의향

대 상	지역별	취업 의향 있음	취업 의향 없음	합 계
결혼이민자	농·어촌 지역	67.4%	32.6%	100.0% (325명)
	도시 지역	66.0%	34.0%	100.0% (518명)
	합 계	66.5%	33.5%	100.0% (843명)
한국인 배우자	농·어촌 지역	86.2%	13.8%	100.0% (29명)
	도시 지역	74.1%	25.9%	100.0% (54명)
	합 계	78.3%	21.7%	100.0% (83명)

출처: 김유경. (2008).

결혼이민자들이 취업을 원하는 가장 중요한 이유에 대해 가장 많은 27.9%가 자녀의 교육비를 충당하기 위해서라고 응답하였으며, 다음으로 가족의 생계를 유지하기 위해서가 24.7%, 생활비를 보충하기 위해서가 20.8%, 자기 발전을 위해서가 16.2%로 많았다. 생계와 관련된 이유에 대해 많은 결혼이민자가 응답했다는 것을 알 수 있다. 심지어 국제결혼을 준비하는 과정에서 한국인 배우자가 돈을 빌려서 결혼 비용을 준비했기 때문에 빚을 갚아야하는 부담까지 감당해야 하는 경우도 있고, 한국인 배우자가 고정적으로 일할 수 있는 일정한 직장이 없는 경우도 있다. 이러한 점에서 국제결혼의 조건 중 중요한 이유로 언급되고 있는 한국인 배우자들의 경제적 조건이 우세하다는 것과 달리 경제적 문제를 많이 가지고 있는 주위 환경에서 더욱 가족 간 갈등을 촉진시킬 수 있을 것이다.[51]

51) 흔히 일본의 국부가 전체로 보면 경제대국이지만 개개인의 경제상황이 풍족하지 않다고 하듯이 국가전체로 보면 경제적으로 부유하지만 그속에 살고 있는 개개인의 삶은 여유가 없는 것과 마찬가지 이치이다.

그러나 결혼이민자가 취업을 하기 위해서는 또 다른 인식의 차이가 존재한다. 다음 <표 6-4>에서 보는 바와 같이 결혼이민자의 취업에 대해 한국인 배우자의 태도에 대해 결혼이민자들은 한국인 배우자가 대체로 반대(39.3%)한다고 가장 많이 응답하였으며, 다음으로 적극적으로 반대(28.7%)가 많았다. 또한 결혼이민자의 취업에 대해 한국인 배우자의 태도에 대해 한국인 배우자들은 대체로 반대(42.0%)한다고 가장 많이 응답하였으며, 다음으로 적극적으로 반대(25.9%)가 많았다.

<표 6-4> 결혼이민자의 취업에 대한 한국인 배우자의 태도

구 분	결혼이민자	한국인 배우자
적극적으로 찬성	4.7%	5.2%
대체로 찬성	5.3%	10.9%
찬성도 반대도 아님	22.0%	16.1%
대체로 반대	39.3%	42.0%
적극적으로 반대	28.7%	25.9%
합 계	100.0%(150명)	100.0%(174명)

출처: 김유경. (2008).

이상에서 보듯이 결혼이민자가 경제적인 상황이 어려워 취업을 하고자 하는 의지는 있으나, 함께 생활하는 한국인 배우자의 적극적인 지지가 부족한 것으로 나타났다. 다시 말해 생계가 걱정이 되는 것은 사실이지만 결혼이민자가 취업하는 것은 탐탁지 않게 생각해 모순이 존재한다.

제3절 결혼이민자 자녀의 교육환경

1. 다문화교육

1) 다문화교육의 개념

다문화교육의 개념은 다양하지만 일반적으로 협의와 광의의 개념이 있다. 다문화교육을 협의의 개념으로 정의하여 주로 학교의 교육과정에 국한하여 설명한다. 학교에서는 학생들을 위해 계획한 교육과정에 따라 학습이 이루어지기 때문에 교육과정의 개정을 통해 다문화에 대한 인식을 넓혀간다고 생각한다. 따라서 다문화교육을 교육과정의 개정에 초점을 맞추어 설명한다. 또한 광의의 개념으로 정의하는 경우이며, 학교에서의 다양한 활동들을 모두 포함한다. 다시 말해 다양한 배경을 가진 학생들에게 학교에서의 교육을 바탕으로 평등한 기회와 성취를 경험할 수 있도록 교육 구조를 개혁할 필요가 있는 것이다. 따라서 다문화교육을 인식의 전환, 변화 운동 등 학교 교육구조의 개혁에 초점을 맞추어 설명한다. 본서에서도 광의의 개념으로 다문화교육을 정의하여 논의를 전개할 것이다. 그렇다고 하여 협의의 개념에서 의미하는 것의 중요성을 간과할 수 없다. 다문화교육은 학교에서의 교육이 평등하게 이루어질 수 있게 기회를 제공함과 동시에 학교의 변화를 모색하는 것이기 때문에 학교 교육의 전반을 담당하고 있는 교사의 역할이 중요하다. 다문화교육의 개념상 여러 집단 간의 차이(difference)를 다룬다는 의미를 내포하고 있으며 다문화교육의 개념은 한정된 목표를 달성하는 것이 아니라 목표를 달성하기 위해 노력하는 과정이다.

2) 다문화교육의 목적과 방향

(1) 다문화교육의 목적

최근 문화적 다원주의(pluralism)의 관점에서 다문화교육의 목적을 찾을 수 있다. 문화적 다원주의의 입장에서는 비주류 세력인 소수의 집단이 주류 세력 집단에 적응하면서 자신들의 고유한 문화를 유지하도록 한다. 이러한 목적을 다문화교육 차원에서 달성하기 위해서는 가정에서의 교육뿐만 아니라 학교에서의 교육도 매우 중요하다. Bennett(1995)에 따르면 비주류 집단의 학생과 주류 집단의 학생이 서로에 대해 이해할 수 있도록 역사적 의미, 문화적 차이, 각 집단의 특성 등 국가적 차원에서의 다문화교육을 강조하였으며, 이를 위해서는 기존의 교육과정에 다인종적·범국가적·다문화적 관점을 통합한 새로운 교육과정의 도입을 제안하였다. Coelho(1998)는 학교 교육을 통한 종합적이고 체계적인 다문화 교육을 강조하였을 뿐만 아니라, 다문화 학교에서의 포괄적이고 구체적인 교수학습 방안을 제안하였다. 이민자들의 증가로 인해 발생되는 이민자들의 사회 적응 문제와 사회의 다양성 증가에 대해 논의하였으며, 이에 대응하기 위한 학교 교육의 역할에 대해 강조하였다. 특히 일반학생들을 중심으로 인종 간 민족 간 문화적 차이에 대한 교육의 도입과 함께 결혼이민자 자녀의 적응을 위한 다양한 지원서비스 및 포괄적인 교육프로그램을 제안하였다. 다문화교육의 목적을 다음 <그림 6-2>에서 보는 바와 같이 설정할 수 있다. 다원주의 차원에서 사회구성원들의 가족과 지역사회 문화 활동을 이해하고, 문화적 경계선상(cultural border)에서 자유롭게 활동할 수 있는 시민으로 교육하여 궁극적으로 다양성이 공존하는 사회를 추구하는 민주시민으로 양성하는 것을 목적으로 한다.

<그림 6-2> 다문화 교육의 목적

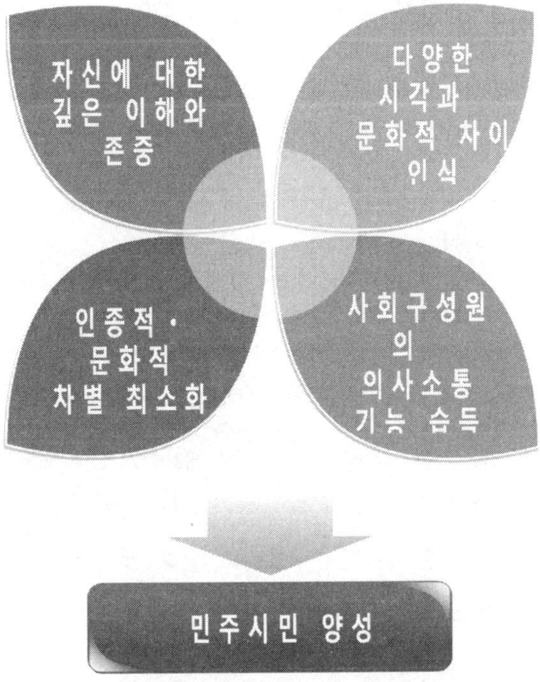

첫째, 자신에 대한 깊은 이해와 존중으로서 다른 문화의 시각에서 자신을 탐색하고 이해하는 것을 목적으로 한다. 특히 다문화교육은 사회구성원 간의 관계, 이해, 존중을 전제로 하기 때문에 다른 문화의 시각에 견주어 자신을 깊게 바라볼 수 있는 자세가 필요하다. 둘째, 문화 간 차이와 다양한 시각 간 차이를 인식하는 것을 목적으로 한다. 그 사회의 다양한 역사적 배경에 대해 배우고, 다양한 인식의 차이가 존재함에 대해 지각해야 한다. 또한 다문화교육을 통해 자신이 속한 집단의 문화적 시각과 주류 사회의 문화적 시각, 그리고 다른 문화의 시각을 이해하고, 이를 바탕으로 특정한 역할을 담당하고 삶을 공유하여 사는 방법을 함양해야 한다. 셋째, 국가 간·지역 간·인종 간·문화 간 발생할 수 있는 차별을 최소화하는 것을 목적으로 한다. 함께 살고 있는 사회 내 특정

집단의 구성원들이 여러 가지 차이 때문에 경험하는 고통과 차별을 줄여야 한다. 마지막으로 사회를 구성하고 있는 집단 간, 구성원 간 의사소통할 수 있는 기능을 습득하는 것을 목적으로 한다. 다양한 집단 구성원들은 다문화교육을 통해 상호 의사소통에 필요한 읽기와 쓰기의 기능을 습득하게 된다.

(2) 다문화교육의 방향

Banks(2006)는 다문화교육의 범위를 확대해야 한다고 주장하면서 학교에서의 다문화교육이 고려해야 할 핵심을 5가지로 제시하였다. 학교 다문화교육의 핵심에는 다음 <그림 6-3>에서 보는 바와 같이 내용 통합(content integration), 평등한 교수방법(an equity pedagogy), 지식 구성 과정(the knowledge construction process), 선입견 축소(prejudice reduction), 학교 문화와 사회 구조의 강화(an empowering school culture and social structure)가 있다.

<그림 6-3> 학교 다문화 교육의 핵심

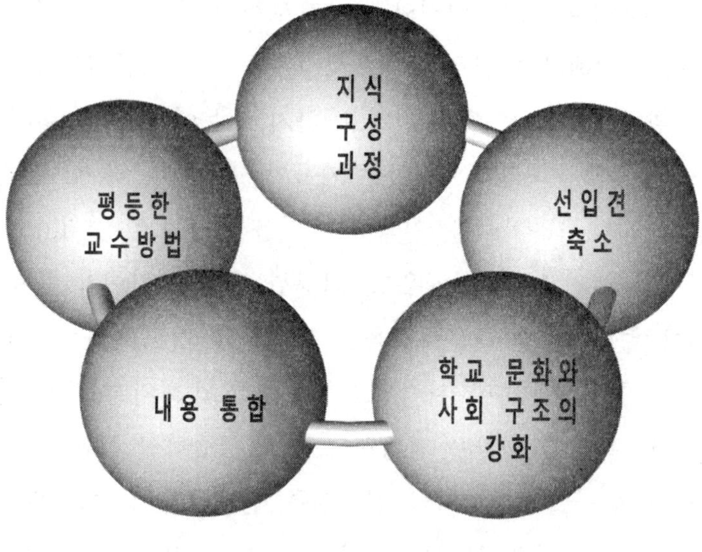

첫째, 내용 통합이다. 다문화의 내용을 통합하기 위해서는 다양한 문화에 대한 존중이 필요하며, 문화적 다양성의 시각이 반영되어야 한다. 예를 들어 학교의 다문화교육을 실시할 때 주요 개념, 원리, 이론 등을 설명하는 경우에 다양한 집단이나 사회 계층들의 사례를 활용해야 한다. 이를 통해 다양한 문화의 존재와 그 고유의 가치를 인정할 수 있는 시각을 길러줘야 한다. 둘째, 평등한 교수방법이다. 학교의 교사는 다양한 문화와 사회적 계층 집단으로 형성된 학생들이 학업을 성취할 수 있도록 적극적으로 협조해야 한다. 학교에서는 개인적 배경이 다른 학생들에게 평등한 교육 성취 기회를 제공해 주어야 한다. 즉 학교에서는 학생들에게 교육적 기회를 평등하게 제공해 주는 것이 필요하다. 따라서 학생들의 학문적 성취를 높이기 위해 교사들이 지속적으로 자신의 교수법을 개선해 나가야 한다. 셋째, 지식 구성 과정이다. 문화의 차이에 따라 학문 영역별로 발달 수준에서 많은 차이가 존재하며, 지식의 구성 과정도 선진국 중심의 발전에 초점이 맞추어져 있다. 학교 내에서는 교사의 주관적 관점, 가치에 대한 인식틀, 선입견 등에 의해 보이지는 않지만 많은 학생들에게 영향을 미치게 된다. 학생들이 학교의 교육을 통해 지식을 습득하는 과정을 연구하고 이해하는 것이 필요하다. 따라서 학생들에게 미친 영향이 무엇인지를 이해시키고, 조사하게 만들며, 학생들 스스로 판단하도록 해야 한다. 넷째, 선입견 축소이다. 학교의 다문화교육을 통해 달성할 수 있는 가장 기본적인 목표가 다양한 문화에 대해 학생들이 가지고 있는 선입견을 최소화하는 것이다. 학생들의 성장과 함께 깊게 자리 잡고 있는 선입견들을 축소하는 것은 쉬운 일은 아니다. 그러나 학교의 다문화교육을 통하여 이러한 선입견들이 고착화되기 전에 완화시켜야 한다. 다섯째, 학교 문화와 사회 구조의 강화이다. 특히 학교 문화의 개혁뿐만 아니라 사회 구조의 변화가 함께 이루어질 때 비로소 다문화 교육의 효과가 나타난다는 것이다. 따라서 교사와 행정가들을 비롯하여 사회의 다양한 계층이 함께 노력해야 다문화 교육이 성공을 거둘 수 있다고 주장하였다.

3) 다문화교육의 필요성

다양한 인종과 민족이 함께 공존하는 사회에서 앞으로 국가를 이끌고 나가야 할 학생들에게 어떠한 방법으로 평등한 교육을 경험하게 할 것인가는 매우 중요한 문제이다. 이처럼 우리사회의 다양성 증가로 인해 발생하게 되는 여러 가지 사회 문제를 해결하기 위한 대안으로 강조되고 있다. 최근 교육학 및 다문화 관련 사회학계에서도 다문화 환경을 고려한 다양한 교육 내용과 방법의 구상 및 인식에 대한 연구가 활발하게 진행되고 있는데 조영달(2009)은 다문화 교육의 필요성에 대해 다음 <그림 6-4>에서 보는 바와 같이 세 측면으로 요약하여 제시하고 있다.

<그림 6-4> 다문화 교육의 필요성

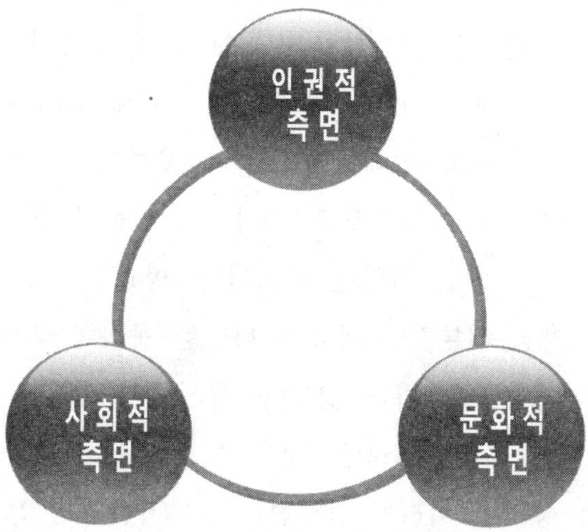

첫째, 인권적 측면에서 다문화교육은 다양한 사회배경을 가진 학생들에게 교육권과 학습권을 보장하여 민주적 가치관과 태도를 길러줄 필요가 있다. 이러한 것은 국가의 근간인 되는 헌법의 내용과 일맥상통하며,

자유 민주국가를 지향하고 있는 한국 사회의 입장에서는 당연하게 받아들여져야 하는 것이다.

둘째, 사회적 측면에서 다문화교육은 사회 갈등을 최소화하고, 사회통합에 기여할 수 있는 방안을 제시해 줄 수 있다. 우리나라의 경우 단일 민족을 강조해왔기 때문에 결혼이민자의 자녀들은 성장과정에서 여러 가지 불일치를 경험하게 된다. 특히 언어와 문화에서 이중성을 경험하게 되고, 사회적으로 하층 계급에 머무를 가능성이 높아진다. 이러한 점이 지속되면 사회적 갈등이 발생하게 된다. 따라서 다문화교육은 사회적 통합을 위해 매우 중요한 것이라 아니할 수 없다.

셋째, 문화적 측면에서 다문화교육은 다양한 문화들이 서로 상호작용하여 더욱더 건강하고 새로운 문화를 창조할 수 있는 기회로서의 역할을 담당할 수 있다. 한국 사회는 단일 민족과 단일 문화를 유지해왔으나, 이러한 문화적 상호작용은 새로운 문화를 창조할 수 있는 촉진제와 같은 역할을 할 수 있다. 문화적 측면은 앞에서 제시한 인권적 측면과 사회적 측면에 비해 매우 적극적인 형태라 할 수 있다. 또한 다문화 교육은 단기적인 차원에서 생각할 것이 아니라, 중장기적인 차원에서 볼 때 우리 사회의 통합과 조화로운 발전을 위해 다문화교육의 개발과 시행에 노력을 기울여야 한다.

4) 다문화교육의 형태 및 특징

(1) 다문화교육의 형태

다문화교육은 다양한 형태로 실시될 수 있다. 구체적으로 이주한 국가에 적응하기 위해 가장 필요로 하는 언어교육과 문화이해 교육이 있으며, 최근 이주민들의 수요가 급격히 증가하고 있는 정보화 교육과 직업교육이 있다. 이러한 교육은 특정 계층이 필요로 하기 때문인데 정보화 교육의 경우 많은 정보를 쉽고 빠르게 획득할 수 있다. 결혼이민자들의 국가는 인터넷 보급률 및 국민들의 정보 활용 면에서 우리나라와 많은 차이를 보이고 있기 때문에 세계 IT 강국인 우리나라에서 적응하고 많은 정보를 활용하기 위해서는 필수적인 교육이다. 직업교육의 경우 이주하여 정착하면서 경제적인 인식이 함께 증가하여 가족의 경제생활에 도움이 되며, 앞으로의 미래 가족생활에 대한 불안감을 해소하기 위해 적극적인 행동을 취하는 결혼이민자들이 선택하게 되는 교육이다. 또한 이주하기 전 태어난 국가에 대한 민족 및 문화에 대한 교육과 그 나라의 언어교육이 있다. 마지막으로 일반 국민과 소수집단 구성원들과의 상호이해와 소통을 위한 다문화 이해교육 등이 있다.

(2) 다문화교육의 특징

다문화교육의 특징은 민주적인 가치를 사회 구성원 전체에게 확장시켜 적용하는 교육이다. 또한 사회 구성원 중 일부에 해당되는 소수집단을 위한 그들만의 교육이 아닌 모든 사회 구성원을 위한 교육이다. 이러한 측면에서 볼 때 다문화교육은 사회갈등과 사회분열을 조장하는 교육이 아니라 사회통합을 지향하는 교육이 되어야 한다. 따라서 다문화교육이란 다문화사회에서 교육을 매개로 그 사회의 주류와 비주류의 구성원 간 상호이해를 증진하여 사회통합을 촉진하고자 하는 것이다.

5) 한국어와 결혼이민자들의 특징

결혼이민자들은 한국사회와 접하게 되면서 한국어를 습득하게 된다. 그러나 언어의 습득과정은 가르치고 배우는 단순한 구조가 아니라 사회환경과의 상호작용을 근간으로 하는 복잡한 구조로 되어 있다. 결혼이민자들은 우리나라로 이민을 와서 결혼을 하고 한국사회와 상호작용하면서 한국어를 습득해간다. 따라서 결혼이민자들만의 특수성으로 인해 그들만의 독특한 특징이 나타나는데 이를 살펴보면 다음과 같다.[52] 첫째, 결혼이

52) 대구, 경북 지역에 거주하는 453명의 결혼이민자를 대상으로 실시한 김선정

민자들이 정확하게 언어를 표현하는 것은 쉽지 않다. 언어학적으로 국가마다 차이가 있으며, 결혼이민자들은 태어나서부터 한국어를 습득한 것이 아니라 이미 모국의 언어를 습득하고난 후에 언어를 습득하는 경우가 많다. 그리고 학습 역량이 왕성한 성장기에 언어를 습득하는 것이 아니라 성인이 되어 모국어 체계가 완성된 후에 외국어로써 한국어를 배우게 되는 것이 대부분이다. 예를 들어 한국인들이 어려워하는 영어식 발음에는 [r]과 [l], [Θ] 등이 대표적이다. [r]과 [l]는 한글에서 구분하여 사용되지 않고, [ㄹ]로 통칭하여 사용되기 때문에 한국 사람이 영어를 습득할 때 가장 어려워하는 부문이며, [Θ]는 한국에서 사용되고 있지 않는 발음이기 때문에 영어를 배울 때 강조하여 배우게 된다. 이처럼 한국어에는 쌍자음으로 된 발음들도 있어 외국인들이 정확하게 발음하기는 쉽지 않다. 또한 정확한 언어를 사용하지 않음에도 불구하고 의사소통은 원활하기 때문에 잘못된 언어를 사용하는 것 자체를 인식하지 못하기도 하고, 시간을 투자하여 정확한 언어를 습득하려는 노력도 필요 없다고 생각하게 된다. 즉 결혼이민자들이 일상생활을 하는 데에는 전혀 불편함을 느끼지 못하기 때문에 정확한 언어 표현의 필요성을 느끼지 못하게 된다. 이러한 점에서 결혼이민자의 배우자 역할이 중요하다. 둘째, 결혼이민자들은 한국어 예절에 대한 지식이 부족하다. 대부분의 결혼이민자들은 한국어를 체계적으로 배운 것이 아니라 생활 속에서 자연스럽게 습득하는 경우가 많다. 동일한 표현을 여러 가지로 표현하는 한국어를 쉽게 하지 못한다. 특히 결혼이민자들은 배우자의 부모님과 함께 생활하는 경우가 많이 때문에 존댓말 표현에 대해 가장 어려워하고 있다. 예를 들어 '진지 드셨습니까?', '식사하셨습니까?', '밥 먹었니?' 등 동일한 것을 물어보는데 대상에 따라 표현이 모두 다르다. 결혼이민자의 출신국에서는 대상과 관계없이 동일한 표현을 사용하지만 한국어에서는 일상생활에서 존댓말

(2007)의 연구를 토대로 필자가 재구성하였다.

사용이 보편적이다. 아침 문안 인사를 드릴 때, 배우자가 출근할 때, 식사를 할 때, 각종 명절이나 집안 모임 때 등 하루에도 여러 번 사용이 되며, 많은 언어 예절이 한국어에 포함되어 있다. 셋째, 결혼이민자들은 문법체계를 갖춘 언어보다 실생활에서 사용되는 언어에 익숙하다. 결혼이민자의 경우 한국어를 학습(learning)하는 것이 아니라 습득(aquisition)의 방법으로 배우게 된다. 주로 생활을 하면서 구어체 형식으로 언어를 습득하기 때문에 생활과 밀접한 용어나 표현을 많이 알고 있다. 특히 시장에서 자주 접하게 되는 것들(과일, 고기, 생선, 채소, 음료, 냉동식품 등), 직접적으로 관련된 용어들(이민, 귀화, 여권, 출입국관리사무소, 주민센터, 결혼 등), 가정에서의 자주 사용되는 단어들(화장실, 부엌, TV, 아침, 저녁, 인사, 설거지, 청소, 빨래, 집 주소, 전화번호 등)에 익숙하다. 일상생활 속에서 자연스럽게 언어를 습득하기 때문에 이들이 사용하는 문장에는 많은 오류가 있으며, 어휘력이 부족하다. 따라서 의사전달은 가능하지만 자신의 감정을 섬세하게 표현하지는 못한다.

넷째, 결혼이민자들은 체계적인 한국어 교육을 받지 않았기 때문에 문식성 발달과 관련된 영역(읽기와 쓰기)에서 많은 어려움을 겪게 된다. 한국에 이주하여 어느 정도의 시간이 지나게 되면 생활하는 데에는 큰 불편함이 사라지게 된다. 우리의 일상생활에서는 듣기와 말하기만 잘 하면 상호 의사 표현하는 데에는 문제가 없다. 언어 학습에서 가장 먼저 배우는 것이 듣기이며, 다음으로 말하기, 읽기, 쓰기 순인 것을 고려하면 말하기, 읽기는 약 5년 정도 한국에서 생활하게 되면 자연스럽게 습득된다. 그러나 많은 결혼이민자들은 체계적인 한국어에 대한 교육을 받지 못하고 일상생활에서 한국어를 습득하기 때문에 읽기와 쓰기에 대해 많은 어려움을 호소한다. 특히 자녀의 학습 발달에 중요한 역할을 해야 하는 부모의 입장에서 아이들의 학습을 도와주지 못한다는 것은 매우 큰 고통이며, 이러한 고통은 아이의 성장과 함께 더욱더 크게 느껴지게 된다.

끝으로 결혼이민자들의 상당수가 수도권이 아닌 지방에 거주하고 있어 각 지역의 방언(사투리)을 익혀 사용하고 있다. 대부분 생활 속에서 지역 방언을 습득하여 사용하고 있기 때문에 표준어를 지역 방언으로 재확인하여 수용하는 데에는 다소 시간이 소요된다. 즉 자녀의 교육 측면에서 볼 때 이러한 점을 고려하여 표준어와 지역 방언에 대한 교육을 병행할 필요가 있다.

2. 결혼이민자 자녀의 현황

국내 체류외국인의 증가와 더불어 국제결혼가족의 자녀도 증가하고 있다. 2008년 기준으로 국제결혼가족의 자녀는 18,778명으로 전년 대비 39.6%p 증가하였다. 학교별로 살펴보면 초등학교가 15,805명, 중학교가 2,213명, 고등학교가 760명으로 총 18,778명이 학교에 다니고 있었으며, 전년 대비 증감율을 살펴보면 초등학교가 38.1%, 중학교가 38.9%, 고등학교가 84.0%로 고등학생의 수가 급격히 증가하였다는 것을 확인할 수 있다.

<표 6-5> 학교별 국제결혼가족의 자녀(학생) 현황('08.4 기준)

구분	초		중		고		계	
	인원(명)	증감(%)	인원(명)	증감(%)	인원(명)	증감(%)	인원(명)	증감(%)
2005	5,332		583		206		6,121	
2006	6,795	27.4	924	58.5	279	35.4	7,998	30.6
2007	11,444	68.4	1,588	71.9	413	48.0	13,445	68.1
2008	15,805	38.1	2,213	38.9	760	84.0	18,778	39.6

출처: 교육과학기술부. (2009).

국제결혼가족의 학생수는 다음 <표 6-5>에서 보는 바와 같이 2008년 4월 기준으로 총 18,778명이다. 그 중 초등학교에 다니는 학생은 15,805명으로 84.2%이며, 중학교에 다니는 학생은 2,213명으로 11.7%이며, 고등학교에 다니는 학생은 760명으로 4.0%이다. 한편 시·도별로 살펴보면 경기도가 3,878명으로 가장 많이 분포하고 있으며, 다음으로 서울 2,259명, 전남 1,869명 순으로 분포하고 있다.

<표 6-6> 시·도별 국제결혼가족의 자녀(학생) 현황('08.4 기준)

(단위 : 명)

구분 / 시도	초	중	고	계
서울	1,813	319	127	2,259
부산	634	92	44	770
대구	403	38	15	456
인천	560	67	35	662
광주	394	28	17	439
대전	249	61	17	327
울산	220	30	14	264
경기	3,091	576	211	3,878
강원	883	95	27	978
충북	878	88	28	966
충남	1,235	185	56	1,476
전북	1,235	131	18	1,384
전남	1,675	136	58	1,869
경북	1,150	110	32	1,292
경남	1,239	237	54	1,530
제주	146	20	7	173
계(%)	15,805(84.2%)	2,213(11.7%)	760(4.0%)	18,723

출처: 교육과학기술부. (2009).

부모 출신 국별 국제결혼가족의 학생수는 다음 <표 6-5>에서 보는 바와 같이 2008년 4월 기준으로 일본 출신 부모의 자녀가 8,293명으로 44.2%를 차지하여 가장 많았다. 다음으로 조선족을 포함한 중국 출신이

4,594명으로 24.5%를 차지하고 있으며, 필리핀(3,009명, 16.0%), 베트남(864명, 4.6%) 순으로 분포하고 있다. 부모 출신국별 국제결혼가족의 학생들을 살펴 본 결과 피부색을 비롯한 외형적 특성이 유사하고, 가까운 곳에 위치한 국가의 학생들이 많은 것으로 나타났다.

<표 6-7> 부모 출신국별 국제결혼가족의 자녀(학생) 현황('08.4 기준)

(단위 : 명)

시·도	부모 출신 국별													
	일본	중국(조선족)	미국	필리핀	베트남	태국	러시아	몽골	인도네시아	남부아시아	중앙아시아	유럽	기타	계
서울	1031	501	59	230	73	34	35	71	28	45	18	29	105	2,259
부산	266	207	14	110	33	7	43	0	20	15	8	12	35	770
대구	184	108	11	65	22	11	4	0	1	9	0	11	30	456
인천	223	198	6	115	31	8	7	18	9	8	5	7	27	662
광주	212	98	1	85	24	6	1	4	0	0	0	0	8	439
대전	162	49	18	35	20	4	10	3	4	0	4	2	16	327
울산	109	48	1	46	39	2	0	1	0	1	3	3	11	264
경기	1825	763	50	566	146	78	56	83	32	69	49	26	135	3,878
강원	466	261	7	183	32	21	10	3	0	1	4	4	13	1,005
충북	418	291	6	157	44	18	4	17	1	3	3	10	22	994
충남	628	465	11	214	76	19	7	5	1	17	8	8	17	1,476
전북	563	403	1	331	33	16	5	4	6	3	5	2	12	1,384
전남	827	405	2	428	121	37	3	7	6	2	5	2	24	1,869
경북	499	422	15	186	95	25	6	0	15	7	2	1	19	1,292
경남	796	345	10	234	67	24	11	-	2	6	8	6	21	1,530
제주	84	30	4	24	8	1	2	0	1	2	2	2	13	173
합계	8,293	4,594	216	3,009	864	311	204	216	126	188	124	125	508	18,778
비율(%)	44.2	24.5	1.1	16.0	4.6	1.7	1.0	1.1	0.7	1.0	0.7	0.7	2.7	100.0

출처: 교육과학기술부. (2009).

3. 결혼이민자 자녀의 적응

1) 정체성 혼란

결혼이민자의 자녀들은 자신 스스로의 혼란, 가족 내에서의 갈등, 학교에서의 부적응 등 여러 가지 어려움에 직면하게 된다. 예를 들어 결혼이민자가 서툰 한국어는 물론 한국의 문화에도 적응하지 못한 상태에서 자녀들을 교육함으로써 아이들의 예방접종 시기를 놓친다든지, 자녀의 언어발달 장애가 발생한다든지, 피부색과 생김새가 다르다는 이유로 육체적, 정신적으로 놀림을 당하거나 따돌림을 당하기도 한다. 이러한 어려움들이 자주 발생하게 되면 결국 다양한 사회문제로 표출되게 된다. 물론 모든 결혼 이민자의 자녀에게서 사회문제가 발생하는 것은 아니나, 최근 들어 결혼이민자 관련 상담 자료를 살펴보면 증가되고 있는 추세이다. 결혼이민자의 자녀에게 가장 흔히 발생하는 것이 자신 스스로에 대한 혼란이다. 일반적으로 가족 외의 사람들과 접촉을 하는 시기부터 나타나게 된다. 특히 어린이집이나 유치원과 같은 보육시설에서 다른 또래 아이들과 만나면서 정체성 혼란이 더욱 가중된다. 다른 아이들에 비해 차이가 있다는 것을 인식하게 되고, 이러한 차이가 원인이 되어 놀림을 당하거나 차별 대우를 받으며, 또래 아이들에게 따돌림을 경험하기도 한다. 예를 들어 중국, 일본, 몽고 출신 부모의 자녀들은 외형적으로는 특별한 차이가 나타나지 않더라도 성장을 하면서 다른 사람들에게 표현하기에는 부담이 되기 때문에 표현하지 않고 숨기면서 살아가게 된다. 이에 따라 많은 심리적인 불안감과 스트레스가 발생한다. 결혼이민자의 자녀들은 가족 내에서 두 개의 문화를 이해하고 경험하면서 혼란이 발생한다. 대표적인 것이 역시 언어의 문제인데 한국어 습득이 미흡함으로 인해 충분한 의사소통이 이루어지지 않는다. 예를 들어 부모의 이중 언어 사용으로 인한 적절한 언어습득이 되지 않거나 언어발달이 지연되어 언어장애나 말더듬과 같은 언어문제를 호소하기도 한다. 실제로 언어문제는 부부간 또는 부모와 자녀 간 섬세한 표현이 필요하지만 그렇지 못해 가족 내 많은 갈등이 발생하기도 한다. 또한 문화적인 생활 습관의 차이, 가치관 차이로 인한 갈등으로 인해 가족 구성원 간 관계가 모호해지기도 하고, 큰 의미를 부여하지 않았던 작은 갈등이 의사소통 부족으로 인해 크게 확대되기도 한다.

2) 양육의 어려움

특히 결혼이민자들은 자녀를 양육하는데 많은 어려움을 겪게 된다. 예를 들어 자녀양육에 대한 정보와 경험의 부족으로 인한 문제, 자녀양육에 대한 무지, 부부간 자녀양육에 의견 차이, 자녀양육에서의 비협조 등의 문제는 대부분의 결혼이민자 가족에게서 발견될 수 있다. 또한 남편과 자녀양육방식의 차이로 인해 가족갈등이 발생할 수도 있다. 자녀를 엄하게 키워야한다는 남편과 자녀에 대한 애착이 강한 결혼이민자 사이에 차이가 발생할 가능성이 높으며, 자녀가 자신의 아이라고 생각하는 이주여성과 아버지의 대를 이어 받는다고 생각하는 한국의 전통적인 사고와 대조를 이루기도 한다. 더구나 결혼이민자의 자녀들이 취학 연령이 되면 학교에 가서 학습하게 되는데 학교는 또 하나의 공동체로서 많은 또래 친구들과 함께 생활하게 된다. 그러나 결혼이민자 자녀들은 언어발달이 지체되어 수업에 대한 이해도가 낮아 또래 교우들과의 관계에서 고립된다. 비록 의사소통에는 큰 문제가 발생하지 않는다고 하더라도 문식성이 필요한 문장의 해독, 쓰기, 글 작성 등의 영역에서는 비교적 낮은 수준을 유지하게 된다. 이러한 이유로 또래 관계에서 집단 따돌림을 당하거나 충격적인 학교생활을 경험하면서 학교생활에 대한 흥미를 잃게 된다. 또한 열악한 가정환경, 교육기회의 상대적 박탈감, 부정적 사회인식으로 인하여 자녀의 원만한 또래관계 형성과 학업성취 의욕에 부정적으로 작용하며, 자녀의 심리·정서적 문제의 원인이 된다. 이처럼 학업 부진과 또래 친구들과의 문제 등 결혼이민자 자녀의 학교생활 부적응 심화로 인해 학업 중도 탈락, 학업 중단 충동, 비행, 폭력, 가출, 교우관계, 학교 등교 기피 등의 문제가 발생하고 있다.

4. 이중 언어 교육

1) 이중 언어 교육의 필요성

2009년을 기준으로 우리나라에 거주하고 있는 외국인 수는 대략 110만 명 정도로 전체 인구의 2.5%에 해당된다. 외국인의 국내거주 증가와 함께 국제결혼가족의 자녀도 증가하여 학교 교육을 받고 있다. 이러한 사회변화에 따라 국제결혼가족의 자녀에 대한 각별한 관심이 필요하다는 인식이 증가되었다. 국제결혼가족의 자녀들은 사회생활뿐만 아니라 학교생활에도 적응하기 위해 많은 노력을 하고 있으나, 쉬운 일이 아니다. 교육 차원에서 보면 이들이 학교생활에 적응하지 못하는 대표적인 원인은 무기력과 소외감이다. 외형적으로 한국 사람과 비슷하고 학업성적이 좋은 학생들은 자신의 정체성에 대한 자존감과 자신감의 부족으로 소극적이며 위축적인 학교생활을 하고 있다. 또한 주류 학생 집단의 다문화에 대한 수용성의 부족으로 어려움을 겪고 있다. 따라서 국제결혼가족 내 어머니의 존재를 부정하거나 낮은 존재감을 그대로 용인하게 되면 심각한 문제를 방치하게 되는 것이다. 왜냐하면 국제결혼가족의 자녀들은 어렸을 때는 부모를 부끄럽게 생각하다가 자라면서 부모를 무시하거나 원망하게 되며 결국 자녀의 인성에 악영향을 미치게 된다. 국제결혼가족의 자녀들은 한국어와 한국문화에 대해 몰라서 자신감이 없는 것이 아니라 자신의 모습을 표현하기 어렵다는 차원에서 '자신감의 결여'라고 볼 수 있다. 따라서 언어는 단순히 의사소통의 수단을 넘어서 다양한 문화의 수용은 기본적으로 다른 언어를 수용한다는 것을 전제로 한다.

2) 이중 언어 교육의 현실

교육과학기술부에서는 국제결혼가족 자녀들의 정체성 형성과 글로벌 인재로의 육성을 위해 이중 언어 교육을 권장하고 있다. 그러나 실제 국제결혼가족에서 자녀들은 부모님의 나라 말을 배울 정서적인 환경이 형성되어 있지 못하며, 이중 언어 교육을 지원하고 있는 학교는 거의 없는 실정이다. 한편 국제결혼가족의 환경이 자녀에게 교육의 효과성 측면에서 많은 영향을 미칠 수 있다. 특히 함께 생활하는 부모에 의해 자녀들에게 언어자극이 전달되기 때문에 부모와 자녀 사이의 관계가 가장 많은 영향을 미치게 된다. 일반적인 가정 형태인 한국인 아버지와 외국인 어머니의 경우 한국인 아버지는 가정 외부에서 주로 활동하기 때문에 자녀 양육에 필요한 시간적 여유가 없으며, 외국인 어머니는 한국어 능력의 수준이 미흡하여 자녀 양육에는 적합하지 않다. 이러한 환경에서 자녀들은 부모 어느 쪽으로도 풍부한 언어자극을 받지 못해 언어 능력 뿐만이 아니라 사회성 등 모든 방면에서 발달 부진을 초래하게 된다.

3) 이중 언어 교육의 미래

다문화주의 관점에서 볼 때 이중 언어 교육은 국제결혼가족에서 절실히 필요한 교육이며, 자녀들의 주요 활동 공간인 학교에서 이중 언어 교육을 실시하는 것이 바람직하다. 특히 공교육 차원에서 이중 언어 교육을 지원한다는 것은 다음과 같이 두 가지 긍정적인 영향을 미칠 것이다. 첫째, 가족 내 어머니의 존재를 긍정적으로 인정하게 되기 때문에 가족의 따뜻한 애정을 느낄 수 있을 것이며, 자녀 스스로 자존감을 회복하도록 도울 것이다. 둘째 아동에게는 긍정적인 자아정체성 확립과 더불어

장차 다문화사회를 이끌어 갈 글로벌 인재로서의 역량을 키울 기회가 될 것이다. 즉 아동들은 어릴 때부터 부모 나라의 언어를 한국어와 함께 배우고 사용함으로써 한국인으로서 이중 언어를 구사할 수 있다는 자신감과 함께, 부모님 나라에 대해 더 많이 이해하게 된다. 따라서 부모와 그 나라말로 대화를 시도함으로써 부모님을 이해하고 존중할 수 있는 바람직한 관계를 형성할 수 있는 등의 장점을 극대화하기 위해 이중 언어 교육이 필요하다.

4) 이중 언어 교육의 방향

이중 언어교육의 대한 방향을 세 가지로 제시하고자 한다. 첫째, 이중 언어 교육이 왜 필요한 것인지에 대한 이해를 바탕으로 교육이 실시되어야 한다. 즉 국제결혼가족의 의식 변화가 우선시 되어야 한다. 국제결혼가족의 부모들은 한국사회에 빠르게 적응하기 위해서는 한국어 습득만을 최우선 과제로 생각하기 때문에 외국인 부모의 모국어에 대해서는 경시하거나 아예 아이들의 접촉을 차단하기도 한다. 따라서 국제결혼가족의 부모들을 대상으로 이중 언어 교육에 대한 설명회 및 연수 등을 실시하여 이중 언어 교육이 왜 필요한 것인지에 대한 인식을 제고해야 한다. 둘째, 이중 언어 교육은 한국어 교육을 중심으로 하되, 문화적인 이해를 병행해야 한다. 이중 언어 교육이지만 한국어 교육이 기본이 되어야 하며, 무엇보다도 그 나라의 문화를 이해하기 위해서는 언어가 기초가 되어야 한다. 한국어를 통한 가족 간 의사소통, 한국 사회 및 학교에서 자신의 의사표현 및 다른 사람의 이해가 필수적이다. 또한 언어만 두 가지 이상 사용하는 것뿐만 아니라 다양한 국가의 문화적인 요소까지도 함께 이해해야 한다. 언어를 배제하고는 그 나라의 문화에 대해 논의할 수 없으며, 문화적 이해를 바탕으로 언어의 의미가 제대로 전달될 수 있다. 셋째, 전문성을 갖춘 이중 언어 교육 교사가 필요하다. 현재 대부분의 국제결혼가족은 넉넉한 생활을 하고 있지 못하며, 경제적인 어려움을 겪고 있다. 국제결혼가족의 부모뿐만 아니라 자녀를 가진 모든 부모들은 경제적 빈곤을 자녀에게 대물림시키지 않기 위해 노력하고 있다. 실제로 빈곤 문제가 해결되지 않고서는 어떠한 교육도 효과를 거둘 수 있다고 장담할 수 없다. 따라서 국제결혼가족 자녀의 복지를 위하여 이중 언어가 가능한 교사를 배치하여 국제결혼가족의 생활 안정을 도와주고, 학교와 지역사회의 여러 기관을 연계하여 다양한 사회복지 서비스를 제공하는 계기를 마련해야 한다. '복지'와 '교육'은 멀리 떨어져있는 다른 개념이 아니라 사람들이 살아가는 사회 환경에서 밀접하게 상호작용하고 있다. 특히 국제결혼가족의 구성원들에게 복지와 교육이 함께 제공될 때 그 효과는 배가될 수 있다.

제7장 결혼이민자 가족 지원정책

제1절 결혼이민자 가족의 서비스 욕구

결혼이민자 가족을 위한 각종 서비스나 제도에 대해 그들이 얼마나 인지하고 있는지, 어느 정도 이민자가 이러한 서비스를 받은 경험이 있는지, 그 경우 가장 도움이 된 서비스는 무엇이며 앞으로 가장 필요로 하는 희망하는 서비스가 무엇인지 등에 대한 연구가 꾸준히 있어 왔다. 여성가족부에서 2006년도에 『결혼이민자 가족 실태조사 및 중장기 지원정책방안 연구(설동훈, 이혜경, 조성남)』를 통해 서비스에 대한 체계화 작업을 시도했다고 할 수 있으며 이를 좀 더 구체적으로 연구한 자료가 한국보건사회연구원에서 2008년도에 『다문화시대를 대비한 복지정책 방안 연구-다문화 가족을 중심으로-(김유경, 조애저, 최현미, 이주연)』를 발간하여 다문화 가족 유형별 복지욕구를 체계적으로 정리하고 있다. 여기에서는 이들 두 개의 논문을 중심으로 재구성하여 설명하기로 한다.

1. 가족의 서비스 욕구

1) 보편성과 특수성

많은 한국인과 결혼한 외국여성들이 의사소통의 어려움과 문화적 차이 등으로 인해 고통 받고 차별 받음에도 불구하고 이들에 대한 지원이 어느 정도 만족하고 있는지에 대한 준비가 미흡하다. 국제결혼의 증가로 인해 야기되는 새로운 복지 서비스 욕구를 정확히 파악하고 이에 대한 정책대안을 마련하기 위해서는 여성 결혼이민자에 대한 보다 면밀한 분석이 요구된다. 일반적으로 여성 결혼이민자로 통칭되지만 실제로 그들은 다양한 민족(Ethnicity)집단으로 구성되어 있으며 집단 간에는 동질성보다 이질성이 더 크다. 그러므로 여성결혼이민자가 한국사회에 잘 적응하고 안정적인 생활을 하기 위해서는 각각의 결혼이민자 집단이 가지는 특성을 정확하게 파악하는 것이 선행되어야 한다. 지금까지의 국제결혼 여성을 문화인류학적 관점에서 한국문화 외 외국문화와의 접점에서 발생하는 문제점을 중심으로 연구되어 왔지만 향후에는 복지정책대안에 대한 논의로 확대되어져야 할 것이다. 첫째, 사회적 적응에 관한 지원에 있어서 모든 여성 결혼이민자의 욕구수준이 집단에 따라 다양하고 상이하다. 예를 들면 한국어 구사능력이 낮은 대상이나 계층에 대한 집중적 지원이 요구된다. 둘째, 한국사회에 부적응 정도가 심한 원인과 결과에 대해 맞춤형 지원이 필요하다. 셋째, 결혼이민자의 서비스 욕구를 충족시켜준다는 의미는 결혼이민자들의 다양한 문화사회적 특성과 한국사회의 특성을 공존시키는 문제이므로 그들이 가지고 있는 문화적 정체성이 유지되고 존중되어야한다. 마지막으로 여성결혼이민자들에 대한 사회복지정책이 다양한 정책을 대안으로 마련해야 하지만 이들의 상이한 특성에 근거한 다양한 차원들의 정책수준들이 함께 고려되어야 한다는 점이다. 몇 개의 정책대안과 지원수준을 통해 여성결혼이민자 집단이 처한 다양한 문제를 완화하겠다는 것은 여성 결혼이민자 집단이 가지고 있는 보편성과 특수성을 고려하지 못한 발상이라고 할 수 있다. 따라서 이러한 보편성과 특수성의 문제는 반드시 고려되어야 할 원칙인 것이다.

2) 다문화가족의 복지실태 및 만족도

김유경 외(2008)에 의하면 결혼이민자를 위해 지원하는 서비스프로그램[53]에 대한 이용실태는 한국어교육, 한국요리 강습, 한국문화 관련 등에서 53.1~79.5%로 나타난 반면, 취업교육 및 취업훈련, 전화를 이용한 통역서비스 제공 등의 이용비율은 21.8%와 19.0%로 저조하였다. 아울러 결혼이민자는 사회적 서비스 및 제도에 대한 인지도가 낮은 것으로 나타났다. '정부의 보육료 지원정책'은 높은 편이나 '빈곤층에게 생계비 · 의료비 지원', '여성 긴급 전화 '1366', 보건소의 임신 · 출산지원', '노동고용지원센터, 지방자치단체, 취업정보센터 등에서 일자리 알선' 등에 대한 인지도가 낮았는데 설동훈 외(2006)에서도 여전히 '빈곤층에게 생계비 · 의료비 지원'과 '노동고용지원센터, 지방자치단체, 취업정보센터 등에서 일자리 알선'에 대한 지지도가 낮게 나타나고 있어 두 정책에 대한 홍보 및 교육이 필요함을 시사한다. 아울러 공공부조 및 사회보험 실태와 관련하여 다문화가족이 국민기초생활보장수급제도를 신청한 비율이 25.1%이며 이중 신청자의 70.2%가 혜택을 받았고 의료급여신청비율은 44.2%이었으며 이중 신청자의 89.5%가 혜택을 받았다. 4대보험가입여부를 보면 건강보험의 가입률이 84.4%로 높은 가입율을 보이나 국민연금은 33.8%로 저조하고 고용보험은 23.1%, 산재보험은 22.8%로 가입수준이 낮았다.

3) 다문화가족의 복지욕구

김유경 외(2008)에 의하면 결혼이민자에게 가장 필요한 서비스 1순위는 한국어 교육이 54.5%로 가장 높은 비율을 보였고 다음은 자녀육아 및 교

53) 연구자들은 설문조사에서 12개의 복지욕구를 변수로 사용하고 있다. 1. 한국어교육 2. 한국요리 강습 3. 한국문화관련 4. 가족관계 상담 및 교육 5. 자녀를 위한 부모상담 및 교육 6. 가정폭력 상담 및 지원 7. 법률상담 및 지원 8. 의료상담 및 지원 9. 컴퓨터 및 정보화 교육 10. 취업교육 및 취업훈련 11. 생활정보 제공 12. 전화를 이용한 통역서비스 제공

육지도 도움제공, 자녀를 위한 부모상담 및 교육, 취업교육 및 취업훈련, 한국요리 강습 등의 순서로 서비스의 필요도를 보이고 있다. 한편 제2순위는 자녀육아 및 교육지도 도움제공이 가장 많았고 다음은 자녀를 위한 부모상담 및 교육, 일자리 알선, 한국요리 강습의 순서로 나타나고 있다. 한편 설동훈 외(2006)에서는 한국어 교육이 39.7%로 가장 높고 다음이 취업교육훈련, 정보화교육, 한국요리강습, 한국문화, 법률상담, 의료상담, 가족관계 상담 등의 순서로 나타나고 있다. 다음은 보건의료서비스의 욕구를 살펴보자. 김유경 외(2008)에 따르면 국민건강보험가입에 대한 안내와 도움이 21.6%로 가장 높았고 다음은 유아건강검사제공, 치료시의 의사소통 도움, 건강검진서비스 제공 등의 순서로 나타났으며 2순위는 건강검진 서비스제공, 유아건강검사 제공, 국민건강보험 대납, 치료 시 의사소통 도움, 출산 전후 지도 등의 순서로 나타났다. 설동훈 외(2006)는 유아건강검사제공, 국민건강보험 가입안내, 육아지식 제공, 진료시 의사소통 도움, 전염병·질병 예방지식, 산전산후지도, 피임방법 소개 순으로 필요도가 나타났다. 아울러 가정폭력피해자를 위한 정책수요와 관련한 욕구로는 가해자에 대한 강력한 법적조치를 원하는 비율이 가장 높았고 다음은 가정폭력예방 및 장애인인권교육, 상담서비스 제공, 신체적 및 정신적 치료, 보호시설확충 순으로 나타났다.

2. 서비스 욕구에 대한 반응성

1) 전문가집단의 반응성

김유경 외(2008)는 전문가[54)]들에게 우리나라의 다문화가족이 당면한 문제와 현재의 다문화 정책 효과성 및 개선방안을 조사한 결과 다문화가족

---

54) 전문가조사는 다문화관련 연구를 수행하고 있는 학자 및 교수, 다문화가족지원센터 등 기관의 업무종사자, 중앙정부 및 지방자치단체 다문화가족 담당 공무원 등 총 96명을 대상으로 의견을 수렴하였다.

이 당면한 여러 가지 문제 중에 가장 시급히 도움이 필요한 것이 무엇인가 하는 질문에 대해 '결혼이민자의 언어소통 문제'가 26.3%이라고 하였으며 '국제결혼과정에서 나타나는 결혼이민자의 인권문제'가 18.9%, '다문화가족 구성원 간 가족갈등 및 폭력문제'가 14.7%, 그리고 '결혼이민자 및 자녀의 사회·문화적 소외문제'가 12.6% 등의 순서로 나타나고 있다. 아울러 현재 정부의 다문화가족 관련 사업 및 프로그램에 대해 전체적으로 가장 효과적이지 않다고 생각하는 사업을 조사해보니 '국제결혼중개업체 관리'가 가장 우선순위에 올랐고 다음이 '결혼이민자를 대상으로 한 취업 및 교육훈련', '한국인 배우자를 대상으로 한 교육 및 상담', '결혼이민자를 대상으로 한 통·번역서비스', '다문화가족 자녀의 학교생활 적응지원', '다문화가족 내 가정폭력 피해상담 및 보호', '대국민 다문화 인식개선 교육 및 홍보', 그리고 '다문화가족을 위한 기초생활보장' 등의 순서로 사업시행이 대체로 효과적이지 않다는 지적하고 있다. 반면에 '결혼이민자를 대상으로 한 한국어 교육', '다문화가족 아동양육지원사업(방문교육사업)', '결혼이민자를 대상으로 한 한국생활 정보제공 및 상담', '결혼이민자를 대상으로 한 임신·출산지원' 등이 효과적으로 시행되고 있다는 평가가 많았다. 다문화가족을 위한 전문가의 건의사항으로 '다문화 교육 및 인권교육 등을 통한 국민인식개선'이 이루어져야 하고 그 다음으로 다문화가족을 위한 사회적 지원에 있어서 '정부와 민간기관 역할정립 및 협력 네트워크 구축', '다문화가족에 대한 서비스지원 중복문제 해소' 등의 순으로 나타났다.

제2절 결혼이민자 가족을 위한 정책

1. 주체별 지원서비스

지원서비스의 공급주체를 기준으로 분류해 보면 공공부문과 민간부문으로 구분하되 공공부문은 중앙정부와 지방자치단체 그리고 민간부문은 시민사회단체로 나누어 생각해 볼 수 있다.

1) 중앙부처

여성 결혼이민자와 그들의 자녀가 한국사회와 문화에 적응하고 동화하는 것을 목적으로 하는 중앙정부의 개입은 상당히 적극적이다. 여성결혼이민자를 대상으로 하는 정책은 탈법적인 결혼중개 방지 및 국제결혼 당사자 보호, 가정폭력 피해자 등의 안정적 체류지원 및 보호강화, 한국사회 조기적응 및 정착지원, 자녀의 학교생활 지원, 안정적인 생활환경 조성, 결혼이민자에 대한 사회적 인식개선 및 업무책임자 교육 등 다각적이고 체계적으로 이루어지고 있다. 더욱이 여성결혼이민자와 그들의 자녀를 대상으로 한 정책적 개입은 관련 정부기관간의 협력적 거버넌스 구조 하에서 범정부차원에서 이루어지고 있다고 할 수 있다.

<표 7-1> 여성 결혼이민자 및 자녀를 위한 다문화 정책

<table>
<tr><th>조치사항</th><th>주관부처</th><th>협력기관</th></tr>
<tr><td colspan="3">1. 탈법적인 국제결혼 방지 및 국제결혼 당사자 보호</td></tr>
<tr><td>① 결혼중개업체 탈법행위에 대한 단속</td><td>경찰청</td><td>법무부</td></tr>
<tr><td>② 국제결혼중개업 관리를 위한 법 운영 및 관리</td><td>여가부</td><td></td></tr>
<tr><td>③ 인신매매 등 중개행위에 대한 관리방안 검토</td><td>법무부</td><td></td></tr>
<tr><td>④ 재외공관에 국제결혼이민관 배치 검토</td><td>여가부</td><td>법무부, 외교부</td></tr>
<tr><td>⑤ 결혼비자 발급 서류·절차 표준화 및 사전 사증인터뷰 제도 도입 검토</td><td>법무부</td><td>여가부, 외교부</td></tr>
<tr><td>⑥ 외교채널을 통한 국가간 협력체계 구축</td><td>외교부</td><td></td></tr>
<tr><td>⑦ 결혼 당사자에게 국제결혼에 대한 정보제공</td><td>여가부</td><td>복지부, 외교부</td></tr>
<tr><td colspan="3">2. 가정폭력피해자 등에 대한 안정적인 체류지원 강화</td></tr>
<tr><td>① 배우자의 신원보증 해지신청 요건 강화</td><td rowspan="4">법무부</td><td rowspan="4"></td></tr>
<tr><td>② 혼인파탄 귀책사유에 대한 입증책임 완화</td></tr>
<tr><td>③ 이혼에 의한 간이귀화 신청시 입증요건 완화</td></tr>
<tr><td>④ 사실혼 부모 출생자녀 및 외국인 모에게 국적 또는 영주권 부여</td></tr>
<tr><td colspan="3">3. 한국사회 조기적응 및 정착지원</td></tr>
<tr><td>① 한국생활 적응에 필요한 정보제공 시스템 구축</td><td>여가부</td><td>법무부, 지자체</td></tr>
<tr><td>② 한국생활 적응 및 정착 지원</td><td>여가부</td><td>문체부, 교과부, 농림부</td></tr>
<tr><td colspan="3">4. 아동의 학교생활 적응지원</td></tr>
<tr><td>① 학교의 결혼이민자 자녀지원 기능 강화, 교사역량 강화, 집단 따돌림 예방</td><td>교과부</td><td></td></tr>
<tr><td>③ 복지 및 상담서비스 제공</td><td>복지부</td><td>교과부</td></tr>
<tr><td colspan="3">5. 여성결혼이민자 가족의 안정적인 생활환경 조성</td></tr>
<tr><td>① 기초생활 보장 및 건강증진 지원</td><td>복지부</td><td>여가부</td></tr>
<tr><td>② 자녀출산 및 양육지원</td><td>복지부</td><td>여가부, 농림부</td></tr>
<tr><td>③ 직업상담 및 공공서비스 부문으로 진출 지원</td><td>노동부</td><td></td></tr>
<tr><td>④ 가정폭력피해자 지원체계 구축 및 보호</td><td>여가부</td><td></td></tr>
</table>

6. 여성결혼이민자에 대한 사회적 인식 개선 및 업무책임자 교육		
① 다문화교육 추진체계 구축	교과부	
② 정부정책 안내 및 일반국민 의식제고를 위한 홍보	여가부	문체부
③ 지역사회의 다문화 친화적인 분위기 조성	문화부	교과부, 행안부 지자체
④ 공무원 교육 실시	행안부	전부처, 지자체
⑤ 사회복지, 보건의료서비스 종사자 등에 대한 교육	복지부	행안부, 교과부 농림부
7. 추진체계 구축		
① 결혼이민자 가족 실태조사	여가부	지자체
② 결혼이민자 가족지원센터 운영	여가부	지자체
③ 자원봉사활동 인프라 구축 및 통역, 상담, 교육인력 양성	여가부	복지부
④ 범정부 추진체계 구축 및 중앙, 지방정부간 정책네트워크 구축	여가부	

출처 : 『여성결혼이민자 가족의 사회통합 지원대책』[55], 관계부처 합동, (2006.4), 2010.3.19 정부조직개편까지 포함하여 재구성.

범정부적인 관계부처 합동으로 마련한 여성결혼이민자 가족의 사회통합 지원 대책을 보면 관련업무가 여러 부처에 분산되어 비효율적으로 추진되고 있음을 알 수 있다. 각 부처가 단편적으로 문제해결 중심의 현상대응에 치중함으로써 정책효율성이 저하될 가능성이 있고 중앙-시도-시군구-읍면동 공공전달체계 및 지역사회 내 공공-민간 간 네트워크 구축이 미흡한 실정이다. 여가부와 문체부, 지자체 주관으로 한국어교육, 부부교육 및 문화체험 등을 실시하고 있으나, 전체 여성결혼이민자 규모에 비해서도 매우 미미하다. 또한 여성결혼이민자에 대한 정책수립 및 집행을

55) 그동안 직제개정(여가부→여성부, 복지부→보건복지가족부)이 있었으며 또한 2010.3.19재 직제개정으로 다시 여성부→여성가족부로, 보건복지가족부는 보건복지부로 환원되었고 이때 가족기능이 여성가족부로 이관되어 직제개정이 된 이후 이관된 직제를 기준으로 재구성하였다.

담당하는 공무원의 인권·차별예방 의식을 증진시키고, 업무역량을 강화해야 한다. 한편으로 여성결혼이민자에게 보건·의료·복지·취업서비스를 제공하는 종사자들의 다문화에 대한 의식과 태도 개선이 필요하다. 아울러 여성결혼이민자의 이혼 및 간이귀화 신청과정 등에서 배우자 귀책사유 입증의 어려움으로 불법체류자로 전락할 가능성이 잠재하고 있어 이에 대한 대책마련이 필요하다. 여성결혼이민자는 한국어와 한국의 법률·의료 시스템에 미숙하고, 국내에 인적·물적 기반이 취약하여 여성결혼이민자가 배우자의 귀책사유를 입증하기는 어려운 실정이므로, 입증요건 완화방안 마련도 아울러 필요하다.

2) 지방자치단체

그동안 결혼이민자에 대한 지원이 주로 중앙정부 및 시민사회단체 그리고 종교단체들에 의해 이루어졌으며 지방자치단체의 역할은 상대적으로 미약했다고 할 수 있다. 그러나 향후에는 결혼이민자들이 직접 거주하고 있는 지방자치단체에서 이들을 실질적으로 관리하고 지원하는 결혼이민자 지원정책이 이루어져야한다. 지역사회 통합이라는 시각에서 볼때 결혼이민자 가족관리에 대한 효율적인 행정서비스 지원이 이루어져야 하고 다양한 문화적 배경을 통합하여 결혼이민자와 지역주민이 공생하는 지역사회를 만들어야 한다. 구체적으로 지방자치단체가 수행하는 결혼이민자 지원기능 및 역할은 결혼이민자들의 언어소통 문제를 해결해 주기 위한 커뮤니케이션지원, 취업과 주거 및 사회보장과 같은 생활지원, 상담 및 생활정보제공, 그리고 지역 내의 외국인 및 결혼이민자를 지원하는 시민사회단체 내지 교육기관 등과의 네트워크 형성을 통한 조직적 지원체계 마련 등을 들 수 있다. 현재 지방자치단체 수준에서의 구체적인 지원현황은 다음과 같다

<표 7-2 > 지방자치단체의 결혼이민자 지원현황

지방자치단체	지원내용
경기	· 결혼이민자가족 실태조사 · 지역사회 적응프로그램(한국어교육, 부부교육, 문화체험, 요리교실 등)
강원	· 결혼이민자 멘토링 및 문화체험 프로그램 · 결혼이민자 자매결연 및 화합행사 · 결혼이민자를 위한 컴퓨터 실무과정 · 평등가족문화 만들기 프로그램 · 결혼이민자 출산비 지원 · 결혼이민자 명절위문, 생활안정 지원, 간담회 급식비 지원 · 취학전 자녀 양육비 지급, 가족연수회 · 결혼이민자 친정보내기, 전통예절교육, 외국인주부 가족의 날 행사
충북	· 부부연수, 우리문화알기 프로그램 · 한국어교육, 법률상담, 문화체험 · 결혼이민자 요리솜씨 자랑, 결혼이민자부부 합동결혼식 · 문화유적 답사 · 결혼이민자 멘토링제
충남	· 국제결혼가정 행복한 가정 꾸리기 사업, 우리문화보급사업 · 자녀학업자료지원사업
전북	· 결혼이민자 정착지원사업, 네트워크사업 · 가족교육사업

전남	· 부부공동체 훈련지원 사업 · 결혼이민자간담회, 이혼관련 프로그램 운영 · 삶의 질 향상프로그램, 주부쉼터 및 문화적응 프로그램 운영지원 · 결혼이민자 가족의 날 행사지원, 한국문화탐방, 전통음식 및 꽃꽂이 교육 · 출산용품지원, 한글교육, 한국문화예절 익히기 · 한글교육 및 문화유적지 탐방 · 외국인의 날 행사지원, 우리문화 이해와 생활교육 · 결혼이민자 워크숍 · 결혼이민자 가정의 농가도우미 지원 · 결혼이민자 사이버 지원체계 구축 · 농촌 결혼이민자 지원협의회 운영
경북	· 우리말 공부방 운영, 사회적응 프로그램 운영 · 결혼이민자 정보자료실 운영, 결혼이민자 간담회 · 결혼이민자 전통문화 체험교육 · 행복한 농촌가정 만들기 사업 · 결혼이민자 문화유적 탐방 · 결혼이민자 사랑의 후원(대모) 결연사업 · 결혼이민자 및 자녀교육
경남	· 결혼이민자 생활실태 및 복지욕구조사 실시 · 한국어 교육, 한국어교재발간 · 부부교육, 생활상담, 문화교육 · 부부(가족)캠프, 국제결혼가정학교, 결혼이민자 가족 어울마당 · 결혼이민자 원어민 강사양성

출처 : 조석주외(2008) 『지방자치단체의 결혼이민자 지원정책 개선방안』

지방자치단체의 역할과 기능에 대해 결혼이민자들이 갖고 있는 의식과 욕구에 대한 조사결과가 있다[56] 결혼이민자들이 한국의 지방자치단체 행정기관에서 민원업무처리 경험이 있는지 여부에 대한 질문에서 경험이 없다가 73.8%이고 경험이 있다가 26.2%로 나타났다. 민원처리과정에서 공무원의 친절도에 대해 친절하다는 응답이 49.7%, 보통이 28.5%, 그리고 매우 친절하다는 응답이 20.7%이었다. 민원업무처리과정에서 불편한 점에 대해 의사소통에 따른 어려움이 58.1%를 차지하고 있으며 지방자치단체에서 결혼이민자를 위해 제공해야 할 필요가 있는 프로그램으로 응답자의 47.1%가 한글교실운영이라고 응답하였고 이 밖에도 정보제공프로그램의 강화(15.2%), 남편교실운영(13.8%)의 순서로 나타났다. 지방자치단체에서 자녀들을 위해 필요한 프로그램을 묻는 항목에서는 일을 할 수 있도록 자녀들을 돌보아 줄 수 있는 보육원 운영(34.3%)이 가장 많았다.

3) 시민사회단체

결혼이민자 정책이 체계적으로 지속되려면 정부와 시민단체 간 유기적인 협력이 필수적이다. 정부의 기획과 예산지원 그리고 시민사회의 열정과 인력지원이 결합하여 정부-민간 파트너십을 구축하는 것이 바람직하다. 그리고 민간단체가 운영해 온 결혼이민자 가족지원 서비스와 노하우를 소중한 자원으로 여겨 협력방안을 마련하는 것이 바람직하다. 이를 위해 추진 주체 간 합리적인 역할분담이 필요한데 예를 들면 중앙정부는 결혼이민자 지원시책에 대한 기본 정책방향을 제시하고 지방자치단체는 지역실정에 맞는 결혼이민자 지원시책을 수립하고 실질적인 서비스를 종합적으로 제공하며 시민사회단체나 종교단체는 민간부문의 경험과 노하우를 최대한 활용한다. 이를 위한 구체적인 방법을 제시하면 아래와 같다

56) 조석주 외, 『지방자치단체의 결혼이민자 지원정책 개선방안』, 한국지방행정연구원, 2008

<표 7-3> 지방자치단체와 민간기관과의 결혼이민자지원 역할분담

구분	주요기능
지방자치단체	· 민간단체 결혼이민자 지원정책 마련 · 각종 행정서비스 제공 · 다문화공생을 위한 지역공동체 형성 · 상담업무 수행 · 외국인 및 관련단체 네트워크 강화 · 결혼이민자가족지원센터 민간위탁 결정 · 결혼이민자 실태조사할 경우 민간단체 활용 · 결혼이민자 지방공무원 특별채용 · 주민자치센터 내 결혼이민자 관련 프로그램 개설 · 자원봉사자 모집
시민사회단체	· 풀뿌리조직 프로그램 운영 · 공공기관이 접근하기 어려운 결혼이민자 지원시책·프로그램 운영 · 행정기관과의 민·관파트너십 형성 · 봉사기관으로서의 역할 및 기능(자원봉사자 모집 및 활용) · 행정기관으로부터 민간위탁 받아 운영 · 결혼이민자를 위한 고충상담 및 법률상담 · 인권, 평화를 위한 캠페인 · 청소년을 위한 다문화 이해교육

출처 : 조석주 외(2008) 『지방자치단체의 결혼이민자 지원정책 개선방안』

시민사회단체의 활동분야를 보면 주로 환경, 교육, 청소년, 사회복지, 교통, 소비자보호, 행정 감시 등의 분야에서 활동하고 있다. 사회복지 분야에서도 많은 활동을 하고는 있으나 결혼이민자의 사회복지와 관련하여 적극적으로 활동하는 순수한 시민운동단체는 많지 않다. 이제는 시민단체가 외국인 및 결혼이민자 등을 중심으로 이들의 권익을 위한 활동뿐만 아니라 현장에서 자원봉사자로 참여하여 이들과 함께 생활하며 봉사할 수 있는 기회를 확대해야 할 것이다. 특히 결혼이민자들을 위해 결혼이민자가족센터, 결혼이민자가족 등을 방문하여 서로 간의 대화, 함께 놀아주기, 고충상담 등의 봉사활동에도 적극 참여하는 것이 바람직하다. 이를 위해서 지방자치단체는 물론 시민사회단체 간 네트워크를 형성하여 시민사회단체의 적극적인 참여권유 유도는 물론 자원봉사활동 분위기를 조성해 주어야 할 것이다.

2. 대표적인 서비스 사례

1) 생애주기별 다문화가족 지원정책

정부의 생애주기별 다문화가족 지원정책을 살펴보면 다문화가족 생애주기에 맞춰 7대 정책과제, 21개 세부추진과제, 66개 세부사업 내용으로 구성되어 있다.

<표 7-4> 가족 생애주기별 7대 과제

주기	결혼 준비기	가족 형성기	자녀 양육기	자녀 교육기	가족역량 강화기	가족 해체시	전(全) 단계
정책과제	결혼중개 탈법방지 및 결혼예정자사전준비 지원	결혼이민자 조기적응 및 다문화가족의 안정적 생활지원	다문화가족자녀 임신 · 출산 · 양육 지원	다문화 아동 · 청소년 학습발달 및 역량개발 강화	결혼이민자 경제 · 사회적 자립 역량 강화	해체 다문화 가족 자녀 및 한부모가족 보호 · 지원	다문화사회 이행을 위한 기반 구축

생애주기별 다문화가족 지원정책의 주요 특징은, 가족생애주기 전반에

걸쳐 배우자교육, 가족통합교육, 부모자녀프로그램 등 가족전체를 대상으로 하는 사업을 체계화하고 특히, 앞으로 우리 사회의 기둥이 될 자녀의 건강한 성장을 지원하기 위한 자녀 양육·보육 및 성장지원 정책에 비중을 두고 있다. 또한, 결혼이민자가 겪는 가장 큰 어려움인 의사소통 문제를 해소하기 위한 통·번역 지원 사업을 본격적으로 실시하는 방안을 포함하고 있다. 무엇보다도 대책은 서비스 등록·제공 시스템 정립, 다문화가족지원센터를 핵심전달체계로 확대 설치, 다양한 기관간의 연계·협력체계 구축 등을 통해 서비스 사각지대 해소와 중복을 방지해 사업 효율화와 수요자 체감도를 제고하는데 초점을 두고 있다. 이들 정책과제별 주요 내용은 다음과 같다.

(1) 결혼준비기 : 결혼중개 탈법 방지 및 결혼예정자 사전준비 지원

결혼준비기에는 결혼중개과정의 부정확한 정보로 인한 피해[57]방지를 위해 국제결혼중개업자의 신상정보 사전제공 의무규정 신설 등 법령 개정을 추진하고 중개업체와 이용자 간 공정 거래질서를 확립하기 위해 표준약관을 제정하였다.[58] 아울러 몽골, 베트남 등에서 실시 중인 결혼이민자 사전정보제공 프로그램과 다문화가족지원센터 사업을 연계하여 사전 프로그램 이수 결혼이민자 입국 시 다문화가족지원센터에 등록, 국적별 자조모임과 연계해 초기통역·정서지원 및 사회적응 프로그램을 진행하고 있다. 한국인 국제결혼 예비 배우자 교육 참여율 제고를 위하여 지자체

57) 대표적으로 코리안 드림을 꿈꾸며 한국에 왔던 탓티황옥(20세)씨가 신혼 8일만에 정신병력이 있는 남편(47세)에 의해 흉기에 찔려 숨지는 사건이 부산에서 발생했다. 이 사건이후 한국정부는 사태의 심각성을 깨닫고 '국제결혼 건전화와 결혼이민자 인권보호 강화대책'을 마련하였다. 한국 국적 취득 수요가 많은 중국, 베트남, 필리핀, 캄보디아, 몽골 등 특정국가 국민과 국제결혼을 준비하는 내국인은 8월부터 국제결혼의 절차와 관련 법률, 피해 사례와 정부의 관련 정책을 설명하는 사전 소양교육을 받아야 한다. 맞선을 보러 출국하기 전에 이 교육을 이수해야하며, 이를 수료하지 않으면 외국인 배우자를 국내에 초청할 때 배우자 비자가 발급되지 않는다. 결혼동거 목적의 비자 발급 심사때도 혼인의 진정성, 경제적 능력, 혼인 경력, 범죄 경력, 정신 병력 등의 확인절차를 강화한다.(Weekly 공감, 2010.7.28)

58) 공정거래위원회, 표준약관 제10065호, 2010.3.5 제정

와 연계·협력을 강화해 혼인 신고 시 해당 지자체에서 배우자교육 프로그램 안내 및 참여 독려, 안내 리플렛을 배포하고 있다

(2) 가족형성기 : 결혼이민자 조기적응 및 다문화가족의 안정적 생활 지원

가족형성기에는 결혼이민자의 의사소통 지원을 위해 다문화가족지원센터 중심으로 통·번역 요원 파견시스템을 구축하여 언어지원을 하고 콜센터에 외국어 가능 인력을 채용해 다국어 상담 및 연계서비스 실시하고 있다. 통역서비스를 실시하는 시범보건소를 확대하였고 다문화가족지원센터의 통·번역 요원 파견서비스를 활용해 부모 또는 학교 등에서 요청 시 부모 상담을 위한 통역요원을 파견하고 있다. 한편 다문화가족의 기초생활보장 지원을 위해 직계존속을 부양하는 국적 미취득 결혼이민자에 대하여 기초생활보장제도 특례적용을 확대하고 기초생활보장제도 확대 적용 시 자활사업 적용 대상도 확대하며 '임신·자녀양육 중'인 결혼이민자만 대상으로 하던 것을 대한민국 국민과 결혼한 결혼이민자 전체로 적용범위를 확대하고 있다.

(3) 자녀양육기 : 다문화가족 자녀 임신·출산·양육 지원

자녀양육기에는 다문화가족 산모·신생아의 건강관리, 산후 돌봄 서비스 제공을 위한 산모·신생아도우미 서비스지원 대상을 저소득층 출산가정에서 중산층 가정까지 단계적으로 확대하고 임산부, 영유아를 위한 영양지원·교육프로그램을 전국 보건소로 확대('08년 153개→ '09년 253개) 하였으며 부모-자녀 간 자긍심을 향상하기 위해 다문화가족지원센터에서 부모와 자녀가 함께 할 수 있는 프로그램을 개발·보급하였다. 아울러 다문화가족 영유아에 대한 보육지원 강화를 위해 보육시설이 없는 농어촌을 중심으로 마을회관 등 유휴공간을 활용하여 소규모보육 시범지역을 지정하고 보육시설에서의 다문화 프로그램을 강화하였다.

(4) 자녀교육기 : 다문화 아동·청소년 학습발달 및 역량 개발 지원

자녀교육기에는 취학 전 영유아 언어발달 지원을 위해 보육시설 중심으로 다문화 아동 대상의 한국어교육 등 특별활동을 실시하고 언어치료사를 보육시설 등에 파견하여 발달지연 아동에 대한 언어치료를 지원하고 있다. 방과 후 인프라를 활용한 학습·성장 지원을 위해 지역아동센터를 방과 후 다문화 특화시설로 활용하며, 다문화 프로그램 보급 및 아동복지교사를 파견하여 지원 중에 있다. 또한 다문화 아동·청소년 이중언어 역량 개발을 위해 다문화가족지원센터에서 언어별 교육 강사(결혼이민자 활용)를 양성하여 보육시설, 지역아동센터 등 아동청소년이용기관에 파견하고 있다.

(5) 가족역량 강화기 : 결혼이민자 경제적 자립 역량 강화

가족역량 강화기에는 결혼이민자 취업·창업지원을 위해 지역 및 인적자원 특성을 고려한 결혼이민자 적합 직종을 개발하여 직업훈련을 강화하고, 지역별 다문화가족지원센터와 취업전담 지원기관 및 정부기관·지자체간 일자리 연계 협력체계를 구축하였다. 다문화가족을 정책주체로 참여케 하고 정책의 현실적합성 제고를 위해 중앙 및 지자체 차원의 다문화정책 모니터링단 운영을 활성화·확대하고 중앙 차원에 다문화가족 생활불편 해소창구를 개설하였으며 결혼이민자의 자원봉사 활동 등 지역사회 참여 활성화를 위해 노력하고 있다.

(6) 가족해체 시 : 해체 다문화가족 자녀 및 한 부모가족 보호·지원

가족해체 시에는 다문화가족 실태조사를 통하여 이혼사유 및 이혼 후 문제 실태 파악을 추진 중에 있으며 다문화 아동청소년 전담 동반자를 육성해 전담 보호 중에 있다

(7) 전단계 : 다문화사회 이행을 위한 기반 구축

생애 전단계에서 체계적 서비스 지원을 위해 다문화가족 등록·서비스 관리 시스템을 구축해 한국어교육, 산전·후 건강관리, 자녀양육지원 등 단계별로 필요한 서비스를 E-mail, 전화, 자원봉사인력 등을 활용하는 안

내 시스템을 마련하였다. 그리고 다문화가족 지원서비스 사각지대 해소를 위해 농촌지역 중심으로 다문화가족지원센터를 확대 운영('09. 100개소 → '10. 159개소)하고 다문화가족지원센터와 사회복지관, 주민자치센터, 마을회관 등 지역 인프라 간 프로그램 지원·연계로 서비스 접근성을 제고하였다. 지역 단체·기업 등과 연계한 멘토링 서비스, 자원봉사를 활성화하고 다문화가족지원센터 및 지자체-민간단체-기업 간 협력네트워크 구성으로 사업 연계를 강화하고 있다. 한편으로 대국민 다문화 인식개선과 문화 다양성 존중의 차원에서 16개 시·도별 결혼이민자 등 다문화가족으로 '다문화 홍보대사'를 위촉, 각종행사시 다문화 홍보의 주역으로 활동하고 있다.

2) 다문화가족지원센터

2010년 현재 전국에 총 159개소를 지정하여 운영하고 있는데 이는 2009년에 비해서 총 59개소가 확대·설치된 것이다.

<표 7-5> 전국 다문화가족지원센터 현황

(단위 : 개소수)

구분	계	서울	부산	대구	인천	광주	대전	울산	경기	강원	충북	충남	전북	전남	경북	경남	제주
계	159	19	7	6	7	3	2	3	24	12	9	10	11	15	15	14	2
'09	100	4	4	4	3	2	2	2	10	8	7	7	9	13	13	11	1
'10	59	15	3	2	4	1	-	1	14	4	2	3	2	2	2	3	1
-독립	27	2	1	1	2	-	-	1	3	2	2	3	2	2	2	3	1
-병합[59]	32	13	2	1	2	1	-	-	11	2	-	-	-	-	-	-	-

59) 병합형 센터는 건강가정지원센터 중 다문화가족지원센터를 병합하여 운영할 수 있도록 지정하는 형태로 '10년에 신설되었다.

다문화가족지원센터의 지정 및 운영 주체에 대해 설명하기로 하겠다. 지정은 여성가족부장관이 시·도지사에게 위임하였으므로 시·도지사가 지정 공고 및 심사하는 경우 선정된 법인·단체에 대해 시·도지사가 지정서를 교부하고 시·군·구청장이 지정 공고 및 심사하는 경우 선정된 법인·단체에 대해 시·도지사에게 지정 요청을 한다. 이에 대해 시·도지사는 선정된 법인·단체의 지정요건 충족여부 등을 확인 후 지정서를 교부한다. 운영은 시·군·구청장 직영이 가능하거나 시·도지사 또는 시·군·구청장이 지정한 비영리법인·단체로 하여금 운영하게 할 수 있다.

<표 7-6> 다문화가족지원센터 사업현황

구분		내용	비고
사업	기본사업	- 한국어교육, 가족통합 및 다문화사회 이해 교육, 취·창업 지원, 자조모임, 상담	필수
	특성화사업	- 이중 언어교실, 언어발달지원 사업, 결혼이민자 통·번역 서비스 등	선택
홍보 등 운영		- 육아정보나눔터, 멘토링·자원봉사단 운영, 다문화인식개선 및 지역사회 홍보, 기관협약 및 외부사업연계 등	

(1) 한국어교육

한국어과정은 생활언어를 익히고 문화를 이해할 수 있도록 체계적·단계별 한국어교육을 실시하고 1~4단계 과정 및 특별과정을 운영한다.

세부 영역	내 용	운영시간
1단계	○기초적인 단어 및 문장, 간단한 표현 교육	40시간 × 연간 2번
2단계	○기본적인 단어 및 문장, 다양한 표현 교육	40시간 × 연간 2번
3단계	○일상생활에 필요한 표준어 교육 등 일상적인 의사소통 가능하도록 교육	40시간 × 연간 2번
4단계	○고급회화반 운영 등 한국어로 무리 없이 의사소통 가능 수준 대상	교재에 맞게 설정
특별반	○한국어능력시험대비반, 교재연구반 등 운영 가능	교재에 맞게 설정

(2) 가족통합 및 다문화사회 이해 교육

결혼이민자 등 다문화가족 구성원에 대한 가족 내 역할 및 가족문화에 대한 이해력 향상을 위해 교육을 실시하고 다문화가족 구성원이 가족, 지역사회 등 한국생활 전반에 대한 적응을 용이하게 할 수 있도록 지원한다.

한편, 2010년도에 도입된 병합형 센터는 건강가정지원센터에서 일반가족과 다문화가족이 함께 참여하여 다문화사회 이해과정을 포함하는 가족교육을 실시할 경우 탄력적으로 조정 가능하며, 사회통합이수제 실시기관도 프로그램별로 교육과정 조정이 가능하다.

세부영역	내용	운영시간
가족통합교육	▪ 가족간 의사소통 및 가족관계 향상 프로그램 ▪ 국제결혼의 특징 및 가정경제 설계 ▪ 배우자 · 자녀 · 시부모 대상 가족의 의미와 역할 ▪ 부모-자녀 관계 및 자긍심 향상 프로그램 등	30시간
다문화이해교육	▪ 다문화사회의 이해 ▪ 다문화가족의 문화갈등과 적응 ▪ 각 나라의 역사와 문화 (한국 및 결혼이민자 출신국 중심)	20시간
법률 및 인권교육	▪ 국내체류 ▪ 인권보호와 권익증진 ▪ 생활과 법	5시간
결혼과 가족의 이해	▪ 결혼과 가족의 이해 ▪ 가족교육관련 전문기관 안내	5시간
한국사회 적응교육	▪ 공공기관 및 공중도덕 ▪ 건강과 의료, 임신 및 출산 ▪ 정보화교육 ▪ 사회보장제도의 이해 ▪ 한국의 교육제도 ▪ 소비자 · 경제교육 ▪ 각종분야의 정보제공	20시간
소비자·경제교육	▪ 소비자 보호 및 경제교육	공정거래위원회 지원

(3) 다문화가족 취·창업지원

다문화가족의 경제활동 참여를 위해 지역특성 및 결혼이민자의 수요

등을 고려하여 취·창업 준비 프로그램을 운영하고 있다.

세부영역	내용	운영시간
취·창업 능력 향상 교육 프로그램	○이미지메이킹, 직장예절, 취·창업마인드 계발 등 직업 기초 소양 교육 ○지역의 여건, 지역내 결혼이민자의 수요 및 지역내 기업 특성 등을 감안한 취·창업 지원 프로그램 수립·실시 - 다문화·원어민강사 등 * 예시 : 농산물 등 특산물 재배교육, 정보화교육, 학력취득프로그램 (검정고시 준비반), 취업능력 향상교육 등	연중 (지역센터별 일정에 맞춤)
취·창업 연계 프로그램	○해당 지역의 일자리제공기관과 결혼이민자 연계 활동 ○지속적 취·창업자 상담 및 정보제공 지속 (자조모임 운영 등 활용)	연중 (지역센터별 일정에 맞춤)

(4) 다문화가족 자조모임

자조모임은 기정착한 다문화가족이 같은 출신국 다문화가족의 초기 한국사회 적응을 지원함으로써 정서적 유대감과 조기 정착 지원을 강화한다. 결혼이민자의 잠재적 역량을 부각할 수 있도록 다양한 프로그램의 자원봉사단 구성 및 사업 활동가로 육성함으로써 사회인으로서의 주체적 역량을 강화할 수 있는 방향으로 진행한다. 유형으로는 결혼이민자 출신국별 모임, 배우자 모임, 시부모 모임, 가족통합 모임, 통·번역 자조모임 등이 있다.

(5) 개인·가족 상담

상담과 관련하여 결혼이민자 및 그 가족의 한국생활에 필요한 정보제공 및 부부·부모·자녀관계 개선 및 성·경제문제 등 심리·정서 관련 상담을 통해 다문화가족의 내부 스트레스 완화 및 자존감 향상을 위해 지원한다.

(6) 이중 언어교실 운영

한편 특성화사업으로 초등학생 및 미취학 아동을 대상으로 결혼이민자 주요 출신국 언어수업을 실시한다.

(7) 육아정보나눔터 운영

육아정보나눔터는 센터 이용시간 동안 자녀 일시보호 및 육아 관련 서비스를 제공하기 위해 센터 내에 마련한다. 육아정보나눔터는 다문화가족을 위한 전용공간으로 운영하고 필요에 따라 공동사용 가능하나 다문화가족 이용에 불편이 없도록 조치해야한다. 육아정보나눔터 운영시간 동안 관리 인력인 방문교육 지도사, 자원봉사자 등을 배치한다.

(8) 멘토링·다문화가족 자원봉사단

이는 서비스 수요분석에 기반 한 멘토를 양성하고 활용한 것인데 지역 결혼이민자가 필요로 하는 멘토링·자원봉사 수요에 맞는 인적자원 풀을 구성한다. 센터 내 기존 프로그램 및 외부기관과의 연계를 통하여 멘토 양성 교육을 실시한다. 한편 센터별로 지자체 및 민간단체 등과 협력하여 다문화가족 자원봉사단을 구성·운영하는데 이때 법률지원, 통·번역서비스, 가사도우미 등 영역별 세분화된 프로그램을 운영한다.

(9) 다문화 인식개선사업 및 홍보

다문화 인식개선을 위해 결혼이민자들과 지역사회 구성원들이 다양한 문화를 체험하는 기회를 통해 서로에 대한 이해 및 다문화 감수성을 증진시키는 활동을 한다. 프로그램 전시, 다문화 음식 및 의상체험, 전통공연 등 다문화 인식 제고 활동을 하며 다문화강사를 학교와 유치원 등에 파견하여 어린이 대상으로 다문화인식개선을 위한 교육을 하기도 하고 다문화 캠페인과 언론매체 인터뷰 등 홍보활동이 있다

3. 바람직한 정책방향

결혼이민자는 앞으로도 지속될 것인가 아니면 축소 조정될 것인가 하는 문제는 논란거리이자 우리의 관심사항이다. 세계화의 심화, 정보 및 교통과 과학의 발달로 인한 거리감의 축소, 저출산 고령화 사회의 심각한 영향 등으로 다문화시대가 확대될 것으로 전망된다. 다문화가족을 긍정적인 측면에서 보자면 다문화가족의 증가는 출산율을 증가시켜 저출산 고령화 현상에 억제기제로 작용한다는 점이다.[60] 부정적인 측면에서는 사회통합에 실패할 경우 결혼이민자와 자녀는 사회갈등 요인으로 작용할 가능성이 있다는 점이다. 따라서 이와 같은 환경 변화을 고려하여 정책의 기본방향을 제시하기로 한다.[61] 첫째, 다문화가족의 부작용을 최소화하고 효율적인 정착을 위해서 가족관계 및 사회적응력을 제고한다. 둘째, 다문화시대에 사회통합을 위해 다문화가족의 안정성을 확보한다. 셋째, 저출산시대를 대비하여 미래자원의 건전한 육성을 위해 다문화 아동의 임신・출산・양육환경을 개선한다. 넷째, 가족기능을 강화하고 해체가족의 빈곤을 예방하며 건강성을 제고한다. 다섯째, 불합리하고 차별적인 법・제도를 개선한다. 여섯째, 서비스제공을 위한 인프라 강화 및 네트워크 구축 등 서비스기반을 마련한다. 일곱째, 다문화가족에 대한 사회적 인식개선 및 이해증진 방안이 병행되어야 한다. 이를 위한 장·단기적 단

---

60) 보건사회연구원이 2009년에 발표한 『다문화가족의 증가가 인구의 양적질적수준에 미치는 영향』(이삼식, 최효진, 박성재)연구에 의하면, 다문화가족의 규모가 2009년기준 27만 2613명이지만 2050년에는 216만 4886명으로 8베 증가하고 이는 총인구대비 다문화가족의 비율이 2009년에 0.56%에서 2050년에는 5.11%로 증가하여 우리나라 인구의 20명중 한명이 다문화가족이 된다고 하였다. 이렇게 다문화가족이 총인구 가운데 차지하는 비율이 5%를 상회하면서 우리사회의 총인구 감소폭을 25.2%줄이는 효과가 있으며 한국사회의 고령화를 2050년에 4.04% 가량 감소시키는 것으로 분석하고 있다.

61) 『다문화시대를 대비한 복지정책방안 연구-다문화가족을 중심으로-』 2008, 김유경 외, 한국보건사회연구원

계별 접근방법을 제시하자면 단기적으로는 다문화가족의 언어 및 사회적 응력 제고, 경제적 자립지원, 다문화가족 자녀의 임신·출산·양육기능 강화, 다문화가족의 건강증진, 심리·정서 및 가족관계 강화, 폭력피해 결혼이민자의 사전·사후적 지원방안, 해체 다문화가족의 가족기능 강화 등이 있고 중장기적으로 다문화가족을 위한 법적·제도적 개선, 다문화가족 대상의 인프라개선, 다문화가족서비스 전달의 효율화 등이 있다.

<표 7-7> 단기 및 중장기별 다문화가족을 위한 복지정책방안

구분		지원방안	세부 내용
단기방안	다문화가족의 언어 및 사회적응력 제고 방안	다문화가족의 의사소통 지원방안	·맞춤형 언어교육서비스 제공 ·한국인배우자 및 가족대상의 언어교육서비스 제공 ·언어교육서비스의 홍보·안내 등 인지도 제고
		다문화가족 대상의 다양한 정보 접근성 제고 방안	·포괄적인 정보서비스체계 구축 ·다문화가족의 정보화 증진
	다문화가족의 경제적 자립지원 강화	다문화가족의 기본 생활보장	·기초보장제도와 자활사업의 적용대상 확대 ·비수급조건부 긴급지원제도 도입 ·빈곤가족 대상 자산형성지원프로그램(IDA) 제공
		다문화가족의 소득 보장 강화	·맞춤형 직업훈련교육 강화 ·결혼이민자의 특성 고려한 직종개발 ·지역중심의 취업인프라 협력체계 구축
		가족부양 및 돌봄부담 완화 방안	·다양한 경제적 지원프로그램 제공 ·부양자 및 돌봄자의 휴식 등 고용관련 지원프로그램 제공 ·가족관계증진을 위한 가족통합교육 강화
	다문화가족 자녀의 임신·출산 및 양육기능 강화	다문화가족 자녀의 임신·출산 지원 강화	·양질의 산전·후관리 서비스 제공 ·방문간호사제도 활용 결혼이민자와 신생아 종합관리 ·임신·출산관련 과정 및 서비스에 대한 인식 제고
		다문화가족 자녀의 양육지원 확대	·부모와 자녀단위의 언어교육프로그램 개발·보급 ·다문화가족의 양육비용 부담완화 방안 모색 ·다문화가정 아동 대상 사회적응프로그램 제공 ·다문화가정 부모를 대상으로 자녀양육프로그램 제공
	다문화가족의 건강증진 방안	다문화가족의 기본 의료보장	·의료급여 1종·2종의 적용대상 확대 ·국민건강보험료 대납제도 도입 ·다문화가정 국민건강보험제도 가입률 제고
		다문화가족의 보건 의료서비스 강화	·맞춤형 방문관리서비스 대상자 확대 ·건강검진서비스 확대 및 맞춤형 서비스 제공 ·다문화가족을 대상으로 의료비지원 적용 확대 ·결혼이민자의 의료기관 이용시 통역서비스 제공
	다문화가족의 심리·정서 및 가족관계 강화	바람직한 가족관계상의 정립 및 홍보 계몽	·부부관계상 정립프로그램 개발보급 ·부모-자녀관계 정립을 위한 교육프로그램 제공 ·노부모-성인자녀관계 형성을 위한 교육프로그램 제공
		가족갈등의 완화와 가족문제의 치료를 위한 전문상담의 강화	·결혼초기에 가족교육 및 상담프로그램 제공 ·정신건강상담 및 치료 등 전문적인 서비스 개입
		사회적 지지 기반 조성	·자조모임을 통하여 사회적지지 자원 확대 ·사민단체 및 지원기관을 활용 사회적 유대망 형성

구분		지원방안	세부 내용
단기방안			
	폭력 피해 결혼이민자의 사전사후적 지원방안	결혼이민자의 폭력 예방 강화	• 폭력문화제거, 양성평등의식 관련 교육프로그램 제공 • 결혼예정 이민자 대상으로 폭력 관련 법률과 폭력 발생시 절차 관련 교육 및 정보 제공
		폭력 피해 결혼이민자의 사후적 지원 강화	• 폭력피해 결혼이민자의 체류 및 생활안정 보장 • 인프라확충 및 전문상담제도 정비
	해체 다문화가족의 가족기능 강화 방안	해체 다문화가족의 기본생활 의료보장	• 기초생활보장과 자활사업 대상자 선정시 유연한 자격기준 적용 • 긴급지원대상으로 국적미취득 무자녀 결혼해체 이민자를 포함 • 저소득 해체 다문화가족을 대상으로 의료급여 1종·2종의 적용대상에 포함 • 비수급 해체 다문화가족을 대상으로 국민건강보험료 지원
		해체 다문화가족의 경제적 자립 및 주거지원	• 취업지원 강화 • 맞춤형 주거지원
		해체 다문화가족의 자녀양육기능 강화	• 맞춤형 양육지원 • 품앗이 돌봄망 지원

<표 7-7> 계속

구분		지원방안	세부 내용
중장기방안	다문화가족을 위한 법적 제도적 개선방안	영주권 개선	• 혼인이 중단된 결혼이민자 대상 체류연장 및 국적취득 관련 법 개정 • 사회통합이수제도는 국적취득 관련 법·제도 고려 추진
		재한외국인처우기본법·제도의 개선	• 불법체류자의 처우 보완 • 결혼이민자와 자녀의 처우는 다문화가족지원법에서 포괄 • 동 법의 이념은 다문화적 접근으로 전환
		국제결혼중개업의 법적규제 강화	• 결혼중개업체의 불법행위 단속 강화 • 혼인비자발급 절차와 심사서류 표준화 및 결혼당사자의 정보 확인 장치 마련
		다문화가족의 범위 확대	• 다문화가족범위에 외국인근로자, 북한이주민, 이민자가족, 재외동포로 확대 적용
	다문화가족 대상의 인프라 개선방안	다문화가족 인프라 기능 강화를 위한 예산 확대 및 차별적 지원	• 지역별 다문화지원기관의 지원 차별화 • 농촌지역의 인력충원
		다문화가정 아동의 학교생활 지원을 위한 상담원 및 학교 사회복지사 배치	• 다양한 다문화 프로그램 제공 • 다문화 아동대상 멘토링 서비스 제공 및 학교내 전문가 배치
		효과적인 서비스 제공을 위한 이중언어 서비스체계 구축	• 통·번역 업무 총괄의 통합기관설치 • 통·번역서비스 시스템 구축
	다문화가족서비스 전달의 효율화 방안	부처 담당부서간 정보네트워크 구축	• 부처 담당부서간 정보 네트워크 구축
		센터-지자체-기관-민간단체의 네트워크 구성	• 지역사회 내 네트워킹 구성 • 다문화사회 전문가 양성 및 기존 실무자에 대한 다문화역량 교육 활성화
	다문화가족의 인식 개선 및 이해증진 방안	다문화가족 구성원 간 문화 이해증진	• 한국인 예비배우자 대상으로 결혼이민자의 본국문화에 대한 교육 및 정보 제공 • 한국인 배우자의 부모·형제자매를 대상으로 결혼이민자의 본국 문화 이해·체험프로그램의 제공 • 결혼이민자에게 한국정보제공 및 한국문화체험 기회 확대

		다문화에 대한 이해 수준 제고 방안	• 홍보 및 캠페인 등 다양한 정책적 노력 모색 • 외국인의 인권보장 인식 고취
		다문화사회 수용성 강화 방안	• 다문화를 허용하는 사회적 분위기 조성 • 아동·청소년을 대상으로 다문화수용에 대한 교육·훈련 강화
		다문화가족의 출신국 문화에 대한 이해 증진	• 다문화가족의 문화체험교육을 학교에서 지역사회로 확대 • 다문화이해교육에 상호문화이해 내용 포함
		다문화가족 지원 관계자와 전문가의 의식의 전환	• 정부와 민간기관실천가, 지역주민의 문화적 민감성을 증진하는 방향으로 정책입안 및 시행

출처 : 김유경 외, 2008

제2부 : 한국과 베트남의 국제결혼

제8장 베트남에 대한 이해

제1절 베트남 개관

1. 일반 현황

베트남의 정식 명칭은 베트남 사회주의 공화국(Socialist Republic of Vietnam)이고 공산당이 유일정당인 사회주의 공화제이며 수도는 하노이(Hanoi)이다.[62] 위치는 인도차이나반도 동부, 중국, 라오스, 캄보디아에 인접되어 있으며 기후는 북부지역이 아열대성 몬순이고 남부지역은 열대몬순으로 남과 북이 다르다. 연평균 기온이 24.1℃로서 한국보다 10℃ 정도가 더 높고 평균적으로 북부 23.2℃, 중부 24.1℃, 남부 27.1℃이며 습도는 연평균 83%이다. 여러 면에서 남과 북의 차이[63]가 난다. 연평균 강우량은 2,151㎜로서 한국보다 2.4배 많다. 인구는 8,312만 명(2005년 기준)이며 약 27%가 도시에 거주[64]하고 남녀성비가 여자 100명당 남자 96.6명으

62) 수도는 북부에 위치한 하노이이며 남부의 호치민(구, 사이공)은 통일이전 남베트남의 수도이었다.

63) 기후뿐만 아니라 문화, 습성, 음식, 의복, 지역감정 등 다양한 분야에서 남과 북의 차이점이 많은 편이다. 보다 자세한 내용은 제8장 제3절에서 언급하기로 한다.

64) 전국민의 73%인 약 6천만명이 농촌에 거주하고 있으나 베트남은 거주이전의 자유가 없으므로 도시로 이주하려면 지역경찰에 등록 신고를 거쳐 주민등록부를 발급받아야 하고 특히 농촌에서 도시 이주시에 거주 승인을 받기 어려워 대도시에는 상당수의 불법 이주민들이 살고 있다

로서 여초현상이다. 면적은 33만㎢로서 한반도의 약 1.5배이다. 행정구역은 5개의 특별시와 59개의 성으로 구성되어 있다. 베트남의 민족은 베트남족이 89%를 차지하고 타이, 므엉, 크메르 등 53개 소수민족과 약 100만명 정도 되는 화교가 공존하고 있다. 종교로는 불교신도 약 1,000만명, 카톨릭 신도 약 550만명, 개신교 약 130만 명이고 이밖에 까오다이(유교·불교·도교가 혼합된 민족종교) 등의 종교가 있으며 국민들의 일상생활에는 일반적으로 미신적인 요소가 많이 포함되어 있다.[65] 베트남의 공용어는 베트남어이며, 4종의 산악 소수민족 언어를 법률상 허용하고 있다. 베트남어는 중국어의 4성조보다 많은 6성조로 발음의 장단, 고저에 따라 의미가 달라지며, 중국문화의 영향을 받아 한자어 발음이 많이 차지한다.[66] 도량형은 미터법을 사용하고 있다. 시차는 한국보다 2시간 늦다.[67] 2004.7.1부터 한국인과 일본인이 15일 이내 베트남을 방문할 경우 방문 목적에 관계없이 무비자로 입국이 가능하고 베트남에 15일 이상 머물러야 할 경우에는 주한베트남대사관에 본인이 직접 수속을 밟거나, 여행사에 의뢰해서 주한베트남대사관에 비자발급 신청하면 된다. 베트남의 의료보험제도는 내국인만을 대상으로 하고 있어 외국인은 의료보험의 가입 및 수혜 대상이 아니다. 한인체류자는 구체적으로 확인되고 있지 않지만 베트남 출입국 현황 및 교민단체를 통해 파악한 바에 따르면 2008년도 기준으로 하노이시 및 인근지역에 약 1만 여명(대부분 진출기업 직원 및 가족)과 호치민시 및 인근지역에 약 5만 여명 내지 8만여 명까지 거주하는 것으로 추정하고 있다. 베트남 공휴일은 우리나라보다 적다. 법정 공휴일이 년 8일이며 신정(1.1), 구정(음력 1.1-4), Hung Vuong 왕 추모일(음력 3.10)[68], 전승기념일(4.30), 국제노동절(5.1), 건국기념일(9.2) 등이

65) 베트남 개황(2006, 주베트남대사관)에서 인용하였다.
66) 발음상 한자어 영향을 받았지만 현재에는 한자를 사용하지 않고 있으며 다만 고대 건축물의 간판에 한자가 남아있기는 하지만 현대 대부분의 베트남인들은 한자를 읽고 쓰는 경우가 거의 없다
67) 예를들면 한국시각이 오전 11시이면 베트남은 오전 9시이다.

며 국경일이 휴일과 겹치면 다음날을 쉰다.[69]

2. 언론매체

전국적으로 일간·주간·월간지를 포함하여 총 465 종류의 인쇄매체와 약 100개 정도의 Radio 및 TV를 포함한 방송매체가 있는 것으로 파악되고 있다. 모든 언론매체는 주요 정부기관과 조국전선, 노총, 청년동맹 등 사회단체, 그리고 지방자치단체에서 운영하고 있으며 수상 직속의 국영매체(국영 통신, 국영 라디오, 국영 TV 등) 사장은 장관급으로 각료회의에 참석하는 등 상당한 영향력을 발휘한다. 공산당 정치국에 소속되어 있는 베트남 언론인협회가 전국 각 지역에 지부를 두고 활동하고 있으며, 회원은 7,500명에 달하고 있다. 주요 매체별로 보면, 국영통신사인 Vietnam News Agency가 있고 이곳에서 영자 일간지인 Vietnam News를 발행한다. 방송으로 대표적인 것이 국영라디오인 Voice of Vietnam이며 전국 방송과 해외 베트남어 방송을 실시한다. 베트남 TV는 국영방송이며 3개 채널을 가진 베트남 유일의 전국 방송이고 대부분이 지방방송국을 가지고 있다. 하노이 TV는 하노이 인민위원회와 문공부가 운영하며, 하노이와 북부 12개성을 대상으로 방송하고 있다. 호치민에도 별도의

---

68) 2007년부터 개국시조격에 해당하는 "훙 왕"의 탄신 기념일이 공휴일에 포함되었다. 베트남의 역사는 약 3000년전에 시작된다. 산의 신과 바다의 신이 만나 100명의 아들을 두었는데 이 중 50명씩 산과 바다로 갔으며 베트남은 산으로 간 50명의 아들들이 세운 국가이다. 50명의 우두머리가 우리나라의 단군처럼 베트남의 훙 왕인 것이다. 제8장 제2절을 참고하기 바란다.

69) 이른바 대체공휴일 제도인데 연휴기간 피로가 쌓인 근로자의 생산성이 높지 않다는 점과 짧은 연휴로 인해 교통체증 및 시간 허비부분을 고려한 것이 아닌가 생각되며 최근 우리나라에서도 국경일 및 공휴일에 관한 법률안이 국회에서 발의되어 검토중에 있다(동아일보, 2009.11.17); 일본, 러시아, 중국도 대체휴일이 있다. 나라마다 연휴를 배려하는 이유는 여행과 소비를 늘려 경기를 살리기 위함이다. 중국은 올 설 연휴에만 최대 14일을 쉬어 소비가 13.8%, 여행소득이 25% 증가했다고 한다. 일본은 연차휴가를 써서 휴일을 늘리면 150만명 고용 창출효과가 있다고 분석한다(조선일보, 2009.11.22)

호치민 방송국에 여러 채널이 있다. 신문과 관련하여 일간지인 인민일보가 있으며 이는 공산당 기관지이자 최대 권위지로 알려져 있다. 인민군보는 국방부 기관지로 일반 뉴스를 취급하며 3대 일간지 중 하나이다. 새하노이는 하노이 인민위원회가 발행하는데 이 또한 3대 일간지 중 하나이다. 노동신문(Nguoi Lao Dong News)은 노동총연맹 기관지이며 노동문제를 주로 취급하고 주 4회 발행 한다. 대단결은 조국전선의 기관지이며 주 2회 발행하고 선봉은 호치민 청년연맹 기관지로서 주 4회 발행한다. 주간국제는 외교부 기관지이며 국제문제를 주로 취급하고 Vietnam Investment Review는 투자계획부 발행의 경제전문 영자 주간지이다. 이 밖에도 탄닌(Thanh Nien News), 뚜이 쩨(Tuoi Tre News), PHAT LUAT(법률)지가 있다.[70)]

3. 문화 및 종교활동

베트남의 국민성은 오랜 기간 외세와 투쟁경험으로 외국인에 대해 배타적인 성향이 강한 편이고, 동서양의 다양한 문화의 영향을 받은 실용적이고 우수한 전통문화라는 자긍심이 크다. 베트남의 역사와 전통을 잘 이해하지 못한 상태에서 낮은 국민소득과 외관만을 보고 베트남인들을 무시하거나 주관적인 개인경험을 과장·확대하여 국민성을 비난하는 것은 어리석은 짓이며, 특히 정치활동이나 체제비판은 절대 금지해야 할 사항이다. 베트남에서는 모든 종교에 대한 자유는 인정되나 포교 행위는 불허하고 있다. 특히 종교 및 집회에 대한 정부의 검열과 감시가 대단히 심하므로 사전 승인이 필요하다. 베트남에서 모든 외국인은 종교의 자유를 가지고 있으나, 베트남의 풍속 및 관습에 심하게 위반되는 종교집회

70) 법률신문사는 베트남 법무부의 기관지이며 1990. 9. 17창간하여 발행부수가 110,000부이다. 베트남어발행의 호치민시 소재 신문사이며 직원규모는 150여명이고 웹주소는 www.phapluattp.vn 이다.

또는 노상에서의 찬송가 합창 등의 종교 활동은 베트남 정부로부터 엄격하게 통제를 받는다. 특히 외국인이 베트남인을 대상으로 한 선교 또는 포교행위는 절대 금하고 있으며, 발각 시 추방 등 강경 제재조치를 받게 된다.[71] 한국의 선교사 중 많은 분들이 NGO를 통하여 외형적으로 드러내지 아니하면서 봉사활동을 통한 선교활동을 하고 있다. 이들을 관리하는 곳이 PACCOM(People's Aid Coordinating Committee)이라는 정부조직이 있다. 본인이 영사로 재직하면서 2008년도에 최초로 한국 NGO 포럼을 개최[72]하였으며 베트남사회에서 점차로 한국의 NGO가 정착되어가는 과정에 있다. 아울러 주호치민총영사관에서는 베트남內 NGO 등록을 위한 관련 안내[73]자료를 제공하고 있다. 이러한 정보를 제공하는 목적은 최근 한국의 베트남에 대한 투자 확대 및 각종 NGO 활동을 위한 한국인 입국의 급증에 따라, 베트남에서 NGO 등록을 하기위한 절차와 구비서류에 관한 정보제공을 통하여 민원인에게 편의를 제공하고자 하는 의도에서 이다.

4. 기타 사항

항공기의 서울-하노이 노선과 서울-호치민 노선에 대한항공, 아시아나

---

71) 베트남 정부에서는 IYF가 주재국의 법률을 위반한 조치로 IYF활동을 불허하기로 결정한바 있다('08.7)

72) 주호치민총영사는 축사를 통하여 "제1차 한국NGO 포럼" 개최가 급증하고 있는 한국교민의 숫자가 많음에 있지 아니하고 어떻게 하면 호치민 한국인 교민사회가 현지에서 가장 모범적인 외국인 community가 될 수 있는가 하는 것이라고 강조하고 NGO활동가들이야말로 한국과 베트남 국민이 진정으로 서로에 대해 이해하고 신뢰하며 사랑하는 끈끈한 관계를 맺는 튼튼한 기반을 조성하고 있는 대표적인 조직이라고 격려하였다. 향후에도 "한국NGO 포럼" 개최를 통하여 한국 NGO단체의 역량강화를 위한 전문화의 기회가 되고 동시에 NGO 단체간의 협력체계를 구축할 수 있는 자리가 될 것을 주문하였다. 이 자리에서 남복현 영사는 베트남내 한국 NGO의 역할과 전망을 주제로 발제(2008.11.21(금))하였다.

73) http://vnm-hochiminh.mofat.go.kr/kor/as/vnm-hochiminh/help/search/index.jsp주호치민총영사관 홈페이지에 베트남 정부의 안내팸플릿을 번역하여 정보를 제공하고 있다.

항공, 베트남항공이 취항하고 있다. 철도는 레일간격이 좁은 단선협궤 열차이다. 하노이부터 호치민까지 1726킬로미터를 운행하며 시설의 노후화로 평균시속이 60km 정도이어서 하노이에서 호치민간 철도를 이용할 경우 34시간~44시간 소요[74]되므로 우리나라의 고속전철과 같은 수준을 기대하기 어렵다. 버스가 장거리 이동에서 주요 수단으로 이용되기도 하나 이용율이 높은 편이 아니다. 왜냐하면 대개의 베트남사람들은 10시간 이내의 거리는 오토바이를 이용하기 때문이다. 2010년 1월에 베트남 총리가 밝힌 남북 고속도로 건설계획에 따르면 고속도로는 하노이에서 메콩델타 지방의 껀터시까지 전체길이 1811킬로미터를 4~8차선으로 하고 총 건설비는 300조동으로 하고 있다. 전체를 16구간으로 나누어 건설하며 2020년 말까지 1469킬로미터를 완공하고 나머지 342킬로미터는 2021년 이후에 건설하는 것으로 밝혔다. 아마 우리나라의 경부고속도로를 연상하면 적당할 것이다. 자동차는 주로 관공서, 외국공관 및 외교관, 외국기업 차량이 대부분이었으나 2008년도 전후에 현지에서 바라본 바로는 자동차가 부와 성공의 상징으로서 부를 축적한 개인 소유차량이 급증하고 있다. 이러한 교통차량의 급증으로 인하여 호치민시는 택시사업자 신규허가를 보류하는 방안을 검토하고 있다.[75] 택시는 기본요금(2km 이내)은 약 VND12,000-20,000까지 있으며, 택시회사마다 추가요금에 차이가 있다.[76] 베트남은 대중교통수단이 거의 없거나 미발달상태이므로 오토바이와 자전

---

74) 기차종류는 크게 3등급으로 나뉘어진다. 한국의 새마을호 격인 S1, S2(34시간 소요)와 무궁화호 격인 S3, S4,(40시간 소요) 통일호 격인 S5, S6(44시간 소요) 등이 있다. 홀수는 하행선(하노이→호치민)이며 짝수는 상행선(호치민→하노이)이다.

75) 호치민시 교통운수국은 시내 택시 급증에 대한 대응책을 택시협회 등과 협의하고 새로운 택시 사업자에 대한 영업허가를 일정기간 보류하는 방안을 검토중 이라고 밝혔다. 2009.10월말 기준으로 호치민 시내 택시 사업자수는 35개사, 택시 차량수는 1만 711대로 전년동기대비 차량수가 14% 증가하였다고 한다(베트남 투자뉴스 제171호, Kotra, 2009.11.25)

76) 최초의 기본요금이 비싼 경우에는 주행거리별 요금할증비율이 적고 기본요금이 싼 경우에는 주행거리별 요금할증비율이 높다. 참고로 환율은 2010년 8월 현재 US$1=19,100~19,500dong이다.

거는 현지인들이 주로 이용하는 교통수단이다.[77] 외국인 대상 호텔, 식당, 상가 등에서 달러를 직접 사용할 수 있으나 관광지, 재래식 시장 등에서는 현지화 사용이 일반적이다. 베트남에는 팁 제도가 없었으나, 최근 외국인 여행자 증가에 따라 하노이, 호치민 등 대도시에서는 일상화되는 추세에 있다. 호텔, 포터, 침실 청소부에게는 VND10,000-VND20,000내외, 고급 레스토랑에서는 음식 값의 5% 내외가 적당하다. 체류 시 유의사항으로 가라오케 등 야간 유흥업소에서 과음, 지나친 행동, 실수 등으로 불미스런 일을 당할 가능성이 있으므로 주의하여야 하며, 특히 오만한 태도나 돈 자랑 및 야간 단독 외출은 삼가는 것이 좋다. 특히 한국에서 아무리 운전을 잘 하였다고 하더라도 현지에서는 직접운전은 지양해야 한다. 중앙 분리선이 없는 비좁은 도로에 오토바이·자전거가 붐비고 일방통행로가 많아 외국인의 직접운전이 극히 어려우며, 일단 교통사고가 발생하면 사고 원인 조사에 있어서 목격 현지인의 도움을 기대하기가 어려우므로 현지인 운전수를 고용하거나 택시를 이용하는 것이 현명하다. 특히 베트남 공안당국이 모든 입국자의 체제 중 활동을 파악한다는 점에 유의, 항상 언행에 각별한 주의가 요망된다. 베트남 특히 하노이와 호치민 등 도심 지역은 치안상태가 양호한 편이지만 여권 등 체류신분증 없이 지방여행을 할 경우 벌금을 징수하며, 호텔투숙이 불가능함은 물론 경찰로부터 적절한 안전보호를 받을 수 없다. 또한 공항, 호텔, 관광지 등 공공장소에서 걸인행세를 하는 소매치기들을 주의해야 하며, 안전상 야간에는 씨클로나 쎄옴(오토바이 택시)은 타지 않는 것이 바람직하다.

77) 호치민 인문사회과학대학의 루이엔 한국학과 교수의 견해에 의하면 2000년도부터 시작된 중국산의 값싼 오토바이가 대량으로 수입되면서 기존의 가족당 1대이던 오토바이가 2008년도 기준으로 성인 1인당 1대꼴로 급속이 확대되었으며 주된 원인은 베트남의 대중교통 시스템의 부재로 인하여 더운날씨에 간편하게 목적지에 도달하기 위해서는 오토바이를 운전하는 것이 대중교통을 이용하는 것보다 경제적이고 합리적이라고 설명한다.

제2절 한국과 베트남의 비교

1. 역사 비교

1) 대 중국관계

한국과 베트남의 역사를 통해 중국 관계에서 유사점을 많이 발견할 수 있다. 한국의 '단군신화(檀君神話)'에 따르면 기원전 2333년 최초의 부족국가인 고조선을 세웠다고 한다. 기원전 2333년이란 연도는 중국의 역사와 그 시작이 동일할 정도로 한민족의 역사가 아주 오래되었다는 점을 강조한다. 이러한 점은 베트남의 건국신화에서도 찾아 볼 수 있다. 베트남 최초의 부족국가는 반랑(Van Lang)[78] 인데 베트남의 건국신화에 의하면 락 롱 꾸언(Lac Long Quan)의 아버지는 낀 즈엉 브엉(Kinh Durong Vurong)이고 낀 즈엉 브엉의 아버지는 데 민(De Minh)인데, 데 민은 중국 삼황오제(三皇五帝) 중의 하나인 턴 농(Than Nong)씨의 3세손이다. 락 롱 꾸언의 가계를 올라가면 중국인에게 연결되는데, 이 역시 베트남의 역사와 전통이 중국만큼 오래되었다는 점을 강조하는 것이다. 한국에서 최초의 국가 성립은 고조선으로서 기원전 10세기경으로 추정하고 있다. 고조선은 중개무역을 통해 부를 축적하고 강한 군대를 보유하여 중

78) 반랑의 건국신화는 중국 신화에 나오는 신농씨의 3대후손인 데민(De Minh)이 부띠엔(Vu Tien)과 결혼하여 아들 록 뚝(Loc Tuc)을 낳았다. 록 뚝은 턴 롱(Than Long)을 아내로 맞이하여 락 롱 꿘(Lac Long Quan)을 낳았다. 락 롱 꿘은 어우꺼(Au Co)와의 사이에서 커다란 알을 하나 낳았고 그 알에서 100명의 아들이 태어났다. 100명의 아들 중에서 락 롱 꿘이 50명의 아들을 데리고 바다로 가고 어우꺼는 50명의 아들을 데리고 산으로 갔는데, 산에 남은 50명 중에서 가장 강한자가 최초의 훙 브엉(Hung Voung)으로 봉해져서 왕위를 계승하였고 나라이름을 반 랑 이라했다.

국과 실력대결을 벌일 정도 강성했지만 중국 한나라 무제 때 침략을 받아 기원전 108년에 멸망하고 한반도의 북부지역에 한4군이 설치되었다. 베트남은 이보다 3년 앞선 기원전 111년 한나라 군대의 침략에 의해 남비엣(Nam Viet) 왕국이 멸망하고 3개(Giao Chi, Cuu Chan, Nhat Nam)의 군(郡)이 설치되었다. 한반도에서는 끈질긴 저항을 통해 한4군을 몰아내고 고구려, 백제, 신라의 삼국시대가 전개되었다. 고구려는 강대한 군사력을 기반으로 세계적인 강국인 중국의 수·당 등과 전쟁을 벌여 대등한 능력을 보여주기도 하였다. 백제는 해외국가들과 활발한 무역활동을 전개하였는데, 그 당시 메콩델타지역에 위치하고 있었던 푸 남(Phu Nam) 왕국과 6세기에 교류한 기록이 남아 있다. 신라는 국제정세를 이용한 외교력을 바탕으로 분열의 삼국시대를 마감하고 7세기 중엽에 한반도의 통일을 이룩하였다. 신라는 당나라에 불교 승려와 유학생을 파견하는 등 적극적인 문화교류를 통해 국제문화를 수용, 수준 높은 문화를 발전시켰다. 최근 일부 중국학자들의 '동북공정(東北工程)'[79] 프로그램은 만주와 한반도의 북부지역을 영역으로 번창했던 고구려가 중국의 지방 정권이었다는 주장을 펼치면서 고구려의 역사를 중국역사에 편입시키려 하고 있다. 한국은 중국의 '동북공정'을 인정할 수 없는 바, 그 이유는 만약 고구려가 중국역사라면 현재 북한지역을 중국의 영토라고 주장하는 근거가 될 수 있기 때문이다. 베트남과 중국 사이에서도 이와 유사한 역사인식 문제가 대두될 수 있다. 남 비엣(Nam Viet) 왕국을 세운 찌에우 다(Trieu Da)가 중국인이므로, 중국은 남 비엣 역사를 중국역사에 포함시킬

79) 동북공정은 "동북 변경지역의 역사와 현상에 관한 체계적인 연구과제"이다. 즉 중국의 국경안에서 전개된 모든 역사를 중국의 역사로 편입하려는 연구 프로젝트이다. 2002년부터 5년 기한으로 추진하였으나 그 목적을 위한 역사왜곡은 지금도 진행중이다. 궁극적인 목적은 중국의 전략지역인 동북지역, 특히 고조선, 고구려, 발해 등 한반도와 관련된 역사를 중국의 역사로 만들어 한반도가 통일되었을때 일어날 가능성이 있는 영토분쟁을 미연에 방지하는데 있다. 이 때문에 한국에서도 중국의 역사왜곡에 체계적으로 대처하기 위해 2004년 3월 교육부 산하의 고구려연구재단을 발족하였고, 2006년 9월 동북아역사재단이 출범하여 이를 흡수 통합하였다

것이며 만약 중국이 과거 남 비엣왕국이 지배했던 영역을 중국의 영토라고 주장하게 된다면 현재 베트남 중부지역까지도 중국의 영역에 포함된다는 논리가 성립된다. 한편 한반도에서는 중국세력과의 치열한 다툼을 통해 고조선, 부여, 고구려 등이 고대국가로 성장했으며 베트남에서도 중국세력에 대한 끊임없는 저항을 통해 독립을 쟁취할 수 있었다. 이른바 북속(北屬)시기에 하이 바 쭝(Hai Ba Trung), 바 찌에우(Ba Trieu), 리 남 데(Ly Nam De), 풍 흥(Phung Hung), 마이 학데(Mai Hac De) 등 독립을 향한 항쟁이 있었다.

2) 문화의 유사성

중국 당나라가 베트남을 지배하던 시절 중국의 영향을 받아 교육과 문화가 크게 발전했다. '쭈 이(Chu y)', '동 이(Dong y)', '쭈언 비(Chuan bi)' 등 오늘날 일부 한자어의 한국어 발음과 베트남어 발음이 유사한 이유는 당나라시절 한자음이 양국에 전파된 결과로 생각된다. 또한, 중세시대 문자생활에 있어서도 유사성을 가지고 있는데 한국과 베트남의 경우 말은 있었으나 문자가 없었기 때문에 중국의 한자를 도입하여 사용하였다. 신라와 고려 때에는 한자의 음과 뜻을 활용해 '향찰(鄕札)', '이두(吏讀)'와 같은 문자표기법을 개발, 사용하였으며, 베트남에도 한국의 '향찰', '이두'와 유사한 문자표기법이 있었는데 바로 '쯔놈(Chur Nom)'[80]이다. 그러나 중세시기에 사용된 '향찰', '이두', '쯔놈'은 완벽한 문자표기법이

80) 중국의 지배와 함께 중국의 한자가 베트남에 유입되었으며 문자가 없던 베트남은 20세기초까지 중국의 한자를 공식문자로 사용하였다. 그러나 베트남은 정치독립과 함께 문자 독립을 끊임없이 추구하였으니 그 결과가 바로 쯔 놈이다. 쯔 놈의 가장 큰 의미는 민족자주정신이다. 천년 이상을 중국의 지배아래에 있으면서도 독립과 주권을 위협했던 중국으로부터 자주권을 유지하는 차원에서 민족어가 창제되었기 때문이다. 하지만 역설적으로 베트남어를 영어식 표기로 바꾼이후 한자사용을 기피했던 영향으로 지금은 한자해독 능력은 일부 학자나 전문가를 제외하면 문맹수준이다. 고문서나 전각, 비석 등은 한자로 표기되어 있어 별도의 안내문이 없을 경우 자국민이 이해할 수 없는 실정이다.

아니었고 그 후에 '한글'과 '꾸억응으(Quoc Ngu)'가 발명된 덕분에 오늘날 한국과 베트남은 세계에서 문맹률이 가장 낮은 국가가 되었다. 10세기에서 14세기까지 존속한 고려왕조에서도 활발한 대외무역과 국제교류는 활발하게 계속되었으며 과거제도(科擧制度)가 10세기에 시작되었고 국립대학 격인 국자감(國子監)을 세워 교육을 진흥시켰다. 고려시대에는 유교가 정치적으로 중요하게 활용되었지만 실생활에 밀접하게 영향을 끼친 것은 불교였다. 한국의 고려시대에 해당하는 베트남의 역사를 보면 10세기에 중국으로부터 독립하고 1070년 반 미에우(Van Mieu)를 세우고 1075년 리(Ly)왕조에서 과거시험을 실시하고 1076년에는 꾸억 뜨 지암(Quoc Tu Giam)을 세웠다. 리(Ly), 쩐(Tran) 왕조시기에 중심적 사회사상은 고려와 마찬가지로 불교였다.

3) 한국과 베트남의 교류역사

한국과 베트남간 교류역사에서 13세기 리왕조의 후손인 리 롱 뜨엉(Ly Long Tuong) 왕자가 고려에 망명한 것은 획기적인 사건이었으며 리 롱 뜨엉은 고려에 정착하여 한국 화산(花山)이씨의 시조가 되었다.

15세기에 창제된 훈민정음(한글)은 소리 나는 대로 읽고 쓰기가 쉬워 현재 동티모르, 시베리아지역의 문자가 없는 소수민족 등의 문자로 도입하는 방안을 추진하고 있다.[81] 문치주의가 강했던 조선왕조에서는 상업을 천시하고 농업을 중시하였으니 조선시대에 농민은 과거시험에 응시할 수 있었으나 상인은 응시할 수 없었다. 반면 베트남의 후기 레(Le)왕조에서는 상인도 과거시험에 응시할 수 있었다. 베트남에서도 후기 레(Le)왕조가 수립된 후 유교적 사고가 정치뿐만 아니라 사회생활 전반에 깊숙이 침투하게 되었다. 베트남 중세봉건 왕조에서도 "조선왕조실록"과 유사한

81) 훈민정음학회와 관련 학계에 따르면 2009년 10월 6일 인도네시아 술라웨시주 부톤섬 바우바우시는 토착어인 찌아찌아어를 표기할 공식 문자로 한글을 도입한다고 발표했다.

"다이 남 특 룩(Dai Nam Thuc Luc)"이 편찬되었다. 조선왕조는 "경국대전(經國大典)"이란 종합법전을 근간으로 법치주의를 실현하려 했듯이 베트남 후기 레왕조에서도 "레 찌에우 힌 루엇(Le Trieu Hinh Luat)"을 통해 베트남 실정에 맞는 법치주의를 실현하려 노력했다. "경국대전"과 '레 찌에우 힌 루엇'은 중국의 "대명률(大明律)"을 모방하여 조선과 후기 레의 당시 실정에 맞게 고쳐서 적용한 법전이었다. 고려시대부터 19세기 중반까지 한국과 베트남의 사신 수십 명이 중국 북경에서 만나 시와 문장을 교환하고 두터운 우정을 나누었다. 특히 16세기 후반 중국 북경에서 만난 이수광(李睟光)과 풍 칵 코안(Phung Khac Khoan)은 시문을 주고받았으며, 이수광은 풍 칵 코안의 저서인 만수경하시집(萬壽慶賀詩集)에 서문을 써주었다. 그리고 18세기 후반에 만난 홍계희(洪啓禧)와 꾸이 돈(Le Quy Don)은 상대방의 인품을 높이 평가하고 홍계희 또한 레 꾸이 돈의 저서인 북사통록(北史通錄)에 서문을 썼다. 1906년 주시경과 이상익이 베트남의 애국지사 판 보이 쩌우(Phan Boi Chau)의 저술인 "월남망국사(越南亡國史)"를 번역하여 출판하였다. 아울러 일본군에 징발되어 온 조선인 장교 이용문 등이 1945년 9월 철군할 때 다량의 무기를 호치민이 주도하는 베트민군에게 인계하기도 하였다. 아래의 표는 한국과 베트남의 역사와 문화를 도표로 정리해 보았다.

2. 의식 비교

1) 인간관계와 배려

역사적으로 볼 때 한국과 베트남, 그리고 중국은 서세동점의 물결 속에서 서양문화를 수용하는데 일본보다 한발 늦었다. 한국은 일본보다 중국화에는 앞섰으나 서양화에는 뒤졌던 것이다.[82] 인간관계에서 한국 사람

82) 이를 비유적으로 말하자면 중국이 문화의 생산 공장일 때는 한국이 도매상이요, 일

들은 '나'보다 '우리'라는 말을 즐겨 쓰는데 여기에 한국인이 다른 사람과 관계를 맺는 방식의 특징이 나타나 있다. 한국 사람들은 흔히 '우리 아내', '우리 남편', '우리 회사'라고 말한다. 한국인들은 나를 먼저 내세우지 않고 '우리'로서 대상과 관계를 맺는다. '나의 집'이라고 했을 때 그냥 내 소유의 집을 가리키지만, '우리 집'이라고 했을 때는 소유 이상의 의미를 담고 있는 것이다. 한국인들은 '우리'라는 단어를 가족이나 친척에만 국한시켜 사용하지 않으며 '우리'의 대상은 무한하고 끝없이 넓혀지고 이때 나의 마음이 '우리'라고 관계를 맺은 대상에게 미치고 열려 있음을 나타낸다. 한국에 '우리'라는 정(情)을 중요시 여기는 관계 맺기가 있다면 베트남에는 '떤 깜(Tinh Cam)'문화가 있다. 베트남에는 "백 가지의 이치도 조그만 정(情)만도 못하다"라는 속담이 있다. 이것은 베트남 사람들의 생활에서 '떤 깜'이 얼마나 중요한 역할을 하는지 반영하는 말이다. 베트남 사람들은 태어나서 죽을 때까지 '떤 깜'의 세계 속에서 살게 된다. 베트남에서는 개인의 재능과 창의성도 '떤 깜' 관계를 수반하지 않으면 제대로 발전할 수가 없을 정도이다. 한국 사람들이 '우리'를 중요시 여기는 것처럼 베트남 사람들은 '떤 깜'을 중요하게 생각한다. '우리'와 '떤 깜'은 가족적 공동체에서 느끼는 따뜻한 정과 배려를 기초로 하고 있다는 점에서 상당한 유사성을 가지고 있다.

2) 양국의 미래지향

중국 주변에 위치한 수많은 나라 중 오늘날까지 정체성을 잃지 않고 수천 년 동안 문화를 발전 계승해 오고 있는 국가는 한국과 베트남 정도이다. 한국과 베트남이 이렇게 중국문화에 동화되지 않고 자기만의 독창적인 민족문화를 발전시켜 올 수 있었던 것은 국민들의 우수한 자질, 교

본이 소매상이었는데, 서양이 문화의 생산공장이 되자 일본이 도매상이 되고 한국이 소매상이 되어버린 결과가 되었다.

육에 대한 높은 가치부여, 뛰어난 문화적 역량을 가지고 있었기 때문이다. 풍수지리(風水地理) 사상으로 설명한다면 아시아 대륙에서 태평양을 바라보았을 때 한국이 위치한 한반도는 좌측이고 베트남이 위치한 인도차이나 반도는 우측이므로, 한국은 좌청룡(左青龍), 베트남은 우백호(右白虎)에 해당된다고 한다. 따라서 풍수지리상 좌청룡인 한국과 우백호인 베트남이 협력해야 동아시아지역에 깊은 이해관계를 가지고 있는 미국, 중국, 일본, 러시아 세계4강의 틈바구니에서 자국의 이익을 극대화시킬 수 있다는 것이다. 베트남 국민들은 호치민(Ho Chi Minh)주석을 존경해 박호(Bac HO, 호아저씨)라고 부르고 있는데 호치민 주석은 유언장 말미에 "평화롭고 통일되고 독립되고 민주적이며 번영된 베트남을 건설하라."고 베트남 국민들에게 당부하였다.[83] 이러한 '번영된 베트남 건설'에 가장 진지하고 적극적으로 협력하고 있는 동반자는 한국이라고 여겨진다. 한국과 베트남은 21세기를 맞이하여 '전략적 협력 동반자관계'를 수립, 우의증진을 위해 노력을 경주하고 있다.[84] 이제 한국과 베트남은 상호신뢰를 기반으로 양국관계를 질적으로 발전시켜 특별한 우호관계의 수립을 위해 나아가고 있다. 베트남 사람들은 한국 사람들에게 '우리'가 되고 양 국민들이 '띤 깜'을 서로 주고받는 그러한 특별한 관계로 발전할 것이다.

---

83) 베트남의 모든 공문서에는 "독립-자유-행복"이 상단부분에 인쇄되어져 있다.

84) 이명박 대통령은 응우옌 민 찌엣 베트남 국가주석과의 정상 공동성명에서 양국관계를 '전략적 협력 동반자 관계'로 격상하기로 합의했다. 통일 베트남이 현재까지 전략적 협력 동반자 관계를 맺은 국가는 중국, 러시아, 인도에 이어 한국이 4번째로서 양국정상은 지난해 100억 달러 수준이던 무역규모를 오는 2015년까지 200억 달러로 확대하는 한편 70억 달러 규모의 베트남 홍 강 개발사업과 90억 달러 규모의 호찌민-냐짱 고속철도복선화 및 호찌민-껀터 고속철도 신설사업에 한국기업들의 참여를 보장하기로 명문화했다. 특히 한국거주 베트남인과 베트남 거주 한국인을 지원하고 권리보호에 지속적 관심을 기울이기로 했다. (연합뉴스, 2009.10.21). 이와 관련하여 국민권익위원회에서 국민신문고에 베트남어 민원창구를 개설하여 2009.12.10(목)부터 개통하여 베트남어 민원접수를 하고 국민신문고에 한글 답변과 베트남어 답변서 등록 및 처리결과를 해당기관에 통보하도록 되어있다.

<표 8-1> 한-베 문화비교

구분	한국	베트남
건국신화	고조선, 기원전108	남비엣, 기원전111
중국한무제 침략이후	한4군설치	3군설치
문자표기법	향찰, 이두	쯔놈
국가언어	한글	꾸억 응우
철학 및 종교	유학, 불교	유학, 불교
법치주의	경국대전	다이 남 특 룩
전쟁	한국전쟁 1950년-1953년	베트남전쟁 1945년 -1975년
경제개발	새마을운동	도이 머이
문화의식	우리	Tinh Cam

3. 베트남의 이미지: 10대 아이콘

베트남하면 제일먼저 떠오르는 이미지는 성별이나 세대, 직업, 학력 등에 따라 다양하겠지만 베트남 국제결혼이민관 임무를 마치고 한국에 귀국한 이후에 강의할 기회에 베트남하면 떠오르는 단어가 무엇인지 물어보면 베트남 전쟁, 아오자이, 농(모자), 베트남 신부, 야자나무 등 열대과일, 무더운 날씨 등이 가장 많은 빈도수를 차지한다.[85] 참고로 10대 아이콘은 베트남에서의 개인적인 생활경험을 토대로 작성하였음을 밝혀둔다.

85) 이번 절에서는 베트남에 체류하는 동안 개인경험을 토대로 10대 주요 키워드를 선발했으며 이에 대한 자료는 베트남 현지에서 잡지사를 운영하는 Creation 류기남 사장님과 Vietnam today 김연홍 사장님의 도움을 받았다.

1) 베트남 전쟁

베트남 전쟁은 북베트남의 주도로 베트남이 통일되는 것을 막기 위해 남베트남과 미국이 일으킨 전쟁이며 결과적으로 남베트남과 미국의 패배로 끝났다. 1946년 프랑스군과 베트남 독립동맹군 사이에 전쟁이 벌어졌는데, 이 전쟁은 1954년 프랑스군이 디엔비엔푸 전투에서 치명적인 패배를 당하여 제네바에서 국제회의가 열렸으며 프랑스와 베트남 독립동맹 사이의 정전문제를 논의했다. 이때 북위 17°선을 비무장지역(DMZ)으로 둘러싸인 군사분계선으로 정했다. 이로서 공산주의자가 주도하는 북베트남과 비공산주의자가 이끄는 남베트남이 형성되었다. 제네바 협정은 하나의 정부 아래 통합할 목적으로 국제감시위원회의 감독 아래 1956년 베트남 전역에 걸쳐 자유선거를 실시하도록 규정했으나 디엠은 예정된 선거를 치르기를 거부했다. 북베트남은 그때부터 정치적인 수단에 의해서보다는 군사적인 힘에 의해 남·북 베트남을 통일하기로 결정했다. 북베트남에서 훈련받고 무장한 베트남 독립동맹 병사들, 즉 베트콩들은 자신들의 고향으로 돌아가 암살·매복공격·태업·전향공작 등의 활동을 벌이면서 게릴라전을 확대시켜 나갔다. 북베트남의 초계정이 통킹 만에서 미군 구축함 매독스호에 사격을 가하자 미국 의회는 통킹 만 결의안을 통과시켰다. 이는 대통령에게 미국이 베트남 전쟁에 전면적으로 개입할 수 있도록 하는 공식적인 권한을 부여해 준 것이었다. 소규모의 부대로 편성된 북베트남군은 캄보디아 국경 서쪽의 호치민루트를 경유해 남베트남에 도착한 후 베트콩과 연합작전을 펴기 시작했으며 베트콩 군대는 갈수록 많은 농촌지역을 장악해갔다. 1966년 중반 이후로 미군은 주로 우세한 화력과 헬리콥터를 통한 공격 목표지역으로의 신속한 병력이동에 의존한 반면, 베트콩은 은폐·잠복·기습공격·매복공격에 의존했다. 1968년 1월 30일 북베트남군과 베트콩은 베트남인들의 테트(음력설) 축제일을 기해 대규모 기습공격을 감행하여 전략적으로 중요한 효과를 거두었다. 미국에서는 1967년부터 서서히 미국의 참전에 반대하는 여론이 고조되었으며 그러한 여론은 평화행진, 시위, 그리고 시민불복종 운동으로 표현되었다. 1975년 4월 30일 남베트남 정부는 무조건 항복을 선언했고 사이공은 아무런 저항 없이 점령되었다. 남베트남에는 군사정부가 세워졌고 1976년 7월 2일 베트남은 공식적으로 하노이를 수도로 하는 베트남 사회주의공화국으로 통일되었다. 그 후 사이공은 호치민 시로 개칭되었다.

< 베트남 관련 주요 연표 >

<table>
<tr><th>년도</th><th>주요 사건</th><th>시대</th></tr>
<tr><td>1945.9.2</td><td>베트남 민주공화국 독립선포</td><td rowspan="3">제1차 인도차이나 전쟁</td></tr>
<tr><td>1950</td><td>월맹성립</td></tr>
<tr><td>1954.5</td><td>디앤비엔푸 전투에서 프랑스에 승리</td></tr>
<tr><td>1954</td><td>제네바 협정(남북분단)</td><td rowspan="6">베트남 전쟁</td></tr>
<tr><td>1955</td><td>미국지원의 월남공화국(고딘디엠) 성립</td></tr>
<tr><td>1960</td><td>베트남 민족해방전선 결성</td></tr>
<tr><td>1964</td><td>한국 월남 파병</td></tr>
<tr><td>1968</td><td>베트남 전쟁(제2차 인도차이나 전쟁)</td></tr>
<tr><td>1973</td><td>파리협정으로 미군철수</td></tr>
<tr><td>1975.4.30</td><td>베트남 공산화 통일</td><td rowspan="5">전후 베트남 사회주의 인민공화국</td></tr>
<tr><td>1976</td><td>베트남 사회주의 인민공화국으로 개명</td></tr>
<tr><td>1979</td><td>베트남 캄보디아 침공/중월전쟁</td></tr>
<tr><td>1986</td><td>베트남 공산당 6차 전당대회, 도이머이 정책결정</td></tr>
<tr><td>1992</td><td>한국과 외교관계 수립</td></tr>
</table>

출처 : 베트남 투자뉴스 제182호, 2010.2.10, KOTRA

한국군은 1965년부터 1973년까지 8년간 미국 다음으로 많은 총 31만2

천853명의 병력을 파병했다. 당시 파병장병 수당조로 미국으로부터 총 2억3556만 달러를 벌어들이는 등 소위 '베트남 특수'로 인해 한국경제가 크게 발전하고 한국군 무기체계의 현대화가 이루어졌다고 긍정 평가하는 사람들도 있다. 그러나 그 대가로 5,000여명이 목숨을 잃었는가 하면 2만여명은 미군이 살포한 고엽제로 인한 후유증을 앓고 있는 가운데, 1966년 12월 6일의 빈호아사 커우 마을 주민 131명 학살사건 등 민간인 학살사건과 한국군이 현지 베트남 여성들과의 사이에 낳은 2세 '라이 따이한(Lai Daihan)'을 현지에 방치한 사실이 까발려져 국제사회에서 손가락질을 받기도 했다.

2) 도이머이

도이머이(베트남어: Đổi mới/改革)은 1986년의 베트남 공산당 제6차 대회에서 제기된 슬로건으로서 주로 경제(가격의 자유화, 국제분업형 산업구조, 생산성의 향상), 사회사상 면에서 새로운 방향 전환을 목표로 하는 것이다. 도이머이 용어는 와잉(응웬 수완 와잉, Nguyen Xuan Oanh) 박사가 1982년 새로 만든 베트남어이다. 시장 경제의 도입이나 대외개방 정책이 도입되어 큰 경제적 성과를 거두었다. 도이머이는 공산당 일당 지배 체제를 유지하면서, 《사회주의 지향형 발전》의 이념을 계승하였는데 강국, 민주, 문명사회를 내걸어 발전한다고 하는 이념이다. 이것은 개혁개방으로 성공을 거둔 중국이 목표로 하는《2050년, 문명사회주의국가》의 계보를 잇는다는 견해도 있다. 2008년 1월 베트남통신사 보도에 의하면 도이머이 이후 현재까지 베트남에 대한 외국투자가 9,500건에 980억 달러가 유치되었으며 세계 최대그룹 500개중 100여개가 베트남에 진출하였고 근로자 120만 명을 고용하고 있다고 보도했다. 또한 베트남 공무원들이 투자자에 대한 지원의식이 미흡하여 베트남 총리는 행정절차 완화, 불필요한 제도 폐지 등에 대한 결정문 30호를 지시하기도 했다.

3) 아오자이

아오자이(베트남어: Áo dài/)는 베트남의 민속 의상이다. 아오자이란 "긴 옷"이란 뜻이며, 여러 민속 의상 중에 현재 주로 여성이 입는 옷을 한정하여 가리킨다. 매우 인기가 있어 명절이나 행사, 일상의상, 여학생 교복 등으로 자주 애용된다. 아오자이는 18세기에 청나라에서 들여온 치파오(旗袍)를 기원으로 한다. 치파오는 차가운 기후인 만주에서 시작된 의복으로, 원래는 두꺼운 천의 비단을 사용하지만, 베트남에 토착된 명주는 이곳 풍토에 맞게 얇은 천으로 만들어지게 되었다. 기존의 복장과 달라 관복으로서 입기도 했고 현재에도 정장으로 사용된다. 현재의 여성용 아오자이의 갸름한 몸매가 드러내는 디자인은 프랑스령 인도차이나 시대에 개량된 것이며 지금은 남성보다는 대부분 여성만 아오자이를 입은 모습을 볼 수 있다.

4) 화산이씨

화산이씨(花山李氏)는 한국의 성씨이다. 본관인 화산(花山)은 현재 황해북도 금천군의 별칭이다. 화산이씨는 비(非)중국계 귀화 성씨로 시조 이용상(李龍祥) 왕자는 베트남 리 왕조(이조)의 개국왕인 이태조 이공온(李公蘊·Lý Công Uẩn)의 7대손이며, 6대 임금 이천조(李天祚·Lý Thiên Tộ)의 둘째 아들이다. 1226년에 이용상 왕자는 신하인 쩐(Tran)씨가 왕위를 찬탈하자 화를 피하기 위해 일가족과 측근을 데리고 황해도 옹진 화산에 정착하였다. 고려 고종 때 황해도 지역에 침입한 몽고군을 물리치는데 공을 세워 화산군으로 봉작을 받고 한국 화산이씨의 시조가 되었다. 이후 후손들이 이용상을 시조로 받들고, 본관을 화산으로 칭하였다. 최근 고려 무신정권기에 집권한 이의민이 귀화한 베트남 리 왕족의 후예라는 설도 있다. 2000년 인구조사 결과, 현재 남한에 230여 가구, 1,775명이 살고 있으며 본관이 있는 황해도의 집성촌에 많은 인구가 살고 있을 것으로 추측된다. 베트남과의 인연을 보면 화산 이씨 종친회에서 1995년 베트남을 방문했을 때, 도무오이 당서기장을 비롯한 베트남의 지도급 인사들이 이들을 환대하고 베트남인과 동등한 법적 대우 및 왕손 인정 등의 호의를 베풀었다. 베트남 인사가 한국을 방문할 경우 이들 화산이씨를 방문하는 것도 관례가 되어 화산 이씨가 양국 관계에서 가교 역할을 하고 있는 것이다. 베트남 정부는 해마다 리 왕조가 출범한 음력 3월 15일이면, 종친회장을 비롯한 종친회 간부들을 기념식에 초청하여 행사를 진행한다. 2002년 12월 베트남의 하노이 오페라 극장에서 화산 이씨의 시조가 된 이용상 왕자의 일대기를 공연하기도 했다.

5) 열대과일

열대과일 중에 바나나와 파인애플 그리고 망고는 국내에서도 흔하지만 야자, 용과, 두리안, 잭프루트, 망고스틴, 람부탄, 롱간 등은 낯선 과일이다. 열대를 대표하는 상징적인 나무가 야자나무(Coconut Tree)이다. 야자나무는 온몸으로 인간에게 헌신하는 식물중의 하나이기 때문에 별명이 생명의 나무(Tree of Life)로 불러지기도 한다. 야자나무는 키가 10미터를 훌쩍 넘기에 허리춤에 칼과 밧줄을 차고 올라가서 따야한다. 밧줄은 열매들이 달린 가지를 잘라 묶어 아래로 보내는 경우에 사용한다. 뚜껑을 딴 열매속의 물은 연한 흰색이고 맛은 좀 싱겁거나 닝닝하지만 시원하게 마시면 좋고 가격도 저렴하다. 물을 마신 후에 내부에는 흰색의 코프라가 있어 수저로 긁어 먹으면 고소하고 담백하다. 동남아의 이슬람교도에게 코코넛주스는 가장 순수한 형태의 물로 여겨져서 신에게 바치는 성수로 사용되기도 한다. 다음은 베트남 중부지역이 주산지인 용과(龍果, Dragon Fruit)이다. 현지에서는 탄롱(Thanh Long)이라고 부른다. 용이 여의주를 물고 하늘로 날아가는 모습을 닮았다고 붙여진 이름이다. 겉은

붉고 속은 백색이며 씨가 깨처럼 점점이 뿌려져 있는데 맛은 좀 푸석한 편이고 단맛도 신맛도 별로 강하지 않아 밋밋한 느낌을 준다. 호치민에서 무이네로 가는 1번 국도에서 거의 해안가에 다다를 즈음이면 사방이 온통 용과 선인장나무의 초록색 줄기와 붉은색 과일이 장관을 이룬다. 두리안은 열대과일의 황제라고 한다. 그러나 맛과 향이 강하고 분뇨의 냄새가 난다. 실제로 과장된 소문과 선입견으로 인하여 접근에 망설이는 분들은 선입견을 버리면 달콤하고 신비로운 향기로 바뀌는 것을 느낄 것이다. 식물학자인 알프레드 월라스는 두리안의 인상을 다음과 같이 말했다. "첫 인상은 강렬한 냄새이며, 두 번째 인상은 기막힌 달콤함이고 마지막 인상은 신비로운 맛이지만 끈질긴 냄새이다". 망고스틴은 망고와 이름이 비슷하나 맛과 크기가 전혀 다르다. 달걀크기인데 진한 자줏빛을 띠며 맛은 새콤하면서 달콤하고 씹히는 맛이 기막히다. 신맛과 단맛의 조화를 이루고 즙이 풍부하다. 과일의 여왕이라고 불러지기 때문에 두리안과 짝을 이루어 말하기도 한다. 잭프루트는 '세상에서 제일 크고 무거운 과일'이라고 한다. 큰놈은 90센티미터에 달하고 무게는 50킬로그램까지 나간다고 한다. 순박한 총각 같은 과일 속에는 치아모양의 달걀크기만한 커다란 과일들이 지그재그로 즐비하게 자리 잡고 있다. 오랫동안 대체식량의 하나로 대우받았다고 한다. 람부탄은 외부에 털이 숭숭한 과일이다. 껍질을 손으로 약간 비틀면 쉽게 찢어지면서 하얀 속살과 달콤한 즙이 압도적이다. 당도가 사과나 망고의 2배정도라고 한다. 롱간은 베트남 남부에서 가장 흔한 나무인 듯하다. 국내에서도 중국집에서 후식으로 많이 나오는 과일이 람부탄과 롱간이기도 하다. 원래 이름은 롱안(龍眼)으로 '용의 눈알'이라는 뜻을 갖고 있으며 당나라의 양귀비가 즐겨 먹었다고 하니 양귀비는 단맛을 즐겼는가 보다. 크기는 어릴 때에 갖고 놀던 구슬만하고 흰색의 속살 안에 버티고 있는 씨의 색깔이 검은색에 가까워 눈동자처럼 보인다.

6) 남과 북의 다양성

베트남의 지리적 특성은 남과 북으로 길게 늘어져 있어 기후가 북부지역은 아열대성이며 남부는 열대몬순이다. 음식도 남과 북이 많은 차이를 보이고 있다. 예를 들면 개고기는 주로 북부에서 즐기며 요리방법도 북부와 중부 그리고 남부가 다르다. 남부에서는 들쥐고기를 먹지만 북부에서는 거의 먹지 않는다. 종교를 보더라도 까오다이교라는 민족 종교가 있어 남부와 일부의 중부지방에서만 영향이 있고 북부에는 거의 영향이 없는 것으로 알려져 있다. 개인적인 견해이지만 베트남 전쟁에 대하여 북쪽 사람은 미국이 베트남에서 전쟁을 일으켰다는 생각에 미국을 적대시하고 미국을 이겼다고 자부심이 강한데 비하여 상대적으로 남부 사람은 미국이나 베트남 전쟁에 대해 특별한 감정이 없으며 오히려 미국의 지배를 받았더라면 지금보다 경제적으로 더 잘 살 수 있었을 것이라고 생각하는 사람도 일부 있는듯하다. 한편 호치민 주석에 대한 견해도 북부나 중부의 사람들이 남부의 사람들보다 상대적으로 더 존경하는 것 같고 시간이 흐르면서 민족의 정신적 지주로서의 역할이 축소되는 듯한 느낌을 받았다. 베트남 통일 이후에 정치나 행정조직의 간부급은 하노이 출신이 낙하산식으로 차지하다보니 남부 출신은 권력을 통한 출세에 제약을 받자 이를 포기하고 경제적인 부의 성장을 도모하고자 하는 대체욕구나 열망이 크게 작용하는 듯하다. 실제로 남부의 사람들은 부동산투자나 주식 등 자본주의 경제 시스템을 잘 이해하고 낮은 금리로 은행 대출을 받아 부동산에 투자하여 상당한 부를 축척하는 경우를 쉽게 목격할 수 있다.

7) 구정(뗏) 풍경

공식적으로 베트남의 설날은 음력 1월 1일부터 3일까지 3일간이지만 국가기관을 제외한 개인 상점은 짧게는 1주일부터 길게는 1개월가량을 쉰다. 그래서 베트남인들은 음력 1월달을 쉬는 달이라고 부르고 있다[86]. 설에 사용할 제사음식을 준비하고 설 직전에 물가가 많이 오른다. 베트남의 구정관습을 몇 가지 설명하고자 한다. 구정 전날에는 집안을 청소하고 장식을 하는데 이는 전년에 일어난 불행을 털어버리는 의미를 갖는다. 반면에 구정 당일 청소를 하거나 음식물 쓰레기를 버리는 것은 금물인데 재산이 나가는 것으로 인식하기 때문이다. 자녀들은 새해가 되면 새 옷으로 갈아입는데 지난해의 나쁜 일들과 묵은 기운을 벗고 새로이 시작한다는 의미이다. 특히 구정 첫 손님을 중시하는데 첫 손님이 좋은 영혼과 기운을 가질 경우 신년에 행운과 재산을 가져온다고 믿는다. 가정이나 상점에서는 구정 첫 손님으로 신년과 궁합이 맞는 훌륭한 인품을 갖춘 사람을 선정하여 사전에 초청을 하기도 한다. 따라서 선생님이나 친척 집에 새해 인사를 드리러 갈 때 가능하면 오전 이른 시간은 피하는 경향이 있다. 남부에서는 살구꽃으로, 북부에서는 복숭아꽃으로 장식을 하는데 이들은 봄에 피는 꽃으로서 새로운 시작을 상징한다. 설전에 봉우리 상태의 꽃을 사서 설날 아침에 이 꽃이 활짝 피면 그 해에 재수가 좋다고 여긴다. 어린이들은 세뱃돈을 받는데 보통 붉은색 봉투에 넣어주는데 이는 붉은색이 행운과 부를 상징하기 때문이다. 구정과 관련된 미신으로는 구정 때 고양이가 들어오면 나쁘고 개가 들어오면 좋다고 여긴다. 이유인 즉은 발음상 고양이의 울음소리가 가난하다는 뜻과 비슷하고 개 소리는 부유하다는 단어와 음운이 비슷하기 때문이다.[87] 출산한 집을 방문하는 것은 금기시되어 있는데 방문자에게 좋지 않다고 여긴다. 또한

86) 2010년의 경우 응웬떤중 총리는 2월 12일부터 18일까지 설 연휴기간을 하루 더 연장하여 금요일인 19일을 임시휴일로 지정할 것을 특별지시하여 대부분의 관공서와 기업의 연휴기간은 토요일과 일요일을 합하여 10일이 된다(www.vietnam2day.com, 2010.2.9).

87) 고양이는 Meo(메오)소리를 내는데 베트남어로 가난하다는 뜻인 Ngheo(응헤오)와 비슷한 소리가 나고, 개는 Gau(거우)소리를 내는데 베트남어의 부유하다는 뜻인 Giau(쩌우)와 비슷해서 나온 미신이다.

구정기간 중에 부모가 사망한지 1년이 안 된 자녀들은 타인 가정을 방문하지 않도록 주의를 한다.

8) 한국과의 문화 차이[88)]

외국인이 한국에 오면 제일먼저 배우는 단어가 '빨리빨리'이며 그 다음이 '안녕하세요. 감사합니다.'라고 한다. 한국인의 급한 성격은 부지런하고 일을 열심히 한다는 이미지를 제공하고 첨단 IT 신제품을 출하할 경우 한국의 시장에서 시험한다고 할 정도로 신속한 장점이 있는 반면 급한 성격으로 인하여 다툼이나 갈등이 많은 것도 사실이다. 통계에 의하면 한국인의 걸음걸이가 서양인에 비해 1분에 15걸음 더 많이 걷는다고 한다. 한국인이 고성을 지르면서 다투는 모습이나 길거리에서 차량을 도로 한복판에 세워놓고 운전사들이 자주 다투는 모습을 많이 볼 수 있다. 여기에 반하여 베트남 사람은 느린 습성이 있다. 물론 공식적인 만남에서는 그렇지 아니하지만 일상의 개인적인 만남을 통해서 볼 때 시간 약속에 늦는 경우도 다반사이다. 아울러 길거리에서 멱살 잡고 소리 지르고 악을 쓰며 다투는 모습을 지난 일 년 간 한 번도 목격하지 못하였다. 재미있는 민족성을 비교해 보겠다. 한국인은 성격이 급하여 정보 전달시에 핵심적인 내용을 바로 전달하는 경향이 있는 반면에 베트남인은 아직까지도 핵심적인 내용을 직선적으로 전달하지 않고 빙빙 돌려서 이야기하는 경우가 많다. 특히 자기의 성의를 표현하고 싶은 마음이 있어도 조심스럽고 섬세하게 접근한다. 서로간의 감정을 소중하게 여기기 때문이다. 예를 들면 한국인이 도움을 받았을 경우 "식사 한번 모실께요."나 "식사 한번 하시지요>"라는 말을 꺼내는 것에 대해 고마움을 표시하는 것임에 비해 베트남사람에게는 사람의 마음과 물질적인 가치를 교환하는 것으로 받아들여 오해하기 쉬우므로 주의가 필요하다. 오히려 밥을 사준

88) 문화의 차이는 개인적인 경험을 통해 작성한 것이다.

다는 표현이 베트남 사람들에게 당황하게 하거나 속상하게 만들 수도 있음을 알아야 한다. 한편, 우리의 부끄러운 자화상이 되겠지만 한국인에게 출신국의 경제력에 따라 이중적인 태도가 문제되기도 한다. 선진국 출신에게 선망의 태도를 보이고 후진국 출신의 외국인에게 멸시하는 태도를 보이는 원인이 결국은 출신국 경제력에 의해 좌우된다면 우리 스스로를 반성할 필요가 있다. 특히나 베트남 현지에서 조차도 현지인들을 무시하는 일로 인하여 언론에 부정적인 사건으로 보도되기도 하였다. 또한 화장실 문화가 낙후되어 있어 특히나 여행중에 휴게소에 잠시 들를 경우 남녀화장실 구분이 불분명하고 여성에 대한 배려가 없어 여성의 경우 곤혹스러운 상황이 연출되기도 하는데 정작 당사자들은 아무렇지 않은 듯이 볼일을 보곤 한다. 시내에서 남성은 시내 가로수나 담벼락에다가 볼일을 태연하게 보는데 무척이나 낯선 장면이지만 현지인들은 익숙한 모양이다. 음식생활에서는 쌀 문화와 밥을 주식으로 한다는 점에서 비슷하지만 음식재료와 조리법에서 차이가 난다. 채소요리를 한국 사람은 날것으로 많이 먹지만 베트남인은 삶거나 볶는다. 특히나 베트남인에게 깻잎향은 익숙하지 않은 모양이다. 아울러 김, 다시마, 미역 등의 식품은 베트남에 없으므로 비린내가 난다고 즐겨먹지 않는다. 한국인은 식사에 밥과 김치 그리고 찌개를 동반하는 경우가 많다. 한국음식이 베트남인에게 고급음식으로 인식되고 있으며 김치는 인기가 높다. 특히나 '한국음식=매운맛'이란 이미지로 자리 잡았다. 고추뿐만 아니라 마늘, 생강, 겨자, 후추 등의 향신료를 양념으로 많이 사용하기 때문이다. 게다가 비빔밥, 낙지볶음, 김치찌개, 제육볶음, 라면 등의 음식은 매운 편이다. 베트남인은 아침을 쌀국수나 빵으로 간단히 먹는다. 더운 나라이므로 출근시간이 이르기 때문에 아침식사를 준비하기 어려운 상황인 것이다. 식사기구를 비교해 보면, 한국의 반찬그릇이 훨씬 다양하다. 밥그릇, 국그릇, 숭늉대접, 김치보시기, 간장종지, 각종 반찬 그릇 등이 동원되지만 베트남인은 국을 담는 큰 그릇과 밥을 담는 공기그릇이 거의 전부이다. 한국은 금속으로 만든 수저를 사용하지만 베트남은 대나무가 흔해 대나무 젓가락이 흔하다. 최근에는 식당에서는 프라스틱으로 만든 수저를 많이 사용한다. 명절 분위기는 설날 풍속은 한국의 경우 조용한 반면에 베트남은 설날을 위해 인생을 사는 사람들인 것처럼 설날이 시끌시끌하다. 하지만 한국은 추석이 상대적으로 베트남에 비해 요란하다. 왜냐하면 베트남은 추석에 공식적인 휴일이 아니다. 따라서 베트남에서는 추석에 명절분위기를 느끼기 어렵다. 다만 추석은 어린이 명절이라고 할 수 있다. 정부차원에서 어린이의 사랑과 보호를 위해 중추절에 관심을 쏟고 있다. 참고로 베트남의 어린이날은 6월 1일인데 우리와 달리 어린이만 하루 쉰다. 스승의 날은 11월 20일이며 스승에 대한 예의가 극진하다. 국군의 날은 12월 22일이다.

9) 쌀국수와 까페문화

베트남의 쌀국수는 국물이 시원하고 소화가 잘되는 건강식이다. 퍼(Pho)라고 부르며 여기에 소고기를 얹으면 퍼보(Phobo), 닭고기를 얹으면 퍼가(Phoga)라고 부른다.[89] 쌀국수의 맛을 결정하는 것은 육수인데 사골을 고아 국물을 만든다. 국물에 숙주, 칠리고추, 라임, 양파, 고기를 넣어 먹는데 그 향과 맛이 독특하고 뜨거운 육수 물에 숙주가 순이 죽어 부드러워지는 모습이 신기하다. 쌀국수의 뿌리를 찾아보면 베트남의 남과 북이 분단된 이후 1950년대에 하노이에 살던 북부사람들이 호치민으로 내려간 이후 생계수단으로 시작했다고 전해지며 그 후 베트남 전역으로 보급되었다. 쌀국수에 들어가는 면발은 가느다란 것과 굵은 것 넓은 것 등 다양하다. 길거리나 시장근처에서는 위생관리 상태가 좋지 아니하므로

89) 베트남어의 합성어로서 쌀을 Pho라하고 소고기를 Bo, 닭고기를 Ga라고 부른다 따라서 Phobo, Phoga라고 칭하는 것이다.

가급적이면 깨끗한 식당에서 쌀국수를 맛볼 것을 권장한다. 아울러 베트남의 까페에 대해 언급하고자 한다. '역사는 밤에 이루어진다.'라는 말이 있듯이 베트남에서는 '역사는 까페에서 이루어진다.'라는 말을 덧붙이고 싶다. 그만큼 사랑에는 시간과 공간이 조화를 이루어야 한다는 말이 될 것이다. 베트남의 까페문화가 제공하는 주요한 특징은 더운 날씨라는 특성을 반영하여 길거리 까페와 주택가의 고급 까페로 구분할 수 있다. 일반 서민이나 보통사람은 길거리 까페를 즐겨 애용한다. 일 년 내내 더운 날씨 때문에 시원한 얼음을 넣은 음료문화가 발달하였는데 길가의 까페에서 남성들이 웃통을 거의 벗어버리다시피 하고는 아이스커피한잔 시켜놓고 온종일 늘어지게 편안한 모습으로 쉬고 있는 풍경을 쉽게 볼 수 있다. 상대적으로 여성들은 길거리 까페에서 아이스커피를 마시는 경우가 적다. 대부분의 베트남 현지인은 길가에 파라솔 한 개에 의지한 길거리 노점상에게 커피를 주문하거나 좀 더 형편이 허락한다면 에어콘은 없지만 건물 내에서 프라스틱 의자를 몇 개 준비된 까페를 주로 애용하는 편이다. 이들은 오토바이를 옆에 세워두거나 혹은 아예 오토바위 위에서 낮잠을 즐기는 경우가 상당히 많다. 베트남에서의 진정한 사랑을 원한다면 고급 까페를 활용해야 한다고 한다. 물론 호텔로비를 활용하는 방법도 있기는 하지만 색다른 맛이 다르다. 고급 까페는 주로 주택가 주변이나 주택을 개조하여 만들어진 곳이 많다. 물론 이곳에는 경제적으로 여유가 있는 계층이나 외국인들이 즐겨 찾는다. 냉방이 되어 있고 고풍스러운 장식품이 즐비하며 차만 마시는 것이 아니라 점심과 저녁 식사가 제공되고 피아노 연주 또는 전통악기 연주를 해 주는 곳도 있다. 본래 까페라는 곳은 개인의 영역을 보호할 수 있는 장점이 있는 곳이어야 한다. 자신의 집으로 초대하는 경우 사생활 보호가 어렵다 보니 대안으로 발생하여 성업을 이루고 있는 것이 까페가 아닐까 싶다. 호텔보다도 물론 경제적으로 부담이 적으면서 운치 있고 분위기가 좋은 까페가 많이 있으므로 사랑과 낭만을 추구하는 청춘에게는 반드시 찾아가보길 권하는 장소이다. 호치민의 유명하고 인기 있는 카페는 우리나라의 7080세대가 다방과 통기타 문화코드를 즐겼듯이 현재 베트남에는 경제성장과 더불어 까페문화가 번성하고 있는 것이다.

10) 오토바이 물결

베트남에 첫발을 디디면서 가장 놀라운 광경이 길거리를 가득매운 오토바이의 행렬이다. 특히 비가 오는 날에 도로가 혼잡할 때는 지옥수준이다. 오토바이에서 내뿜는 매연과 소음은 숨이 막힌다. 베트남의 산업부에 따르면 2007년 현재 호치민시, 하노이시 인구의 절반이 오토바이를 소유하고 있으며 2급 도시는 30%, 기타 지방은 15%가량이 오토바이를 소유하고 있는 것으로 집계됐다. 오토바이는 베트남인의 발이다. 시내 교통수단일 뿐만 아니라 300킬로 이내 시외 교통수단으로 널리 사용되고 있는데 베트남 도시는 좁은 길이 많고 교통체증이 심각하므로 오토바이 이용이 자동차보다 빠르다. 또한 현지 가옥 구조상 주차 공간이 없어서 집안에 쉽게 주차할 수 있는 오토바이가 제격이다. 베트남 이륜차(오토바이자전거)협회에 따르면 2007년 오토바이 수요가 크게 늘어나 총 250만대를 수요한 것으로 나타났다. 외국과 합작한 회사[90]에서만 시장 점유율이 70%, 수입이 5% 그리고 나머지 국내기업에서 25%가량을 판매하고 있다는 것이다. 베트남이 WTO에 가입하고 커피와 수산물 가격 상승으로 높은 소득을 챙긴 생산자들이 늘어나면서 많은 외국의 오토바이 업체의 진출이 활발해지고 있다. 베트남 소비자들은 미국 Harley사 오토바이를 선호하는데 대당 1만 불에서 2만 불대이다. 수입관세가 80%에 이르고 Honda, Kawasaki 오토바이 가격이 15,000불에서 20,000불이다. 2008년 9

90) Honda VN, Yamaha VN, Suzuki VN 등이 일본과 베트남의 합작회사로서 베트남에 현지 조립공장을 두고 있다.

월 기준으로 베트남에 유통되고 있는 오토바이는 2천만대에 이르며 2015년에는 약 3,500만대가 유통될 것으로 베트남 상공부는 전망하고 있다.[91] 또한 베트남 정부는 2007년 1월부터 이륜차구매 절차를 간소화 하였다. 기존 절차는 주거 증명서류까지 요구해 다른 지역에서 대도시로 상경한 학생들과 근로자들이 이륜차 등록에 많은 번거로움을 겪었지만 개정된 절차는 발급받은 ID카드로 모든 구비서류를 대체할 수 있다. 아울러 대중교통수단으로 씨클로(3륜자전거)와 쎄옴(오토바이)가 중요한 이동 및 배달수단으로 사용된다. 이중에 오토바이 택시를 '혼다옴'이라고 부른다.[92] 시내에서 배달을 혼다로 하는 경우가 많다. 에피소드 한 가지가 있다. 베트남의 보건부는 2008년 10월에 운전자의 몸무게와 키에 기준을 둔 이동수단 운전자의 건강기준을 발표하였다. 이 기준에 따르면 몸무게 40킬로 미만이거나 키 150센티미터 미만인 사람은 50cc이상의 오토바이를 몰 수 없게 규정되어 있다.[93] 몸무게가 가벼운 사람은 운전자가 무거운 오토바이를 컨트롤하는데 어려움이 있다는 근거에서 마련된 규정이기는 하나 다양한 사회에서 다양한 체형을 가진 사람들에 대한 획일적인 규정을 시행하는 모습에서 사회주의국가의 특성을 엿볼 수 있다.[94] 또한 외국인이 호치민 시내에서 운전한다는 것은 매우 힘든 일이다. 많은 오토바이와 사람이 혼잡하고 면허증 취득도 어렵다. 베트남 교통국에 따르면 외국인이 자동차 운전면허증을 소유하고 있을 경우 베트남에서 주행시험만 치르면 오토바이 면허증을 확보할 수 있다고 한다. 따라서 외국인은 주행

91) 베트남 투데이, 2008.9.9
92) Honda와 Xeom의 합성어로서 혼다제품의 오토바이를 일컫는다.
93) 베트남 투데이. 2008.10.14
94) 실제로 시내에서 무거운 오토바이 운전을 하느라 힘이 부족해 넘어져있는 여성을 종종 목격되기도 한다. 아울러 획일성과 관련하여 2007.12.15부터 오토바이 운행시 의무 헬멧착용하도록 지시가 내려지자 하루전날인 14일까지 거의 착용하지 않았던 오토바이 운전자들이 15일에는 일시에 착용하고 운전하자 새로 구입한 헬멧이 반짝거려서 시내가 밝게 빛날 정도로 장관을 이루었다. 그후 연인끼리 같은 무늬의 헬멧착용을 하는 등 패션에서도 많은 변화를 하고 있다.

시험 통과한 이후에 자동차운전면허증, 체류비자 3개월 이상, 건강진단서를 제출하면 된다.[95] 이곳 베트남에는 주인이 방심하는 사이에 오토바이 도난 사고가 자주 발생하는데 현지 경찰에 따르면 도난 오토바이는 한곳에서 24시간 이상 놔두지 않으며 완제품으로 판매할 수 없을 경우에는 모든 부품을 분리하여 처리하는 것으로 밝혀졌다. 한편으로 일반인의 경우 기름 값 인상으로 오토바이에서 전기자전거로 이동수단이 전환되기도 한다.

95) 참조 사이트 www.sgtcc.hochiminhcity.gov.vn

제9장 국제결혼의 개요

제1절 국제결혼의 의의 및 역사

1. 국제결혼의 의의

결혼이란 결혼을 원하는 두 사람이 법적·사회적으로 그들의 결합을 인정받는 것이다. 이러한 결혼은 혼례를 통하여 가족과 친지, 이웃들에게 부부가 된다는 것을 공고하고 인정받게 된다. 따라서 국제결혼이란 국적을 달리하는 남녀가 자유의사를 가지고 영속적인 공동생활을 하기위한 남녀의 결합관계를 말한다. 통상 영어로는 Cross-Border Marriages 또는 Transnational Marriages로 표기한다. 한국여성과 외국남성과의 결혼 또는 한국남성과 외국여성과의 결혼이 있다. 우리나라에서는 유교사상, 단일민족이라는 자부심 등의 영향으로 내국인끼리의 결혼을 통한 순혈주의 사고방식을 자연스럽게 여기고 있었으나 최근에 내국인끼리의 결혼이 쉽게 성사되기 어려운 상황이 되고 결혼에 대한 가치관의 변화 등으로 인하여 국제결혼이 증가하고 있다. 이러한 국제결혼의 급증은 우리 사회가 한 민족 간의 혼인이라는 오래된 가치관에서 탈피 또는 이동하고 있음을 보여주고 있는 것이다. 결혼을 위한 이주는 국적과 인종, 지역을 초월하여 남녀의 사회적·경제적·성적 결합을 시도하는 점에서 낭만적 사랑이 실현되기도 하나 국제결혼의 급증은 잠재적 결혼인구의 지역적 불균형을 해결하기 위해 여성들을 조직적으로 대규모로 이동시키고 그 과정에서 거대한 이윤을 창출한다는 점에서 기존의 여성이동과는 다른 새로운 현상으로 대두되고 있다. 결혼이주는 두 당사자 간의 개인적인 문제로 한정되는 것이 아니라 국적, 이민, 노동, 시민권에 관여하는 국가제도 그리고 법률이 관철되는 통치의 영역이라는 점에서 주목된다. 이러한 국제결혼의 특징 이외에 또한 우리나라 국제결혼의 특성은 대상국이 다양하게 확대되고 있다는 점이다. 그 주요한 원인이 유교사상의 영향으로 동일한 핏줄을 중요하게 여기고 있어 초기에는 한민족의 핏줄인 조선족과 우즈베키스탄의 고려인이 인기가 있었다. 그 후 외모와 정서가 비슷하다고 생각한 중국한족, 몽골인에 이어 한국과 근접한 러시아 연방국가인 우즈베키스탄, 카자하스탄 등으로 확대되었고 최근에는 동남아시아의 필리핀, 베트남, 캄보디아 등으로 범위가 더욱 넓어지고 있다.

특히 베트남의 경우 외모와 정서가 한국인과 비슷하고 신부감이 풍부하여 각광을 받았으며 캄보디아는 베트남에서 국제결혼의 규제가 강화되자 그 대안으로 선택된 나라이다. 결국은 한국인과 비슷한 외모, 정서, 지리적 접근성 등을 고려하여 중앙아시아로부터 동남아시아로 변화하고 있다. 대표적인 국제결혼의 절차를 베트남의 예 <그림 9-1>를 통해 들어보고자 한다.

2. 국제결혼 증가의 설명 틀

국제결혼의 증가추세는 한국에서만 국한되는 현상이 아니며 대만과 일본에서도 1990년대 이후 중국을 비롯하여 베트남, 필리핀 등 동남아시아 국가로부터 노동인력과 더불어 젊은 신부들이 대규모로 유입되고 있다. 대만과 일본도 지난 20여 년간의 지속적인 출산율 저하로 가까운 장래에

<그림 9-1> 국제결혼의 절차 : 베트남의 사례

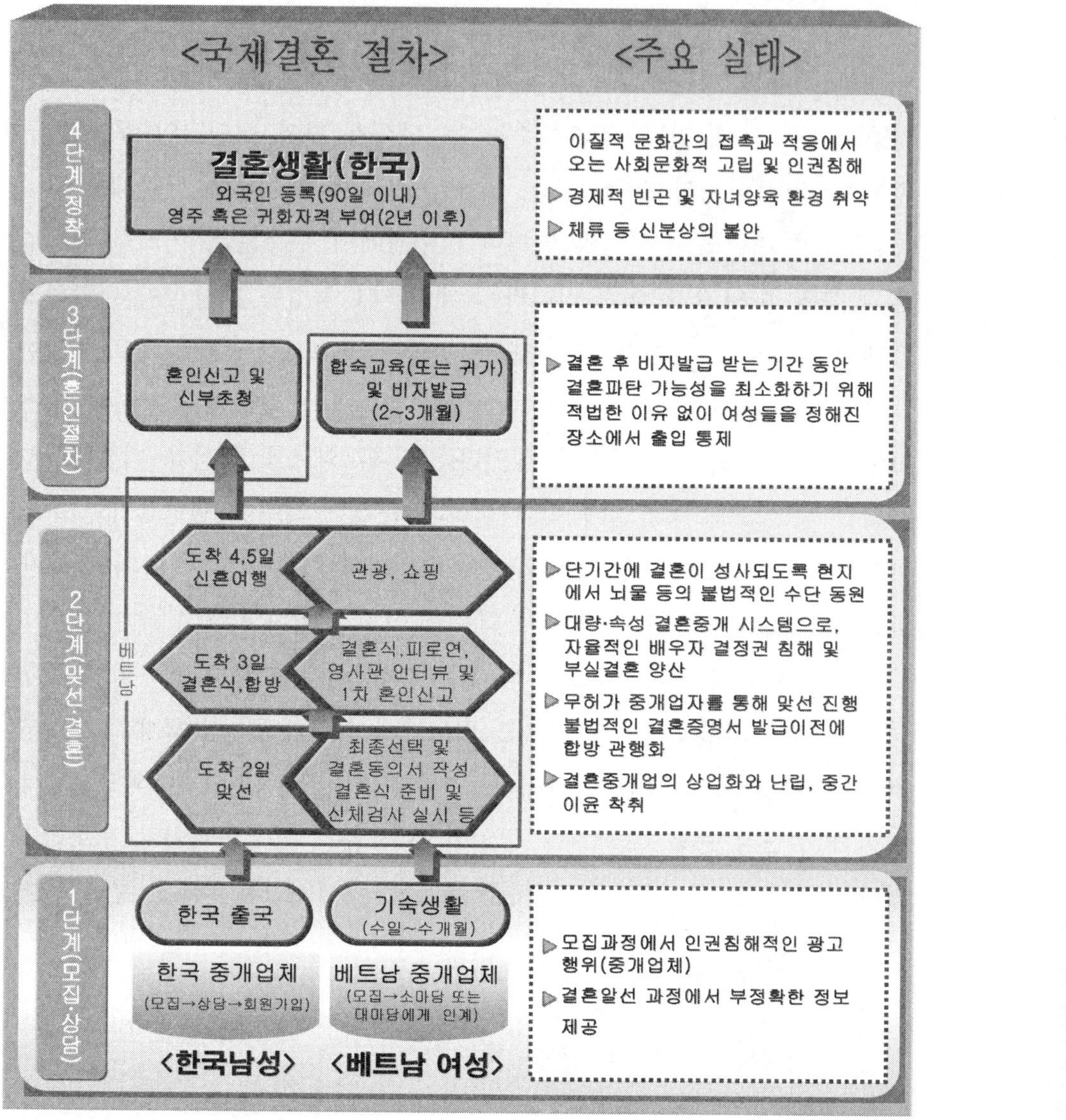

인구가 감소할 것으로 예상되며 농촌지역에 거주하는 하위 계층에 속하는 젊은 남성들이 배우자 찾기에 어려움을 겪는다는 공통점이 있다. 김두섭(2006)은 한국에서의 국제결혼의 원인[96]을 다음과 같이 설명하고 있

96) 「혼인이주여성의 사회연결망과 적응」을 토대로 작성하였다. 김두섭 외(2006)

다. 첫째 인구의 성 및 연령 구성의 변화, 둘째 결혼에 대한 가치관의 변화, 셋째 혼인력의 변화를 들어 국제결혼이 증가하는 이유를 분석하고 있다.

1) 인구의 성 및 연령 구성의 변화

1990년을 전후로 시작된 국제결혼의 급격한 증가추세는 상당 부분이 사회구조적인 요인인 혼인적령인구의 불균형으로 인하여 초래된 현상으로 이해될 수 있다. <그림 9-2>에 제시된 모형은 국제결혼의 급격한 증가를 초래한 사회구조적 요인을 인구의 성 및 연령 구성의 변화와 가치관의 변화 및 혼인력의 변화로 구분하고 있는데 이중 인구의 성 및 연령 구성변화를 초래하는 원인으로는 다음의 네 가지로 세분화할 수 있는데 1. 출산력 저하 2. 출생성비의 상승 3. 성별차별 사망력 4. 농촌-도시 인구의 이동 등이다. 첫째, 한국의 출산력은 1960년대 초반 이후 급격한 저하를 지속하여 혼인적령인구의 남녀 균형에 변화를 초래하였다. 특히 2000년대에 진입한 이후에는 세계적으로 가장 낮은 초저출산 상태에 도달하였으며, 2006년에 합계출산율 1.13을 기록하였다. 출산력이 지속적으로 저하하면 연도별 출생코호트의 규모가 점점 작아지게 된다. 예를 들어, 1970년의 출생아수는 100.7만 명이었으나 2006년에는 그의 44.9%에 불과한 45.2만 명으로 감소하였다(통계청, 2008). 그런데 한국사회에서는 전통적으로 남자가 자신보다 3~4년 아래의 여자배우자를 선호하는 경향이 있다. 따라서 특정한 연령에 대해 선택성을 지니는 인구이동이 이루어지지 않는 한, 출산력의 급격하고 지속적인 저하는 해당 출생코호트가 혼인 적령기에 이르렀을 때 여자인구가 남자인구보다 작아지는 결과를 초래하게 된다. 둘째, 출생성비의 상승은 혼인적령인구의 남녀불균형을 초래하는 가장 중요한 요인이다. 한국에서는 1980년대 중반 이후 남아의 선별출산과 여아의 인공임신중절로 인하여 출생성비가 매우 높아졌다.

출생성비는 1993년과 1994년에는 115를 상회하는 수준에 이르렀다[97]. 높은 수준의 출생성비와 출생아수의 감소추세가 이어지고 남자의 혼인연령이 여자보다 높게 유지되면 일정 기간이 경과한 후 혼인 적령기에 도달하는 남자인구의 규모는 여자인구보다 심각하게 커지게 된다. 그리고 혼인적령기의 남자인구가 여자인구를 현저하게 초과하는 상태가 지속되면, 배우자 선택과정에서 과부족현상이 나타나, 배우자 선택에 불리한 조건을 가지고 있는 남자들은 결혼 시가가 늦어지거나 독신자로 남게 될 가능성이 높아진다. 그리고 그 여파로 국제결혼이 늘어나게 될 가능성을 배제할 수 없다.

<그림 9-2> 국제결혼 증가의 설명 틀

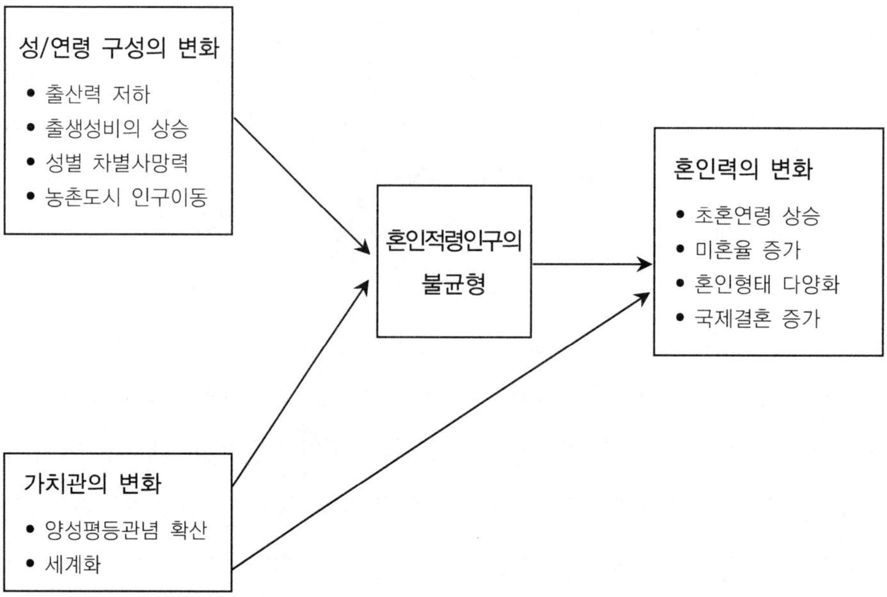

97) 그러나 그 후 정부의 적극적인 성감별 억제, 대중매체를 통한 홍보, 여성지위의 향상에 힘입어 출생성비는 지속적으로 낮아졌으며, 2006년에는 107.4로 집계되었다(Kim, 2004a, 2004b, 통계청, 2008)

셋째, 남녀 간 사망력의 편차가 일정 수준 이상으로 장기간 지속되면 혼인적령인구의 남녀균형에 영향을 미칠 수 있다. 일반적으로 남자의 사망력 수준은 거의 모든 연령층에서 여자 사망력보다 높게 나타나는 경향이 있다. 그러나 한국에서는 지난 40여 년간 경제 발전과 생활수준의 향상으로 사망률이 꾸준히 저하하였다[98]. 넷째, 대규모의 인구이동이 사회구조적인 요인에 의하여 성 선택성이 커지면, 지역에 따라 성비의 불균형을 초래하게 되고 혼인력에 영향을 미칠 수 있다. 지난 1980년대 후반 이래 농촌지역에서는 초혼연령이 지속적으로 상승하여 노총각이 많이 발생하는 문제가 제기되고 있다. 이러한 현상은 산업화와 도시화의 과정에서 농촌지역의 젊은 여자인구가 대규모로 도시로 빠져나감에 따라 농촌지역에서 혼인적령기 남녀인구의 균형이 깨어진데 주로 기인하는 것이다.

2) 가치관의 변화

국제결혼의 최근 증가추이는 양성평등 관념의 확산과 세계화로 인한 가치관의 변화와도 관련이 있다. 양성평등 관념의 확산과 세계화 추세에 따라 젊은 여성들이 결혼을 연기하거나 회피하는 경향이 강해지고, 이에 따른 혼인시장의 압박은 국제결혼의 증가를 포함하여 혼인력 변화의 중요한 원인이 되고 있다. 한국에서는 지난 20여 년간 여성에 대한 차별의 감소, 여성지위의 향상과 아울러 양성평등 관념이 널리 확산되었다. 그러나 결혼 이후의 가족생활에 관련되는 성 역할에 관해서는 아직도 차별이 존재한다. 결혼을 하면 자신의 일과 자아실현을 희생할 수밖에 없다는 인식으로 젊은 여성들이 결혼을 과거와 달리 '필수 과정'이 아닌 하나의 '선택 사양'으로 간주하는 경향이 높아지고 있다. 결혼을 연기하고 회피하는 경향은 높은 교육을 받고 경제적 자립능력을 가진 젊은 여성들일수

98) 조사망률은 2004년 현재 1천 명당 5.1로 선진국의 수준을 유지하고 있다. 영아사망률도 1955-1960년에는 100명 수준이었으나 1990년대 중반에 이르면 10 이하의 낮은 수준에 도달하였다(권태환·김두섭, 2002).

록 강하게 나타난다. 양성평등 관념의 확산에서 비롯된 젊은 여성들의 이러한 경향은 결국 혼인적령인구의 불균형을 초래하고 혼인시장에 대한 압박요인으로 작용하였다. 혼인력 변화에 중요한 영향을 미친 외생변수 (exogenous variable)[99]로 세계화를 지적할 수 있다. 세계화의 거대한 흐름에 따라 자본, 정보와 인적 자원의 국제이동이 급격하게 증가하고 있다. 세계화에 따른 경제적 구조조정과 고용기회의 변화, 인터넷과 범국가적 대중매체의 공유, 여성지위의 향상은 결혼에 관한 규범, 가치관과 태도를 급격하게 변화시켰다. 그리고 그 결과는 젊은이들의 결혼 연기나 회피로 나타났다. <그림 9-2>의 인과모형은 가치관의 변화와 혼인력 사이의 직접적 인과관계를 혼인적령인구의 불균형을 통한 간접적인 인과적 흐름과 구분하여 제시하고 있다. 혼인적령인구의 불균형을 배제하고 이루어지는 인과관계의 직접적 흐름은 특히 한국 여자의 국제결혼 증가추이를 설명하는데 필요하다. 여성지위의 향상, 여권의 확대에 따른 가치관의 변화, 그리고 세계화에 따른 국가 간 인적교류의 확대는 국제결혼의 증가를 포함하여 혼인력의 변화를 직접적으로 촉진시키는 결과를 초래하였다. 오늘날의 젊은이들은 그들의 부모 세대에 비해 혼인 시기, 배우자의 조건, 혼인 절차 등에 관련되는 전통적 규범과 가치관으로부터 상대적으로 자유롭다. 세계화의 추세에 따라 외국인과의 접촉기회가 많아지고, 국제결혼에 대한 거부감도 현저하게 약화되고 있다(설동훈 외, 2005). 한국 젊은이들의 외국 유학, 방문 및 경제활동의 기회가 확대되었을 뿐만 아니라, 저개발국의 젊은이들이 노동을 목적으로 한국사회로 이주하는 것이 보다 용이해진 것도 중요한 원인으로 지적할 수 있다. 국가 간 인력교류가 확대되고 체류기간이 길어지면서 혈연, 지연과 학연을 연결망으로 활용한 국제결혼이 증가하기 마련이다. 노동인력의 유입이 이루

---

99) 외생변수는 독립변수와 종속변수가 관계가 없음에도 불구하고 마치 관계가 있는것처럼 보이는 가식적인 영관계를 초래하는 변수를 말한다.

어지면 이러한 연결망을 활용하여 이들의 고향이나 출신국가로부터 혼인이주가 이루어질 개연성이 높아진다. 시간이 경과할수록 국내에 들어와 있는 노동이주자와의 국제결혼도 증가한다. 결과적으로, 양성평등 관념의 확산과 세계화의 거대한 흐름은 국제결혼의 증가를 포함하여 혼인력의 변화를 가속화시키는 결과를 초래하였다.

3) 혼인력의 변화양상

결국 한국사회의 국제결혼 증가를 초래한 주요 원인으로는 출산력의 지속적인 저하, 출생성비의 상승, 농촌-도시 인구이동, 양성평등 관념의 확산, 그리고 세계화의 다섯 가지를 지적할 수 있다. 이러한 요인들이 혼인적령인구의 남녀균형을 악화시키고, 아울러 가치관의 변화가 혼인력의 변화를 야기 시켰다고 할 수 있다. <그림 9-2>에는 혼인력의 주요 변화양상으로 국제결혼의 증가 이외에도 초혼연령의 상승, 미혼율의 증가, 그리고 혼인형태의 다양화가 제시되어 있다. 혼인적령기 남녀인구의 불균형이 심화되면 초혼연령을 상승시키고 미혼율을 높이는 결과로 이어지기 마련이다. 한국사회의 초혼연령은 지난 반세기 동안 매우 빠른 속도로 상승하여 세계적으로 가장 높은 수준에 도달하였다[100). 그런데 교육의 팽창, 도시화, 여성의 취업이 이미 상당히 높은 수준에 도달한 1990년대 초반 이후 평균초혼연령이 보다 빠른 속도로 높아진 원인의 상당 부분은 혼인적령기 남녀인구의 불균형에 기인하는 것이다. 이는 젊은 여자의 도시이주로 성비불균형의 문제가 심각했던 농촌지역에서 1980년대 중반 이후 남자의 평균초혼연령이 도시 지역보다 더 빠른 속도로 상승하였다는 사실로도 증명된다.[101)]. 일반적으로 평균초혼연령의 상승은 20대와 30대

---

100) 예를 들어, 1975년 남녀의 평균초혼연령은 각각 27.4세와 23.7세였으나, 1990년에 각각 27.8세와 24.8세, 그리고 2006년에는 각각 30.9세와 27.8세로 상승하였다. 이러한 상승추세는 그 동안 사회경제적 발전에 수반하여 교육의 급격한 팽창, 도시로의 인구이동 및 여성의 결혼 이전 취업이 증가함에 따라 이루어진 것으로 볼 수 있다(권태환·김두섭, 2002).

초반의 연령집단에서 미혼율이 높아지고 유배우율이 낮아지는데 기인한다.[102]. 그리고 1980년대 후반부터는 과거와 달리 30세 이후에도 미혼율이 빠른 속도로 상승하고 있다. 결혼을 필수가 아닌 선택사항으로 인식하는 태도변화와 아울러 독신자도 편리하게 생활할 수 있게 됨에 따라 미혼으로 남는 독신자가 급속하게 늘어나고 있는 것으로 판단된다. 또한, 혼인적령인구의 남녀불균형과 결혼가치관의 변화에 따라 최근 혼인형태가 다양해지는 현상이 나타나고 있다. 혼인시장에 압박이 심해질 때 우선 나타날 수 있는 반응은 배우자 선택에 있어서 신랑-신부의 연령 차이에 대한 기존 관행이 약화되고, 배우자의 과거 결혼경험에 대한 거부감도 현저하게 줄어드는 것이다. 최근에 이르러 전체 혼인 중에서 재혼의 비중이 지속적으로 높아지는 추세가 나타나고 있으며, 이는 특히 여성의 경우에 그러하다. 혼인신고자료에 의하면 2006년 혼인 건수의 12.4%가 남녀 모두 재혼자이며, 총각과 재혼녀의 혼인도 5.5%를 차지하고 있다. 아울러 여성연상 또는 동갑의 초혼 비율도 꾸준히 증가하여 2006년에는 전체 혼인의 28.2%를 점유하고 있다(통계청, 2007). 그런데 혼인형태가 다양해지는 과정에서도 상대적으로 열악한 조건을 지니고 있는 사람들은 배우자를 구하는데 여전히 어려움을 겪게 된다. 결과적으로 이들의 선택은 주로 독신자로 남거나 외국인 배우자를 구하는 방식으로 이루어진다. 한국인의 국제결혼이 1990년 이후 꾸준한 증가추세를 보이는 것도 이런 설명이 적용될 수 있다.

---

101) 과거와는 대조적으로, 1985년과 1990년에는 농촌지역의 남자 평균초혼연령이 도시지역보다 오히려 높아졌던 것으로 밝혀졌다(김두섭, 1997). 또한 동부, 읍부, 면부의 남자 평균초혼연령이 1995년에는 각각 28.4세, 28.1세, 27.9세였으나, 2006년에는 각각 30.9세, 30.8세, 31.3세로 추산되었다(통계청, 2008). 즉, 이기간 동안에 면부 지역의 남자 평균초혼연령이 동부와 읍부 지역에 비해 더 빠른 속도로 상승하였으며, 2006년에는 면부 지역의 남자 평균초혼연령이 읍부 지역보다 오히려 현저하게 높아졌다.

102) 예를 들어, 25~29세 연령집단에서 1990년에 남녀 각각 57.3%와 22.1%이던 미혼율이 15년 후인 2005년 센서스에서는 각각 81.8%와 59.1로 상승하였다.

3. 국제결혼의 역사적 전개

1) 역사 속에서의 결혼

예로부터 우리나라에서 결혼은 사회적으로 어른(성인)이 되는 중요한 절차이다. 소년은 아내를 얻고 소녀는 결혼을 하여 어머니가 되는 과정을 거쳐 성인이 되는 것이다. 결혼은 자손을 재생산하는 과정에서 조상의 혈통을 이어가고 혈통을 보호해 가는 과정에서 후손의 의무이기도 하였다. 조선시대에는 기본법전인 "경국대전"에 혼인장려책을 규정하기도 하였다(정지영, 2004).[103] 아울러 개화기에는 여성과 결혼을 둘러싼 인식의 변화가 가장 두드러졌다. 즉 자유혼의 필요성과 조혼의 금지를 주장하는 의식의 변화를 강조하는 언론매체의 계몽이 있었다. 계몽사항을 통해 혼인의 상대는 자신의 의사에 따라 결정해야 한다는 점을 강조[104]하는가 하면 개인의 의사에 반하는 혼인과 조혼 및 축첩의 폐단을 지적하고 있다.[105] 조혼의 경우는 결혼할 당사자의 의사와 상관없이 이루어지는 경우가 많아서 성인이 된 후 배우자가 자신의 이상에 맞지 않는다는 이유로 불화가 일어나기도 하였다. 그러나 이런 경우 이혼이 법률적으로 성립되기 어려웠기 때문에 형식적으로 결혼생활을 유지한 채로 첩을 들이는 경우가 많았다. 또한 유교주의 영향으로 딸은 정치적 이해관계나 가문의 영속성, 빈곤의 탈피를 위한 수단으로 거래되거나 팔려가는 등 역사를 통하여 충성심의 표현으로서 딸을 상업화된 수단으로 이용되기도 하였다. 물론 현대에 와서는 이러한 상업화는 불법이다. 이러한 "신부가격"[106]

---

103) 선비집안의 딸로서 나이가 30이 가깝도록 가난하여 시집을 가지 못한 자에게는 예조에서 임금에게 아뢰어 곡식과 옷감을 헤아려서 준다. 그 집안이 궁핍하지 않으면서도 나이가 30세 이상이 되도록 시집가지 못하였을 경우에는 그 가장을 엄중히 논죄한다. (정지영, "조선시대 혼인장려책과 독신여성", 한국여성학 제20권 3호 9쪽.

104) 독립신문, 1899년 7월 20일자.

105) 독립신문, 1896년 6월 6일자.

시스템이 존재하는 현대에도 남성은 돈과 선물을 가족에게 제공하고 딸을 자신의 파트너로서 함께하기도 한다. 한편, 결혼 당사자 간에는 궁합을 보는 것이 일반적이다. 궁합은 태어난 년 월 시를 기준으로 남녀 간의 결혼이후 미래에 대한 예측을 하기 위함인데 주로 중매쟁이가 활용하곤 하였다. 조선시대와 일제시대를 거쳐 개화기는 물론 해방 이후에도 남녀 간의 혼인이 집안 간의 결합으로 인식되고 중매쟁이에 의해 많이 이루어졌다. 최근에는 연애결혼에 의한 결혼이 더욱 많아지고 있지만 아직까지도 가족이나 사회의 압력에 의해 결혼이 이루어지기도 한다. 결혼 이후에는 자녀를 출산하는 것이 당연하게 여겨지며 남아선호사상이 있었으나 최근에는 남아선호사상이 다소 줄어드는 추세에 있다.

2) 국제결혼의 역사[107)]

우리나라는 수세기 동안 수많은 외침을 받아왔다. 수많은 전쟁과 침략 속에서 점령자의 통치와 사회통합의 차원에서 귀화 또는 국제결혼을 장려하기도 하였을 것으로 추정된다. 고려 충렬왕이 원나라 노국공주와 결혼, 이승만 대통령과 프란체스카와의 결혼 등 또한 국제결혼이다. 최근에는 한국전쟁 후 미군이 장기간 주둔하게 되고 한국인 여성들과 결혼을

---

106) Bride-Price를 일컫는다. 인류학자들은 신부가격에 대한 지참금을 “판매”가 아니라고 주장한다. 왜냐하면 대부분의 사회에서 여성을 거래할 시장이 형성되어 있지 않으며 신부지참금은 처갓집에서 딸을 태어난 이후 시집갈 때 까지 키워준 노력에 대한 권리에 대한 전달이라는 점을 들고 있다. 따라서 결혼을 한 여성을 되팔수 없고 결혼한 이후에는 집안간에도 긴밀한 관계가 형성되기 때문이다(Evans, 1993).

107) 여성결혼이민자의 이주역사를 개략적으로 살펴보면, 1980년대부터 종교단체(통일교)를 통해 일본 여성과의 국제결혼이 시작되었으며, 1990년대 초에는 한·중 수교 이후 중국동포와 중국한족의 결혼이주가 활발하게 진행되었다. 특히 한·중 국교수립 이후 조선족들의 취업이주 및 농촌 총각의 결혼문제와 맞물려 국제결혼이 전체적으로 증가세를 보이고 있다. 1990년대 중반 이후 필리핀, 태국, 몽골 등으로 외국인 아내의 국적이 확대되었고, 최근에는 베트남과 구소련 등으로 더욱 다변화되고 있으며 2003년 7월 1일 한·중양해각서 폐지로 한국·중국 어느 일방국가에서 혼인등기(신고)를 할 수 있도록 제도를 변경한 후, 중국인과의 국제결혼이 급격히 더욱 빠르게 증가하고 있다(결혼이민자가족지원대책, 2006)

하기 시작한다. 이후 1980년대 후반 이후 한국경제의 성장으로 선진 외국과의 교류가 활발해지면서 유학이나 해외 거주로 인해 국제결혼이 상류층 여성들 중심으로 확대되어 갔다. 그리고 1990년대 초반부터는 농촌과 도시간의 경제 양극화로 인하여 농촌에 노총각이 속출하고 결혼문제로 어려움을 겪자 농촌총각과 한국계 중국 처녀들과의 결혼이 시작되었다. 1992년 한중수교이후 조선족 여성들은 농촌총각을 구제하는 방안으로 크게 환영받았다. 이들 조선족 여성들은 언어와 문화, 혈연적 배경이 같은 민족이기에 한국 생활에 적응하는데 별 문제가 없을 것으로 기대되었다. 하지만 한국과 사회주의 중국 조선족은 문화적, 사회적 차이와 이에 대한 이해 부족은 부부갈등의 원인이 되었다. 한편 결혼이 낭만적 사랑이 없는 물질을 매개로 이루어지다 보니 한국의 빠른 경제속도에 대한 환상이 위장결혼, 또는 사기결혼을 불러 한국 사회에 커다란 부작용을 안겨주었다. 가난한 농촌총각들이 늦깎이 결혼을 위하여 큰 빚을 내면서까지 결혼 비용을 지불하고 가족이 생긴다는 희망이 오히려 좌절로 이어지곤 하였다. 이러한 문제해결을 위해 1998년에 국적법이 개정되었다. 이전에는 한국 남성과 결혼한 외국인 신부는 혼인신고와 더불어 국적을 취득하였으나 국적법 개정으로 2년 이상 거주하여 혼인을 유지한 후 귀화신청을 통하여 국적을 취득하도록 하였다. 그런데 국적취득이 어려워지면서 그것을 약점으로 외국인신부에게 인권적, 심리적 억압으로 어려움을 겪는 문제들이 발생하고 있다. 그 후 1990년대 말부터 조선족 여성의 여러 가지 문제가 발생하다 동남아시아와 중앙아시아 등 여러 지역의 여성들과 결혼이 등장하게 된다. 결혼중개업자들은 베트남과 필리핀 여성들이 특별히 예쁘고 온순하며 부보를 잘 모신다는 과대광고를 만들어 농촌 지역에 현수막을 내걸기 시작하였다. 그러나 실제 베트남 이주 여성들은 유교사상에 근간을 둔 유사한 문화와 전통을 공유할 수 있다는 정보로 결혼을 하였지만 사회주의 사상과 모계사회 영향으로 한국 남성들이 수용하기 어려운 문제점이 발생하였다. 한편 베트남에서는 한국 남성들과의 국제결혼을 인신매매적인 결혼 형태로 인식하기 시작하였는데 2006년 조선일보에 기사화된 베트남 여성에 대한 비인권적인 보도를 계기로 베트남 정부는 한국 남성과의 결혼조건을 법적으로 강화시켰다. 즉 2006년 7월에 결혼과 가족법의 시행령 69호를 수정하였으며 주요내용으로는 정신병환자의 결혼을 인정하지 아니하고 결혼등록에 필요한 제출서류를 공증[108]받도록 규정하며 결혼당사자 양자에 대한 직접 인터뷰를 의무화 할 뿐만 아니라 불법적인 중개업을 통한 결혼의 경우 결혼신고를 거부할 수 있도록 하고 있다.

제2절 국제결혼의 현황

1. 혼인통계 및 분석

1) 외국인과의 혼인건수

통계청의 자료에 의하면, 2009년 외국인과의 혼인은 총 3만 3천 3백 건으로 전년보다 2천 9백건 감소하였으나, 혼인 비중은 10.8%로 2004년 이후 10% 이상 계속 유지하고 있다. 한국 남자와 외국 여자의 혼인은 2만 5천 1백 건으로 전년보다 10.7% 감소하였으나 한국 여자와 외국 남자의 혼인은 8천 2백 건으로 전년보다 1.5% 증가하였다. 아울러 2009년 외국인과의 혼인 중 75.5%가 외국인 여자와의 혼인으로 대부분을 차지하고

108) 한국신랑이 베트남 신부와 한국에서 혼인신고 하기 위해서 주한베트남 대사관의 공증을 받도록 하는 대법원의 호적예규 715호(한국인과 베트남인 사이의 혼인에 관한 사무처리지침)를 말한다.

있다.

<표 9-1> 외국인과의 혼인

(단위: 건, %)

	2000	2001	2002	2003	2004	2005	2006	2007	2008	2009
총 혼인건수	332,090	318,407	304,877	302,503	308,598	314,304	330,634	343,559	327,715	309,759
외국인과의 혼인	11,605	14,523	15,202	24,776	34,640	42,356	38,759	37,560	36,204	33,300
총혼인건수 대비 구성비	3.5	4.6	5.0	8.2	11.2	13.5	11.7	10.9	11.0	10.8
증감	1,782	2,918	679	9,574	9,864	7,716	-3,597	-1,199	-1,356	-2,904
증감률	18.1	25.1	4.7	63.0	39.8	22.3	-8.5	-3.1	-3.6	-8.0
■ 한국남자+외국여자	6,945	9,684	10,698	18,751	25,105	30,719	29,665	28,580	28,163	25,142
증 감 률	29.3	39.4	10.5	75.3	33.9	22.4	-3.4	-3.7	-1.5	-10.7
■ 한국여자+외국남자	4,660	4,839	4,504	6,025	9,535	11,637	9,094	8,980	8,041	8,158
증 감 률	4.6	3.8	-6.9	33.8	58.3	22.0	-21.9	-1.3	-10.5	1.5

2) 국적별 외국인과의 혼인

한국 남자와 외국 여자와의 혼인은 총 2만 5천 1백 건으로 전년보다 3천 건 감소하였으며, 중국(45.2%), 베트남(28.8%), 필리핀(6.5%) 등 3개국이 차지하는 비중이 80.6%로 대부분을 차지하고 있다. 특히 2006년 방문취업제를 실시한 이후 중국 여자와의 혼인이 지속적으로 감소추세를 보이고 있다. 실제로 베트남의 경우 국제결혼 건수가 통계청에 혼인신고한 수치와 베트남의 대사관, 영사관에서 비자를 발급한 수치에 많은 차이를 나타내고 있다. 그래서 저자는 실제 비자발급건수를 기준으로 글을 전개하고자 한다. 왜냐하면 통계청의 자료에 의하면 베트남 대사관과 총영사관의 자료와 비교해 볼 때 2006년과 2007년의 급증과 급감을 설명하기 어렵기 때문이다.[109)]

<표 9-2> 국적별 외국인과의 혼인

(단위: 건, %)

	2000	2001	2002	2003	2004	2005	2006	2007	2008	2009	구성비	전년대비 증감
한국남자+외국여자	6,945	9,684	10,698	18,751	25,105	30,719	29,665	28,580	28,163	25,142	100.0	-3,021
중 국	3,566	6,977	7,023	13,347	18,489	20,582	14,566	14,484	13,203	11,364	45.2	-1,839
베트남	77	134	474	1,402	2,461	5,822	10,128	6,610	8,282	7,249	28.8	-1,033
필 리 핀	1,174	502	838	928	947	980	1,117	1,497	1,857	1,643	6.5	-214
일 본	819	701	690	844	809	883	1,045	1,206	1,162	1,140	4.5	-22
캄보디아	1	2	2	19	72	157	394	1,804	659	851	3.4	192
태 국	240	182	327	345	324	266	271	524	633	496	2.0	-137
미 국	231	262	267	322	341	285	331	376	344	416	1.7	72
몽 골	64	118	194	320	504	561	594	745	521	386	1.5	-135
우즈베키스탄	43	66	183	328	247	332	314	351	492	365	1.5	-127
네팔	2	2	21	22	32	16	33	82	159	316	1.3	157
러시아	70	155	236	297	315	234	203	152	110	139	0.6	29
기 타	658	583	443	577	564	601	669	749	741	777	3.1	36
한국여자+외국남자	4,660	4,839	4,504	6,025	9,535	11,637	9,094	8,980	8,041	8,158	100.0	117
중 국	210	222	263	1,190	3,618	5,037	2,589	2,486	2,101	2,617	32.1	516
일 본	2,630	2,664	2,032	2,250	3,118	3,423	3,412	3,349	2,743	2,422	29.7	-321
미 국	1,084	1,113	1,204	1,222	1,332	1,392	1,443	1,334	1,347	1,312	16.1	-35
캐나다	150	164	172	219	227	283	307	374	371	332	4.1	-39
영국	64	69	86	88	120	104	136	125	144	166	2.0	22
호 주	78	78	90	109	132	101	137	158	164	159	1.9	-5
독일	82	94	81	94	109	85	126	98	115	110	1.3	-5
파키스탄	36	63	126	130	100	219	150	134	117	104	1.3	-13
기 타	326	372	450	723	779	993	794	922	939	936	11.5	3

3) 도 및 시군구별 외국 여자와의 혼인

109) 자세한 내용은 제10장 제1절을 참고하기 바란다

2009년 시도별 한국 남자와 외국 여자와의 혼인은 특·광역시보다 도 지역이 전체 혼인 중 차지하는 비중이 높다. 외국 여자와의 혼인이 차지하는 비중이 가장 높은 지역은 전남, 전북, 충남 순이며 외국여자와의 혼인이 차지하는 비중이 높은 시군구는 구례군으로 32.4%가 외국여자와 혼인하였으며, 다음으로 청양군, 부여군, 강진군 순서로 나타났다.

<표 9-3> 2009년 시도 및 시군구별 외국 여자와의 혼인

(단위: 건, %)

시도	혼인건수(A)	한국남자와 외국 여자(B)	비중(B/A)
전 국*	309,759	25,142	8.1
서 울	68,841	4,936	7.2
부 산	18,614	1,233	6.6
대 구	12,844	753	5.9
인 천	16,643	1,442	8.7
광 주	8,088	563	7.0
대 전	8,885	693	7.8
울 산	7,267	455	6.3
경 기	73,403	6,019	8.2
강 원	8,081	779	9.6
충 북	8,666	746	8.6
충 남	12,708	1,382	10.9
전 북	9,606	1,141	11.9
전 남	10,051	1,337	13.3
경 북	14,499	1,221	8.4
경 남	19,494	1,658	8.5
제 주	3,279	327	10.0

순위	시군구	혼인건수(A)	한국남자와 외국여자(B)	비중(B/A)
1	구례군	136	44	32.4
2	청양군	160	46	28.8
3	부여군	283	73	25.8
4	강진군	168	43	25.6
5	보성군	226	56	24.8
6	진안군	121	29	24.0
7	봉화군	151	35	23.2
8	곡성군	128	29	22.7
9	영양군	81	18	22.2
10	부안군	269	59	21.9
11	고창군	243	53	21.8
12	장성군	239	51	21.3
13	예산군	435	92	21.1
14	금산군	289	61	21.1
15	보은군	145	30	20.7
16	청도군	184	37	20.1
17	순창군	140	28	20.0
18	함평군	181	36	19.9
19	함양군	173	33	19.1
20	김제시	437	83	19.0

* 국외 포함

4) 도시·농어촌별 외국 여자와의 혼인

2009년 외국 여자와 혼인한 건수는 2만 5천 1백 건으로 전체 혼인의 8.1%를 차지하고 있으며 외국 여자와의 혼인비중은 농어촌지역이 12.9%로 도시지역 7.2%보다 높다. 2009년 혼인한 농림어업종사자는 5,640명이며, 그 중 35.2%에 해당하는 1,987명이 외국 여자와 혼인하였으며, 이는 전년보다 3.1%p 감소한 것이며 2009년 혼인한 농어촌지역의 농림어업종사자 중 38.7%가 외국 여자와 혼인하였다.

<표 9-4> 농어촌지역(읍·면부)과 도시지역(동부)의 혼인

(단위: 건, %)

		혼인건수 (A)	한국 남자와 외국 여자와의 혼인		농림어업종사 남자의 혼인		농림어업종사 남자와 외국 여자와의 혼인	
			건수(B)	구성비 (B/A)	건수(C)	구성비 (C/A)	건수(D)	구성비 (D/C)
2008년	계*	327,715	28,163	8.6	6,459	2.0	2,472	38.3
	동부	262,357	19,893	7.6	1,499	0.6	434	29.0
	읍·면부	57,035	7,853	13.8	4,959	8.7	2,038	41.1
2009년	계*	309,759	25,142	8.1	5,640	1.8	1,987	35.2
	동부	248,050	17,846	7.2	1,295	0.5	307	23.7
	읍·면부	52,919	6,839	12.9	4,341	8.2	1679	38.7
전년대비 증감률 (%)	계*	-5.5	-10.7	-	-12.7	-	-19.6	-
	동부	-5.5	-10.3	-	-13.6	-	-29.3	-
	읍·면부	-7.2	-12.9	-	-12.5	-	-17.6	-

* 국외 및 미상 포함

농림어업에 종사하는 한국 남자와 혼인한 외국 여자의 국적은 베트남, 중국, 캄보디아 순서이다.

<표 9-5> 농림어업에 종사하는 한국 남자와 혼인한 외국 여자의 국적별 혼인 건수

(단위: 건)

2008					2009				
계	베트남	중국	필리핀	기타	계	베트남	중국	캄보디아	기타
2,472	1,290	673	207	302	1,987	931	523	204	329

5) 혼인종류별 외국인과의 혼인

외국 여자와 혼인한 한국 남자의 초혼 구성비는 2009년 62.9%로 전년보다 1.8%p 감소하였고 외국 남자와 혼인한 한국 여자의 초혼 구성비는 2009년 56.7%로 1.7%p 감소하였으며, 재혼에 대한 초혼비는 1.3으로 전년보다 0.1p 감소하였다.

<표 9-6> 외국인과 혼인한 한국인의 혼인종류별 구성비

(단위: %)

혼인종류		2000	2001	2002	2003	2004	2005	2006	2007	2008	2009
한국 남자+ 외국 여자	초혼(A)	75.3	66.8	65.5	58.3	53.5	55.7	63.6	62.8	64.7	62.9
	재혼(B)	24.7	33.2	34.5	41.7	46.5	44.3	36.4	37.2	35.3	37.1
	비(A/B)	3.1	2.0	1.9	1.4	1.2	1.3	1.8	1.7	1.8	1.7
한국 여자+ 외국 남자	초혼(A)	63.2	61.2	63.3	56.8	45.9	43.3	55.2	57.6	58.4	56.7
	재혼(B)	36.8	38.8	36.7	43.2	54.1	56.7	44.8	42.4	41.6	43.3
	비(A/B)	1.7	1.6	1.7	1.3	0.8	0.8	1.2	1.4	1.4	1.3

6) 부부의 평균 혼인 연령차

2009년 한국 남자와 외국 여자 부부의 평균 혼인 연령차는 11.1세로 전년보다 0.7세 감소하였으며, 한국인 부부의 혼인 연령차(2.2세)보다는

8.9세 많다. 2009년 한국 여자와 외국 남자 부부의 평균 혼인 연령차는 3.7세로 2000년 6.6세보다 2.9세 적어졌으며 한국인 부부의 혼인 연령차(2.2세)보다 1.5세 많다

<표 9-7> 부부의 평균 혼인 연령차

(단위: 세)

	2000	2001	2002	2003	2004	2005	2006	2007	2008	2009
한국 남자+외국 여자	6.9	7.5	7.9	8.3	8.4	9.1	11.6	11.5	11.8	11.1
한국 여자+외국 남자	6.6	6.5	5.2	4.0	3.1	2.7	4.1	4.3	4.1	3.7
한국 여자+한국 남자	2.7	2.6	2.6	2.6	2.6	2.5	2.4	2.4	2.3	2.2

한국남성과 외국인여성의 결혼의 경우 배우자의 국적은 중국이 46.9%, 베트남이 29.4%로 중국여성과의 결혼이 여전히 우세하고 베트남 여성과의 결혼이 눈에 띄게 증가했다는 특징을 갖는다.

2. 이혼통계 및 분석

1) 외국인 부부의 이혼

"2009년 이혼통계 결과"(2010.4, 통계청)에 따르면 2009년 한국인과 외국인 부부의 이혼은 11,692건으로 전년의 11,255건보다 437건(3.9%) 증가하였으나, 그 증가세가 크게 둔화하였다. 한국인 남편과 외국인 처와의

이혼은 8,300건으로 전년보다 4.2% 증가하였으며 한국인 처와 외국인 남편의 이혼은 3,392건으로 전년보다 3.0% 증가하였다. 특히 외국인과의 이혼은 매년 증가하여 2009년에는 총 이혼의 9.4% 차지하고 있는데 2004년 이후 외국인과의 이혼비중이 계속 증가하였으나 2009년에는 전년보다 0.3%p 감소한 것으로 나타났다.

<표 9-8> 한국인과 외국인 부부의 이혼

(단위: 건, %)

	2002	2003	2004	2005	2006	2007	2008	2009
총 이혼 건수	144,910	166,617	138,932	128,035	124,524	124,072	116,535	123,999
▪ 외국인과의 총 이혼	1,744	2,012	3,300	4,171	6,136	8,671	11,255	11,692
총 이혼 대비 구성비	1.2	1.2	2.4	3.3	4.9	7.0	9.7	9.4
증감	50	268	1,288	871	1,965	2,535	2,584	437
증감률	3.0	15.4	64.0	26.4	47.1	41.3	29.8	3.9
- 한국인 남편+외국인 처	380	547	1,567	2,382	3,933	5,707	7,962	8,300
증감률	-1.8	43.9	186.5	52.0	65.1	45.1	39.5	4.2
- 한국인 처+외국인 남편	1,364	1,465	1,733	1,789	2,203	2,964	3,293	3,392
증감률	4.4	7.4	18.3	3.2	23.1	34.5	11.1	3.0

2) 국적별 이혼

한국인 남편과 이혼한 외국인 처의 국적을 보면, 중국 5,562건(67.0%), 베트남 1,292건(15.6%), 필리핀 285건, 일본 227건 순서이다. 중국여자와의 이혼비중이 높은 것은 중국여자와의 혼인누적건수가 많기 때문이며 한국남자와 외국여자의 이혼한 중에 국적별로 가장 높은 증가율을 나타낸 나라는 베트남으로 전년보다 19.9% 증가하였다. 한국인 처와 이혼한 외국인 남편의 국적을 보면 일본 1,628건(48.0%), 중국 1,064건(31.4%), 미국 263건(7.8%) 순이며 일본인 남편과의 혼인누적건수가 다른 국가보다 상대적으로 많기 때문인 것으로 보인다.

<표 9-9> 국적별 외국인과의 이혼건수 및 구성비

(단위: 건, %)

외국인 처의 국적별 이혼건수 및 구성비										
	2002	2003	2004	2005	2006	2007	2008	2009	구성비	증감률
계	380	547	1,567	2,382	3,933	5,707	7,962	8,300	100.0	4.2
중 국	180	274	835	1,425	2,538	3,654	5,398	5,562	67.0	3.0
베트남	7	28	147	289	610	895	1,078	1,292	15.6	19.9
필리핀	28	43	108	140	165	213	268	285	3.4	6.3
일본	78	89	114	116	147	157	205	227	2.7	10.7
몽골	10	6	83	116	132	173	213	176	2.1	-17.4
우즈베키스탄	3	16	67	75	105	112	160	174	2.1	8.8
캄보디아	0	0	4	6	19	99	178	109	1.3	-38.8
기타	74	91	209	215	217	404	462	475	5.7	2.8
외국인 남편의 국적별 이혼건수 및 구성비										
계	1,364	1,465	1,733	1,789	2,203	2,964	3,293	3,392	100.0	3.0
일본	1,064	1,113	1,309	1,306	1,466	1,587	1,556	1,628	48.0	4.6
중국	51	34	43	123	319	647	1,041	1,064	31.4	2.2
미국	179	219	260	217	235	257	238	263	7.8	10.5
파키스탄	3	9	15	25	33	35	32	35	1.0	9.4
방글라데시	6	5	9	11	17	32	33	31	0.9	-6.1
캐나다	7	19	11	21	29	24	34	29	0.9	-14.7
기타	54	66	86	86	104	382	359	177	5.2	-9.7
(북한)	0	0	0	0	0	(279)	(163)	(165)	(4.9)	(1.2)

3) 동거기간별 이혼

2009년에 이혼한 한국인 남편과 외국인 처의 평균동거기간은 3.1년으로 2005년 이후 증가세 유지하고 있다. 이혼한 외국인 남편과 한국인 처의 평균 동거기간은 5.7년으로 전년보다 0.1년 증가하였으며 2009년 한국인과 외국인의 이혼 11,692건 중 동거기간이 0~4년인 경우는 79.0%로 전년보다 3.7%p 감소하였는데 이는 외국인 처의 동거기간 (0~4년) 이혼 비중이 크게 감소한데 기인하는 것으로 보인다.

<표 9-10> 한국인과 외국인 부부의 평균 동거기간

(단위: 년)

	2002	2003	2004	2005	2006	2007	2008	2009
한국인 남편+외국인 처	2.2	2.3	2.1	2.1	2.2	2.5	2.7	3.1
외국인 남편+한국인 처	5.3	5.3	6.0	5.7	5.3	5.9	5.6	5.7
전 년 대 비 증 감								
한국인 남편+외국인 처	-0.6	0.2	-0.3	0.0	0.1	0.3	0.2	0.4
외국인 남편+한국인 처	0.0	0.0	0.7	-0.3	-0.4	0.6	-0.3	0.1

<표 9-11> 동거기간이 0~4년인 한국인과 외국인 부부의 이혼 구성비

(단위: 건, %)

	2002	2003	2004	2005	2006	2007	2008	2009
총 이혼	144,910	166,617	138,932	128,035	124,524	124,072	116,535	123,999
▪ 외국인과의 총 이혼(A)	1,744	2,012	3,300	4,171	6,136	8,671	11,255	11,692
동거기간 0-4년(B)	1,166	1,385	2,406	3,217	4,952	6,987	9,308	9,232
구성비(B/A)	66.9	68.8	72.9	77.1	80.7	80.6	82.7	79.0
· 한국인 남편+외국인 처(C)	380	547	1,567	2,382	3,933	5,707	7,962	8,300
동거기간 0-4년(D)	339	493	1,421	2,157	3,594	5,185	7,183	7,087
구성비(D/C)	89.2	90.1	90.7	90.6	91.4	90.9	90.2	85.4
· 한국인 처+외국인 남편(E)	1,364	1,465	1,733	1,789	2,203	2,964	3,293	3,392
동거기간 0-4년(F)	827	892	985	1,060	1,358	1,802	2,125	2,145
구성비(F/E)	60.6	60.9	56.8	59.3	61.6	60.8	64.5	63.2

4) 미성년 자녀 유무별 이혼

2009년 이혼한 외국인 처의 89.5%(7,429건(쌍)), 외국인 남편의 85.4%(2,897건)가 이혼 당시 20세미만 미성년자녀가 없다. 특히 중국인 처와의 이혼인 경우 92.9%가 미성년 자녀가 없으며 일본인 처와의 이혼인 경우 69.6%로 상대적으로 낮게 나타났다. 이혼 당시 20세 미만 미성년 자녀를 둔 한국인 처와 외국인 남편 부부의 이혼은 397건, 11.7%로 외국인 처와의 이혼보다 다소 높다.

<표 9-12> 외국인과의 이혼 당시 20세 미만 자녀 유무별 이혼

(단위: 건, %)

외국인 처와의 이혼당시 20세 미만 자녀 유무별 이혼									
	계	중국	베트남	필리핀	일본	몽골	우즈베키스탄	캄보디아	기타
계*	8,300	5,562	1,292	285	227	176	174	109	475
자녀 있음	677	254	162	32	66	14	17	11	121
(구성비)	(8.2)	(4.6)	(12.5)	(11.2)	(29.1)	(8.0)	(9.8)	(10.1)	(25.5)
1명	527	201	145	27	36	12	15	9	82
2명	125	45	16	4	23	2	2	2	31
3명 이상	25	8	1	1	7	0	0	0	8
자녀 없음	7,429	5,168	1,110	246	158	157	154	96	340
(구성비)	(89.5)	(92.9)	(85.9)	(86.3)	(69.6)	(89.2)	(88.5)	(88.1)	(71.6)

외국인 남편과의 이혼당시 20세 미만 자녀 유무별 이혼									
	계	일본	중국	북한	미국	파키스탄	방글라데시	캐나다	기타
계*	3,392	1,628	1,064	165	263	35	31	29	177
자녀 있음	397	159	98	40	49	0	5	8	38
(구성비)	(11.7)	(9.8)	(9.2)	(24.2)	(18.6)	(0.0)	(16.1)	(27.6)	(21.5)
1명	298	118	78	27	38	0	3	6	28
2명	91	39	20	13	7	0	1	1	10
3명 이상	8	2	0	0	4	0	1	1	0
자녀 없음	2,897	1,404	947	123	206	33	26	21	137
(구성비)	(85.4)	(86.2)	(89.0)	(74.5)	(78.3)	(94.3)	(83.9)	(72.4)	(77.4)

* 미상 포함

3. 국제결혼 증가의 배경

1) 불평등한 세계자본주의 체계의 발전

경제적으로 빈곤한 아시아 여성들이 한국 농촌에서 한국 여성의 재생산 및 보살핌 노동의 빈자리를 채우고 있는데 이는 불평등한 세계자본주의 체계의 발전과 국제성별 분업을 보여준다. 선진국과 저개발국간의 발전 격차가 심화되고 저개발국 여성의 결혼이주는 이런 맥락에서 이해될 수 있다. 빈곤과 실업에 지친 사회에서 여성들이 자신과 가족의 경제적 상황을 개선하기 위해 결혼을 통해 잘사는 나라로 이주하는 것이다. 그들은 세계화, 이주 및 젠더 현상의 영향을 받는 것이다. 결혼은 이주의 통로가 되는 것이며 가족 연결망이 이주를 위한 최후의 보루로 제공된다(울리히 벡 외, 2010). 울리히 벡은 "초국적 이주"라는 개념을 사용하고 있는데 이주는 새로운 나라를 향한 일방적인 이동이 아니라 떠난 나라와 들어온 나라 사이의 일련의 이동을 말하며 두 사회 어딘가에 끼어서 그 둘을 연결하는 생활방식이 발현하고 있으며 새로운 종류의 연결망들이 출신국과 이주국가 사이에서 발생하게 된다.

2) 국제결혼중개업체

자국민을 송출하는데 우호적인 정부정책은 국제결혼중개업체에 좋은 환경을 제공한다. 대부분의 국제결혼이주는 결혼중개업체의 개입을 통해 이루어진다. 보통 국제결혼중개업체는 한국과 송출국의 신랑신부를 소개해주고 서류수속을 대행하는 정도의 일을 수행하지만 일부 중개업체는 허위정보를 제공하고 서류를 위조하며 관료에게 뇌물을 주는 등 탈법적인 방법을 동원하기도 한다. 이는 국제결혼중개업이 이윤이 많이 나는 사업이기 때문이다.

3) 송출국의 빈곤상황 및 정부정책

국제결혼을 추구하는 여성의 입장에서 보면 이들은 저개발국에서 빈곤과 실업으로 고통 받는 여성들이다. 그들은 이러한 위기를 극복하기 위하여 상대적으로 잘사는 나라로 이주하거나 보다 나은 생활조건의 꿈을 가지고 이주한다. 그들이 모국을 떠나는 가장 근본적인 이유는 빈곤이다. 따라서 여성들은 가족에 대한 책임을 가지고 있고 가족을 지원하기 위해 결혼이주를 선택한다. 결혼이주가 노동이주보다 비용이 덜 들기 때문에 가난한 나라의 낮은 계층에 있는 많은 젊은 여성들은 국제결혼을 추구한다. 아울러 많은 송출국의 정부는 외채를 줄이고 외화를 획득하기 위해 자국인의 해외취업을 적극 권장하고 있고 동시에 자국 여성의 국제결혼이주에 대해 방관하고 있다. 이주노동자와 결혼이민자의 송출은 그 나라의 주요한 외화획득 원천으로 간주되기 때문이다. 이처럼 자국인의 해외송출에 우호적인 정부의 정책은 국제결혼중개업체들이 활동하기에 좋은 환경이 되는 것이다. 김현미(2006)는 "베트남은 도이모이 정책 선언한 이후 개혁·개방으로 급격한 전환을 했다. 1990년대 개방이후 베트남은 새로운 노동 송출국으로 부상하게 된다. 이 과정에서 국가는 어떤 부류의 국민을 송출하여 외화를 획득해낼 것인가 고심하게 된다. 특히 기술훈련이나 교육을 받지 못한 농촌 여성들은 가장 낮은 범주, 즉 공식적인 채널도 부재하고 권리 개념도 확립되지 않은 시민으로 쉽게 처리 가능한 송출인력으로 설정된다."고 분석하고 있다. 다만 이 논리는 결과론적인 분석이며 어느 정부도 자국민을 이용하여 외화벌이를 한다고 공식적으로 확인하기에는 곤란한 사항이다.

4) 한국결혼시장의 변화(인구구성과 가치관 변화)

국제결혼에 대한 수요와 공급의 원리를 따른다면 인구구성의 문제를 들 수 있다. 전통적인 남아선호사상, 여성의 교육수준 향상과 경제활동 증가, 그리고 만혼의 증가 등이 결합하여 농촌지역의 불평등한 성비를 증가시켰고 독신자의 비율을 증가시켰다. 그로인해 결혼시장에 교란이 일어났고 농촌지역에 사는 많은 농촌총각들이 한국 여성과 결혼하는데 어려움을 겪게 되었다. 국내 결혼시장에서 배우자를 찾을 수 없는 사람들은 결혼이민자를 필요로 하게 되었고 지방자치단체와 결혼중개업체들이 이들을 위해 국제결혼을 주선하기 시작한 것이다.

제3절 국제결혼의 그늘

1. 상업화와 세계화

1) 개념

“상업화”의 개념은 이윤이 있는 곳에 끊임없는 시장진입, 가격경쟁, 양질과 시간에 맞추는 배달서비스를 통해 이윤을 추구하는 업체가 생겨나고 낮은 가격의 조건에 응하거나, 남성 수요에 맞추어 결혼을 해야만 하는 상황을 받아들여야 하므로 여성이 상품화 되어져 가는 것을 의미한다.[110) Wang and Chang(2002)은 상업적인 중매결혼을 인신매매, 우편신부주문, 상업적인 결혼 등 3가지로 구분하고 있다. 결론적으로 신부의 가격을 만드는 것은 여성의 생산성과 재생산성 그리고 여성의 성역할과 여성으로 만들어지는 것 등에 영향을 받아 복잡한 문화적 의미를 함축하고 있다. 인신매매, 결혼이민, 노동이주는 송출국으로부터 동일한 방출요인에서 발생하며 性과 이주에 대한 문제이기도 하다. 한편 “세계화”란 경제, 사회, 문화, 지식, 정보 등의 모든 권역에서 인간이 민족국가의 국경을 벗어나려는 경향을 말한다.[111) 세계화로 인하여 상호교류와 상호의존이

110) The Commodification of International Marriages:Cross-border marriage Business in Taiwan and Vietnam, Hong-zen Wang and Shu-ming Chang, 2002

111) 박상식, 『세계화란 무엇인가?』, 한국정치학회, 한국정치학회보, 제29집 제1호, 1995

급속도로 증가하는데 이유는 교통과 통신수단이 빨라지고 거대해지며 보편화되었기 때문이다. 그리고 상호침투 현상이 발생하여 전통적으로 국가 고유의 관할권에 속했던 사항들이 국가의 배타적 관할권에서 제외되고 있다. 아울러 문화, 지식 및 정보 분야에서는 세계가 급속도로 획일화되고 있다. 의식구조의 획일화는 문화의 획일화에 따라 촉진된다. 뿐만 아니라 인간네트워크의 형성이 강화되는데 정치적 국경이 약화되고 경제권, 사회권, 지식권, 정보권이 정치적 국경을 넘어 확대됨에 따라 그리고 국가 단독으로 해결하기 어려운 인류 공통의 문제가 증대됨에 따라 국내적으로 정부 및 NGO, 국제적으로 정부 간 및 NGO간 기구가 급속도로 증가한다.

2) 상업자본과 노동력간의 세계화 현상

아래의 그림<그림 9-3>을 통하여 상업자본과 노동력간의 세계화 현상을 설명하기로 하자. 자본주의의 초기단계에서 자본축적을 위한 자금을 만들기 위해 국내 자원의 분배가 왜곡된다. 개발도상국에서 자본의 국제화와 노동의 개방화는 큰 공장을 문 닫게 하고 실업을 발생시킨다. 가부장적인 가족 구조 아래에서 남자 농업 종사자들과 블루칼라 계층들은 국내의 결혼 시장에서 결혼하기 어려워지고 남성들의 상황은 여성들로 하여금 개발국가나 개발도상국가에서 남편을 찾도록 만든다. 글로벌한 자본과 개방된 노동시장의 발전은 개발국 및 개발도상국과 저개발국가 사이에서 일하는 결혼 중개업자를 형성하고 이주결혼이 생기도록 만든다. 개발국가와 개발도상국에서 외국인 신부는 공짜로 집안일을 하고 아이를 돌보고 기른다. 이는 싼 노동력의 재생산을 안정시킨다. 외국인 신부들은 또한 이 국가들 내에서 값싼 노동력의 원천으로서 작용한다. 요약하면, 외국인 신부 현상은 남자와 자본주의의 발달과 함께 개발국가, 개발도상국, 저개발국가에서 주류에서 말려난 남자와 여자가 살아남기 위해 한자리에 함께 하는 것이라고 볼 수 있다.

<그림 9-3> 아시아 여성의 거래도

hsia: the trade in asian women 191

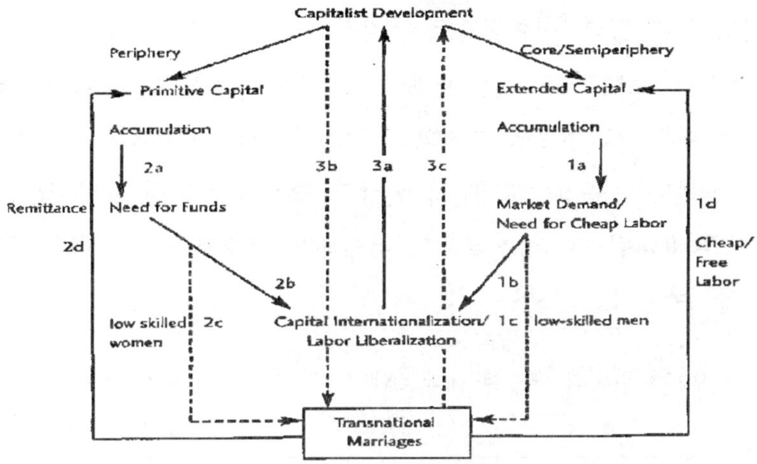

Figure 7.1. Commodified transnational marriages and capitalist development since the eighties. Note that there are numerous factors involved in capital accumulation, but this chart only shows those factors related to the international division of labor: markets and cheap labor in the core and semiperiphery, as well as funds in the periphery.

출처 : Wang and Chang, 2002

3) 자본투자와 국제결혼의 상관관계

Wang and Chang(2002)은 대만의 글로벌 자본투자가 간접적으로 국제결혼시장의 발전을 촉진시켰다고 주장하고 있는데 이는 한국의 경우에도 유사하게 적용이 된다. 상업화는 경쟁적임을 내포한다. 따라서 시장가격에 영향(비용 리스트), 가격하락으로 적자생존이 존재한다. 규모의 경제에서 이익을 얻을 큰 조직, 또는 베트남 여성과 결혼한 중개업자만이 생존가능성이 높다.[112] 악성 루머가 발생하고 경쟁시장에서 가격이 하락하면서 경쟁자 간에 새로운 환경에 적응하기 위한 노력을 하게 된다. 아울러 사회적 네트워크 강화(사회적 인맥)가 중요한데 이는 고객의 신뢰, 풍부한

112) 본인이 중개업자 간담회 또는 개별적 영사면담 신청시 베트남과 연계되는 결혼중개업자의 많은수가 베트남 여성과 혼인을 하였음을 확인하였다

여성자원, 공무원과의 밀착관계(뇌물, 커피머니)가 필요함을 의미한다. 심지어는 가족형태의 이주를 상품화로 이끌고 여성 인신매매라는 극단의 경우까지도 하고 있다. 이론적으로 투자확대와 국제결혼의 Trend의 상관관계를 분석해 보면 양의 상관관계가 나타난다. <표 9-13>을 참고해서 설명하기로 한다. 즉 연도별 투자액의 증가에 따른 국제결혼의 증가추이 분석이 가능하다는 주장이다. 우리 한국의 경우에 적용해 보면 경제투자가 확대되면 확대될수록 국제결혼도 비례해서 확대된다는 이론이 적용되는 것을 알 수 있다.

<표 9-13> 한국의 연도별 대베트남 투자 및 결혼비자 발급 현황

(단위: US$백만, 명)

연도	2000	2001	2002	2003	2004	2005	2006	2007
건수	34	75	149	171	170	206	240	424
투자금액	68	109	270	344	377	581	2,875	4,848
비자발급	83	104	400	1,602	2,389	4,566	8,529	7,956

출처 : 베트남 계획투자부(Ministry of Planning and Investment),2008

<그림 9-4> 한국의 대베트남 투자 및 결혼비자 발급 상관관계

출처 : KOTRA, 2008

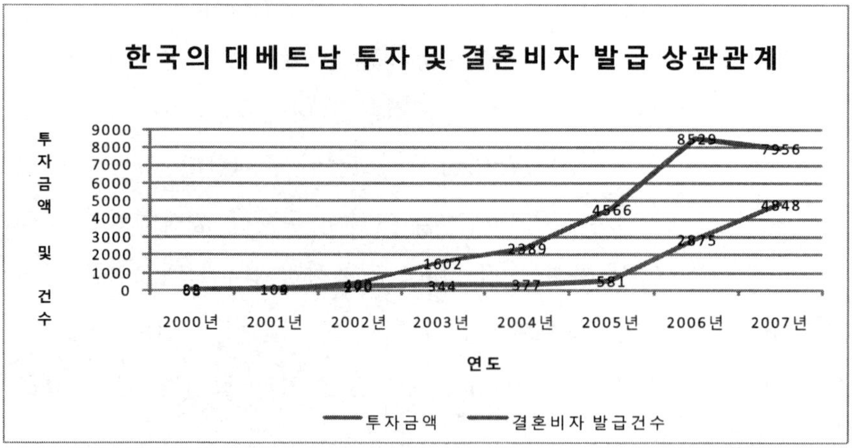

2. 인신매매

1) 개념

UN Protocol(유엔인신매매 의정서)[113]은 인신매매를 사람에 대하여 다른 사람에게 통제력을 갖고 있는 자의 협박, 강제력 혹은 다른 형태의 탄압 등을 사용하여 고용, 이송, 운반, 정박 또는 사람간의 인수, 유괴, 사기, 속임수, 권력 남용, 또는 취약점 악용, 수당을 주고받는 행위라고 정의한다. 즉 '무력이나 사기, 강압을 이용해 사람을 착취 목적으로 확보하는 행위'로 정의할 수 있다.

2) 인신매매의 속성

인신매매(trafficking)는 여섯 가지 속성을 갖고 있다.[114] 첫째, 사람을 사고파는 것을 중개하는 가해자들이 있다. 인신매매의 가해자들은 모집자, 포주, 소개업자, 중개인, 성매매 업소 주인, 고용주, 구매자 혹은 범죄 조직 등 다양한 형태로 존재한다. 그들은 겉으로는 피해자의 취업을 중개하고 고용하는 형식을 취하지만 실제로는 몸을 매매한다. 둘째, 모든 사람이 피해자가 된다. 흔히 인신매매 피해자로 여성과 18세미만의 아동(minors)를 강조하지만, 성인 남자도 피해자가 될 수 있다. 셋째, 가해자가 피해자의 자발적 동의 없이 그 거래를 성사시킨다. 가해자가 협박·납치·폭력 등 강압적 방법을 사용하거나, 권력에 의한 압박이나 경제적 궁핍 상태를 탈출할 수 있다고 속이거나, 그러한 상태에 있는 사람에게

---

113) 현재 한국정부는 이 협약에 서명하였으나 아직까지 국회비준이 이루어지지 않고 있다.

114) 설동훈 외, 『외국인관련 국가인권정책기본계획 수립을 위한 연구』, 국가인권위원회, 2004.

막대한 금전을 제공하여 유혹하거나, 빚 상환 또는 기타 비경제적 혜택에 대한 대가를 지불할 것을 요구하여 피해자를 정신적으로 지배하는 등, 가해자의 통제 하에서 구조적으로 속박 당하는 위치에 있는 사람의 선택은 결코 자발적인 것이 될 수 없다. UN 의정서는 이러한 금전관계가 있는 경우 인신매매 범주로 규정하고 있다. 넷째, 피해자는 자신의 원래 거주지가 아닌 다른 곳으로 옮겨진다. 이주 대상지는 국내 또는 국외, 가까운 곳 혹은 먼 곳 등 다양할 수 있으나, 삶의 터전이 바뀐다는 점은 확실하다. 다섯째, 가해자는 피해자의 이주를 위해 비합법적인 방법을 동원한다. 종종 합법적 서류를 불법적으로 이용하기도 한다. 그 결과 이주 이후의 피해자의 법률적 지위는 합법적일 수도 있고, 불법적일 수도 있다. 국제 이주의 경우에 피해자는 밀입국자·체류기간초과자·자격 외 취업자 등 미등록외국인(undocumented alines)이 되거나, 일부의 경우 합법적으로 체류하거나 취업할 수 있는 지위를 갖는 등 법적 지위상의 다양성이 존재한다. 여섯째, 형식적 법률적 지위와 관계없이 피해자는 자신의 몸에 대한 자유를 상실하고 착취당하여 실질적으로 시민권(citizenship)을 상실한 상태에 처해 있다. 피해자는 강제노역, 감금·폭행·성폭행·모욕 등을 수반하는 임금노동, 강제적 성매매 또는 노예결혼·허위입양·섹스관광동반·섹스연회접대·포르노그라피 출연과 같은 성 착취, 장기 절취, 훼손당한 신체를 이용하여 구걸하는 앵벌이 등 다양한 형태로 인권을 침해당하거나 다양한 형태의 범죄 행위에 이용되기도 한다.

3) 국제결혼의 인신 매매적 성격

국제결혼이 인신 매매적 성격을 가지고 있다는 비판이 많다. 유엔여성차별철폐위원회(CEDAW)가 우리나라의 인신 매매성 국제결혼 증가에 우려를 표시하였기 때문이다.[115] 동 위원회는 인신 매매적인 국제결혼 증가와 국제결혼 가정에 만연한 가정폭력에 우려를 표하며 결혼중개업자의 활동을 규제하는 법률제정을 촉구했으며 이를 위해 우리정부에 '유엔 국제조직범죄협약의 인신 매매방지의정서' 및 '이주노동자와 그 가족의 권리보호에 관한 협약'의 비준을 권고했다. 실제로 필리핀 · 베트남을 비롯한 동남아시아, 중국 · 몽골 · 러시아 등지에서 이루어지는 국제결혼은 순수한 사랑을 바탕으로 한 것으로 보기 힘들다. 한국 업체들은 결혼 희망자들을 모집하여 '3박 4일'내지 '4박 5일' 형태의 국제결혼 관광을 떠난다. 그런데 이처럼 조급하게 이루어지는 국제결혼에는 외국인 여성이 인신매매의 피해자가 될 가능성이 내재한다. 외국인 여성이 결혼생활이나 한국에 대한 충분한 정보를 제공받지 못하고 한국인 배우자와 결혼하는 사례가 다수 발생하면서 사기결혼 등의 사회문제가 되고 있다. 따라서 국제결혼과 관련해서는 일차적으로 사기성 국제결혼 중매업체를 단속하는 것이 필요하다. 사기성 국제결혼은 당사자에게 크나큰 고통을 줄 뿐만 아니라 한국의 국가 이미지를 흐리기 때문이다. 한국인 신랑에 대한 과장된 경제수준 홍보, 결혼 후 본국의 친척에게 정기적 송금 약속, 일부 종교단체가 주도하는 국제결혼에 대한 실태 등을 파악하고 필요한 조치를 취해야 한다.

4) 인신매매의 다면성과 해결책[116)]

<그림 9-5> 인신매매의 연속체[117)]

115) 한겨레신문, 2007.9.5

116) An Overview of The Issue of Trafficking, Hans Van De Glind, 2003

117) Marriages of Convenience, Do Thi Nhu Tam, 외, 2003

인신매매는 납치, 강제력, 사기 등을 포함한다. 인신매매의 다면성을 검토해 보자. 그림에서 보면 납치나 강제력, 사기 등을 포함하여 인신매매가 명확하다. 그리고 18세 미만의 어린이에 대한 노동력 착취도 포함되며 국경을 넘지 않더라도 인신매매는 성립하는 것이다. 아래 그림과 같이 이렇게 다양한 면을 가지고 있는 인신매매가 발생하는 이유는 '빈곤'이며 '빈곤완화'가 인신매매를 해결하기 위한 해결책으로 제시된다. Glind(2003)이 제시하는 다면적인 해결구조를 보면 아래의 그림과 같다. 예를 들자면, 해외취업 또는 국제결혼을 통한 여성의 인신매매를 예방하기 위해서는 송출국의 잠재적 인신매매 피해자 집단 또는 일반대중에게 인신매매의 위험을 알리고 합법적 해외취업 통로를 가르쳐줌으로써 해외취업희망자들이 정확한 정보를 바탕으로 이주 결정을 내릴 수 있도록 해야 한다. 아울러 국내에 인신매매 되어 온 여성들을 구조하고 보살피는 작업도 중요하다.

<그림 9-6> 인신매매의 다면적인 해결구조[118)]

광의의 시각

경제적 빈곤	비경제적 빈곤
◦ 노동시장 정책 ◦ 노동이주 관리 ◦ 적절한 교육	◦ 협의회의 비준 ◦ 법집행력 강화 ◦ 정책의 수정
◦ 무역단체와 근무조건에 관한 정보공유 및 합법적인 조건 창출 ◦ 기술훈련 및 취업 ◦ 시장평가 및 소규모 재정지원	◦ 능력개발 및 취약성 감소협의회설치 ◦ 교육을 통한 문맹비율 감소와 참여 및 유통. ◦ 능력향상의 지역사회 행동변화

협의의 시각

118) Marriages of Convenience, Do Thi Nhu Tam, 외, 2003

제10장 국제결혼에 대한 이론과 정책

제1절 베트남 여성의 국제결혼 원인

1. 베트남 신부와의 혼인실태

통계청에서 발표한 한-베 국제결혼의 통계와 실제 베트남 현지에서 한국정부가 발급한 입국비자와의 통계가 상이하다. 베트남 이주여성의 한국행 거주비자 발급현황과 비교해 보자.

< 표 10-1> 베트남인 대상 거주비자(F-2) 발급 현황

구분		'00	'01	'02	'03	'04	'05	'06	'07	'08	'09	'10[119]	계
통계청[120]		77	134	474	1,402	2,461	5,822	10,128	6,610	8,282	7,249	-	42,639[121]
비자 발급 건수[122]	HCM	83	104	354	1,436	2,108	3,846	6,863	6,001	5,401	4,705	1,382	32,283
	HN	-	-	46	166	281	720	1,666	1,955	2,637	2,973	1,057	11,501
	계	83	104	400	1,602	2,389	4,566	8,529	7,956	8,038	7,678	2,439	43,784[123]

119) 2010년 1월부터 4월까지의 누계이다. 따라서 2010년의 추정치는 여기에 3을 곱하여 어느정도 예측이 가능할 것이다.

120) 2008년도 혼인통계결과, 통계청

2009년도 말을 기준으로 하여 베트남 여성과 한국남성의 결혼이 4만 명을 훌쩍 넘었다. 그동안 학계나 관련기관 또는 단체 등이 인용하여 사용하는 통계의 대부분은 통계청 자료에 근거하는 경우가 대부분이다. 그런데 이 통계청의 통계는 실제 혼인이 이루어져 국내에 입국한 시점과 차이를 갖게 된다. 왜냐하면 우리나라의 혼인은 허가제가 아니고 신고만 하면 효력을 갖게 되므로 혼인신고와 동시에 혼인통계에 산입된다. 즉 통계청의 자료는 통계법과 가족관계의 등록 등에 관한 법률에 따라 지난 1년 동안 전국의 읍면사무소 및 시·구청(재외국민은 재외공관)에 신고한 혼인신고서의 인구동태 항목을 집계한 결과를 나타낸다.

<그림 10-1> 통계청과 실제 한국정부의 비자발급 현황비교

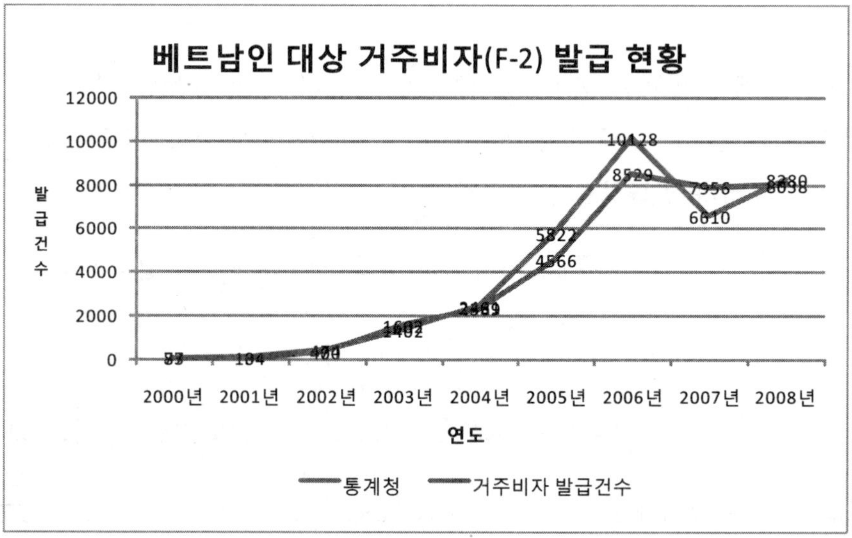

---

121) 통계청자료는 통계법과 가족관계의 등록 등에 관한 법률에 따라 지난 1년동안 전국의 읍면사무소 및 시구청(재외국민은 재외공관)에 신고한 혼인신고서의 인구동태 항목을 집계한 결과이다.

122) 주호치민총영사관 내부자료

123) 주베트남대사관 및 주호치민총영사관에서 발급한 혼인목적으로 한국에 입국하여 거주할 목적의 비자발급 현황을 나타내고 있는데 '00~'09년까지 합계를 보면 통계청에 혼인신고자가 42,639명이고 실제 비자발급건수는 41,345명이므로 그 차이인 1,294명은 여러 가지 이유에서 국제결혼이 성립되지 않거나 배우자와 함께 한국에 입국하지 아니하고 베트남에서 거주하는 것 등으로 해석할 수 있을 것이다.

베트남도 우리와 마찬가지로 혼인은 신고제이다. 다만 정부에서 "혼인증명서" 발급을 해주는 과정에서 문제가 발생하기도 하는 것이다. 비자발급과 관련하여 베트남 북쪽지역은 주한베트남대사관에서, 남쪽은 주호치민총영사관에서 각각 비자를 발급하고 있다. <표 10-1>를 보자. 실제로 주베트남대사관 및 주호치민총영사관에서 발급한 혼인목적으로 한국에 입국하여 거주할 목적의 비자발급 현황을 나타내고 있는데 이는 입국 직전에 발급하는 비자를 근거로 통계를 내고 있어 보다 정확하다고 할 수 있다. 그러나 정부정책을 수립하거나 각종 시책을 수립할 경우에 기초자료를 어느 통계를 사용하는가에 따라서 효과가 달라질 수 있음에도 불구하고 이에 대한 지적이나 충분한 고려가 없었다고 해도 과언이 아니다. 예를 들면 통계청 자료에 의하면 2003년도부터 국제결혼이 급증하기 시작하여 2006년도에 정점에 도달하다가 갑자기 2007년도에 급감하게 된다. 이에 대한 분석이 없이 2009년도에 다시 8천명수준으로 증가하게 되는데 베트남대사관이나 총영사관의 자료에 의하면 실제로는 2006년부터 2008년까지 커다란 변경이 없이 꾸준하게 8천명수준을 유지하고 있음을 알 수 있다. 따라서 향후에는 통계와 관련하여 통계청 자료가 아닌 실제로 한국에 입국을 하기 직전에 비자발급 자료를 활용하는 것이 보다 더 현실을 반영할 수 있어 정확하고 바람직할 것이다. 그런데 여기서 한 가지 눈여겨보아야 할 사실은 이미 혼인증명서를 발급 받은 이후 즉 한국정부와 베트남 정부에서 정식으로 혼인이 증명된 이후에도 사증발급이 불허된 사례가 발생한다는 사실이다. 2008년도에 사증발급이 불허된 경우가 약 70~80여건이 된다. 호치민총영사관에서 60여건 가까이 되고 베트남대사관에서는 약 20여건을 차지하고 있다. 이들을 사례별로 구분해 보면 제출서류 진정성확인 미흡, 허위서류(허위재직증명서, 허위 임대차계약서 제출, 위명여권소지자, 합성사진제출), 입국규제자, 과거 출입국관리법 위반, 입국금지자와 동시신청 및 입국목적 불분명, 재직상황 불명확, 근무지 상이, 직장 · 재산 증빙 미비, 중혼, 연령미달(남성은 20세 이상, 여성은 18세 이상이어야 결혼 가능) 등이다.

2. 국제결혼의 주요 원인[124)]

1) 한국 결혼시장의 변화와 결혼중개업체

124) 이윤을 추구하는 한국과 베트남의 국제결혼 중개업자들의 개입은 베트남 여성의 한국 남성과의 결혼을 더욱 부추기고 있다. 한국남성과 베트남 여성의 결혼은 2000년 이후에 시작하여 지속적으로 증가하여 왔다. 따라서 많은 학자나 학생들이 그 원인을 밝히기 위해 연구를 해오고 있다. 먼저 김현재(2007)는 크게 4가지 구분하고 있는데 구체적으로 1. 베트남의 개혁·개방이후 도시와 농촌 간 경제격차의 심화 2. 베트남 남부지역에서 농촌지역 남성의 도시로의 이주증가에 따른 농촌지역의 성별 불균형이 발생 3. 대만 남성과의 결혼제약 4. 한류의 확산 등이다. 한건수 · 설동훈(2006), 고현웅 외(2006)은 한국인 남성들이 다른 아시아 여성들보다 피부색이 상대적으로 하얗고 나이가 어린 베트남 여성을 결혼상대자로 선호한다는 분석과 국제결혼 중개업자들이 베트남에서 영업하기가 상대적으로 수월하고 이윤을 많이 남길수 있어서 한국 남성들을 베트남으로 유도하기 때문이라고 분석한다. 한편, 베트남 현지에서의 시각을 살펴보자. 베트남 호치민 인문사회과학대학의 인류학과 Nguyen Van Tiep 교수(2008)는 베트남 여성은 피부색이 한국인에 가깝고, 같은 동남아 지역의 여성보다 나이가 상대적으로 더 어려서 한국 남성들이 많이 선호하게 된다. 그리고 한국에서 결혼중매업체나 센터의 홈페이지 또는 광고를 통하여 베트남 여성이 "품행을 잘 지키고 정숙하다", "노인을 존중하고, 조상을 존경한다"고 광고하고 있으며 심지어는 일간 신문광고에 "노인이나 재혼자, 자식 있는 자, 장애인 모두 다 베트남 처녀와 결혼할 수 있다" 등을 내용으로 하는 광고정보가 실리기도 한다고 주장한다. 또한 베트남에서 "한류", 특히 한국 영화나 드라마를 많이 방송하고 있는데 많은 베트남 처녀는 한국 드라마처럼 로맨틱한 결혼생활을 상상하고 꿈을 키우며 그 꿈을 이루어기 위해 노력한다고 띠엡(Tiep) 교수는 주장했다. 한편 송유진(2008)은 베트남의 사례에 초점을 맞추어 국제결혼후 출국대기 중인 여성들을 대상으로 현지에서 심층인터뷰를 실시하여 혼인이주의 원인과 의사결정과정을 연구하였는데 그 결과 외국생활에 대한 동경 혹은 베트남을 떠나고 싶은 열망, 남편에 대한 사랑, 경제적 풍요에 대한 열망, 가족을 돕겠다는 의지, 베트남 남성과의 결혼 회피수단, 자녀에게 나은 기회제공, 적합한 베트남 남성을 만날 수 없어서라는 순서로 이유를 밝혔다. 전남표(2008)는 외국 여성의 경우 경제적 빈곤으로부터 탈출하여 경제적 안정 및 새로운 삶을 추구하고 자녀의 미래를 위하여 한국 남성과 결혼을 하는것이 대부분이라고 주장하고 있다. 구체적으로 나열하면 1. 경제적 안정과 새로운 삶을 추구(경제적 빈곤탈출) 2. 자녀의 미래 3. 이상적인 자국민 남성의 부재 4. 한류 열풍으로 한국은 경제발전을 이룬 나라이고 한국 남성은 자상하고 친절하며 잘 생겼다는 선입견 5. 외국정부의 전략적 개방정책(외화벌이로 인식) 6. 가족에게 경제적으로 도움 7. 외국 현지에서 부채(빚)를 탕감할 돈을 벌 목적 등으로 설명하고 있다.

한국에서는 사회 전체의 고학력화, 여성의 경제활동 참가율 증가로 인한 결혼연령의 상승이 연쇄적으로 이어지면서 만혼(晩婚)과 독신의 사례가 증가하고 있으며, 그 결과 한국 남성이 국내결혼 시장에서 배우자를 구하지 못하는 현상이 발생하고 있다. 이로 인하여 농어촌, 도시 저소득층 출신의 한국 남성이 경제력이 약한 베트남을 포함한 아시아권 국가출신 여성과 결혼하는 비중이 늘고 있다. 이러한 상황에서 특히, 베트남 여성은 한국인과 외모는 물론 문화적으로 많은 유사점을 갖고 있을 뿐만 아니라 베트남 전쟁으로 인한 역사적 친숙감을 갖고 있어 한국 남성이 결혼 상대자로 선호하고 있는 것으로 판단된다.

2) 송출국의 빈곤상황 및 정부정책

베트남 여성의 국제결혼을 통한 이주는 베트남 사회의 젠더 불균형이나 근대성에 대한 열망과 관련이 있다. 1970~1980년대 베트남의 여성인구는 급격히 증가했지만 남성인구는 줄어들었다. 전쟁으로 인한 남성 사망률이 높았고 특히 월남정부 아래에 있던 남부 지역의 많은 남성들이 해외로 이주하면서 여성들이 결혼할 수 있는 남성의 수가 심각하게 부족했다(Goodkind, 1997). 이 현상을 이중적 결혼압박(Double Marriage Squeeze)이라 부르는데 현지에서는 여성인구가 과다하여 남성 배우자 부족을 심각하게 경험한다. 또한 베트남 젊은 남성들은 군대 징집을 피해, 또는 일자리를 얻거나 유학을 위해 인근 대도시로 몰리고 도시 노동자층이 된다. 거주 지역 선택의 자유가 제한되어 있는 베트남에서 남성들은 도시 여성들과 결혼해야만 도시에 거주할 수 있기 때문에 대부분 고향에 내려가기 보다는 도시에서 배우자를 구한다. 이 결과 농촌지역에서는 여성들이 결혼하고 싶어 하는 이상적인 남성이 부족하게 되고 이러한 상황에서 결혼하지 아니한 미혼의 딸을 언제 터질지 모르는 집안의 폭탄(Bomb in a household)이라고 불을 만큼 딸의 조기결혼에 대한 부모의 기대와 압력이 높다고 한다(김현미, 2006).

<표 10-2> 베트남의 지역별 인구

(단위: 천명, %)

연도	지역별 인구					
	도 시	구성비	증가율	농 촌	구성비	증가율
1990	12880.3	19.51	2.41	53136.4	80.49	1.80
1995	14938.1	20.75	3.55	57057.4	79.25	1.17
2000	18771.9	24.18	3.82	58863.5	75.82	0.60
2005	22418.5	26.97	3.13	60701.4	73.03	0.67

출처: 김현재 재인용, 2007

김현재(2007)의 분석에 따르면 베트남 농촌인구의 도시로의 이주 추세는 <표 10-2>에서 나타난다. 베트남의 도시인구는 1990년부터 2005년까지 꾸준한 증가세 속에서 인구 구성비가 19.51%에서 26.97%로 7.46% 증가한 반면, 농촌인구의 구성비는 1990년 80.49%에서 2005년 73.03%로 7.46% 감소하였다. 가장 최근인 2005년 도시인구는 약 2천242만 명으로 역대 구성비 중 최고인 약 27%에 육박하는 등 베트남 내 도시인구의 증가와 농촌인구의 감소현상은 가속화 되고 있다. 이와 같이 베트남 농촌지역 남성의 도시로의 이주로 인한 농촌지역 내 성별 불균형 현상은 결국, 농촌지역 여성 중 상당수가 국제결혼을 택하게 하는 원인으로 작용하게 된다.

3) 빈곤탈피를 위한 수단

개혁·개방 이후 베트남 사회의 농촌경제상황은 여성들에게 불리한 방향으로 전개되었다. 베트남 남부 농촌지역의 주요한 노동자는 여성이다. 이러한 고된 노동은 어머니에서 딸에게로 이어진다. 따라서 자신의 미래가 너무나 자명하다는 것을 인식한 젊은 세대 여성들 중에는 좀 더 나은 미래에 대한 사회적 상상력을 발휘하게 되고 이 과정에서 외국인과의 결혼이 실현 가능한 대안으로 부상하기 시작했다. 실제로 한국 내 베트남 출신 여성 결혼이민자의 평균 교육연수는 상대적으로 가장 낮기 때문에 학습능력 부족으로 인하여 한국어 구사능력 등 의사소통 능력은 여타 국가 출신 여성 결혼이민자 중 가장 뒤떨어지며 이로 인하여 자조단체의 참여 역시 가장 저조하고 사회적 적응도 매우 낮다(설동훈, 윤홍식, 2005). 이는 베트남 출신 여성 결혼이민자의 상당수가 생활수준이 낮고 교육환경이 열악한 농촌지역 출신이라는 것을 반영해 주고 있다. 최근 베트남에서 한국 남성과의 국제결혼이 급증하고 있는 베트남 최대 농촌 지역인 남부 메콩델타 지역[125]은 베트남 내 문맹률이 가장 높고 대학 졸업자 비율은 가장 낮은 지역으로, 이 지역에서 한국 남성과의 국제결혼에 나서고 있는 18~25세 연령대 여성의 대부분은 초졸, 중졸 학력이 보편적이며 간혹 문맹자도 있는 것으로 알려졌다(KOCUN 사업보고서, 2007). 이처럼 메콩델타 지역에서는 이미 대만 남성과 국제결혼을 한 이 지역 출신 여성이 가족에게 경제적 도움을 주는 사례들이 발생하면서 국제결혼은 자녀를 빈곤에서 탈출시키는 동시에 가족부양의 문제까지 해결하여 줄 수 있는 효과적인 방법 중 하나라는 인식이 확산되어 있는 것으로 보이는데, 이는 베트남의 남부지역 출신 여성과 대만 남성의 결혼이 1995년부터 2002년까지 베트남에서 발생한 전체 베트남 여성과 외국인 남성의 결혼 중 86.2%의 구성비를 차지하였으며, 이 중 메콩델타 출신 여성은 전체 남부지역 출신 여성 중 89%의 구성비를 차지한 사실을 통해서도 엿볼 수 있다. 대만 남성과의 국제결혼은 이웃과 마을전체 그리고 이웃마을로까지 급속히 확대되었으며 그 결과, ′싸 다이로안(대만마을

125) 메콩델타 지역의 13개성은 안장(An Giang), 벤쩨(Ben Tre), 박리에우(Bac Lieu), 껀터(Can Tho), 까마우(Ca Mau), 동탑(Dong Thap), 허우장(Hau Giang), 끼엔장(Kien Giang), 롱안(Long An), 속짱(Soc Trang), 띠엔장(Tien Giang), 짜빈(Tra Vinh), 빈롱(Vinh Long)을 포함한다.

-Xa Dai Loan:대만인 사위를 둔 가정들의 마을이라는 뜻)'들이 생겨나는 등 메콩델타 지역은 베트남 여성의 국제결혼이 가장 많이 발생하는 지역이 되었다(김현재, 2007).

4) 한류

1992년 12월에 한국과 수교를 맺은 베트남은 한국의 경제개발 모델에 대한 관심이 높으며 최근 한국 대중문화의 인기로 일부 여성들에게 한국이 선망의 대상으로 떠오른 것도 사실이다. 베트남에서 한류의 대표주자는 드라마라고 할 수 있다. 베트남에서 한국의 드라마와 배우들에 대한 인기요인을 이한우(2002)는 1. 베트남 사람들의 문화상품에 대한 소비 욕구의 증대 2. 한국 대중문화의 상대적 우수성[126] 3. 베트남과 한국간의 문화적 친화력 4. 한국 기업의 마케팅 전략의 성공을 그 이유로 들고 있다.

3. 한-베 국제결혼의 장단점[127]

베트남에서 베트남 국민이 대만 등 외국인과 혼인을 본격적으로 시작한 것은 80년대 말이었으며 한국인과 베트남인의 결혼은 2000년대 초에 시작하여 2006년부터 2009년까지 매년 8,000명 선을 유지하고 있다. 2006년에는 12,000쌍 이상의 한-베 국제결혼이 있었으며 이중 98%가 한국 남성과 베트남 여성이었고 단지 2%만이 베트남 남성과 한국 여성의 결혼

---

126) 1. 배우들의 뛰어난 미모 2. 배우들의 자연스러운 연기력 3. 선진 문물에 대한 볼거리를 제공하는 드라마의 배경 4. 일상적인 소재로 몰입이 용이함 5. 주인공은 절대 죽지 않으며 권선징악, 해피엔딩으로 끝나는 베트남의 드라마와 다른 패턴 6. 삶의 철학을 논하는 중국 드라마와 달리 많이 생각하지 않고도 그저 즐길수 있는 가벼운 소재(이한우, 『베트남에서 "한류", 그 형성과정과 사회경제적 효과』, 「동아연구」 재42집, 2002)

127) 베트남 정부는 공식적으로 국제결혼에 대한 언급을 자제하고 있으나 2007년 3월 30일 평택대학교 다문화가족센터가 주최한 다문화가족 국제 심포지움 "미래사회의 다문화가족"에서 발표한 주한베트남대사관 팜후치(Pham Huu Chi) 부대사의 발표자료를 토대로 필자가 재구성하였다.

이었다. 지금까지 40,000명 이상의 국제결혼 가족이 탄생하였으며 그중 대부분이 5년 미만의 혼인생활을 하고 있다. 이들은 한국의 각종 도시나 농어촌에 거주하고 있지만 특히 전라남북도, 경상남북도, 충청남북도에 집중되어 있다. 한-베 국제결혼과 관련된 베트남 정부의 정책을 요약하자면 1. 국제결혼에 대한 개방정책 2. 베트남의 혼인과 가족법에 의해 베트남 국민의 국제결혼의 권리존중 3. 베트남법에 의해 남성은 20세, 여성은 18세 이상일 경우 혼인가능 4. 정신질환자나 범죄경력자에 대한 혼인 금지 등이 있다.

한-베 국제결혼의 장점으로 첫째, 유사한 문화와 생활방식이다. 동아시아 문화, 가족 지향, 유교주의, 불교 등을 예로 들 수 있다. 둘째, 외양이 비슷하다. 외모가 비슷하다보니 지역사회에 쉽게 동화할 수 있다. 셋째, 근면성실하고 어려운 일을 대할 경우 인내력이 강하다. 넷째, 한국가족 구성원이 베트남 신부에 대해 호의적이며 베트남가족(처가집 가족) 구성원을 한국 신랑가족과 동등하게 대해준다. 다섯째, 94%의 높은 출생율을 보이고 있는데 이는 필리핀(84%), 태국, 우즈베키스탄, 몽골(50%), 중국(15%)보다 높은 비율이다.[128] 한-베 국제결혼 가정의 애로사항으로 첫째, 언어장벽으로 인하여 지역사회나 가정 내에서의 접촉이나 일상적인 대면관계에서 겪는 어려움이다. 둘째, 남편과 아내 모두가 낮은 교육을 받았으며 남성의 대부분이 농업이나 어업에 종사한다. 셋째, 커다란 나이편차를 들 수 있다. 평균 11세의 차이가 있으며 20-30년 이상 차이가 나는 경우도 있다. 한-베 국제결혼의 70%가 원만하고 행복한 삶을 영위하고 있으나 20%는 경제적으로 어려움에 처해있고 신부들은 가족의 경제적 수준에 불만족한 상태이다. 또한 10%의 신부들은 남편에 의한 폭력에 시달리거나 정신적 학대를 경험하고 있다. 따라서 베트남 정부는 베트남 여성이 한국 남성과 결혼함에 있어서 베트남 여성동맹이 운영하는 결혼지

128) 혼인 2년이상이 지난 부부를 대상으로 산출한 비율이다.

원센터를 통하여 카운슬링 지원과 한국의 문화, 생활방식, 언어교육 등 사전 오리엔테이션을 실시하고 있다.

<표 10-3> 한-베 국제결혼의 장단점

장점	단점
1.유사한 문화와 생활방식 2.외양이 비슷 3.근면성실 4.한국가족 구성원이 베트남 신부 가족에 대해 호의적 5.높은 출생율	1.언어장벽 2.남편과 아내 모두가 낮은 교육 3.커다란 나이편차

제2절 한-베 국제결혼의 특징

베트남이라는 특정지역의 국제결혼을 살펴봄으로써 보편주의로 접근하는 방법을 지양하고자한다. 현재 한국에서 다양한 국적을 가진 외국인 여성과 국제결혼이 진행 중에 있으면서 모든 국제결혼이 그렇듯이 언어장벽을 뛰어넘고 상호간의 충분한 이해를 전제로 해야 하는 공통적인 어려움이 있다. 여기에서는 다른 국가와 비교하여 베트남 국적의 여성과 이루어지는 국제결혼이 갖고 있는 특징을 살펴보자. 한-베 국제결혼의 특수성을 보면 첫째 준비된 중개업의 기반이다. 대만과 베트남 여성의 국제결혼이 1995년부터 활성화되면서 2005년까지 약 10여 년간 중개업자와의 네트워크가 구축이 되어 있었는데 이들 기반이 한국과 베트남 여성으로 대체되었다는 점이다. 둘째, 베트남 신부의 숫자가 가장 많은 숫자와 비중을 차지한다. 실제로는 중국 국적의 여성이 제일 많지만 한국말이 통하는 조선족을 포함한 중국을 제외한다면 사실상 가장 많은 숫자의 베트남 여성과 국제결혼이 이루어진다. 셋째는 개인의 사적인 영역인 결혼에 대해 정부가 관여를 하고 그 결과 국제결혼이민관을 파견하기도 하였다. 넷째로는 인구사회학적인 특성을 들 수 있는데 큰 연령차이가 있고 베트남 신부들의 교육수준이 낮다는 점이다. 다섯째가 유교사상에 기반을 둔 유사한 문화와 생활방식이 존재한다는 점이다.

1. 준비된 중개업자

다른 나라와 달리 베트남 내에서 외국 남성과 결혼하려는 베트남 여성들을 모집하고 중개하는 구조가 잘 발달되어 있다. 이러한 발달은 이들 베트남 공급구조가 이미 다년간 대만 남성을 대상으로 이루어진 경험에서 비롯된다. 대만의 예를 보면 94년에 530명, 95년에 1,476명이던 베트남 여성의 국제결혼 수가 2000년에는 12,327명으로 급격하게 증가하였다. 한국의 경우 2000년 이후에 베트남 여성들의 수가 급격하게 늘어날 수 있었던 것은 바로 대만을 대상으로 여성들을 공급하던 구조가 그대로 한국 남성들에게 적용 되어 지고 있기 때문이다. 따라서 대만 중개업자의 영업형태가 한국 중개업자에게 벤치마킹되어 그대로 기반을 전수받았다고 보아도 별 무리가 없다. 즉, 중개업체들의 행태가 한국 내 본부와 현지 지사의 형태로 이루어지는 것처럼 보이지만 대부분 모두 독립적인 사업 주체라고 볼 수 있다. 한국 내 지역의 지사 또는 협력업체들은 베트남 조직에 대한 정보가 부족하므로 한국 지역 내에서 신랑후보를 모아 서울 등의 비교적 커다란 규모의 업체에게 소개하고 이 커다란 업체는 현지 지사의 형태로 한국 사람이 운영하는 사무실과 연계를 맺거나 또는 직접 베트남의 현지인과 연계를 가지고 있으며 이들을 통해 신부 후보들을 소개 받는다. 한국의 업체들은 거의 대부분 자신이 양심적이고 믿을 수 있는 업체라고 소개한다. 물론 합법적으로 제도권 내에서 영업을 하고자 하는 중개업자가 많이 있음에도 불구하고 이렇듯이 다단계 하청구조로 이루어져있고 한국 내 지사들은 대부분 독자적인 사업체인 경우가 많은 이러한 구조 속에서 일부가 양심적이라고 해서 전체적인 흐름 속에서 벌어지고 있는 폐해가 줄어 들 수 있는 구조가 아니다.

2. 최대다수 신부국가

제9장 제2절에서 살펴본 바와 같이 국적별 외국인과의 혼인에서 중국이 가장 많고 그 다음이 베트남이기는 하다. 하지만 중국의 경우 조선족은 한국말을 사용할 줄 알기 때문에 한국에 입국하여 가장 곤란을 겪고 있는 언어소통이 해결되기 때문에 실질적으로 언어소통이 어려운 국제결혼으로 볼 때 베트남 여성이 최대다수의 신부국가임을 알 수 있다. 2000년부터 2008년까지 한국남자와 외국여자의 결혼총수는 188,310쌍이다. 이 중 중국여성이 112,237명(59.6%)이고 베트남이 35,390명(18.8%)이며 필리핀(9,840명, 5%)과 일본(8,159명, 4%)의 순서이다. 다음은 국적별 이혼건수를 비교해 보자. 2002년부터 2008년까지 이혼을 한 건수를 보면 총 22,478쌍이 이혼을 했으며 이중 중국출신이 14,304명으로 63.6%이고 베트남이 3,054명으로 13.6%이며 다음이 필리핀(965명, 4.3%)과 일본(906명, 4.0%)이 뒤를 잇고 있다. 결혼건수와 이혼건수가 비례하는 것을 알 수 있다.

<표 10-4 > 국제결혼건수와 이혼건수 비교

구분	혼인건수(2000-2008)		이혼건수(2002-2008)	
계	188310	100%	22478	100%
중국	112237	59.6	14304	63.6
베트남	35390	18.8	3054	13.6
필리핀	9840	5.2	965	4.3
일본	8159	4.3	906	4.0
캄보디아	3105	1.6	306	1.4
태국	3112	1.7	-	-
몽골	3621	1.9	733	3.3
우즈벡	2356	1.3	538	2.4
기타	10490	5.6	1672	7.4

출처: 통계청 2008년자료 재구성

3. 국제결혼이민관의 파견

한국정부와 베트남 정부는 베트남 전쟁에 한국군이 참전했음에도 불구하고 베트남 정부의 도이머이 정책에 의한 실사구시 정신에 입각하여 1992년 12월 22일에 국교를 수교하였다. 한국과 베트남의 수교이후 경제적 교류확대를 통하여 양국의 친밀성이 높아가는 시점에서 2006.4.21 조선일보에서 "베트남 처녀들 '희망의 땅, 코리아'"제목으로 한국과 베트남 여성의 국제결혼에 대한 현장취재 보도가 있었으며 이 기사에서 베트남 여성을 비하한 표현이 있었던 것을 계기로 언론에서 주목받기 시작했으며, 그 후 19세 베트남 신부가 2007년 7월 갈비뼈가 18개 부러져서 죽은 슬픈 사연이 있었다.[129] 이처럼 불미스런 사건의 발생으로 자칫 잘못하여

129) 그후 2008년 3월에 대전고법에서 그녀의 남편에게 12년형을 선고하였다. 이때 베트남 언론은 12년 형량이 사건의 잔혹성에 비추어 낮다는 불만이 있기도 하였던 반면,

베트남 국민의 반한감정을 자극하고 양국 간 외교문제로까지 비화할 지경에 이르자 대통령이 결혼사증인터뷰제도 도입을 지시하게 된다. 이처럼 한국정부는 결혼이 기본적으로 개인적인 영역임에도 불구하고 국제결혼과 관련하여 결혼 전부터 정부차원의 적절한 개입을 통해 국제결혼의 폐해를 최소화하고 국제결혼 당사자 보호를 강화하려는 목적에서 국가의 과도한 개입과 관심이 있다고 할 수 있다. 더구나 국제결혼이민관을 파견하는 등 정부의 개입이 적극적인 것이었다. 국제결혼이민관은 베트남과 필리핀 2개 국가에 2007년 12월에 시범적으로 1년간 파견되었다.

4. 과도한 나이차와 낮은 학습연령

2009년도 전국 다문화가족 실태조사 연구(김승권 외, 2010)에 따르면, 베트남 여성 결혼이민자의 89.1%가 20대 연령층을 이루고 있어 전체 결혼이민자에서 20대가 차지하는 평균이 41.3%임을 고려한다면 베트남 신부는 젊은 연령층이 주류를 이루고 있다. 아울러 여성 결혼이민자와 배우자간에 큰 연령 차이를 보이고 있는데 베트남 부인과 한국 남편의 연령차이가 무려 17.0세로서 전체 평균 연령차이인 9.9세에 비해 7년이나 더 많은 차이를 보이고 있다. 아울러 결혼이민자와 배우자의 교육수준을 비교해보면, 베트남 출신 결혼이민자의 20.0%가 초등학교 이하이고, 41.9%가 중학교 졸업자로서 중졸이하의 비율이 무려 61.9%를 차지하고 있고 대학 이상의 졸업자는 국제결혼 국가 중에 가장 낮은 4.0%에 불과하다. 전체 결혼이민자의 평균을 보면 8.5%가 초등학교 이하이고 28.0%가 중학교 이하의 졸업생이며 대학이상은 20.8%임을 고려해 본다면 베트남 출신여성의 학력이 가장 낮은 것을 알 수 있다.

한국 법원이 사건의 전모를 분석하여 국제결혼으로 야기되는 문제점에 대한 인식과 책임을 일깨운 만족할 만한 판결이라는 양면성을 가진 논조로 보도된 바 있다.

5. 유교사상의 영향

한국과 베트남 사회에서 유교문화의 영향은 부모와 가족 그리고 사회적 관계에서 많은 영향을 미치고 있다. 유교주의 영향으로 인하여 사회 속에서 일정한 역할과 책임을 수반하도록 질서가 형성되어 있는 것이다. Marriages of Convenience(Do 외, 2003)에 따르면 유교사상이 강조하는 점을 네 가지로 설명하고 있는데 조화, 효, 의무 그리고 운명사상이다. 첫째, 조화사상은 혼돈의 반대개념으로 혼돈 속에서는 진정한 인간성이 없다고 강조한다. 특히 여성은 남성에 비해 가족과 지역사회에 대한 조화로운 관계가 더 많이 기대되어진다. 둘째, 효사상이다. 공자사상에서 자식과 부모를 묶어주는 매우 강력한 가치를 가지고 있는데 이는 죽은 이후에까지 영향을 미친다. 효사상은 자식이 부모에 대해, 혈족 직계조상에 대해 가문의 이름으로 평생에 영향을 미치는 것이며 나이든 사람에 대한 예의를 갖추도록 강조한다. 베트남에서 효사상은 긍정적인 면과 동시에 부정적인 면도 함께 갖추고 있으면서 아직도 강력한 통제수단이 되고 있다. 한국에서도 효사상이 아직까지 강력하게 영향을 미친다고 볼 수 있다. 한국 남성에 있어서 아들은 나이가 들어가는 부모를 섬기고 돌보아야 하는데 며느리도 그와 같은 역할을 기대 받는다. 그런데 아들이 며느리 역할을 할 사람이 없을 경우 한국의 영역 밖에서 며느리를 찾게 되는 이유가 되며 국내에서 신랑은 점점 나이가 들면서 결혼시장에서 경쟁력이 떨어져가는 경우가 많다. 셋째, 인간관계에서의 의무감이다. 유교사상에서의 의무감은 기본적으로 5개의 기본적인 관계로 형성된다. 인생에 있어서 대인관계를 5가지로 정리하여 서로 지켜야할 의무로 규정되어 있는데 부자(父子: 부모와 자식), 군신(君臣: 임금과 신하), 부부(夫婦: 남편과 아내), 장유(長幼: 어른과 어린이), 붕우(朋友: 친구)의 관계와 이와 대응해 친(親), 의(義), 별(別), 서(序), 신(信)을 규정하고 있다. 넷째, 운명주의이다. 유교에서는 인간의 운명이 미리 결정되어져 있다고 생각한다. 관상을 보는 사람은 그들의 사업운이나 결혼운세를 미리 점치기도 한다. 여자의 운명은 아버지, 형제, 남편 및 아들 등 남성에 의해 좌우된다고 생각하며 그것을 운명이라고 하는 것이다. 운명은 통제권 밖에 존재하며 설령 결혼생활이 재앙일지라도 운명이라고 여긴다. 이상에서 살펴본 바와 같이 유교주의 안에서 성별문제는 가부장 문화를 확대 강화시키므로 진정한 남녀평등은 성립되지 못한다. 남성은 태어나는 순간부터 여성에 비해 선호되고 높이 평가된다는 점이다. 이러한 성별 문제는 어떠한 결혼관계에서도 해결되어야 하며 특히 국제결혼에서는 서로 다른 문화로 인해 더더욱 여성에게는 획득하기 어려운 일이다.

제3절 각국의 국제결혼정책

1. 한국

국제결혼에 대한 우리정부의 정책은 한 마디로 표현하자면 사회통합지원정책이라고 할 수 있다. 따라서 한국의 국제결혼정책은 2006년부터 시작되었다고 볼 수 있다.[130] 한국에서 국제결혼은 '90～'05까지 총 250,000명의 한국인 결혼신고, 이중 64%가 한국남성과 외국인 여성과의 결혼이다[131]. 국제결혼은 국가의 관심분야가 아닌 개인영역으로 여겨지고 있으나

130) 범 정부적인 차원에서 2006년 4월에 사회통합대책이 발표되었기 때문이다. 하지만 NFL MVP 하이즈 워드의 방한을 계기로 여론에서 집중적인 관심을 갖게된 요인이 되었다.

131) 실제 통계청자료 분석결과 '90～'05까지 총 240,755명이 신고, 이중 한국남성과 외국여성은 66%인 159,942명이었으며, '06년을 포함하면 280,451명의 혼인신고와

'시민권'의 문제와 결부되어 사회적 동화를 지원하기 위해 의도적으로 외국인 신부의 유입에 대하여 정부가 관여하고 있으며 97년도의 국적법 개정과 2006년도 사회통합대책이야말로 다원화사회로의 진일보된 이정표적인 정책이 되었다. 그동안에 1996년, 2002년 이후 등 2번의 피크가 있었다. 1차는 조선족의 급증, 위장결혼과 IMF로 인해 주춤하다가 1999년 8월에 중개업을 자유 업종으로 전환[132]하면서 2002년 이후 급증하였다. 베트남은 2000년부터 본격적으로 시작하여 2006년부터 2009년까지 매년 8,000여명이 결혼하여 4만 명 이상이 결혼을 하였다. 1차 피크는 동일한 민족성을 배경으로 하여 조선족이다. 2차 피크는 베트남과 필리핀 여성을 중심으로 이루어 졌으며 최근에는 국적문제와 연계되는 점이 가장 이슈가 대두되고 있다. 종합대책 주요내용을 보면 외국인 신부의 사회 통합과 다문화사회의 실현을 비젼으로 내세우고 있다. 이를 실현할 수 있는 세부 정책으로 중개업자 규제, 가정폭력 희생자 지원, 신규정착을 위한 지원, 학교에서의 자녀교육, 사회보장 제공, 다문화 인식개선 등을 담고 있다. 이미 앞에서 자세히 언급하였으므로 본책의 제7장 제2절을 참조하기 바란다.

68%인 191,150명의 한국남성과 외국여성의 혼인로 보아 통상 7:3의 비율을 유지하고 있다.

132) 결혼중개업 관련 법령 연혁은 『가정의례에 관한 법률』 전문개정('73.3.13)을 통하여 법제5조(의례식장등 영업)제1항 : 결혼상담 또는 중매행위를 하는 것을 업으로 하는 자는 보건사회부장관의 허가를 받아야 한다.고 규정하여 결혼중개업의 허가제를 도입하였고, 이어서 『가정의례에 관한 법률』 개정('93.12.27)으로 법제5조(의례식장등 영업)제1항 : 결혼상담 또는 중매행위를 하는 것을 업으로 하고자 하는 자는 시장·군수·구청장에게 신고하여야 한다.고 규정하여 행정규제 완화 차원에서 결혼상담업의 영업제도를 신고제로 개선하였다. 이번에는 근거법 폐지로 인한 자유업으로 전환하게 된다. 즉 『가정의례에 관한 법률』 폐지 ('99.2.8)로 신고제에서 자유업으로 전환한다. 국제결혼 증가에 따른 인신매매성 위장결혼, 사기결혼, 허위정보제공에 따른 피해증가를 제안사유로 인하여 국제결혼중개업을 포함한 결혼중개업 관리 법률이 제정('07.12.14)을 통하여 '08.6.15부터 동법이 시행되었다.

2. 대만[133)]

1) 대만 국제결혼의 현황

대만의 전체 결혼에서 국제결혼이 차지하는 비율이 각각 25.2%('00), 29.5%('01), 27.4%('02)이며 남아선호사상으로 인한 성비불균형으로 남성이 더 많은 인구학적인 특성을 보이고 있다. 특히 국제결혼을 하는 남성의 경우 저학력자가 많고 나이든 사람이 많다는 특성을 보이고 있다. 1990년대 중반부터 제도화된 국제결혼중개업자의 출현으로 국제결혼이 활성화되기 시작하였다. 대만에서는 '93년부터 국제결혼이 시작되었고 '95년경부터 국제결혼중개업자의 개입이 시작되었다. '99년부터 국제결혼자의 숫자가 급증하면서 인터뷰를 위한 대기시간이 1년 이상 소요되었으며 대만정부는 인터뷰 시간단축을 위해 종전의 개별면접에서 집단면접으로 정책을 변경하여 실시하게 된다. 이때 통상 하루에 70쌍~120쌍 정도를 인터뷰하면서 '00~'04년 사이에는 연간 11,000~14,000쌍씩 결혼을 하여 베트남 여성의 대만입국이 절정기에 이르게 된다. 그 후 대만 내에서 국제결혼으로 인한 여러 가지 문제점들이 사회적인 이슈로 부각되기 시작하면서 2004년부터 사회문제로 인식, 국제결혼이민자의 국내정착 지원을 위한 각종 제도마련이 시작된다. 대만도 역시 우리와 비슷하게 인신매매성 결혼, 중개업자의

---

133) 대만의 국제결혼에 대한 연구 논문으로 Melody Chia-Wen Lu, (2005년)가 발표한 "상업적인 중매결혼 이주 : 대만 국제결혼 사례" 가 있다. 여성 노동이주, 인신매매, 상업적 결혼 문제를 동일 분석의 틀로 혼합하는 경향과 이러한 문제의 근본적인 원인을 시장중심적 경제에서 노동의 국제화 분야와 성의 정치·경제적인 요인을 동일시(Piper 1999)하는 논문이 있다. 또한 무역관계, 무역의존, 자본의 흐름과 상업적 결혼과의 관계가 직접적인으로 연결되어 있다는 발표(Hsia 2002)가 있으며, 거시적 요인들이 증명될 때마다 결혼이주의 상업화는 지구화의 산물이라는 결론을 내리고 있다. 이들 논문은 선진국화 후진국의 간극이 확대되고, 부국 국가내 계급화와 성적 불평등을 더욱 확대·심화시키고 있다고 본다. 또한 상업적 국제결혼은 여성과 결혼을 상업화하고, 여성을 취약하며 착취당하는 상황으로 위치시키는 것으로 대부분 학자가 동의하고 있다.

폭리, 신부 집단합숙, 이윤목적 중개업에 대한 베트남의 불법화, 배우자에 대한 허위정보 제공 등의 문제가 대두되었다. 그러자 이번에는 외교적으로 양국 간의 문제로 비화될 가능성이 제기되자 대만정부는 2005년 1월부터 혼인의 진정성을 강화한다는 명목으로 심사를 강화하게 된다. 즉 집단면접 방식을 다시 개별인터뷰 방식으로 변경하고 이때부터는 신랑과 신부 등 부부 모두가 참석하게끔 변경하였다. 이러한 심사강화의 영향으로 '05~'07년까지 3년간에는 종전의 1/3수준인 연간 3,200~3,700쌍으로 감소 추세에 있다. 아울러 2005년 10월부터 출국전 사전교육을 대만영사관에서 실시하고 있으며 교육이수를 의무화하고 있다.

<표 10-5> 한국과 대만의 거주사증발급 현황 비교

(단위 : 건)

구분		'00	'01	'02	'03	'04	'05	'06	'07
한국	호치민	83	104	354	1,436	2,108	3,846	6,863	6,001
	하노이	-	-	46	166	281	720	1,666	1,955
소계		83	104	400	1,602	2,389	4,566	8,529	7,956
대만		13,863	12,417	13,743	11,358	12,202	3,697	3,226	3,389

출처 : 내부 자료

2) 한국과 대만의 비교

다음으로 한국과 대만의 공통점을 살펴보기로 하자. 양국 정부는 대외적으로 결혼이 사적인 영역이라는 인식아래 국제결혼에 대해 정부차원에서 특별히 권장하거나 금지하는 정책을 펼치고 있지는 않다. 국제결혼의 특성은 내국인끼리의 결혼과 달리 순수하게 개인적인 일로 치부할 수는 없다. 결혼은 私的 영역이지만 비자발급은 公的인 영역이라는 특성을 가지고 있다. 결혼하는 남성의 대부분은 국내결혼 시장에서 소외된 계층이며 국제결혼중개업자 횡포나 사후관리 등의 문제로 고민하고 있다. 실제로 국제결혼 중개업자의 수수료 징수는 한국보다 약간 저렴한 것으로 파악되었다. 대만 6,000~8,000USD, 한국 10,000~15,000USD 내외이다. 그리고 자국 내 입국 전 사전교육의 필요성에 대한 인식을 일치하고 있다. 따라서 저비용 고효율로 조속한 현지생활 적응을 위한 정보를 제공하고 본국에 대한 베트남 사회의 인식개선에 기여하고자 노력한다는 사실이다. 그러나 양국의 다른 점도 있다. 대만 영사관[134)]의 경우 결혼인터뷰 담당 영사가 5명이나 된다. 그러나 한국은 비자영사 1명이 담당하고 있다. 대만은 2005년 1월 이후 개별인터뷰(One by One)를 실시하고 있는데 대만 영사관의 영사정원이 16명이며, 개별인터뷰로 전환하면서 전담 영사가 5명이 담당하고 있다. 이들 영사들은 자신의 고유 업무를 담당하면서 국제결혼의 인터뷰를 담당하고 있는 것이다. 또한 번역과 사전교육을 위한 행정원 2명이 지원하고 있다. 대만은 한국과 달리 先베트남 혼인신고, 後대만 혼인신고 정책을 고수하고 있다. 물론 한국은 순서에 무관하다. 이러한 先베트남 혼인신고, 後대만 혼인신고 정책을 우리도 도입하는 것이 바람직하다. 왜냐하면 베트남에서 혼인신고를 할 경우 시간이 오래 소요될 뿐 아니라 소위 말하는 급행료를 각 성의 법무청 공무원에게 지급한다는 명목으로 현지 중개업자가 국내의 신랑에게 계약금액 이외에 추가로 댓가를 요구하는 경우가 많을 뿐만 아니라 한국에서 먼저 혼인신고할 경우 베트남에서 혼인신고가 성사되지 않을 경우 국내의 남성에 대한 호적서류 및 혼인관련 각종 신분증명서류의 정리에 적지 않은 고통이 따르게 되므로 사전에 이러한 문제점을 예방할 수 있는 제도적 안정장치가 될 수도 있기 때문이다. 또한 대만은 우리나라와 달리 대만에 입국하여 혼인신고를 하도록 하고 있으며 이때 혼인신고 당시에 신랑·신부 양자 모두의 참석을 의무화하고 있다. 다음은 대만의 국제결혼 절차

134) TECO를 편의상 영사관으로 칭한다.

를 정리해 보자. 영사관 공증→사전인터뷰 실시[135]→베트남 정부 혼인승인→비자인터뷰→출국 전 교육실시→대만 내 혼인신고의 순서로 진행된다. 아울러 출국 전에 사전교육을 수료할 것과 부부가 동시에 사전교육의 이수를 의무화하고 있다. 대만의 사전교육을 설명하자면 대만 사무소 강당에서 교육을 실시하는데 일반적으로 90분~120분정도가 소요 된다. 통상 오전에 인터뷰 통과자를 대상으로 오후 3시부터 교육을 실시하고 있으며 주요내용은 국제결혼 이해, 대만의 풍습·환경·습관, 긴급 상황 시 대처요령, 이민자를 위한 관련법 등을 설명한다. 국제결혼이민자를 대상으로 하는 교육용으로 제작된 20여 종류의 CD가 있으며 제작은 首相部(한국의 총리실과 유사)에서 담당한다. 교육진행을 위해 관계분야 전문가·통역·관리인 등을 배치하고 교육전문가와 통역 2인이 1조로 운영하고 있으며 총 2개조로 구성되어 있다. 운영예산은 특별기금으로 10년간 1억USD 재원이 마련되어 있고 1년간 지출 가능한 예산이 1,000만USD이므로 교육관련 각종 훈련경비는 전액 국가예산으로 충당하고 있다. 2007년과 2008년도에 국제결혼이 많이 이루어지고 있는 동남아시아 특히 베트남과 필리핀에서는 현지에서 한국으로 입국하는 베트남 신부를 대상으로 실시하는 교육에 가족업무를 담당하는 보건복지가족부의 정부예산 지원이 없었다.[136] 따라서 대만의 정부지원은 우리나라에 시사점을 제공해 준다.

3) 대만 경제문화사무소(TECO)[137]

---

135) '07.9에 General Director Sonny Chen이 이임한 이후에 사전인터뷰는 폐지되었다. 폐지사유는 대만의 국제결혼중개업자의 대만 국회의원 로비와 관련된 것으로 판단된다. 결국은 국내의 이해집단에 의해 희생양이 된 경우이며 총영사는 소신을 가지고 최일선에서 국익을 위해 최선의 노력을 다했으며 대만 영사는 그러한 상사를 모시고 일하게 된 것을 자랑스럽게 생각하고 있다고 저자에게 귀뜸하였다.

136) 2007년과 2008년도에는 KOICA에서 각각 1억원씩 총 2억원을 출국전사전 정보제공 프로그램에서 장소임차료 명목으로 일부 지원하였다.

137) TECO는 Taipei Economic and Cultural Office의 약자이다. 본인은 호치민 소재 대만 경제문화사무소(TECO)를 방문하여 국제결혼을 담당하는 대만의 영사들과 접촉하였다. 주로 만나는 관계자는 장취분(張翠芬) 副處長, 양등사(楊登仕) 組長, 가옥령(柯玉鈴) 國際結婚移民官 등 이다. 대만과 국교가 단절되어 있는 관계로 공식적 만

대만은 결혼중개업자에 대한 규제를 목적으로 중개업자에 대해 허가제를 도입하여 실시하고 있다. 국제결혼의 부정적인 문제가 대두되어 현재 정부에서 더 이상 추가로 허가하지 않고 있으며, 우리나라의 경우와 같이 결혼중개업자에 대한 규제를 위한 관련 법령은 존재하지 아니한다. 대만의 비자인터뷰 특징은 매우 엄격하다는 점이다. 인터뷰 소요시간은 통상 40분~1시간정도 소요되며 영사의 사무실에서 인터뷰를 실시하는데 남녀에 대하여 공동심사 및 분리심사를 병행한다. 대만 영사관에서는 인터뷰의 거부비율(Ratio of rejection)이 통상 35%이상을 유지하고 있는데 이는 정책적인 판단에서 비롯된 것이다. 2008년 현재 대만내 외국인과 결혼한 숫자가 400,000명에 육박하고, 이중 베트남 여성이 25% 정도인 약100,000명을 차지하고 있으며 베트남 정부는 현재 수준을 적정하다고 판단하여 신규진입을 규제[138)]하고 있다. 적어도 언어적응이라는 측면에서 볼 때 대만에서는 한국에 비해 베트남 여성의 국내 정착 어려움이 상대적으로 적은 것 같다. 성조 언어의 특징 및 중국과 베트남의 유사한 문화차이로 한국에 비해 상대적으로 초기 정착 시 문제가 덜 심각하다. 따라서 2세 교육 및 양육을 위한 사회적 비용이 적게 소요된다. 따라서 대만 사례를 통한 우리나라에 대한 시사점을 검토해 보기로 하자. 첫째, 사전인터뷰제의 도입이 필요하다. 현재 실시중인 단체인터뷰를 지양하고 개별인터뷰로 전환하는 것이 바람직하다. 흔히 개별인터뷰는 사전인터뷰와 비자인터뷰로 구분한다. 사전인터뷰는 혼인의 진정성 및 위장결혼 여부를 파악하는데 중점을 두고 있으며, 비자인터뷰는 혼인등록 이후에 실

남보다는 개인적인 친분을 형성하여 접촉을 하였고 주로 한국 식당으로 초대하여 점심시간을 활용한 면담이 많았다. 이들과의 만남은 이미 선례가 있는 대만을 사례를 들어 벤치마킹이 주 목적이었으며 대만측도 한국의 국제결혼 정책에 많은 관심을 보이고 있었기에 양국 간 국제결혼관련 정보 교류와 특히 한국에서 국제결혼이민관이라는 외교관을 별도로 파견하게 된 것을 부러워하고 있었다. 이 만남을 계기로 네트워크 구축 및 공동관심사 등 현안에 대한 논의가 활발하게 진행되었다.

138) 신규진입 규제를 Bottleneck 현상으로 표현하기도 한다. 대만정부의 적정한 수요와 공급을 정책적으로 조절하고 있다.

시하는 시간적인 특성 때문에 사진첨부, 증빙서류 구비 요건 등 형식적인 요건을 강화한다는 점에서 차이가 있다. 따라서 사전인터뷰 실시로 혼인의 진정성 여부를 파악하기 위한 사전단계의 도입이 필요하며 행정 인력의 지원이 아울러 병행되어야 할 것이다. 둘째, 출국 전 교육의 프로그램에 대한 정부예산 지원이 있어야 한다. 현행 KOICA에서 일부 지원하고 있으나 궁극적으로 정부예산으로 지원하는 것이 바람직하다. 현지 출국 전 교육은 비용효과적인 측면에서 보더라도 저비용 고효율로 국민 통합을 위해 한국에 연착륙할 수 있는 현지 정착을 위한 사전 단계로서 매우 중요하다. 셋째, 결혼당사자의 양자 직접인터뷰를 추진해야 한다. 혼인의 진정성 여부를 판단하기 위해 인터뷰 제도 도입이 바람직하다. 넷째, 국제결혼관련 각종 교육교재의 창구 일원화가 필요하다. 국제결혼과 관련하여 입국 전 정보제공을 목적으로 한국에서 제작된 정부 간행물에 대한 정보의 체계적 관리 및 지원이 요구된다. 다섯째, 국제결혼관련 적정규모에 대한 체계적 검토 필요하다. 이는 정부가 개입하여 국제결혼의 숫자를 통제하는 의미도 되겠지만 정책적인 판단이 필요한 영역이라고 여겨진다. 적정규모의 노동인구에 대한 논의와 병행하여 국제결혼의 적정규모에 대한 국민적 합의를 위한 논의가 필요한 것이다.

3. 필리핀[139)]

1) 가족법(The Family Code)

필리핀의 가족법에 결혼절차가 규정되어 있다. 즉, 미혼증명서 발급→결혼허가 신청(10일 공고기간)과 발급→결혼식과 결혼증명서 서명의 순서로 진행된다. 첫째, 미혼증명서 발급이다. 필리핀인과 결혼하려는 외국인은 본인이 혼인을 할 수 있다는 법적 증거, 즉 미혼증명서 등을 제시하

139) 필리핀에 파견되었던 국제결혼이민관 장미경 영사의 협조를 받았다.

여야 하며 이와 같은 서류는 자국 대사관, 영사관등으로부터 발급받을 수 있다(가족법 21조). 필리핀인의 경우 출생증명서가 필요하며 통계청(National Statistic Office, NSO)에서 발급받을 수 있는데 출생증명이 없는 사람의 경우는 사후출생신고 수속 등을 해당 관청에서 진행하여야 한다. 필리핀인은 18세미만은 결혼할 수 없고 18세 이상 21세미만인 경우 부모의 동의서(Parental Consent)가 필요하며, 21세 이상 25세미만인 경우 부모의 인정서(Parental Advice)가 필요하다(가족법 14조 및 15조). 결혼 당사자 중 한쪽이 부모의 동의서 혹은 인정서가 필요한 연령인 경우는 결혼허가신청서를 접수할 시청(municipal/cityhall)에서 결혼상담과 가족계획세미나 수료증(Certificate of Attendance in pre-marital counselling and family panning seminar)을 결혼 허가서 신청 시 함께 접수해야만 한다(가족법 16조). 이를 따르지 않을 경우 허가서의 발행이 3개월 이상 늦어진다. 둘째, 결혼허가서(Marriage Licence)신청과 발급단계이다. 결혼허가서 신청을 위해 필요한 서류가 구비되면 필리핀인 배우자가 거주하는 지역의 지방민사등기사무소(Local Civil Registrar)에 결혼허가신청을 해야 하며, 사무소는 결혼허가서를 신청한 이의 성명, 주소, 그 외의 허가서 신청 시 기재한 내용을 10일간 공지하고(가족법 17조), 공지가 나간 후 결혼에 대한 이의가 접수되지 않을 경우 신청일로부터 10일이 지나면 결혼허가서가 발급되는 것이다. 따라서 필리핀인과 결혼하기 위하여 입국한 외국인은 결혼허가서가 발급될 때까지 최소한 10일이상은 기다려야 된다. 결혼허가서는 필리핀 각 지역에서 유효하며, 발급후 120일 동안 유효하다(가족법 20조). 허가서 발급은 결혼이 성사되었음을 의미하는 것이 아니라 단지 결혼할 수 있는 허가를 받았다는 의미하는 것이다. 셋째, 결혼식과 결혼증명서(Marriage Certificate) 및 결혼계약서(Marriage Contract and Security Paper) 서명의 단계이다. 필리핀에서는 결혼식을 거행할 수 있는 권한이 있는 자가 법률로 정해져 있어 현직 법조인인 판사, 재판관이나 목사, 신부 등의 종교관계자만이 결혼식을 거행할 수 있도록 되어있다(가족법 7조). 결혼 당사자는 2명이상의 증인 앞에서 결혼증명서에 서명하고 결혼증명서는 4부가 작성되어 당사자와 결혼식 거행 담당관에게 각각 1부씩, 나머지 2부는 혼인식을 올린 지역의 해당관청에 송부되어 이것을 수령한 지방민사등기관이 1부는 보관하고 다른 1부는 통계청(NSO)으로 보낸다.

2) 국제결혼관련 법령

(1) 우편주문 신부 금지법

필리핀에서는 우편주문 방식이나 개인적인 소개의 방식으로 필리핀 여성과 외국인과의 결혼을 알선할 목적으로 사업체를 설립하거나 사업을 하는 행위, 즉 국제결혼 중개 사업은 우편주문 신부 금지법 (Anti-Mail Order Bride Law)에 의하여 불법으로 규정되어 있다.[140)]

(2) 인신매매 방지법

2003년 공포된 인신매매 방지법 (Anti-Trafficking in Person Act of 2003)에 의하면 인신매매는 "성매매, 포르노, 성적 착취, 강제노동, 노예,

---

140) 제2조) 다음의 사항은 불법으로 선언된다.

(a) 자연인, 법인, 협회, 단체 또는 기타 결사체가 직·간접으로 다음의 행위를 저지르는 것

(1) 우편주문방식이나 개인적 소개의 방식으로 필리핀 여성과 외국인과의 결혼을 알선할 목적으로 사업체를 설립하거나 사업을 하는 행위

(2) 전술한 금지된 행위들을 조장할 목적으로 소책자등의 선전물의 광고, 출판, 인쇄, 배포를 하는 행위

(3) 필리핀 여성으로 하여금 영리를 위해 우편주문방식이나 개인소개를 통해 외국인과의 결혼 알선을 목적으로 하는 단체나 협회의 회원이 되도록 소개, 유혹, 등록, 권유하는 행위

(4) (1)항에 의해 금지되는 행위들을 조장하기 위해 우편서비스를 이용하는 행위

(b) 신문, 잡지, TV, 라디오 기타 미디어 또는 광고·출판사 등의 광고담당자또는 담당관리자등이 고의로 앞에 언급된 금지된 행위들을 허용하거나 동의하는 행위

제4조) 위의 금지된 행위를 범하여 법원으로부터 유죄판결을 받은 자는 6년이상 8년 이하의 징역 및 8,000페소이상 20,000페소이하의 벌금에 처해진다.위반자가 외국인인 경우,복역종료 및 벌금납부 후 즉시 강제퇴거되어영원히 입국이 금지된다.

강제노예 또는 채무노예를 목적으로 사람을 매매, 제공, 또는 거래를 위하여 실제이든 위장이든 혼인을 제안하거나 계약하게 하는 행위"로 정의하고 있으며 이런 행위를 하는 사람이면, 개인 혹은 법인에 관계없이 누구나 불법이라고 규정하고 있다. 따라서 국제결혼 중개행위의 경우도 인신매매 혐의로 강력하게 중범죄로 처벌하고 있다.

3) 한국행 거주비자(F-2) 발급 현황

(단위: 건)

구분	1	2	3	4	5	6	7	8	9	10	11	12[141)]	계
발급건수	106	104	116	115	164	123	177	105	169	161	164	56	1,560
불허건수	0	2	11	1	0	0	0	0	1	0	0	0	15

출처 : 내부 자료

비자가 거부되는 사례는 입국규제자, 위·변조서류가 접수된 경우(예, 필리핀 배우자의 사망진단서 위조), 국내 출입국관리사무소 국제결혼 실태조사에서 결혼의 지속이나 진정성이 의심되는 것으로 통보된 경우 등이며, 일부 서류 보완을 위해 장기간 보류중인 경우도 있다.

4) 필리핀대사관에서 국제결혼을 위한 비자발급 절차

(1) 영사 면담 후 미혼증명서 발급

국제결혼을 하고자 하는 경우 미혼증명서(Legal Capacity)가 필요하다. 국제결혼 신청자는 미혼증명서를 신청할 경우 반드시 배우자와 같이 영사면담을 실시하여 필요한 결혼정보를 사전에 제공하여야 한다. 영사면담[142)]은 1 대 1 인터뷰 형식은 아닌 집단면접으로서 당일에 미혼증명서

141) 2008년도의 12.10까지의 실적이다.

142) 영사면담시에 1. 결혼인터뷰 기초자료 2. 비자신청서(APPLICATION FOR VISA) 3. 언약서(SWORN STATEMENT) 4. 초청장 5. 미혼증명서 발급시 영사면담 확인증 6. 민원신청서 등을 작성하여 제출해야 하고 이외에 준비서류로는 1. 한국인 여권

신청자 전부를 한 번에 모아서 진행하며 간단한 질문, 경험자의 경험담, 국제결혼 당부사항, 문화적 차이, 국제결혼 피해사례 등을 소개하는 형식으로 진행된다. 이때 영사는 재량권을 행사하기도 하는데 예를 들면 미혼증명서를 발급하고 내부적으로 제출된 혼인관계증명서 등에 이미 국제결혼을 1회 이상 했던 경우 등 혼인의 진정성이 의심되는 경우는 본국 출입국관리사무소에 국제결혼 실태조사를 의뢰하며 이 조사결과가 회신오기까지는 짧게는 1~2달, 길게는 6개월 이상 소요되는 경우도 있다.

(2) 결혼허가신청

미혼증명서를 발급 받은 후 필리핀 배우자의 거주지 시청에 결혼허가 신청을 한다. 필리핀은 이혼이 허용되지 않으므로 시청에서 사전에 결혼 적격여부를 심사하고 있기 때문이다.

(3) 국제결혼 절차 및 혼인신고

① 영사관에서 발급받은 미혼증명서를 가지고 결혼허가 신청 후 시청에서 10일간의 결혼 공고기간을 거쳐 결혼에 대한 이의제기가 없을 경우 결혼허가서(Marriage License) 발급 및 수령

② 결혼식 거행

③ 필리핀 배우자가 통계청(NSO)에서 2-3주후에 결혼증명서 수령

④ 결혼증명서(NSO) 원본을 가지고 영사관에서 공증[143]을 받고 공증 받은 결혼증명서(NSO) 원본을 한국인 배우자에게 국제우편 등으로 발송

⑤ 한국배우자는 국제우편으로 받은 결혼증명서(NSO)원본을 한글로 번역공증하여 국내 호적관서에 혼인신고

원본 및 여권(사진면) 복사 2부 2. 한국인 혼인관계증명서 사본 2부 3. 필리핀 배우자 여권사이즈 사진 1매 4. 필리핀 배우자 여권원본 및 여권(사진면) 복사 1부 등이 필요하며, 여권이 없을 경우 다른 신분증명서 원본 및 사본 1부을 제출하되 추후 여권을 제출하여야만 비자를 받을 수 있다.

143) 대사관에 신청하되 한국인이 아닌 필리핀 배우자도 신청이 가능하며 결혼증명서(NSO) 공증시 구비서류는 1. 민원신청서 2. 결혼증명서 원본 및 사본 3. 여권사본 4. 수수료(100페소) 등이며 접수후 3일정도 소요된다.

⑥ 필리핀 배우자성명이 기재된 혼인관계증명서(한글 본)를 발급받아 다시 필리핀 배우자에게 국제우편 등으로 발송

(4) 사전 오리엔테이션

국제결혼한 필리핀 배우자는 한국입국에 필요한 비자 준비 서류를 진행하면서 CFO(Commission on Filipinos Overseas) 사전오리엔테이션[144] 및 상담절차

(5) 비자신청

대사관에 미혼증명서 발급 시 발행된 접수증과 함께 제출하여 비자를 신청하고 발급을 받으면 그 후 한국에 입국하게 된다. 이때 CFO 교육이수증 원본도 함께 제출한다. 과거에 필리핀배우자와 결혼한 사실이 있는 경우에는 필리핀 정부(NSO)에서 발행하는 '혼인해소결정서'를 비자신청 시 제출토록 하고 있다. 통상 접수 후 5일이면 배우자 비자(F-2)가 발급되며 비자발급 후 필리핀 CFO에 가서 출국스탬프를 받아야 출국이 가능하다. 한편 필리핀대사관에서는 2008년 7월 1일부터 한국인 결혼 신청자가 상대 배우자의 성장배경, 가족사항, 성격, 결혼의 진정성 등을 확인할 기회를 주고 필리핀인 배우자는 상대 한국인의 성격, 성실성 등 국제결혼 능력자인지 여부 등을 확인할 수 있는 기회를 주어 성공적인 국제결혼을 유도하고 있다. 다른 국가와 달리 필리핀에서 남성이 최소한 10일 이상 체류자[145]에 한하여 결혼 비자 심사를 진행하고 있다.

144) CFO(Commission on Filipinos Overseas:해외동포위원회)오리엔테이션이란 필리핀 외교부 산하 CFO에서 외국인과 결혼하는 필리핀인에 대해 출국 전 CFO 오리엔테이션 및 상담을 의무적으로 받도록 하고 있으며, 필리핀인 배우자가 배우자 자격(F-2)의 비자로 출국하고자 할 경우 CFO 교육이수증이 없으면 이민국에서 출국을 허용하지 않고 있다.

145) 대사관에서 정한 내부방침이며 남성의 필리핀 체류기간은 일시 또는 여러번 분할하더라도 유용하되 종합적으로 10일 이상이면 족하다. 이러한 내부방침은 법무부에서 일괄적으로 정한 것이 아니고 주재국 실정에 맞게 현지 대사관에서 자체적으로 정한 것으로서 베트남의 경우에는 이러한 제한규정이나 방침이 없다.

제11장 국제결혼관련 법령

제1절 한국의 국제결혼 관련법

결혼이민자에 대한 국가의 법적 보호문제는 결혼을 목적으로 국내에 유입되는 전 과정을 대상으로 하여야 한다. 현행 국내에서 결혼이민자와 관련하여 관련된 법으로는「대한민국 헌법」,「재한외국인 처우 기본법」,「다문화가족지원법」,「국적법」,「출입국관리법」,「재외동포의 출입국과 법적지위에 관한 법률」,「결혼중개업의 관리에 관한 법률」 등이 있다.

1. 결혼이주민의 법적개념

「재한외국인 처우 기본법」은 제2조 제3호에서 결혼이민자를 "대한민국 국민과 혼인한 적이 있거나 혼인관계에 있는 재한외국인"이라고 정의하고 있다. 여기서 재한외국인이란 "대한민국의 국적을 가지지 아니한 자로서 대한민국에 거주할 목적을 가지고 합법적으로 체류하고 있는 자"를 말한다(제2호). 재한외국인 처우 기본법을 기초로 제정된 다문화가족지원법은 제2조 제2호에서 "결혼이민자 등"이란 다문화가족의 구성원으로서 재한외국인 처우 기본법 제2조 제3호의 결혼이민자, 국적법 제2조에 따라 귀화허가를 받은 자 중 어느 하나에 해당하는 자라고 규정하고 있다. 즉 국제결혼의 형식으로 국내에 유입되어 체류하고 있는 대한민국 국적을 취득한 자 뿐만 아니라 취득하지 못하고 있는 자 등을 포함하여 결혼이주민이라고 할 수 있을 것이다. 따라서 이들은 외국인 지위를 가지는 그룹과 대한민국 국적을 취득한 대한민국 국민으로서의 지위를 가지는 그룹으로 대별된다. 오늘날 한국사회에서 많은 문제를 야기하고 있는 것은 대한민국 국적을 취득하기 이전의 결혼이주 여성과 관련된 것이 대부분이다. 이처럼 아직 대한민국 국적을 취득하지 못하고 있는 결혼이주 여성은 여전히 외국인으로서 우리 법체계의 지위를 가지고 있다. 이에 대하여 헌법 제6조 제2항에서 "외국인은 국제법과 조약이 정하는 바에 의하여 그 지위가 보장 된다"고 규정하고 있다. 이에 따라 외국인으로서의 결혼이주여성은 국제법과 조약이 정하는 바에 의하여 우리법체계에서 그 지위가 보장된다.

2. 결혼이주여성 보호법률

결혼이주 여성 및 자녀와 그 가족의 보호를 위하여 제정된 법률로는 재한외국인 처우 기본법, 다문화가족지원법 및 결혼중개업 관리에 관한 법률 등이 대표적이다. 「재한외국인 처우 기본법」은 '기본법'이라는 특성에 따라 국내에 체류하는 다양한 외국인 유형의 대략적인 처우에 대해 규정하고 있어 거시적인 관점에서 법의 방향을 설정하고 있다고 볼 수 있다. 또한 외국인에 대한 통제와 관리 중심의 정책에서 탈피하여 상호 이해와 존중을 통한 사회통합으로의 정책 패러다임 전환을 반영한 것이 특징이다. 한편 「다문화가족 지원법」은 다문화가족 구성원을 대상으로 적극적 지원을 목적으로 하고 있는 것을 볼 때 재한외국인 처우 기본법의 하위 집행법 성격이 강한 특징을 가지고 있다.

<표 11-1> 재한외국인 처우 기본법과 다문화가족 지원법의 비교

법제명	재한외국인 처우 기본법	다문화가족 지원법
목적	국민과 재한외국인이 더불어 살아가는 환경 조성, 사회통합(제1조)	안정적인 가족생활 영위와 사회통합(제1조)
적용대상	재한외국인(제2조)	다문화가족 구성원(제2조)
소관 부처	법무부	보건복지가족부(현, 여성가족부)
제정(시행)일	2007년 5월 17일(동년 7월 18일)	2008년 3월 21일(동년 9월 22일)
수립 및 시행	· 법무부장관은 5년마다 관련 기본계획 및 시행계획 수립(제5조)	· 다문화가족의 현황 및 실태를 3년마다 파악(제4조)
주요내용	· 외국인정책위원회 설치(제8조) · 재한외국인 등의 인권옹호(제10조) · 재한외국인 및 국적취득자의 사회적응 지원(제11, 15조) · 다문화에 대한 이해 증진(제18조) · 세계인의 날: 매년 5월 20일(제19조) · 외국인에 대한 민원 안내 및 상담(제20조)	· 다문화가족에 대한 이해증진(제5조) · 가정폭력 피해자에 대한 보호·지원(제8조) · 생활정보, 산전·산후 건강관리, 아동 보육·교육 지원(제6, 9, 10조) · 다국어에 의한 서비스 제공(제11조) · 민간단체 등의 지원(제16조)
기관설치 · 지정	외국인종합안내센터 설치(제20조)	다문화가족지원센터 지정(제12조)

한편 결혼중개업 관리에 관한 법률은 결혼중개업의 등록 및 거짓 또는 과장된 표시 · 광고의 금지 등을 규정하고 있다. 즉 국제결혼중개업을 하려는 자에 대하여 동법 제24조 제1항에 따른 국제결혼중개업자의 전문지식 및 윤리의식을 높이기 위하여 실시하는 교육을 받도록 하고, 보증보험금 또는 예치금, 중개사무소 등을 갖추어 중개사무소를 두고자 하는 지역을 관할하는 시도지사에게 등록하도록 하고 있고, 결혼중개업자가 거짓 또는 과장되거나 국가 · 인종 · 성별 · 연령 · 직업 등을 이유로 차별

하거나 편견을 조장할 우려가 있는 내용의 표시·광고를 금지하고 있다. 이러한 점에서 본다면 국제결혼과정에서 문제가 되었던 성차별 내지 인종차별적인 광고, 부정확한 정보제공, 자율적인 배우자 결정권의 침해, 강압적인 결혼중개과정 및 중개업자의 과도한 이윤착취 등의 문제를 해결하는 단초를 동법이 제공하고 있다는 점에서 적절한 입법이라고 평가할 수 있다.

3. 국적법

결혼이주여성의 국적취득과 관련하여 국적법에서 간이귀화에 의한 국적취득을 규정하고 있다. 즉 국적법 제6조(간이귀화의 요건) 제2항[146]에 의하면, 배우자가 대한민국의 국민인 외국인으로서 국적법 제5조(일반귀화의 요건)의 요건[147]을 갖추지 않아도 다음 어느 하나에 해당하는 자는 귀화허가를 받을 수 있다고 규정한다. 또한 국적법 시행령 제4조가 정하고 있는 귀화적격 심사에서 시행되고 있는 필기시험과 면접시험이 있으며 필기시험을 면제받기 위해서는 "사회통합프로그램"을 이수하여야 한다. 이 프로그램은 법무부가 결혼이민자로 하여금 총200시간 이상 교육을 받도록 하는 사회통합 프로그램이다. 최근 법무부의 국적법 일부 개

---

146) 1. 그 배우자와 혼인한 상태로 대한민국에 2년이상 계속하여 주소가 있는자 2. 그 배우자와 혼인한 후 3년이 지나고 혼인한 상태로 대한민국에 1년이상 계속하여 주소가 있는자 3. 제1호나 제2호의 기간을 채우지 못하였으나 그 배우자와 혼인한 상태로 대한민국에 주소를 두고 있던중 그 배우자의 사망이나 실종 또는 그 밖에 자신에게 책임이 없는 사유로 정상적인 혼인 생활을 할 수 없었던 자로서 제1호나 제2호의 잔여기간을 채웠고 법무부장관이 상당하다고 인정하는 자 4. 제1호나 제2호의 요건을 충족하지 못하였으나 그 배우자와의 혼인에 따라 출생한 미성년의 자를 양육하고 있거나 양육하여야 할 자로서 제1호나 제2호의 기간을 채웠고 법무부장관이 상당하다고 인정하는 자

147) 1. 5년이상 계속하여 대한민국에 주소가 있을 것 2. 대한민국 민법상 성년일 것 3. 품행이 단정할 것 4.자신의 자산이나 기능에 의하거나 생계를 같이하는 가족에 의존하여 생계를 유지할 능력이 있을 것 5. 국어능력과 대한민국의 풍습에 대한 이해 등 대한민국 국민으로서 기본소양을 갖추고 있을 것

정안에 따르면 단일국적의 원칙을 완화하여 부분적인 이중국적[148]을 허용하는 것을 주요내용으로 하고 있다. 즉 일정한 요건을 갖춘 우수외국인재와 해외입양인 등에 대하여 복수국적을 허용하고 다만 복수국적을 허용함으로써 종래 우려되거나 나타났던 부작용을 해결하기 위해 일정한 규정을 두는 것을 내용으로 하고 있다.

4. 출입국관리법

국적법의 개정을 통하여 결혼이주 여성에게 복수국적이 허용되지 않는 한 결혼이주 여성은 외국인의 지위에서 출입국관리법이 정하는 바에 따라 입국일로부터 90일 이내에 외국인 등록을 하여야 하고, 체류기간연장을 신청하여야 하며, 이사 등으로 체류지가 변경되면 전입한 날로부터 14일 이내에 시군구청 또는 관할 출입국관리사무소에 체류지 변경신고를 하여야 한다. 이와 같이 대한민국에서 혼인관계의 유지를 목적으로 체류하기 위하여 결혼이주여성은 출입국관리법이 정하는 요건을 충족하여야만 합법적인 체류가 가능하다. 그러나 이러한 과정에서 결혼이주여성은 한국어능력의 부족, 경제적 빈곤 등으로 인하여 합법적인 체류를 위한 요건을 충족함에 있어서 많은 장벽에 직면하게 된다. 또한 체류기간 연장을 위해 신원보증인을 두도록 되어 있어 배우자와의 관계가 순탄하지 못하여 이혼에 이르게 된 경우 신원보증 요건을 충족하지 못해 불법체류자가 될 수 있고 결혼생활 중에도 배우자에게 종속되는 원인을 제공하기도 한다.

148) 법무부는 이중국적이란 용어보다는 복수국적이란 용어를 채택하고 있다.

제2절 결혼중개업의 관리에 관한 법률

1. 직업으로서의 결혼중개업

결혼의 종류와 방법에는 중매결혼과 연애결혼이 있다. 중매결혼에는 신랑과 신부를 연결해 주는 역할을 하는 사람이 있는데 이를 중매쟁이[149] 라고 부른다. 중매행위에는 신랑, 신부 및 중매쟁이 등 3자가 주체적으로 개입한다. 중매쟁이는 서로 상대방을 모르는 경우 그 역할이 중요하다. 부녀자가 외부출입에 규제를 받던 시절에는 떠돌아다니면서 사업을 하는 보상(보따리장사)들이 많은 정보를 가지고 있으면서 양가의 혼인을 연결시켜 주는 것이 통례였다. 우리나라는 예로부터 3쌍이상의 혼인을 성사시켜주는 중개역할을 할 경우 사후세계에서 좋은 세상에 간다는 믿음이 있었으며 실제로 성혼이 이루어질 경우 사례비로서 양복 한 벌 또는 저고리 한 벌에 상당하는 답례가 있기도 했다. 그러던 것이 국제간의 중개업을 담당하는 사람들이 생겨나게 되고 이들이 순수한 의미의 혼인이 아닌 인신매매성 중개업을 하는 것이 사회문제가 된 것이다. 한국의 결혼이주 역사는 1990년대 농촌총각 결혼시키기 사업으로부터 시작되어 2000년 이후 붐을 일으켰다. 1990년대 농촌의 인구감소를 위기로 인식한 지역의 자치단체들이 적극적으로 외국인 신부를 맞아들이기로 한 것이다. 초기에는 조선족 여성들의 유입이 대부분이었으며 이들의 유입을 통해 농촌의 인구 증대를 꾀하였던 것이다. 이러한 행정주도형 국제결혼은 일

149) 중매역할을 하는 사람의 명칭은 중매쟁이, 중매꾼, 중신애비, 중신꾼 등 다양하며 영어로는 match maker라고 부른다.

본과 대만이 자국의 신부 부족문제를 해결하기 위해 이미 아시아 지역의 저개발 국가 여성들과의 결혼 이주를 묵인하거나 장려하기도 하였으므로 한국 사회의 고유한 현상은 아니었다. 2000년 이후 국제결혼관련 중개업이 허가제에서 신고만으로 가능한 자유업이 되면서 1998년 당시 700여개이던 중개업소가 2005년 2천개 이상으로 급증하였다[150]. 중개업의 영업 관행을 규제하는 법률이나 제도가 전무한 상태라서 중개업자들의 초국적인 결혼시장은 확대되어갔다. 기초자치단체의 국제결혼 지원 사업[151] 중에서 가장 커다란 부작용은 상대방 국가의 실정법을 어기게 된 것이다. 현재 베트남이나 중국, 캄보디아, 필리핀 등에서 국제결혼중개업을 매개로 성사되는 결혼은 불법으로 규정하고 있다.

---

150) 결혼중개업체 실태조사 및 관리방안 연구(한건수·설동훈, 2006)에 의하면 2,098개의 전화번호가 등록되어 있다고 밝히고 있다. 다만 전화번호가 업체 등록수와 동일한 의미를 가지고 있지는 않다. 이는 하나의 업체가 여러 전화번호를 등록해 놓고 있다는 의미이기도 하다.

151) 경북 ○○군의 군수를 포함한 군의회 의원 등 10명이 '08. 1. 22(화)에 주호치민총영사관을 방문하여 국제결혼이민관과 총영사를 예방하였다. 군수가 제공한 정보에 따르면, ○○군에 농촌총각결혼추진위원회(12명)가 구성되어 있으며, 2008년도에는 40명의 총각을 대상으로 몽골, 캄보디아, 베트남 중심으로 사업 추진을 계획하고 있으며 경비는 본인 자부담이 100만원, 보조 500만원이다. 결혼추진과 병행하여 대상국별 자치단체와 자매결연을 맺으면서 추진할 예정이라고 한다. 본 사업을 시행하게 된 목적은 신부에 대한 정보부족 및 위장결혼으로 인하여 농촌총각의 피해가 다수 발생하고 있어 현지 실정파악을 위해 베트남을 방문하였다고 한다. 이들에게 본인은 주호치민총영사관의 거주(F-2)사증발급 현황 및 「국제결혼이민관」 파견 배경과 필요성을 설명하였으며 「결혼중개업 관리에 관한 법」 제정 및 시행 등 관련법을 안내하고 베트남의 국제결혼 관련 법(「결혼과 가족법」), 68호 명령(이윤을 목적으로 하는 결혼중개는 엄격히 금지), 69호 명령(불법적인 중개업을 통한 결혼은 신고거부 가능)등을 소개하였다. 한편 지방정부가 전면에 나서 국제결혼 중개역할을 할 경우, 인권침해 등 불법행위로 오인될 경우 국가 및 외교 문제로 비화될 수도 있음을 주지시키면서 신중한 접근을 당부하였다. 국제결혼과 관련하여 베트남의 현지법령과 우리나라의 국내법령과 서로 다름을 인식하고 법률전문가의 자문을 통한 사업추진을 요청하고 향토출신 기업인을 국제결혼중개업으로 활용하는 방법에 대해 좀 더 신중하고 철저한 접근방법이 요구됨을 안내하였다. 이에 대해 ○○군수는 여성동맹이외의 결혼중매는 불법으로 규정되어 있음을 이해하고 다만, 지방정부는 영리를 목적으로 하는 것이 아니므로 지방정부와 여성동맹의 MOU체결 등 문제점을 사전에 차단하면서 사업추진을 하기로 약속하였다.

2. 중개업에 의한 국제결혼의 문제점

정부에서는 국제결혼이 수익성 높은 사업으로 인식되고 결혼중개업이 자유업으로 분류되면서 2000여개의 중개업소가 난립하고 결혼 당사자의 피해 사례가 늘어나면서 국제결혼 중개시스템에 대한 체계적인 분석을 시도하였다. 이 연구는 수적으로 급증세를 보일뿐만 아니라 중개업자의 규모도 가장 커다란 베트남과 필리핀을 분석하였다[152]. 베트남 여성과의 국제결혼이 비약적으로 증가한 이유로는 한국인과 비슷한 외모와 순종적인 기질의 여성을 선호하는 지역정서, 기초자치단체가 주도하는 농촌 총각 가정이루기 사업 등을 들 수 있다. 그러나 무엇보다도 이미 대만과 일본을 상대로 기존에 발달되어 있는 베트남의 국제결혼중개시스템을 활용하여 영리행위를 하는 크고 작은 한국의 국제결혼중개업자, 브로커들의 활약을 무시할 수 없다. 한국남성과 베트남 여성의 결혼중개는 최대 이윤의 추구라는 자본주의의 논리에 의해 작동되고 있다. 이 체계 내에서 여성은 통제와 강요, 협박, 부채예속, 착취에 노출될 위험을 지니고 있다. 국제결혼 중계시스템 : 베트남 · 필리핀 현지실태조사(2005)에 따르면, 국제결혼 중개과정에서의 문제점으로 5가지로 정리하고 있다. 1)불평등하고 부정확한 정보제공, 2) 대량 속성 중개 시스템 - "속성으로 배우자 선택이 강제되는" 구조, 3) 인신매매에 가까운 강압적 구조, 4) 과도한 이윤의 착취, 5) 다양한 형태의 인권침해 등이다. 한편 소라미 변호사는 아래와 같이 6가지로 분류하고 있다(소라미, 2007).

(1) 차별적인 광고행위

국내에서 활동하는 국제결혼중개업자에게 국제결혼할 당사자인 한국남성을 모집하는 것은 영업에 있어서 매우 중요한 부분이다. 따라서 중개

152) 고현웅 외, 「국제결혼 중계시스템 : 베트남·필리핀 현지실태조사」, 대통령자문 빈부격차차별시정위원회, 2005

업자들은 보다 많은 한국남성들을 모집하기 위하여 현수막게시, 지면광고, 인터넷 홈페이지 광고 등 온라인부터 오프라인까지 다양한 매체를 활용하고 있다. 그 과정에서 중개업자들은 성차별적·인종차별적인 광고[153]를 서슴지 않고 있다. 위와 같은 현수막은 재혼과 장애라는 결혼시장에서 주변화 된 신체들, 위계화 된 글로벌 체제하에서 베트남이라는 국가의 주변성, 글로벌 결혼시장에서 상품으로 거래되는 여성의 몸, 한국사회에 깊게 내재된 순결 이데올로기, 결혼이라는 틀 내에서 허용될 수 없는 매매혼적 성적결합이라는 현재 국제결혼을 둘러싸고 발생하는 모든 문제를 상징한다.

(2) 부정확한 정보제공

국제결혼 중개당시 양당사자에게 제공되는 정보의 양은 불균형할 뿐만 아니라 여성에게 제공되는 정보는 때때로 부정확하며 그 책임소재가 불분명하여 이후 책임을 묻기 어렵다.[154] 여성의 경우에는 최종으로 선택되기 전까지는 남성에 대한 어떠한 정보도 제공받지 못하며, 심지어 자신을 배우자로 선택하고 있는 남성이 한국인인지 대만인인지도 모르는 채 맞선에 참여하는 경우도 있다. 여성은 최종 선택 후에야 비로소 자신을 선택한 남성의 신상에 대한 간략한 정보인 결혼여부, 나이, 직업, 학력, 가족관계 등에 대한 정보를 제공받지만 그마저도 허위인 경우가 있다. 또한 통역서비스의 미비로 인해 결혼당사자들이 결혼과정에서 전문적인 통역자의 조력을 충분히 받는 것도 어려운 실정이다. 이는 남녀 모두에게 심각한 정보의 부족을 야기하며, 불충분한 정보는 결혼 당사자들이 결혼과정에서 일어나는 부당한 대우나 착취에 적절히 대응할 수 없는 근본적인 원인이

153)예를 들면 '베트남 처녀와 결혼하세요. 초혼, 재혼, 장애인환영', '연령 제한 없이 누구나 가능', '만남에서 결혼까지 7일', '베트남 절대 도망가지 않습니다', '신부보증제' 등이 있다.

154) 한국에 시집온지 8일된 20살의 베트남 새댁 탓티황옥은 정신병력이 있는 남편(47세)에게 흉기에 찔려 숨지는 사건이 발생했다. 현행 베트남법에 의해서도 정신질환자와의 혼인을 금할수 있도록 규정되어 있음에도 불구하고 올바른 정보제공이 이루어지지 아니하여 발생한 사건이다(동아일보, 2010.7.10)

될 뿐 아니라 결혼 후 심각한 오해를 발생시킬 소지가 있다.

(3) 자율적인 배우자 결정권의 침해

결혼 중개업자들은 단속에 대한 우려로 인해 가능한 짧은 시간 내에 맞선을 진행해야 한다. 그러나 불과 몇 시간 만에 한명의 남성이 수십 또는 수백 명의 여성 중에 한명의 배우자를 선택하는 방식으로 이루어지는 맞선은 가장 빠른 시간 내에 가장 많은 이윤의 추구라는 상업화된 국제결혼 중개서비스의 이윤 추구적인 성격을 반영한 것으로, 결혼당사자들에게 의사결정에 필요한 충분한 시간을 허용하지 않는다. 이러한 의미에서 현재의 결혼중개시스템은 의사소통이 불가능하고 정보가 불충분한 상태에서 '속성으로 배우자 선택이 강제되는' 구조라 할 수 있다.

(4) 인신매매에 가까운 강압적 구조

현재의 결혼중개과정은 조직적인 연결망에 의해 여성을 모집, 기숙, 관리, 통제하고 이동시킨다는 점에서 국제법에서 정의하고 있는 '인신매매적' 속성을 지닌다. 맞선을 준비하는 기간뿐 아니라 결혼 후 입국까지 여성들은 중개업자가 운영하는 숙소에서 생활하면서 외출이 제한되며, 이 기간 동안 사용한 생활비는 빚으로 계산된다. 이러한 부채예속의 상황은 여성이 중간에 맞선을 포기하거나 경쟁률이 높은 맞선과정에서 거부권을 행사할 수 없는 구조적 강제로 작동하며, 이로 인해 결혼상대자가 싫더라도 자의에 반하여 결혼에 이르는 경우가 발생하고 있다. 또한 한국남성과 결혼한 여성들은 입국을 포기하거나 입국 후 2-6개월 이내에 집을 나오면 '지참금'뿐 아니라 추가로 200만원을 한국중개업체에게 변상해야 하며, 그 결과 여성들은 폭력적인 상황에 처하더라도 자신을 보호할 수 없게 된다.

(5) 과도한 이윤 착취

국제결혼 중개수수료는 중개업체마다 다르다.[155] 여기에 결혼성사 비용

---

155) 국제결혼만 전문으로 하는 업체의 수수료는 베트남의 경우 중앙값과 최빈값이

이 200~300만원 추가된다. 이와 같이 결혼중개업소를 거치는 거의 대부분의 결혼은 배우자가 될 사람이나 그의 가족에게 일정한 경제적 자원을 지불하게 되고 이 과정에서 한국인 남성은 결혼을 위해 평균 1,000만원 안팎의 비용을 지불하게 된다. 이러한 과다한 수수료 비용지출은 이후 한국남성과 그 가족들에게 국제결혼 이주여성을 '돈 주고 사온 신부' 취급하게 되는 빌미를 제공하게 된다. 숙소의 생활환경이나 결혼과정에서 제공되는 통역서비스, 결혼식, 여성에 대한 교육 등 현재 중개업자가 제공하는 중개 서비스의 질은 남성이 지불하는 결혼비용에 비해 매우 열악하다. 또한 중개과정에서 중개업자들은 다양한 방식으로 이윤을 착취하기 때문에 남성이 결혼비용으로 천만 원 가량을 지불한다고 해도 여성이나 가족이 받는 돈은 12만~30만원에 불과하다. 더욱이 결혼당사자간 의사소통이 안 되는 상황을 이용하여 중개업자들이 돈을 가로채는 경우도 있으며, 이 과정에서 갈취, 공갈, 사기, 협박 등 다양한 형태의 범법적 행위가 공공연하게 자행되기도 한다.

(6) 다양한 형태의 인권침해

현재 결혼중개업자들은 처녀성이나 출산여부를 확인하기 위해 산부인과 검진을 실시하는데, 이는 현행 국제결혼 중개시스템의 왜곡된 상업화 경향을 반영한 것으로 그 자체가 극단적인 여성인권에 대한 침해라 할 수 있다. 또한 현재의 중개과정에서는 맞선당일 성혼이 결정되면 다음날 바로 결혼식을 주선하며, '합방'을 요구하는 것이 관행화 되어있다. 그런데 이처럼 사적인 문제이자 성인 당사자들의 자율성에 맡겨져야 할 합방을 공식적인 중개절차의 한 단계로 만드는 것은 단속의 위험뿐 아니라, 결혼 후 남성이 초청을 하지 않거나 여성이 입국하지 못하는 경우 결혼당사자 모두에게 심각한 정신적, 육체적 피해를 입히며, '처녀막 재생수

1,000만원, 몽골은 중앙값이 1,100만원 최빈값이 700만원, 필리핀은 중앙값과 최빈값이 700만원, 중국 조선족은 중앙값이 600만원, 최빈값이 500만원으로 각각 나타났다(결혼중개업체 실태조사 및 관리방안 연구, 한건수 외, 2006)

술'이라는 또 다른 인권침해를 낳는다는 문제를 갖는다.

3. 중개업법의 주요 내용

1) 결혼중개업 관련 법령 연혁

(1)『가정의례준칙에 관한 법률』 제정('69.1.16)

동법 제2조(적용범위)에서 "가정에서 행하는 혼례 · 상례 및 제례 기타의 가정의례에 적용한다."고 규정하여 결혼중개업에 대한 법적 근거를 마련하였으나 이는 권고적 · 훈시적 규정이었다.

(2)『가정의례에 관한 법률』 전문개정('73.3.13)

동법 제5조(의례식장 등 영업)제1항에서 "결혼상담 또는 중매행위를 하는 것을 업으로 하는 자는 보건사회부장관의 허가를 받아야 한다."라고 규정하여 결혼중개업의 허가제를 도입하였다.

(3)『가정의례에 관한 법률』 개정('93.12.27)

동법 제5조(의례식장 등 영업)제1항에서 "결혼상담 또는 중매행위를 하는 것을 업으로 하고자 하는 자는 시장 · 군수 · 구청장에게 신고하여야 한다."고 규정하여 행정규제 완화 차원에서 결혼상담업의 영업제도를 신고제로 개선하였다.

(4)『가정의례에 관한 법률』 폐지('99.2.8)

건전가정의례의 정착 및 지원에 관한 법률부칙 제2조에 따라 "가정의례에 관한 법률"이 폐지되면서 결혼중개업은 신고제에서 자유업으로 전환되었다.[156)]

---

156) 신고제 : 법령에 따른 일정한 요건에 해당되면 행정청에 일정한 사항을 통고하는 행위(산후조리업, 공중위생업, 무료직업소개사업 등). 등록제 : 일정한 법률적 사실 또는 법률관계를 행정청 등에 비치된 장부에 기재하고 행위를 하도록 하는 제도(해외이주알선업, 유료직업소개사업, 공인중개업 등). 허가제 : 일반적·상대적으로 금지 또는 제한되어 있는 행위를 특정의 사람이 할 수 있도록 하는 제도

(5) 국제결혼중개업을 포함한 결혼중개업 관리 법률 제정

국제결혼 증가에 따른 인신매매성 위장결혼, 사기결혼, 허위정보제공에 따른 피해증가로 인하여 『결혼중개업의 관리에 관한 법률』 발의('05.2.1, 국회 김춘진 의원 대표 발의)되었고, 제정 · 공포('07.12.14)되었으며, 시행('08.6.15)되었다.

2) 국제결혼중개업 등록제 도입배경

결혼중개업체를 통한 국제결혼의 특징을 보면, 주로 국내 남성과 주로 동남아 외국인 여성과의 결혼이 대부분이고, 결혼 후 외국인 여성은 국내에 정착하거나 정착을 희망하고 있으며 혼인 시 상대방 배우자에 대한 사전정보가 대체로 부족한 것으로 나타나고 있다.[157] 국제결혼의 증가[158]에 따라 다문화가족이 우리사회의 주요한 가족형태로 등장하였음에도, 대다수가 가족 간 갈등과 사회적 소외를 경험하고 있다. 특히 국제결혼이 인권 침해적 광고, 여성을 상품화하는 맞선, 일방적이고 부정확한 정보제공 등 국제결혼 중개의 상업적 관행과 상업적 이윤추구 수단으로 악용되어 결혼당사자의 인권침해, 국가이미지 실추, 기업 해외진출 악영향 등 사회문제가 심각한 상태로 인식되고 있다. 게다가 결혼당사자간 사전정보 부실 및 상호이해 부족으로 결혼 후 가족갈등이 심화되고 이혼율 증가[159], 사망사고로 비화되는 사례 발생하기도 하였다. 이러한 국제결혼 관행 및 사건에 대한 외국 현지 언론의 집중 보도로 동남아 국가 내 반한감정이 확산되고 기업진출에도 악영향을 미치는 등 외교문제로 비화될

---

157) 한국남성의 국제결혼 과정은 ①업체등록(입회수속, 면접) → ② 관광형 현지맞선 → ③데이트 및 결혼식(7일 이내) → ④결혼비자 발급 → ⑤신부입국 및 정착 등으로 진행된다.(국제결혼중개시스템:베트남 · 필리핀 현지실태조사, 2005)

158) '07년 국제결혼은 전체 결혼의 11.1%를 차지하며, 농림어업종사자 남성의 경우 40%가 외국여성과 결혼하고 있으며 출신국별로는 중국(62.8%), 베트남(12.8%), 필리핀(5.5%) 순이다.(통계청)

159) 국제이혼 추이(통계청)는 3,315건('04)→4,208건('05)→6,187건('06)→8,828건('07) 등으로 나타나고 있다. 혼인과 이혼관련 구체적인 내용은 제9장 제2절을 참고하기 바란다.

우려가 제기되면서 결혼당사자의 인권보호와 국가의 대외이미지 관리를 위해 결혼을 위한 상담 및 알선 등 서비스를 제공하는 결혼중개업에 대한 체계적인 관리가 필요하게 되었던 것이다.

3) 결혼중개업의 관리에 관한 법률 주요내용

(1) 결혼중개업의 정의(제2조)

결혼중개업이란 "수수료·회비, 그 밖의 금품을 받고 결혼을 위한 상담 및 알선 등 결혼중개를 업으로 행하는 것"을 말한다고 규정하였다.

(2) 결혼중개업 규율 형태(제3조 및 제4조)

국제결혼중개업은 시·도지사에 등록하도록 하고 등록기준으로 교육수료, 보증보험 가입 또는 예치금 예치 및 중개사무소 확보 등을 마련하였으며, 국내결혼중개업은 시장·군수·구청장에 신고토록 국내와 국제결혼중개업으로 이원화 하였다.

(3) 결혼중개업자의 자격제한 및 겸업금지(제6조 및 제7조)

「형법」(영리 등을 위한 약취·유인·매매 등), 「성매매알선 등 행위의 처벌에 관한 법률」등을 위반한 자에 대한 자격 제한과 직업소개사업, 근로자파견사업, 해외이주알선업과의 겸업금지 등 결격사유 요건과 겸업금지를 규정하였다.

(4) 결혼중개업자의 의무 규정(제8조 내지 제14조)

○ 신고필증 또는 등록증, 결혼중개업 수수료·회비 등의 게시

○ 명의 또는 상호 대여의 금지

○ 결혼중개계약서의 작성·보존 및 허위·이중계약서 작성 금지

○ 외국 현지법령 준수

○ 거짓·과장된 표시·광고 및 거짓정보제공 금지

○ 업무상 알게 된 개인정보에 대한 부당한 사용 금지 등

(5) 결혼중개업 관리감독(제15조, 제17조 내지 제19조, 제26조, 제28조)

신고 및 등록관청의 조사 · 검사, 영업정지 · 등록취소 · 폐쇄조치, 과태료 부과, 형사고발 등이 있다.

<표 11-2> 법령 위반시 제재사항

구분	영업정지 / 등록취소			과태료	형사처벌
	1차 위반	2차 위반	3차 위반		
• 미신고 영업 (국내중개)	(폐쇄조치)	-	-		2년이하 징역 / 1천만원이하 벌금
• 미등록 영업 (국제중개)	(폐쇄조치)	-	-		3년이하 징역 / 2천만원이하 벌금
• 거짓 · 부정 신고 (국내중개)	영업정지 3월	영업정지 6월	영업정지 1년		2년이하 징역 / 1천만원이하 벌금
• 거짓 · 부정 등록 (국제중개)	등록취소	-	-		3년이하 징역 / 2천만원이하 벌금
• 변경사항 미신고 (국내중개)				300만원	
• 변경사항 미등록 (국제중개)				300만원	
• 미신고 휴업 · 폐업 · 영업재개				100만원	

• 결격사유 해당	(국내)영업정지1년 /(국제)등록취소				
• 겸업금지 위반	영업정지 3월	영업정지6월	(국내)영업정지1년 /(국제)등록취소	200만원	
• 신고필증 등 미게시				100만원	
• 명의 · 상호 및 신고필증 · 등록증 대여 금지 위반	(국내)영업정지1월 /(국제)등록취소	(국내)영업정지2월	(국내)영업정지3월		2년이하 징역 / 1천만원이하 벌금
• 서면 계약서 미작성	영업정지 1월	(국내)영업정지2월 /(국제)등록취소	(국내)영업정지3월		
• 계약서 기재사항 누락 또는 계약서 미교부	영업정지 15일	영업정지 1월	영업정지 2월		
• 계약서 보존 위반	영업정지 1월	영업정지 2월	영업정지 3월		

• 계약서 거짓 기재 또는 서로 다른 2 이상의 계약서 작성	영업정지 3월	(국내)영업정지6월/(국제)등록취소	(국내)영업정지1년		
• 외국 형사법령 위반 통보	영업정지 6월	등록취소			
• 허위·과장된 표시·광고	영업정지 1월	영업정지 3월	(국내)영업정지6월/(국제)등록취소		2년이하 징역 / 1천만원이하 벌금
• 거짓된 정보제공	영업정지 1월	영업정지 3월	(국내)영업정지6월/(국제)등록취소		2년이하 징역 / 1천만원이하 벌금
• 개인정보 보호 위반	영업정지 1월	영업정지 3월	(국내)영업정지6월/(국제)등록취소		2년이하 징역 / 1천만원이하 벌금
• 장부·대장 비치 위반				100만원	
• 보증보험 미가입 또는 예치금 미예치	(국내)영업정지3월(국제)등록취소	(국내)영업정지6월	(국내)영업정지1년		
• 자료 제출·보고 거부 또는 거짓 보고	영업정지 15일	영업정지 1월	영업정지 2월	200만원	
• 조사·검사 기피·방해	영업정지 1월	영업정지 2월	영업정지 3월	200만원	
• 시정명령 위반	영업정지 1월	영업정지 3월	(국내)영업정지6월/(국제)등록취소		
• 폐쇄조치 영업지속					3년이하 징역 /2천만원이하 벌금

※ 위반단계별 조치사항 : 시정명령 ⇒ 영업정지(등록취소) ⇒ 폐쇄조치 ⇒ 형사처벌

자유업종이던 결혼중개업을 신고 또는 등록제로 전환하는 것을 골자로 한 결혼중개업 관리법이 2008년 6월 15일부터 시행에 들어갔다. 시행된 법에 대하여 상대방의 신상정보 내용과 전달 시기, 절차, 방법 등을 정확

하게 규정하고 있지 않은데다 강제력이 없는 '노력 사항'이라는 점에서 국제결혼을 하고자 하는 여성의 인권을 보호할 수 있을 것인지 실효성에 의문이 있다는 견해[160]가 있다. 실제 '결혼중개업법 시행령' 제3조는 "결혼중개업자는 '민법' 제816조에 따른 혼인취소의 사유에 관련된 사항 등 결혼 여부를 결정하는 데에 중요한 신상정보를 확보하여 당사자가 이해할 수 있는 언어로 제공하는 등 결혼중개를 함에 있어서 당사자 간에 원활한 의사소통이 이루어질 수 있도록 성실히 노력하여야 한다."고 규정하고 있다. 인권위는 시행령에 가정 폭력을 비롯한 전과 기록 등을 포함해 신상 정보의 내용을 구체화하고 정보제공 시점도 명시해야 한다는 내용의 의견을 낸바가 있다. 한편으로 공정거래위원회에서는 국제결혼중개업자와 국제결혼중개 의뢰인간의 권리와 의무 및 책임사항 등을 규정하는 것을 목적으로 "국제결혼중개 표준약관"을 2010.3.5 제정하여 공표하였다.[161]

4) 베트남 현지에서 바라본 중개업법의 문제점

베트남 현지에서 바라본 국제결혼중개업법의 문제점으로는 제11조 외국 현지법령 준수 등에 관한 조항이다. 주호치민총영사관에서는 현지의 입장을 정리하여「결혼중개업의 관리에 관한 법」시행령·시행규칙 제정시 참고 의견을 제출한 바 있다.

(1) 중개업의 등록

국제결혼 중개업의 등록(법 제4조) 관련이다. 제1항의 "대통령령으로 정하는 기준을 갖추어......등록하여야 한다. 등록한 사항 중........또한 같다"로 규정되어 있으며 이 중 등록사항에 관하여, 국내에 소재하는 본사 및 베트남 현지에 소재하는 지사를 포함하여 등록을 의무화하여야 한다고

160) YWCA포럼, 2008.6

161) 공정거래위원회 표준약관 제10065호(2010.3.5 제정)

건의하였다. 통상 현지 법령 위반은 베트남 현지에서 이루어지며 현지 지사만 영업정지 및 폐쇄조치할 경우 국내에 소재하는 본사는 아무런 제재가 따르지 아니하므로 법의 실효성을 담보하기 어려움을 충분히 예상할 수 있는 것이다. 실제로 현지 중개업자("지사" 또는 "브로커"로 호칭)와 한국 본사 중개업자는 '위탁' 내지 '고용'의 형태로서 둘의 관계는 협력적 · 위계적인 관계이다. 따라서 제26조 처벌조항을 본사와 지사에 모두 적용하는 공동책임의 연좌제를 도입하는 것이 필요하다고 건의하고 있다. 구체적으로 등록사항과 등록절차에 대해서도 건의사항을 세분하여 건의하고 있는데, 등록사항과 관련하여 등록사항 및 기준은 현지 실정을 고려하여 본사의 경우에 비해 해외에 소재하는 지사의 경우에는 기본시설 및 사무실 면적 등에 대한 형식적인 기준은 국내에 비하여 상대적으로 덜 중요한 것으로 판단되며 결혼 절차에 종사하는 인력에 대한 정보가 더욱 중요하다고 판단하고 있다. 오히려 현지 중개업 종사자 · 상시근무자 · 현지 베트남 직원 또는 현지 파트너의 신분이 중요한 변수이며 이들에 대한 인적사항을 모두 파악할 수 있는 장치를 마련하지 못하거나 또는 등록받지 못할 경우 이들에 대한 통제의 실효성 담보는 역시 어려울 것으로 판단하고 있다. 특히, 통역업무를 전담하는 인력을 필수사항으로 등록하여야 하며 이때 언어시험 성적 등 통역 능력을 증명하는 서류를 제출하도록 하여야 하는 것으로 건의하고 있다. 등록절차와 관련, 등록사항 및 기준을 시도지사에게 일괄 등록을 받도록 하고 등록현황을 여성가족부장관에게 정기적으로 보고하도록 하는 조치가 필요하며 현지 공관에서는 등록증 사본을 통하여 등록여부를 확인하도록 하고 있다.

(2) 현지 법령의 준수

외국 현지 법령 준수 등(법 제11조) 관련이다. 제2항의 "외국 현지 형사법령을 위반한 경우......장관에게 통보하여야........통보절차에 관하여 필요한 사항은 대통령령으로 정한다."고 되어 있다. 위반의 범위에 관한 사항으로 형사법령의 범위가 형사 벌과 행정 벌 모두 포괄하는지 여부에 대한 명확한 개념정의가 필요하고 현지 법령의 범위에 대한 문제를 구체화 할 필요가 있다고 지적하고 있다. 먼저, 베트남의 경우 현재 결혼중개업자가 체포된 경우에 행정질서 벌인 과태료를 부과[162]하고 있으며 우리 사법체계로 본다면 형사법령은 형사 벌을 의미하고 행정질서 벌을 포함하지 아니하므로 행정질서 벌은 통보의 대상이 아니다. 다만, 베트남에서 형사 벌인지 행정질서 벌로 처리된 것인지 확인이 필요하다. 단순히 과태료 부과를 했다고 해서 전체를 행정질서 벌로 파악하기 어려운 면이 있으며 형사 벌에 해당하나 그 벌칙이 과태료에 그친 경우일수도 있으며 이때는 형사법 위반이라고 볼 수 있기 때문이다. 결론적으로 형법이던 혹은 행정법이던 베트남의 현지 법령(decree)를 위반한 자, 결혼에 관한 현지 법을 어긴 사업자는 그에 따른 제재조치를 받도록 해야 할 것이다. 아울러 베트남 현지 법령의 범위와 관련하여 우리나라의 "법-시행령-시행규칙"의 체계와는 약간 상이한 체계를 가지고 있음을 고려할 것이다. 베트남에서의 decree의 위치 그리고 그 위반이 한국의 행정 질서위반 등을 규정하는 행정법과 같은 위치라고 단순히 파악하기는 어려울 것으로 보이므로 형사법령에 대한 자세한 규정이 필요하다. 예를 들면, 베트남에서는 돈세탁, 밀수, 마약, WTO 등의 관련 법안에도 decree라는 용어를 사용하고 있다. decree는 국회(National Assembly)가 정부(Government)에 위임하여 정부가 만들어 내는 법률을 통칭하는 것이다. 위반자 통보사항 및 통보절차와 관련, 현실적으로 베트남 공안으로부터 통보를 받지 않으면 현지 법령 위반자에 대한 파악이 곤란하므로 베트남 정부에 대한 통보 의무화를 담보할 수 있는 조치가 필요하다. 예를 들면, 매년 개최되

162) 베트남에서는 국제결혼중개관련 현지법위반 혐의로 체포되어도 형사처벌이 아닌 행정 질서벌인 과태료만 부과되고 있다. 실제로 '06.9~'07.12까지 현지법령 위반으로 과태료 부과대상 한국인은 총 59명으로 파악되었으며 과태료 금액은 1인당 1천만동~2천만동(한화 60만원~120만원)에 이르고 있다.

는 영사국장 회의를 활용하는 등 정부 간 공식 루트를 통하여 협조를 구하는 방법의 검토가 이루어져야 할 것이다.

(3) 교육

교육(법 제24조) 관련이다. 제4항의 "교육내용 · 교육방법 등 교육에 관하여......보건복지가족부령으로 정한다."고 규정한다. 교육내용에 관하여, 문화 · 예절 · 언어 · 역사를 포함하되 세관 및 출입국에 관련된 제반 사항을 포함 시킬 것이 요구되어 진다[163]. 아울러 교육을 강제로 의무화시킬 이행수단에 대한 대책마련이 필요하다고 여겨진다.

5) 베트남 언론에 보도된 현지 중개업자의 불법실태

(1) 사례1

2008년 7월 18일자로 베트남의 주요언론인 공안신문(Cong An News), 노동자 신문(Nguoi Lao Dong News), 뚜이 쩨(Tuoi Tre News), 베트남 익스프레스(VN Express), 탄 닌(thanh Nien News) 등 거의 모든 언론이 한국 남성과 베트남 여성 간 집단불법 맞선을 보는 현장이 베트남 경찰에 의해 적발되었다고 보도하였다. 보도내용은 '08.7.17(목) 03:00경, 호치민소재 Go Vap군, Diew Uyen 호텔에서 한국 남성 4명과 베트남 여성 120여명이 불법 맞선을 보는 현장을 발견하였는데 이들 대부분의 여성은 18~24세이며 Tan Phu군에 위치한 기숙사에서 숙식을 제공받으며 한국어 및 한국 요리법 교육을 받고 선보는 날을 기다려왔다. 한국 신랑들은 베트남 신부를 얻기 위해 불법결혼중개업체에 개인별로 $10,000정도를 지급한 것으로 알려졌다. 이에 대한 구체적인 실태를 파악한 결과 중개업체의 업체명은 "A" 결혼정보업체이었다. "A"중개업체는 '07.6월부터

163) 최근 베트남 결혼이주여성(짠 탄 란)의 자살사건시 현지 결혼중개업자는 시체 · 유골 등에 대한 관련된 법을 알지 못하여 국내는 물론 베트남 세관 등 관련기관에 신고하지 아니하고 일반화물처럼 베트남으로 무단 반입하고 유족이 유골을 접수 거부하자 택배로 발송하였다.

영업을 시작하여 매월 1~2명씩 중개행위를 하였으며 현재까지 총 18명의 혼인성사 실적이 있다고 베트남 경찰에서 진술하였으며 사건화 된 이번 중매를 위해 B씨가 인솔했으나 평소에는 B씨의 부인이 인솔하여 베트남을 자주 출입국 하였으며 이때 B씨는 베트남 현지에 장기간 체류하며 중개업을 진행하였다. 업체 사업자 등록 여부와 관련, B씨는 한국에서 사업자 등록증을 만들지 아니하고 사업을 수행하고 있는 미등록 업체로 운영 중에 있으며 다만, B씨는 국제결혼중개업자를 대상으로 하는 전문지식 및 윤리의식을 높이기 위한 교육이수를 신청하여 '08.7.24(목) 교육을 받을 예정이었다. 결혼 알선 방법과 관련된 고객 유치경로를 살펴보면 B씨가 거래하는 6개 지사(상주, 부천, 부산, 인천, 수원, 안산 등에 소재, 개별 업체명은 기억할 수 없다고 진술)를 통해 고객을 소개받고 있으며 혼인이 성사될 경우 사후에 1인당 $1,000씩 사례금으로 받고 있다. B씨의 경우 베트남에 지사를 두고 있지 않으며 현지에서의 결혼관련 서류대행을 위해 C 결혼정보협회의 베트남지사를 활용하고 있다. C 결혼정보협회의 베트남 지사에는 000 차장, 000 차장 등이 근무하고 있는 등 국내 조직과의 깊이 연계되어 있다. 다만, C 결혼정보협회의 경우 서류대행비로서 신랑 1인당 $500씩을 받고 있는데, 동 협회의 대표는 '06.12월 이후 현재까지 베트남에서 3번이나 불법중개업 행위로 현지 법령을 위반하여 처벌을 받은 경력이 있는 등 문제가 많은 자이다. 적발 현황을 보면 단속 경위는 베트남 주민의 신고로 경찰이 출동하였으며 단속근거 및 처분결과를 볼 때 법령위반의 근거가 "혼인가족법"(영리목적의 중매알선 금지위반) 및 "출입국관리법"(출입국 · 거주왕래 관련 위반)으로 나타나고 처분결과는 과태료 1인당 1,500만동(한화 약 90만원) 등 총 6,000만동을 납부한 이후 귀가 조치하였다. 한국의 현행 법령 위반여부와 관련하여, 베트남에서는 국제결혼중개관련 현지 법위반혐의로 체포되더라도 형사처벌이 아닌 행정질서법의 과태료만 부과되고 있으며, 결혼중개업의 관리에 관한법률 제11조, 동법 시행령 제5조 및 제7조에 의한 현지 법령 위반의 범위가 형사법령 위반의 경우에 한정하고 있으므로 행정질서벌인 경우 "외국 법령 위반자"에 해당하지 아니하므로 본 사건은 국내 법령상 "외국현지 형사법령 위반한 국제결혼중개업자"에 해당하지 아니한 것으로 판단된다. 언론에 보도된 남성 7명 관련하여 이중 4명이 한국인이며 나머지는 베트남 현지인으로 통역과 운전기사 등으로 밝혀졌으며 베트남 여성 120여명 모집과 관련하여 맞선에 나온 베트남 여성은 베트남 대 마담을 통하여 동원되어졌다. 이번 사건의 특징은 2008년 6월에 시행된 결혼중개업법 발효이후 최초로 적발된 사건으로서 6월 15일 시행이후 3개월간의 등록을 위한 경과조치가 있어 등록하지 아니하고 영업을 한 경우로 보기에는 무리가 있으나 사건관계자가 동법 제 24조에 의한 교육을 이수할 계획을 가지고 있으므로 향후 교육과정에서 실제 사례로 활용이 가능할 것으로 판단된다. 한편 그동안 잠잠하던 베트남 현지에서는 금년에 최초로 적발된 불법 중개업관련 보도로서 2008년 '08.2.6(수) 경북 경산시에서 발생한 베트남 신부(쩐 탄 란)의 추락사 및 후엔마이 재판결과와 관련하여 현지 신문에서 일부 보도를 한 바 있으나 영리를 목적으로 하는 불법중개업을 통한 집단맞선이 적발되기는 2008년 들어 처음으로 발생한 사건이다. 따라서 현지 중개업체 현황 및 실태 파악 강화를 위한 조치 마련이 필요하다. 현재 진행되고 있는 국제결혼중개업 등록 신청 시 본사뿐만 아니라 현지 업체(지사) 현황에 대한 상세한 자료제출을 명문화하여야 할 것이며 실제로 사건이 발생하는 경우 현지에서 거의 대부분이 발생하나 현지법령 위반으로 현지에서 징계할 수단이 미약하여 처벌 및 단속의 실효성이 떨어지고 있다. 지사의 현황 및 규모가 파악된 이후에는 본사를 집중 지도감독하면 법령의 실효성을 강화할 수 있을 것이다. 아울러 "외국 법령 위반자" 범위에 대한 재검토 필요하다. 베트남에서는 국제결혼중개관련 현지법 위반혐의로 체포되더라도 형사처벌이 아닌 행정질서법의 과태료만 부과되고 있는 실정이므로 현행 법령에서는 현지법령 위반의 범위가 형사법령 위반의 경우에 한정하고 있으므로 행정질서벌인 경우 해당하지 아니하게 된다. 그러나 실제로 언론에 보도되는 등 국가 이미지를 실추시키는 행위 등에 대해서도 불이익을 주는 방안마련이 시급하다. 한편으로 국가이미지 실추 업체에 대한 비자연계 불이익 주는 방안 검토할 만하다. 이번 사건의 경우에서 보듯이 형사처벌의 범위에 해당하지 않지만 수차례에 걸쳐 불법행위로 단속에 걸린 업자와 업체에 대해서는 일정기간 혼인신청서 접수거부 또는 총영사관 출입금지 등의 조치를 취하는 등, 비자발급과 연계된 처벌조항을 법령 소관부처인 여성가족부·법무부·외교통상부 등 관계 부처 간 협의를 거쳐 전 재외공관으로 확대할 필요가 있을 것으로 판단된다. 또한 중개업 종사자 대상 교육 강화가 요구된다. 현행 법령에 따르면, 국제중개업을 수행하고 있는 자는 6개월간의 경과조치를 두고 있다. 향후 동일한 사건이 재발되지 않도록 교육내용을 재검토하여 중개업자에 대한 교육을 강화시킬 것이 요구된다.

(2) 사례2

2008.11.4(화)자 탄 닌(thanh Nien News), 노동자 신문(Nguoi Lao Dong News), 뚜이 쩨(Tuoi Tre News) 등 베트남 주요언론에 한국남성과 베트남 여성 간 집단불법 맞선을 보는 현장이 베트남 경찰에 의해 적발되었다는 보도가 있었다. 지난번 7월 이후 4개월 만에 또다시 터진 사건이다. 보도내용을 보면 '08.11.3(월) 02:30경, 호치민소재 45/10 Cao Lo, Ward 4, District 8에서 한국남성 7명과 베트남 여성 161명이 불법 맞선을 보는 현장을 적발되었으며 이들 대부분의 여성은 18~26세이며 베트남 브로커 A(34세)와 B(39세)이며 A가 이들 한국인을 맞선장소로 이동시켰으며 B는 소 마담이다. 중개업체는 "C" 결혼정보업체이다. 등록여부와 관련하여 국제결혼중개업 등록을 완료하였다고 진술하고 있으나 '08.9.15

기준 보건복지가족부 발표 자료에 의하면 등록업체 발급현황 명단에는 없었다. 영업실적은 최근 6개월간 약 20여건 중개실적이 있었으며 인천→호치민까지의 인솔자 D씨(40세)는 "E"결혼중개업체 사장으로 지난 6개월간 약 10건의 실적이 있으며 대구→인천까지의 인솔자 F씨(45세)는 "C" 결혼정보업체 사장의 남편이다. 과거 범법사실과 관련하여 베트남에서 불법중개업 행위로 현지법령을 위반하여 처벌을 받은 경력이 없었다. 결혼 알선 방법을 보면 고객 유치경로는 D씨가 "C"업체 사장의 부탁으로 고객 5명을 인솔하여 베트남에 안내하였고 사례금으로 1인당 50만원씩 총 250만원 인솔 사례금으로 사장이 D씨에게 지불하였다. 현지 결혼관련 서류 대행은 베트남 브로커 B(34세, 여)가 담당하였으며 베트남 현지인과의 관계를 확인해 본 결과 한국인 D씨와 베트남 브로커 B씨는 수년간 현지에서의 맞선, 혼인, 서류대행 등 동업자 형태로 영업을 진행해 오고 있다. 단속경위나 단속근거 및 처분결과가 직전의 사건과 거의 동일하다. 이번 사건의 특징은 2008년 9월 15일까지 중개업등록을 마친 이후에 중개업을 할 수 있으나 '08.9.15기준 보건복지가족부가 발표한 등록업체 발급현황 명단에 기록이 없는 점으로 미루어 등록없이 영업을 실시한 업체로는 최초로 적발된 사건이다. 등록하지 아니하고 국제결혼중개업을 수행한 자는 3년 이하의 징역 또는 2천만 원 이하의 벌금(법 제26조제1항 제2호)에 처하도록 하고 있다. 베트남 현지에서는 영리를 목적으로 하는 불법중개업을 통한 집단맞선이 적발되기는 '08년 들어 두 번째로 발생한 사건이다.

4. 중개업법 평가[164)]

164) 원희목 의원이 2009년도 국정감사 질의를 위하여 보건복지가족부에 요청한 자료를 참고하여 재작성 하였다.

1) 국제결혼중개업 등록현황

결혼중개업의 관리에 관한법률이 2008년 6월 15일부터 시행되었고 시행당시 결혼중개업을 수행하고 있는 자가 9월 16일까지 신고 또는 등록을 하지 않고 영업을 계속할 경우 영업 폐쇄조치와 형사처벌을 받게 된다. 따라서 동일 기한 내 신고 및 등록 절차를 마친 국제결혼중개업체 수는 총 203개이었다. 그 후 1년이 지난 2009년 11월 기준으로 1,231건으로 확인되는 등 600%가 넘는 증가세를 보이고 있다.

<표 11-3> 국제결혼중개업 등록현황

(2009.11 기준)

시도명	국제결혼중개업			
	계	주사무소	분사무소	종업원수
전체	1,231	1,206	25	2,897
서울	209	208	1	692
부산	90	89	1	181
대구	63	61	2	219
인천	41	41	0	80
광주	46	46	0	109
대전	64	62	2	162
울산	30	30	0	30
경기	179	176	3	358
강원	62	59	3	205
충북	60	57	3	121
충남	57	55	2	90
전북	78	74	4	166
전남	51	51	0	96
경북	78	76	2	151
경남	97	95	2	191
제주	26	26	0	46

2) 결혼중개업체 지도 · 점검

정부는 '09. 4. 1.~30일까지 1개월간 전국 결혼중개업체 지도·점검을 실시하였다. 이번 점검은 「결혼중개업의 관리에 관한 법률」 시행 후 최초로 실시된 것으로, 결혼중개업체의 법규 준수 의식을 높이고 이용자 피해를 예방해 결혼중개업 건전화를 도모하기 위함이다. 이번 점검에서 각 시·도 및 시·군·구는 총 1,640개[165] 결혼중개업체(국내650, 국제990) 중 1,128개(국내507, 국제621)업체를 대상으로, 미등록·미신고 영업행위, 불법·부당행위, 등록증·신고필증·수수료 등의 게시 여부 및 기타 위 법률 위반사항을 점검하였다. 현재 「결혼중개업의 관리에 관한 법률」에 따라 국내중개업체는 해당 시·군·구에서, 국제중개업체는 시·도에서 관리하고 있다. 점검 결과 316개소(국내 127개소, 국제 189개소)업체에서 위반사항이 적발되었으며(전체업체의 19%, 점검업체의 28%), 위반업체의 위반 건수는 총 346건(316개소)으로 주요 위반내용은 ①등록증, 보험증권 등 미게시(36%) ②회원명부 미비치(15%) ③계약서 미비치 또는 미비(14%), 미등록·미신고(14%)이었다. 위반사항에 대한 조치로는 현장시정조치·시정명령(216건)이 가장 많았고 행정지도(58건), 형사입건·수사 중(37건)도 있었으며 무적간판 철거 등 기타조치도 33건이었다. 현장시정조치가 많은 이유는 법 시행 이후 최초로 실시된 집중단속이라는 점이 고려된 것으로 보인다. 이번 지도 점검 결과 80%이상의 업체가 규정을 준수하고 있어 법률 시행 후 결혼중개업 관리 및 양성화 효과가 있으나, 제도 시행 초기인 이유로 미등록·미신고 업체가 일부 있으며, 기타 형태의 법률위반이 아직 지속되고 있는 것으로 나타났다. 향후 정부의 역할은 결혼중개업체를 지속적으로 지도·단속하는 한편, 국민들이 등록·신고업체를 이용하도록 홍보를 강화하며, 국제결혼 표준약관 개발을 통해 중개업자 및 이용자, 관리담당자에게 일정 기준을 부여하여 중개업체의 건전화를 유도해야 할 것이다. 또한 현재 시·도에서 관리하고 있는 국제결혼중개업도

165) 복지부 지도·점검 협조공문 시달('09. 2. 16.)시를 기준으로 등록된 업체 1,640개소를 대상으로 안내하였다.

국내결혼중개업과 같이 지역 내 관리가 가능한 시·군·구가 담당할 수 있도록 법률 개정을 추진하는 것도 검토하고 처벌규정의 단계화, 합리화 등을 통해 향후 지도·단속 효과를 높이는 방안을 마련해야 할 것이다.

<표 11-4> 지도·점검 통계

시·도명	신고·등록업체			단속업체			위반업체			위반건수		
	계	국내	국제	계	국내	국제	계	국내	국제	계	국내	국제
서울	357	185	172	212	144	68	55	43	12	55	43	12
부산	132	61	71	122	60	62	81	37	44	65	34	31
대구	102	61	41	108	58	50	43	29	14	43	29	14
인천	47	18	29	64	28	36	2	0	2	2	0	2
광주	56	20	36	68	31	37	1	0	1	1	0	1
대전	102	44	58	95	43	52	2	0	2	2	0	2
울산	42	13	29	44	14	30	1	0	1	1	0	1
경기	209	74	135	34	0	34	27	0	27	27	0	27
강원	73	20	53	56	21	35	7	0	7	7	0	7
충북	82	26	56	64	25	39	16	10	6	16	10	6
충남	69	16	53	47	23	24	1	0	1	1	0	1
전북	72	21	51	51	20	31	12	0	12	12	0	12
전남	55	15	40	65	16	49	10	2	8	12	3	9
경북	91	30	61	14	0	14	10	0	10	17	0	17
경남	125	43	82	57	20	37	27	6	20	26	6	20
제주	26	3	23	27	4	23	22	0	22	59	0	59
계	1,640	650	990	1,128	507	621	316	127	189	346	125	221

<표 11-5> 위반사례 및 유형 통계

	국내	국제	계
미등록 신고	6	44	50
등록증, 증권, 수수료 등 시	40	85	125
종사자 미등록	0	2	2
회원부 미비치	21	32	53
계약서 미비치, 미비	24	26	50
변경사항 미신고	14	4	18
기타	24	24	48
총계			346

<표 11-6> 조치결과통계

	국내	국제	계
(자진)폐쇄	28	12	40
현장 시정 조치/시정 명령	154	62	216
행정지도	26	32	58
형사입건	1	15	16
수사 중	0	21	21
등록취소	0	2	2
기타	17	16	33
총계(자진 폐쇄 제외)			346

3) 결혼중개업체 홈페이지 지도·점검

정부는 '09. 4. 1.~30일까지 1개월간 전국 결혼중개업체 지도·점검을 실시한 바 있으나, 온라인상에서 법률위반, 미등록(신고)업체의 홈페이지 영업행위 등이 지속적으로 이루어지고 있다는 판단아래 규정을 준수하여 운영토록 유도하는 목적에서 2009. 5. 25~6. 3(1차), 6.9~6.18(2차)에 걸쳐 점검을 실시하였다.[166] 주요 점검내용으로 ① 등록 · 신고를 하지 않은 홈페이지 운영 여부, ② 인터넷 초기화면에 상호와 대표자의 성명, 신고번호 또는 등록번호, 사업자등록번호, 중개사무소 소재지의 주소 및 전화번호, 결혼중개업 수수료·회비 등을 기재한 표, 이용약관, 보증보험 또는 예치금에 의한 손해배상 청구절차 게시 여부, ③ 거짓·과장된 표시·광고 및 신고(등록) 내용과 다른 표시·광고, ④ 개인의 동의 없이 개인 정보(사진, 신체조건, 학력 등)을 게시한 경우 ⑤ 기타 법령을 위반 여부 등이다. 지도·점검 결과 통계를 각 시도별로 보면 '09. 6. 24 기준으로 총 1,918개소 (국내 791, 국제 1,127) 결혼중개업체가 신고 · 등록되어 있고, 이 중 홈페이지를 운영하고 있는 업체는 총 256개소(국내 88, 국제 168)이다. 위반사항이 있는 업체는 총 207개소(국내58, 국제142, 미신고2, 미등록5)로 홈페이지 운영업체의 78%이며, 국내중개업체의 66%, 국제중개업체의 84%가 위반업체이었다. 위반 유형으로 ① 보증보험증권, 수수료·회비 등을 기재한 표, 이용약관, 손해배상 청구절차 등 미게시가 82%로 가장 많았으며 ② 개인정보 위반(본인동의 없는 사진 게시 등) 13.5%이었고 ③ 기타(미등록5, 미신고2, 과장광고1 등) 순이었다. 특히 상호, 대표자 성명, 신고·등록번호, 사업자 등록번호, 영업장 소재지 주소, 전화번호는 대부분 게시하고 있었다. 조치사항으로는 행정지도 200건(국내58, 국제142), 고발조치2건, 폐쇄조치 5건이며 행정지도가 대부분인 것은 시·도 단속 시 법이 시행된 지 얼마 되지 않은 점, 법 시행 후 최초 집중단속이었다는 점이 고려된 것이다.

166) 점검 체계는 복지부가 지자체로 홈페이지 운영업체(국내, 국제) 단속 협조요청을 1차로 '09. 5.26에, 2차로 '09.6.9에 하였으며 특히 2차 협조 요청시 본인의 동의 없는 홈페이지 상 사진게재에 대한 집중점검을 요청하였다.

<표 11-7> 국제결혼중개업체 홈페이지 지도 · 점검

(등록업체: '09. 6 기준)

시도	등록업체수(국제)	홈페이지운영업체수	위반내역						조치사항(계획)			
			계	미등록	게시의무	거짓과장광고	개인정보위반	기타	영업정지	등록취소	행정지도	기타
계	1,127	168	147	5	113	1	28	0	0	0	142	0
서울	194	55	55		55						55	
부산	85	40	40	2	38						38	
대구	50	8	6		6						6	
인천	33	9	6	2	4						4	
광주	44	4	4				4				4	
대전	63	16	10				10				10	
울산	30	3	0									
경기	162											
강원	51	0	0									
충북	56	2	2				2				2	
충남	55	5	5		4		1				5	
전북	68	9	3		3						3	
전남	47	3	3		1		2				3	
경북	72	2	3	1	2						2	
경남	90	11	10			1	9				10	
제주	27	1	0									

* 위반내역에는 등록업체 포함한 수치임

<표 11-8> 국내결혼중개업체 홈페이지 지도 · 점검

(신고업체: '09. 6 기준)

시도	신고업체수(국내)	홈페이지운영업체수	위반내역						조치사항(계획)			
			계	미신고	게시의무	거짓과장광고	개인정보위반	기타	영업정지	등록취소	행정지도	기타
계	791	88	60	2	57	0	0	1	0	0	58	0
서울	219	37	17	1	15			1			16	
부산	86	28	27		27						27	
대구	67	1	0									
인천	28	9	10	1	9						9	
광주	28	0	0									
대전	43	0	0									
울산	14	0	0									
경기	90											
강원	21	0	0									
충북	30	0	0									
충남	25	2	2		2						2	
전북	27	1	0									
전남	16	2	0									
경북	37	0	0									
경남	54	8	4		4						4	
제주	6	0	0									

* 위반내역에는 미신고를 포함한 수치임

이번 지도·점검 결과를 보면 전체 신고·등록된 업체 중 홈페이지를 운영하는 업체는 13.3%(256개소)로, 국내(11%) 보다는 국제(15%)가 비율이 다소 높은 것으로 나타났으며 상호, 대표자 성명, 신고번호, 등록번호, 사업자 등록번호, 영업장 소재지 주소 등은 대부분 게시하고 있었으나, 수수료·회비 등을 기재한 표, 이용약관, 손해배상 청구절차 등은 대부분 내용이 미흡하거나 게시를 하지 않고 있었다. 초상권과 인권침해가 되는 사진게재의 경우 적발업체(28개소)의 대부분이 본인의 동의 없이 게시하고 있어 이에 대한 지속적인 조치와 개선이 요구된다고 할 것이다. 향후 지속적인 확인 및 조치 이행 여부 점검 실시가 필요하며 주기적인 점검을 통해 홈페이지 상의 법령위반 행위를 근절시켜야 하며 특히, 본인 동의 없이 사진을 게시한 업체에 대해 다수 지자체에서 재점검이 필요하며 아직까지 법령 미숙지 업체가 많으므로 지자체별 결혼중개업체에 대한 추가 집합교육 실시 독려를 해야 할 것이다.

<표 11-9> 본인 미동의 외국여성사진 삭제업체 현황

(25개업체)

등록번호	홈페이지	비고
경기080023	www.ybom.co.kr	사진 삭제
대구2008-30	www.sarangwedding.co.kr	동의서 사진 확보시까지 홈페이지 잠정 폐쇄
경기090201	www.imss.co.kr	사진 삭제
서울080048	www.dungg.co.kr	사진 삭제
전북2008-11	cafe.daum.net/e-soluwedding	사진 삭제
울산24	www.arirangwedding.com	사진 삭제
대전2008-015	www.hanury.co.kr	사진삭제하고 홈페이지 작업중
서울080074	www.durianwedding.com	동의서 받은 사진들로 다시 올림
경기080017	www.saebomwed.com	사진 삭제
부산2008-05	www.yeana.com	사진 삭제
경기2008-73	국제행복만들기.kr	사진 삭제
경기080020	edenwed.co.kr	홈페이지 폐쇄
경기080060	somangwedding.kr	사진 삭제
경기080041	yonjigonji.co.kr	사진 삭제
경기080010	kukjewedding.com	사진 삭제
경기080030	chinesewed.co.kr	홈페이지 폐쇄
경기080052	korea777.co.kr	홈페이지 폐쇄
경기080067	iplusu.net	사진 삭제
경기080027	1004wed.com	사진 삭제
경기080065	didmweddong.com	사진 삭제
경북2008-001	nariwedding.com	사진 삭제
대구2008-017	altman.co.kr	사진 삭제
부산2008-003	www.jkv.kr	사진 삭제
부산2008-062	www.ilove45.com	사진 삭제
부산2008-004	www.wawedding.co.kr	사진 삭제

※ 상호 및 대표자 이름은 생략하였음.

제3절 베트남의 혼인과 가족법

1. 혼인과 가족법

호치민은 살아생전에 “가족은 사회를 구성하는 세포단위이므로 국가는 혼인과 가족을 보호해야만 한다.”고 가족의 중요성을 강조하고 있다. 그 후 이러한 정신은 베트남의 가족관련 법령에 반영되었다. 베트남의 혼인과 가족법[167]은 1959년에 제정되었는데 1986년 도이머이 개방정책 등 환경변화로 1994년과 2000년에 행한 개정이 의미가 크다. 혼인과 가족법에서도 사회주의 정치체제와 자본주의 시장경제를 도입한 경제체제간의 딜레마를 반영하고 있다. 구체적으로 변천 과정 및 내용을 보면 1959년도 혼인과 가족법이 제정되었으며 제정 당시에 4가지 주요 원칙을 천명하고 있다. 즉, 중매결혼 폐지와 결혼의 결정권, 일부다처제 폐지 및 일부일처제, 남녀평등, 여성과 아동 보호 등이 있다. 특히 이때부터 중매결혼 폐지를 내세운 점은 오늘날까지 40년간 국민의 의식과 생활에 영향을 주어 영리를 목적으로 하는 국제결혼에 대한 중개업체를 불법으로 인식하는 것은 어찌 보면 당연한 일이 될 수도 있는 것이다. 또한 남녀평등과 관련된 3가지 여성정책이 있는데 첫째, 중매결혼과 일부다처제 폐지 및 인신매매 금지이고 둘째, 여성의 사회참여와 역할 증대, 이로 인한 보육권 강화이며 셋째, 여성연맹[168] 설립이다. 이후 여맹주도로 혼인과 가족법 개정이 이루어지고 있다. 이때 개정을 통해 여성연맹의 역할이 확대되어

---

167) Steven K. Wisensale, Marriage and Family Law in a changing Vietnam, Journal of Family Issues, 1999.

168) 제11장 제4절 베트남의 혼인관련 정부조직을 참조하기 바란다.

왔으며 특히 여성과 아동관련 정책에 대한 모니터링 및 정책제안을 가능하게 하였으나 아동에 대한 부모의 책임, 이혼절차, 결혼상대방의 의무 등에 대한 언급이 없었다는 단점이 있다. 그 후 1986년에 법 개정을 통하여 그동안의 단점으로 지적되었던 결혼관련 규정, 부모의 책임 및 이혼에 관한 규정을 신설하였고 혼인가능 최저연령을 명문화하여 남성 21세, 여성 18세로 규정하고 있다. 또한 남녀 역할에 대한 규정을 구체화하여 남편은 아내가 어머니 역할을 충실히 하도록 지원해야 한다는 규정을 신설하고 장남의 아내는 시부모를 모시도록 함께 살아야 한다고 하였다. 가족은 구성원의 복지와 보호를 위해 책임이 있음을 선언하고 고아는 조부모가 돌보고 그들이 성장하면 조부모를 모셔야 한다고 하여 가족중심의 보호체계를 명시하고 있다. 아울러 혼외자식과 입양정책을 언급하고 있는데 입양의 최저 년 수를 15세미만으로 구체화하고 입양 시 9세 이상의 경우에는 본인의 의사를 확인하도록 하였다. 그리고 이혼에 관한 규정을 신설하였는데 모성보호적인 측면에서 상당히 구체적이다. 베트남은 상대적으로 낮은 이혼율[169]을 유지하고 있으나 점차 증가추세에 있다. 아내가 임신 중 일 경우 출산일을 기준으로 1년 이내에는 이혼이 금지된다. 1994년도 법령개정을 통하여 조숙한 결혼, 미등록 혼인신고 및 가정폭력에 대한 규정이 있으며 국제무역증가와 외국인 방문객 증가로 국제결혼에 관련된 규정을 신설하여 외국인의 부정적인 영향을 최소화하는 규정을 포함하였다. 이와 관련된 호치민 어록으로는 "취약한 가족구조는 취약한 국가를 생산한다."고 강조하였다. 베트남 가족의 현재와 미래를 본다면 현재의 사회경제적 상태는 비록 경제적으로 낙후되어 있지만 여성의 높은 사회참여율(73.6%)이 장점[170]으로 꼽히는 반면에 낮은 인구개발지

169) 베트남은 세계적으로 가장 낮은 이혼율을 가진 국가이다. 1992년의 통계에 의하면 1,000명당 5.9%가 혼인하였고 이혼비율은 0.9%이다(Tran Xuan Nhi, 1995). 그러나 그후 세계화와 시장경제의 도입으로 인하여 이혼율은 다른 동남아시아 국가인 태국, 싱가포르, 말레이시아, 인도네시아 등과 마찬가지로 지속적으로 증가하고 있다.

170) 베트남 여성들의 사회활동은 매우 활발하다. 공산당과 정부, 단체 등의 요직에

수(HDI, 150개국 중 130위) 등과 이혼율 증가추세를 들 수 있다. 아울러 베트남 정부가 관심을 갖는 이혼율에 대한 다각적 분석이 필요하다.[171]

2. 시행령 제68호 및 제69호

오늘날 지구적 통합 추세와 맞물려 베트남에서도 국제결혼은 일정부분 불가피한 것으로 사회적으로 용인되고 또한 보호되고 있다. 국제결혼은 사랑과 평등, 가정의 행복이 전제되어야 하지만 대부분 이와 무관하게 이루어진다.[172] 베트남 정부는 인신매매가 근절되기 위해서는 관련정책과 사회체계가 일관되게 시행되고 보완·수정되어야 주장한다. 베트남에는 인신매매에 관한 특별한 법은 없지만 이에 대하여 규정하고 있는 법 조항은 있다. 특히 형법 제119조와 제120조는 여성과 아동에 대한 인신매매, 교류를 빙자한 사기, 아동착취에 대하여 최고 20년형 혹은 종신형까지 구형할 수 있도록 규정하고 있다. 이외에도 불법이주 혹은 이주를 미끼로 한 불법보증금에 대해서도 중형을 부과할 수 있다. 정부부령 제 13호에서는 인신매매의 피해자들이 보호와 지원, 궁극적으로 공동체내에서 재활을 받을 수 있도록 상세하게 규정하고 있다. 베트남은 1990년부터 지금까지 수천 명의 여성들이 합법 혹은 불법적인 경로를 통하여 국제결혼을 해 왔던 나라이다. 수많은 결혼들이 비정상적인 경로를 통하여 이루어졌으며 이는 여성과 아동 인신매매의 성격도 어느 정도 내포되어 있다.[173] 이러한 경향은 아시아 지역 내에서 국경을 넘어 가족을 이루고 행

여성들이 많이 진출하고 있으며, 현 11대 국회의원의 27.3%(총 498명 중 136명)가 여성이다. 아울러 베트남 정부는 여성 근로자의 고용을 장려하여, 일정 비율(종업원 100명 이하 업체의 50%, 종업원 100명 이상 업체의 30%) 이상의 여성근로자를 고용한 기업에 대해 소득세 감면 등 세제혜택을 부여하고 있다.(베트남 개황, 2006)

171) 베트남의 여맹관련 책임자를 만날 경우 주요 관심사항중의 한가지가 한국으로 시집을 간 베트남 여성들의 이혼비율이었다. 제9장 제2절을 참고하기 바란다.

172) 레 티 귀, 「베트남의 국제결혼 이주여성 현황」, 하노이 인문사회과학대학 젠다와 개발 연구소, 2007

173) 레 티 귀, 「베트남의 국제결혼 이주여성 현황」, 하노이 인문사회과학대학 젠다와

복을 찾으려는 사람들의 진정한 수요가 있다는 것을 보여준다. 베트남 정부는 2002년 7월, 이 법안에 68호 명령을 첨가하여 시행하다가 다시 2006년 7월, 69호 명령을 수정 보완하여 시행중에 있다. 주요내용을 보면 68호 명령은 이윤을 목적으로 하는 결혼중개를 엄격히 금지하고 있으며 여성동맹만이 결혼지원센터를 설치하고 국제결혼 중개를 허용하는 것으로 되어 있다. 아울러 69호 명령은 정신병환자의 결혼을 인정하지 아니하고 결혼등록에 필요한 제출 서류를 공증 받도록 규정하며 결혼당사자 양자에 대한 직접 인터뷰를 의무화 할 뿐만 아니라 불법적인 중개업을 통한 결혼의 경우 결혼신고를 거부할 수 있도록 하고 있다.

제4절 베트남의 혼인관련 정부조직

1. 베트남 여성연맹(Vietnam Women's Union, VWU)

베트남 여성연맹(Vietnam Women's Union, VWU)는 1930년에 설립되었다. 베트남 전역에서 4단계 행정수준의 중앙, 광역지역, 소도시 및 지역사회 등의 구조로 형성되며 1,300만 이상의 여성이 가입하여 활동하고 있다. 창립 이래 여성연맹은 여성의 합법적인 권리를 보호하기 위한 필수 조직이다.[174] <그림 11-1>에 있는 베트남의 당·정부조직 및 기구표를 보면 행정부의 직속관할이 아닌 병렬 조직으로서 조국전선위원회에 속한다. 민족조국전선(National Fatherland Front)은 대중조직으로서 공산당의 전위기구로 청년, 농민, 여성, 문화, 종교 등 모든 사회단체 관할하고 있

개발 연구소, 2007

174) www.hoilhpn.org.vn

으며 남부의 민족해방전선(National Liberation Front) 및 북부의 베트민(Vietminh)을 계승한 단체이다. 국회에 대한 법안상정, 사실상 지명이기는 하지만 국회 및 지방의회 입후보자 명단을 작성, 전 국가기관에 대한 감사 등 광범위한 권한을 행사하고 있다. 특히 조국전선위원장은 필요시 국무회의에 참석을 한다. 이 조직의 아래에 여성동맹이 있으며 모든 계층의 여성을 대표하는 대중 조직으로 조국전선의 지도를 받으며, 여성의 평등과 개발을 위한 활동, 여성의 정당하고 합법적인 권리와 이익의 보호 등을 목표로 활동하고 있다.[175)]

2. 결혼지원센터(Marriage Assistance Center)

일반적으로 오해하기 쉬운 것이 베트남에서 국제결혼이 원천적으로 금지되어 있다고 생각하지만, 실제로는 국제결혼이 명시적으로 불법화 되어 있는 것은 아니다. 다만 집단맞선이나 베트남 여성의 단체합숙 등은 집회허가를 받지 않은 것이기에 불법으로 간주된다. 특히 신부가 한국으로 입국하기 전까지 신부를 감독해야 손실을 최소화하는 중개업체의 입장에서는 결혼을 결정한 베트남 여성의 이탈을 방지하고 한국어와 한국문화 적응 교육을 시킨다는 명분아래 기숙사를 운영하기도 하는데 이것

175) 베트남 여성의 활발한 사회진출과 관련하여 1930.10.20 창립된 여성동맹(위원장 : Ha Thi Khiet, 회원 : 약 1,100만 명)의 역할이 크다. 이 조직은 모든 계층의 여성을 대표하는 대중 조직으로 조국전선위원회의 지도를 받으며, 여성의 평등과 개발을 위한 활동, 여성의 정당하고 합법적인 권리와 이익의 보호 등을 목표로 활동하고 있다. 주요 지도급 여성인사로는 Truong My Hoa 국가부주석, Nguyen Thi Binh 전 국가부주석, Cu Thi Hau 노총위원장, Nguyen Thi Hang 노동보훈사회부장관, Tran Thi Trung Chien 인구·가족계획위 위원장(장관급), Vo Thi Thang 관광청장 등이 있으며 사회 지도층 인사 중의 여성 비율을 보면, 2002-2007년 임기의 국회의원의 27.3%(498명 중 136명, 10대 국회의 26.22%보다 1.08% 상승)이고 각료급의 12.5%, 성 인민위원의 22.3%, 구 인민위원의 20.1%를 차지하고 있다(주베트남대사관, 2006)

<그림 11-1> 당·정부조직 및 기구표[176]

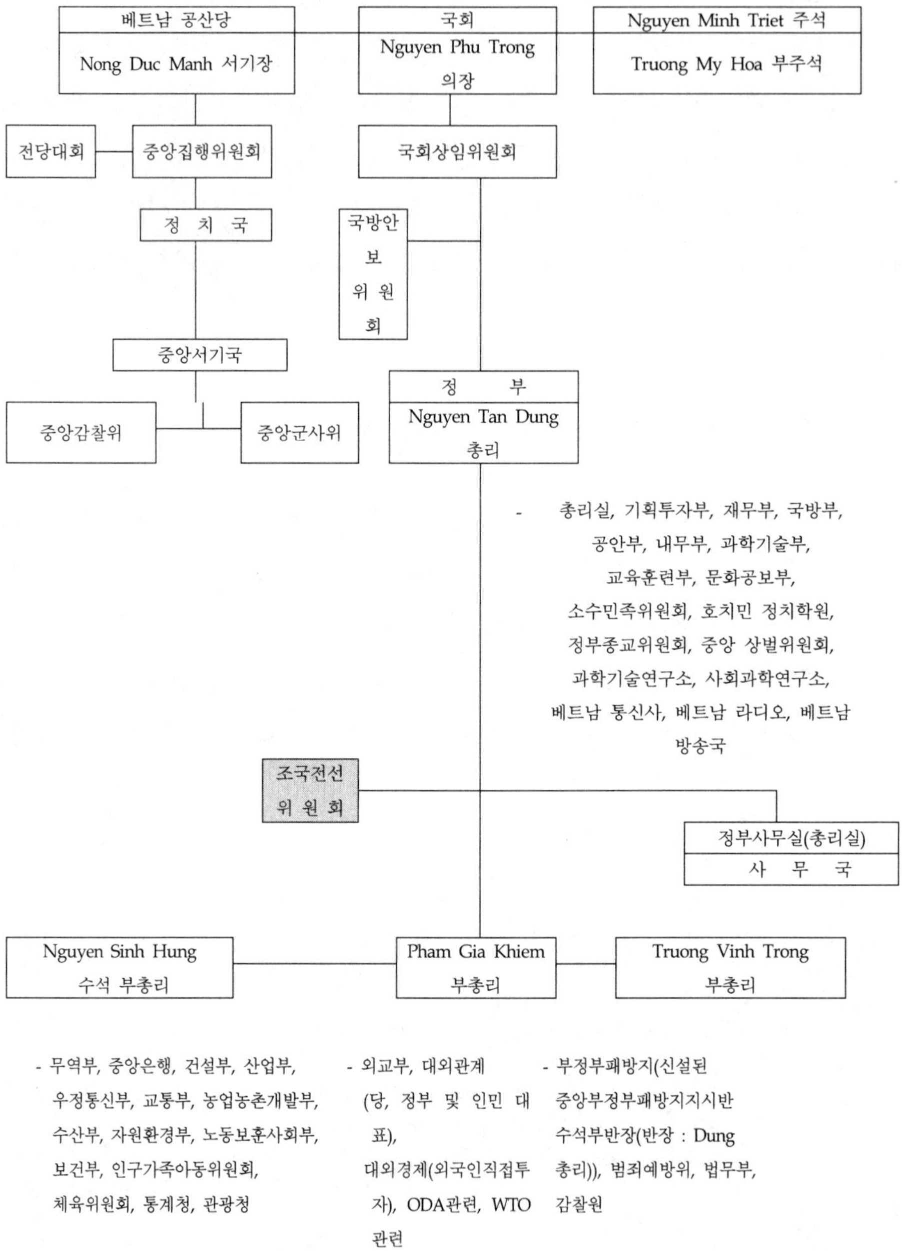

176) 출처: 베트남 개황(2006.11, 주베트남대사관)

이 베트남 실정법에 위배될 수 있으며 이 기간에 여성들에 대한 인권침해 소지가 높다는 비판을 받는 것이다. 베트남에서는 국제결혼 문제를 담당하는 부서를 법무부로 규정하고 있고 결혼의 허가는 지방정부인 각 성에 위임되어 있다. 베트남은 대만 남성과의 국제결혼이 급증하면서 국제결혼이 성매매 목적의 인신매매로 악용되는 사례 등 문제가 발생하자 2002년 발표된 68호 명령(Decree No. 68)에 근거를 두고 영리를 목적으로 하는 국제결혼중개를 금지하고, 상업화된 결혼중개를 최소화하기 위해 당기관인 여성동맹위원회(Women's Union)에서 산하에 결혼지원센터(Marriage Assistance Center)를 설립하였다.[177] 베트남인 및 외국인에 대해 결혼관련 정보를 제공하고 만남을 주선하고 있다. 하지만 그 영향력은 미비하고 실질적으로 매년 수만 건의 국제결혼이 진행되고 있으며, 결혼지원센터를 이용하지 않는 국제결혼중개업체의 활동이 오히려 더욱 활발한 실정이다. 문제는 여성동맹이 국제결혼의 통로로 인정되었지만 현실적 역량이 부족하여 실질적인 국제결혼의 통로로 기능하는데 한계가 있다는 점이다. 결혼지원센터(Marriage assistance center)를 설립과 관련하여 전국적으로 여맹산하 결혼지원센터는 '08. 12월말 기준으로 총 13개소가 설치되어 있다. 구체적으로 결혼지원센터를 소재하고 있는省은 Ha Noi, Hai Phong, Thai Nguyen, Da Nang, Lam Dong, HCM, An Giang,

177) 「결혼과 가족법」은 베트남에서 국제결혼에 관한 공식적인 제도와 절차를 규정하는 법이며 또한 시행령이 있는데 베트남 정부는 2002년 7월, 이 법안에 68호 명령을 첨가하여 시행하다가 다시 2006년 7월, 69호 명령을 수정 보완하여 시행중에 있다. 68호와 69호의 시행령이 국제결혼과 관련하여 가장 중요한 법령이 된다. 주요내용을 보면 68호 명령은 이윤을 목적으로 하는 결혼중개를 엄격히 금지하고 있으며 여성동맹만이 결혼지원센터를 설치하고 국제결혼 중개를 허용하는 것으로 되어 있으며, 69호 명령은 정신병환자의 결혼을 인정하지 아니하고 결혼등록에 필요한 제출 서류를 공증받도록 규정하며 결혼당사자 양자에 대한 직접 인터뷰를 의무화 할 뿐만 아니라 불법적인 중개업을 통한 결혼의 경우 결혼신고를 거부할 수 있도록 하고 있다. 한편으로 베트남의 경우 독특한 조직이 있는데 다름아닌 베트남 여성동맹과 결혼지원센터이다. 시행령 68호에 의해 베트남 여성동맹만이 결혼지원센터를 설립할 수 있으며 결혼지원센터의 결혼지원업무는 인도적이고 비영리적인 목적으로 이루어 진다는 점을 대외적으로 표방하고 있다.

Tay Ninh, Soc Trang, Dong Thap, Binh Phuoc, Ca Mau, Hai Duong등 13개의 省에 소재이고 Can Tho성은 2008년 12월말, Hau Giann성은 2009년에 결혼지원센터를 개소할 예정이었으나 2010년 1월에 확인결과 추가로 개소한 지원센터는 더 이상 없는 것으로 밝혀졌다. 이렇게 다양한 결혼지원센터 중에서 가장 먼저 그리고 가장 많은 활동실적을 하고 있는 곳이 바로 호치민(HCM) 결혼지원센터이다. 호치민 결혼지원센터의 국제결혼 지원 실적을 보면 51명('05) → 110('06) → 60('07) → 45('08. 12월말 기준, 단위 : 쌍)으로 전체 한국 남성과 베트남 여성의 국제결혼건수를 비교해 볼 때 극히 적은 부분을 차지하고 있다. 여성동맹의 맞선은 집단 맞선이 아니라 일대일 만남의 형식으로 진행된다. 여성동맹 직원이 베트남 여성에게 한국인 남성의 신상에 관해 설명해 주는데 대부분 여성들은 수동적으로 설명만 듣는 경향이 높고 남성에 대한 정보 교환 역시 집단 맞선에 비해 내용면에서 차이가 거의 없다. 여성동맹이 직면한 문제는 신랑감에 부응할 베트남 여성을 충분히 확보하지 못하고 있다. 또한 실제 일대일 맞선의 내용과 시간을 관찰해보면 시간에서나 대화 내용이 집단 맞선과 크게 다르지 않다는 점이다. 사정이 이러하다보니 "결혼중개업"허용에 관한 베트남 정부의 입장도 진퇴양난에 빠진듯하다.[178) "국제결혼중개업을 허용"하는 계획안을 2008년 내에 마련, 총리승인을 받은 후에, 2-3년간의 시범실시 후에 결혼중개업의 허용여부를 결정할 예정이라는 주장[179)]도 있지만 현재까지 아무런 변화가 없다. 이렇게 베트남 정부가 결혼중개업 허용으로 방향을 설정한 이유는 여성연맹산하의 결혼지원센터 활동에도 불구하고 이용자의 요구에 부응하기 힘든 현재 상황

178) 현지에서 KOCUN 소속으로 출국전 사전교육을 담당하는 현지 코디네이터 김재원 씨의 소식에 따르면 2009년도 초봄(구체적인 날짜는 미상)에 호치민 결혼지원센터의 창구를 통하여 한국인 남편과 결혼하였던 베트남 여성이 이혼한후 베트남에 귀국하여 결혼실패에 대한 사실을 폭로한 이후로 호치민 결혼지원센터의 기능도 전면적으로 마비되었고 그 책임을 물어 센터장도 교체되었다고 한다.

179) 법무부 출장보고서, '08.9

을 극복하기 위한 대안으로 검토 중인 것으로 분석된다. 다만, 경험적으로 국제결혼이민관이 각 성의 사법청장 및 여맹위원장과의 면담을 통해 현지에서 감지한 분위기는 1959년도 "혼인과 가족법" 제정 당시부터 중매결혼 폐지와 결혼의 결정권을 원칙으로 결정되어, 오랜 관습으로 정착되어 왔으므로 쉽게 정책변화로 연결시킬지 여부는 좀 더 신중하게 지켜볼 필요가 있다. 또한 고위관료 및 교수 등 지식인층에서는 베트남 여성의 해외 유출을 국가의 자존심이 상하는 일로 보는 경향이 있어서 총리 승인이 있더라도 시범실시 기간에 여러 가지 변수가 발생할 것으로 예상된다.[180] 그러나 2010년 8월 현재까지도 시범사업은 실시되지 않고 있다.

제5절 각 성의 적용사례[181]

1. 동탑성

동탑(Dong Thap)성의 여성연맹 위원장은 Nguyen Thi Nghiem이며 결혼지원센터장은 Nguyen Thi Thu Thuy이다. 동탑성 결혼지원센터는 2년 전에 설립승인을 받았지만 비로소 '08.7.17(목)에 개소하였으며 저자가 개소식에 참석하여 축사를 하기도 하였다. 이곳 결혼지원센터에는 총 3명

180) 결혼중개서비스에 대하여 베트남 정부는 공식적으로는 규제 방침을 밝히면서 여성 결혼이민자의 송출은 외화획득 수단으로 간주하여 장려하는 등 모순적 상황이 발생한다. 필리핀의 경우에도 '우편주문신부금지법'을 통해 국제결혼중개행위를 명시적으로 금지하고 있으나, 여전히 일본·대만·한국과의 국제결혼이 매우 활발하고 베트남은 명목상 필리핀처럼 영리 국제결혼중개행위를 엄격하게 규제하고 있으나, 대다수 결혼중개업체들이 편법으로 결혼중개를 하고 있다. 이들은 영업의 지속성과 안전을 위해 공무원에게 뇌물을 제공하는 등 불법수단을 동원하고 있다. 현재 명목적 규제와 실제 집행사이에 괴리가 크나, 상업적인 결혼중개 행위를 하는 업체와 중개업체 알선을 통해 결혼을 하는 한국 남성들이 현지 정부의 단속에 걸릴 위험성 상시 내포하고 있다.

181) 이번 절에서는 필자가 직접 각 성을 방문한 결과를 중심으로 전개하고자 한다.

의 공무원이 근무하고 있는데 Nguyen Thi Thu Thuy 동탑성 결혼지원 센터장은 여성연맹에서만 27년간 근무해 오고 있다. 센터 설립을 통한 기대효과에 대해 여맹위원장은 결혼당사자간의 올바른 이해를 증진하고 사전준비가 부족한 결혼비율이 감소하며 결혼당사자가 가정을 꾸리는데 행복해 질수 있도록 많은 도움을 줄 것이라고 긍정적인 시각을 보여주었다. 최근 2006년도 이후로 동탑성 사법부는 한-베 국제결혼 신고를 거부하고 있는 것으로 알려졌으며 본인이 한국에 혼인신고가 되어 있는 한국 남성을 고려하여 인도적 차원에서 접근해 줄 것을 요청하였다. Nghiem 위원장은 법률의 규정에 따라 인터뷰를 통하여 결혼목적과 양 당사자가 의사소통이 가능한지 여부 및 상대방 국가에 대한 법률, 풍속, 습관, 전통 등에 대한 이해여부를 파악하기 위한 인터뷰를 실시하고 있다고 하면서, 단시일 내에 이루어지는 혼인으로는 결혼의 진정성을 파악하기 곤란하고 특히 언어소통이 없이 이루어지는 결혼생활은 가정불화의 가장 중요한 원인이 된다고 주장하였다. 한편 동탑지역에 살고 있는 한-베 가족 자녀의 통계와 관련하여 저자가 제4차 한-베 영사국장회의에서 베트남에 유기된 아국 국적 어린이 문제[182]가 주요의제로 대두된 점을 상기시키면서 동탑성 지역에 살고 있는 한국인 남편과 베트남 여성 사이의 자녀의 통계 및 현황에 관해 묻자 한국인 아이에 관한 통계는 한명도 없는데 이유는 동탑성출신의 여성이 한국인과 결혼한 숫자가 많지 않고 출입국 조회를 통해 확인해 본 결과 전혀 없었다고 하였다. 저자가 동탑지역 국제결혼가정 자녀 보고서 번역본[183]을 제시하면서 동탑 여성연맹에서 조사한 자료를 근거로 베트남 여성과 외국인 남성사이에 태어난 아이의 숫자가 600명에 이른 것으로 나타났다고 지적하자, 600명의 숫자는 출입국조회

182) 베트남에 살고있는 한국아이들에 관한 자세한 내용은 제13장 제1절을 참고하기 바란다.

183) Report on the pre-assessment of the situation of children from brokered marriages of Vietnamese women with foreigners in Dong Thap Province(2006)

에 따른 동탑성 출신 베트남여성의 자녀에 대한 출입국 사실 통계이므로 이들 숫자를 모두 버려진 것으로 확대해석하면 곤란하다고 해명하였다. 그리고 한국 정부에 대한 바램이나 요구사항관련, 결혼지원센터 개소에 발맞추어 국제결혼관련 자문에 활용할 수 있는 한국에 관한 자료인 국제결혼관련 법률, Hot-line번호, 한국풍습 · 습관 · 역사 등에 대한 정보 제공 및 한국어 어학강사 지원 등을 요청하였다.

2. 하우장성

하우장(HAU GIANG)성 사법청장 Huynh Thu와 여맹위원장 Huynh Thuy Trinh, 사법청 호적과장 등 8인을 면담하였다. 이곳 하우장성의 주요 특징은 메콩강 유역에 위치하고 있으며, 국제결혼의 베트남 신부 중 메콩강 유역 출신 특히 하우장성 여성이 많은 실정이다. 한국으로 시집간 여성관련 숫자, 이들의 귀환비율 또는 이혼율, 그리고 아이들을 친정에 맡긴 사례 등에 대한 통계가 있으면 제공해 줄 것과 실제 혼인신고와 관련된 인터뷰 장면을 참여관찰을 할 수 있도록 요청하였다. 이에 대해 Huynh Thu 사법청장은 양국관계 개선을 위한 한국정부의 노력에 감사를 표하면서 몇 가지 사항을 당부하였는데 하우장성의 경우 국제결혼을 위한 혼인신고 시 先 한국, 後 베트남의 비율이 매우 높은데 이는 한국에서의 혼인신고가 훨씬 수월하기 때문이며, 국제결혼은 상대국가에 대한 이해가 전제되어야 하나, 베트남 신부가 한국에 다녀오거나 한국인을 접한 경험이 많지 아니하므로 한국에 관련된 문화나 정보 부족의 문제점이 있고, 특히 부부간 10살 이상 나이 차이가 나는 경우가 다수임에도 불구하고 이러한 나이 차이를 극복할만한 대안이 없어 하우장성에서도 매우 고민하고 있다고 하였다.[184] 아울러 Huynh Thuy Trinh 여맹위원장

184) 하우장성의 구체적인 통계를 보면, 2008년 6월 1일부터 현재까지 나이차가 20세 이상 나는 경우가 총 118건이 있었으며, 이러한 경우 첫 번째 인터뷰에서 3개월 후 재

은 하우장성 출신 여성이 많음에도 불구하고 결혼지원센터를 건립하지 아니하였지만 결혼지원센터를 건립할 예정으로 절차를 진행 중이라고 하였다. 그녀는 혼인 건수가 중요한 것이 아니라 혼인의 진정성이 중요하다고 강조하면서 국제결혼을 원하는 한국남성을 대상으로 베트남 문화나 언어에 대한 사전교육이 이루어졌으면 좋겠다는 점과 한국 내에서 혼인 수속이 상대적으로 쉽게 이루어지고 있는데 이에 대한 혼인의 진정성 파악을 위해 요건을 강화해 줄 것을 우리 측에 건의하였다. 하우장성 한-베 국제결혼 실태를 살펴보면 아래와 같다.

<표 11-10> 하우장성 한-베 국제결혼 실적

(단위 : 건)

구분	先한국 혼인신고	先 베트남 혼인신고	소계[185]
2004년	6	76	82
2005년	171	223	394
2006년	1200	19	1219
2007년	1229	18	1247
2008.1/1~9/15	573	04	577
소계	3179(90%)	340(30%)	3519(100%)

하우장성에서 실시하는 인터뷰 과정을 설명해 보기로 하자. 2008년 6월 1일부터 사법청은 국제결혼 인터뷰의 질을 향상시키기 위해 해결책을 강구하는데 구체적으로 결혼 당사자 간 의사소통이 필요하다는 전제로 인터뷰 질문 60문항[186]을 준비하였으며 한-베 양국 언어로 질문이 가능하

인터뷰를 하며, 재인터뷰를 통해 현재 69건이 해결되었으며 49건이 아직 남아있다. 앞으로는 나이차이가 20세 이상 나는 경우는 사법청에서 서류자체를 접수하지 않을 예정이라고 한다.

185) 하우장성은 2004년도에 껀터성으로부터 분리되었으므로 이전 통계는 없음. 다만 先한국 혼인신고의 비율이 90%이상을 차지하고 있다

186) 한국인 남성에게는 베트남어의 활용정도와 베트남 여성에 대한 정보를 얼마나 알고

도록 준비 되어있다. 이때, 각 종류별로 10문항씩 뽑아서 6문항 이상 대답을 할 경우에 인터뷰 통과가 가능하다. 인터뷰는 5명으로 구성되며 단장, 행정실장, 호적실장, 직원, 서기 등이 포함되는데 매주 화 · 수 · 목요일에 인터뷰를 실시한다. 先한국 혼인등록을 한 경우에 서류제출 후 15일~30일 사이에 인터뷰를 가지며, 인터뷰가 끝나면 15일 후에 결과가 통보되고 서류가 완료되면 비용을 지불하고 혼인등록증 발급 일을 통보 받는다. 통역문제와 관련, 사법청이 통역원과 직접 계약을 하는 것이 아니라 인터뷰 당사자가 자신의 부담조건으로 통역원을 고용할 수 있으며 사법청은 통역원의 자격과 실력을 관리하고 있으며 하우장성에 현재 한국어가 가능한 베트남인 통역원 2명이 활동하고 있다. 하우장성의 사법청과 여성연맹은 국제결혼의 폐해를 줄이고 결혼적령기 여성의 가족을 대상으로 교육을 실시하고 국제결혼을 제한할 방침을 정한 것으로 판단된다.[187] 향후에 사법청은 나이차가 많거나 3번째 이상의 재혼, 신체장애자 및 정신지체자와의 결혼 등에 대해 사법청장의 승인을 받도록 심사를 강화하고 있으며 사법청장과 여맹위원장도 국가적으로 사회적 일자리를 창출하여 경제적으로 어려운 가정의 수입이 안정되도록 하여야 한다고 강조하였다. 이번 면담의 특징은 한국에서의 혼인신고가 쉽고 베트남 신부가 한국에 가지 않아도 남편의 호적에 등록이 되어 先한국 혼인신고가 급증하고 있다면서 대한민국 정부차원에서 더 빈틈없는 해결책을 강구해 주길 건의해 왔는바, 양국관계의 지속적인 발전과 혼인의 진정성 강화를

있는지 점검하고, 반대로 베트남 여성에게는 한국어 구사능력과 남성에 대한 개인정보를 얼마나 올바르게 알고 있는지에 대한 질문이며 면담시에 통역이 동석을 하기 때문에 필요한 경우 통역의 도움을 받기도 한다. 다만, 통역을 활용할 경우 별도로 통역사용료를 남성이 지불한다.

187) 하우장 사법청은 외국인과의 결혼하는 省內 지역 여성의 수를 제한하려고 여러 가지 해결책을 강구하고 있지만 또다른 메콩델타지역에 비해 매우 높은 실정인 바, 주된 이유는 Hau Giang성의 농촌 · 오지 사람들의 지적수준이 낮고 대부분 농업에 종사하며 경제적으로 발전이 늦을뿐만 아니라 당장 눈앞의 경제적인 이익만 생각하여 국제결혼의 장기적인 폐해를 주의하지 않는 경향이 있는 것으로 판단하고 있다.

위하여 정부에서도 결혼서류 수속 강화 및 상대방에 대한 이해하는 기간을 더 줄 수 있는 방안을 검토해야 할 것이다.

3. 껀토성

껀토(Can Tho)성 사법청 부청장 Tran Phuoc Hoang과 여맹 부위원장 Chiem Thu Huong 그리고 사법청 호적담당국장 등 10인과의 면담하였다. 껀토성의 사법청, 외무성, 여맹이 공동으로 국제결혼을 주요현안으로 인식하고 많은 관심을 갖고는 있으나 아직까지 구체적인 해결책을 모색하지 못하고 있음을 시인하였으며 국제결혼과 관련하여 한국에 관한 법과 제도적인 실태에 관한 정보가 부족하다고 말하면서 베트남과 대만의 경우 혼인신고 시 또는 비자인터뷰 시 부부 양자 인터뷰가 이루어지고 있으나 한국의 경우에는 혼인신고가 수월하기 때문에 혼인의 진정성에 대한 의심 없는 관습에 대해 이해하기 어렵다고 하였다. 여맹 부위원장 Chiem Thu Huong은 껀토성 결혼지원센터를 2009년도에 개소할 목표로 현재 절차를 진행 중에 있다고 하였다.[188] 껀토성의 경우 2005년이후로 가족 및 친지의 소개로 이루어지는 국제결혼이 급증하고 있으며, 이는 이미 혼인을 경험한 사람들이 경제적으로 풍족한 생활을 하기 때문이라고 분석하고 있다. 껀토성에서는 국제결혼의 급증과 더불어 불법중개업자 숫자 및 이혼율 또한 급증하고 있으며 이혼여성의 경우 이혼사실에 대해 부끄러워하는 경향이 있으며 이혼여부에 대한 사실관계를 정부에 반드시 신고해야하는 의무사항이 아니므로 통계관리가 제대로 이루어지고 있지 않다고 하였다. 한편 껀토성에서도 한-베 국제결혼 인터뷰를 참관 하였는데 그 결과를 보면, 인터뷰 절차와 관련하여 인터뷰는 3명의 심사관 및 2명의 참관인으로 구성되며 호적과장, 통역, 기록원, 참관인 2인 등 5명

188) 현지 확인결과 2010년 8월말 현재까지 개소되지 않고 있다고 한다.

이 심사를 동시에 실시한다. 이들은 하루에 약 5개팀을 인터뷰하고 있으며 결혼당사자인 한국 남성과 베트남 여성의 부부가 함께 참여하는 면접방식으로 진행되며 심사결과는 3명의 심사관이 그 자리에서 합의제 형식으로 의논하여 통과여부를 결정한다. 구체적으로 결혼 당사자 간 의사소통이 필요하다는 전제로 인터뷰 기록서류를 조서 형태의 자료로 관리하고 있으며 이 양식은 전국적으로 동일하다. 인터뷰 기록서류의 주요내용으로 결혼당사자간 알게 된 경위, 기간, 상대방 가족에 대한 정보 확인, 상대국가에 대한 풍습, 습관, 생활 조건 등에 대한 지식정도, 의사소통능력 및 극복노력, 결혼하는 이유, 결혼결정경위 등 혼인의 진정성 확인을 위한 내용으로 구성, 혼인과 가족법 시행령 68조 및 69조에 근거하여 기록서류를 관리 보관하고 있다. 한편 베트남 국적포기, 국적취득 및 베트남국적 증명서발급 신청서 등과 관련한 자료도 입수하였다.[189)]

189) 베트남 국적관련 베트남 국적을 포기하거나 국적을 취득 또는 베트남인이 자신의 국적 증명서를 발급 받기위한 서류를 껀토성에서 입수하였는데 이러한 양식과 절차는 껀토성뿐만 아니라 베트남에서 전국적으로 동일한 형식과 절차를 따르고 있다. 베트남에서 입수한 자료에 관해 이 메일로 문의할 경우 자료를 제공해 드릴 예정이다.

제12장 한-베 국제결혼 실태 및 언론보도

제1절 결혼당사자

1. 신랑 및 신부에 대한 인구학적 배경

2009년도 전국 다문화가족 실태조사 연구(김승권 외, 2010)에 따르면, 베트남 여성 결혼이민자의 89.1%가 20대 연령층을 이루고 있어 전체 결혼이민자에서 20대가 차지하는 평균이 41.3%임을 고려한다면 젊은 연령층이 주류를 이루고 있다. 아울러 여성 결혼이민자와 배우자간에 큰 연령 차이를 보이고 있는데 베트남 부인과 한국 남편의 연령차이가 무려 17.0세로서 전체 평균 연령차이인 9.9세에 비해 7년이나 많은 차이를 보이고 있다. 아울러 결혼이민자와 배우자의 교육수준을 비교해보면, 베트남 출신 결혼이민자의 20.0%가 초등학교 이하이고, 41.9%가 중학교 졸업자로서 중졸이하의 비율이 무려 61.9%를 차지하고 있고 대학이상의 졸업자는 국제결혼 국가 중에 가장 낮은 4.0%에 불과하다. 전체 결혼이민자의 평균을 보면 8.5%가 초등학교 이하이고 28.0가 중학교 이하의 졸업생이며 대학이상은 20.8%임을 고려해 본다면 베트남 출신여성의 학력이 가장 낮은 것을 확인한 바 있다. 한편, 베트남 현지에서의 활동을 통한 인구학적 특성을 살펴보기로 하자. 한국의 NGO단체인 유엔인권정책센터(KOCUN)와 국제이주기구(IOM)이 공동으로 주관하여 추진하였던 "베트남 결혼이주여성을 위한 출국 전 정보제공 프로그램"이 2007.10.8~12.28까지 진행되었으며 총973명의 예비신부가 교육을 이수하였다. 이 단체에서는 실제 베트남 현지에서 혼인비자를 발급받기위해 대기 중인 신부 대상으로 실시한 입국 전 사전교육에서 취합한 자료이다. 먼저 참가자 연령을 보면, 24세 미만의 여성이 전체의 75 % 이상을 차지하고 있으며 20세 미만의 여성도 35%를 넘어서고 있다. 평균 연령은 22세로 나타난다. 한편 한국남성의 평균 연령은 39세로 베트남 여성과의 연령차는 평균17세 정도로 나타나고 있다.[190] 대부분의 남성의 연령이 35~49세 사이이다. 국제결혼 이주여성 실태분석(보건복지부, 2005년) 자료에 따른 극심한 연령 차이는 특히 베트남 여성 중에서 10살 이상 차이가 나는 비율이 72%인 베트남의 통계와 일맥상통하는 것을 입증하고 있다.

<표 12-1> 출국 전 정보제공 프로그램 참여한 베트남 여성의 나이

(설문응답인원 총 906명 기준)

구분	20세미만	20~24세	25~29세	30세이상	무응답	계	평균연령
인원(명)	321	376	132	71	6	906	22.14세
비율(%)	35.4	41.5	14.6	7.8	0.7	100	

<표 12-2> 출국전 정보제공 프로그램 참여한 한국인 배우자의 연령

(*평균연령: 38.96세)

구분	30세 미만	30~34세	35~39세	40~49세	50세 이상	무응답	계
인원수	34	138	369	323	33	9	906
비율(%)	3.8	15.2	40.7	35.7	3.6	1.0	100

190) 이와같은 수치는 결과적으로 보건복지부 등 관계부처가 실시한 2009년도 전국 실태조사 결과와 일치하고 있다. 한편, 한양대 인구및고령사회연구소의 조사에 따르면 베트남 이주여성의 평균 연령이 24.0세이며 한국인 남편과의 연령격차가 16.5세로 밝혀졌다.(혼인이주 여성의 사회연결망과 적응, 2008)

한편, 대부분의 여성들이 베트남 내의 빈곤 지역인 메콩강 유역의 지역에서 오는 것으로 파악되고 있다. 85%의 참가자가 메콩강 지역에서 참가하고 있으며 그 중에서도 껀터(Can Tho), 허우양(Hau Jiang) 과 까마우(Cau Mau) 지역 참가자가 다수를 차지하고 있다.

<표 12-3> 출국전 정보제공 프로그램 참여한 베트남 여성 출신지역

(인원: 906명)

지역	껀터 Can Tho	허우쟝 Hau Giang	까마우 Cau Mau	빈롱 Vinh Long	끼엔쟝 Kien Giang	그외 메콩델타	나머지[191] 지역	계
인원	241	156	167	63	60	78	141	906
비율(%)	26.6	17.2	18.4	7.0	6.6	8.6	15.6	100

한편, 한국인 남성의 혼인상태는 초혼인 경우가 대부분 (78.5%)이나 재혼인 경우도 16%에 이르는 것으로 나타나고 있다.

<표 12-4 > 출국전 정보제공 프로그램 참여한 한국인 배우자의 혼인상태(초/재혼)

구분	미혼	1번	2번	3번이상	모름	무응답	계
인원수	711	139	15	0	19	22	906
비율(%)	78.5	15.3	1.7	0	2.1	2.4	100

2. 베트남에서의 결혼중개 구조

한국 중개업자는 베트남뿐 아니라 다른 국가 여성들과의 결혼을 동시에 중개하는 경우와 베트남 여성만을 전문으로 하는 경우로 분류할 수

191) 그 외 메콩델타지역으로는 An Giang, Bac Lieu, Ben Tre, Long An, Soc Trang, Tra Vinh 등이 있으며 나머지 지역으로는 Ba Ria-Vung Tau, Bing Duong, Dong Thap, Tay ninh, Tien Giang, HoChiMinh 등이 포함된다.

있다. 2003년 이후 베트남 여성과의 결혼에 대한 수요가 급증하면서 베트남 전문 업자의 수가 증가하였지만 최근에는 이들 업자가 캄보디아, 몽골, 필리핀, 우즈베키스탄, 네팔, 중국 등의 국가에서 중개도 병행하는 경향이 나타나고 있다. 흔히 규모면에서 조직화된 중개업체나 개인 중개업자로 구분하기도 하지만 실제 그 경계는 모호하며 중개방식에 있어서도 대동소이하다. 기존 연구 자료에는 베트남 현지에서 국제결혼 활동을 하는 업체나 사람을 "지사" 또는 "현지 협력업체", "현지 에이전트", "매니저" 등으로 호칭하기도 한다.[192] 한국 중개업자의 주요역할은 중개비용 전액을 지불할 남성을 모집하는 일이다. 개인적인 인맥을 활용하여 소규모로 하는 경우에는 개인중개업자인 경우가 많으며, 개인적인 인맥은 물론이고 전단지, 현수막, 인터넷광고, 신문광고, 잡지광고, 지하철 광고 등을 통하여 남성을 모집하는데 최근 온라인 광고가 가장 일반적이다. 현지의 매니저는 한국인일 경우와 베트남인인 경우가 있는데 본인이 중개업자를 대상으로 간담회를 하거나 영사면담 신청을 하는 중개업자를 통해 파악된 바로는 현지에서 활동하는 한국인 매니저는 소수이며 이들과 거래하는 한국 중개업자의 이미지나 관계가 그리 좋지 않은 편이다. 결과적으로 한국 중개업자는 현지의 베트남인 매니저를 선호하는 경향이 있다. 매니저는 현지에서 여성 모집과 맞선, 여성의 한국 입국전후까지 관리, 결혼식 및 결혼관련 서류 진행 등 베트남에서 이루어지는 맞선과 결혼 일체를 담당한다. 이들의 절차는 규모상 크고 작음에 따라 다른 점이 거의 없다. 다만 대규모와 소규모의 차이점은 주로 신부모집에서 차이가 난다. 소규모로 하는 개인중개업자의 경우에는 한국으로부터 인맥을 통해 소규모로 진행하다보니 한국과 베트남의 출입횟수가 빈번하지

192) 본 교재에서는 "현지 중개업자"로 호칭하기로 한다. 왜냐하면 베트남에서는 영리를 목적으로 하는 결혼중개업이 불법이다 보니 규모면에서 소규모의 은밀한 활동을 할 수 밖에 없는 제도와 구조적인 사회에서 한계를 가질 수밖에 없으며 주로 현지 중개업체의 매니저와 한국 중개업자간의 신뢰를 바탕으로 하지 않으면 성혼이 실패할 가능성이 매우 높다

않은 특징이 있으나 항공료가 비싼 편이 아니어서 실제 이들을 구분할 실익은 거의 없어 보인다. 실제 이들의 한국입국은 국적이 한국인이다 보니 자유롭다. 한국 중개업자가 결혼 성사건당 일정한 금액(350만원~420만원)[193]을 주고 현지 매니저를 고용하는 형태이기 때문에 둘의 관계는 협력적이면서 동시에 위계적인 관계일 수도 있다.

<그림 12-1> 베트남에서 이루어지는 결혼중개과정[194]

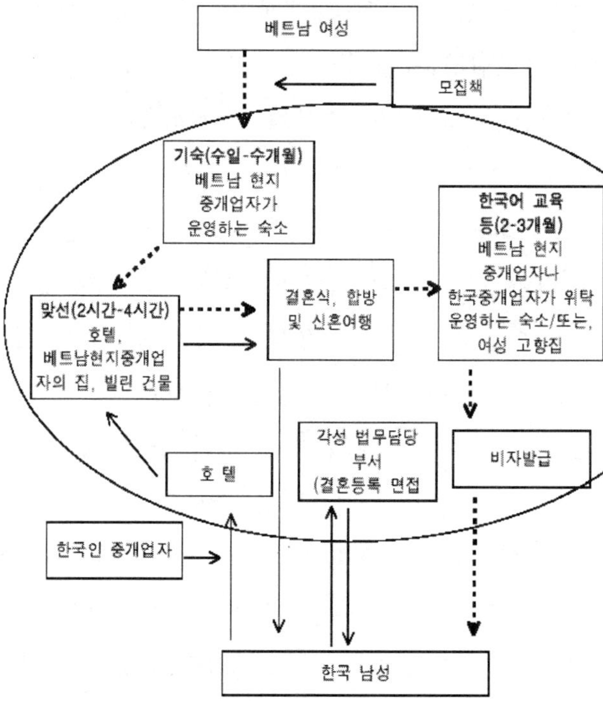

193) 본인이 파악한 바로는 최저 320만원~550만원까지로 범주가 다양하다. 그러나 평균 400만원으로 보는것이 가장 일반적인 것으로 판단된다. 너무 낮은 경우 매니저의 성실한 태도를 기대하기 어렵고 너무 높은 경우에는 중개비용을 지불한 한국인 남성의 비용이 증가하게 되어 다른 중개업체를 선택할 가능성이 있으므로 본인의 적정 최소이윤으로 설정하고 있는 300만원~400만원을 유지하기 위해서는 400만원을 적정선으로 설정하고 있는 것으로 파악된다.

194) 이 그림은 호치민을 중심으로 하는 남부 지역의 결혼중개 과정을 나타내고 있어 하노이를 중심으로 하는 북부 지역의 경우엔 맞선 이전에 기숙이 이루어지지 않고 있다.

3. 결혼중개과정

1) 베트남 현지 여성의 모집과 기숙관리

국제결혼의 송출지역은 남부의 경우 떠이닝, 껀토, 동탑, 까마우, 짜 빈, 박리에우 등 호치민 주변이나 메콩 델타 지역의 농촌마을이고 북부의 경우 하노이, 하이퐁, 아이정 인근의 시골마을이다. 모집된 여성들은 대부분 초등학교나 중학교를 졸업하고 가사나 농업에 종사하던 19세에서 25세까지의 젊은 여성들로, 베트남에서 가장 취약한 계층의 여성들이 국제결혼을 선택하고 있다. 캄보디아, 몽골, 필리핀, 우즈베키스탄, 네팔, 중국 등의 다른 국가와는 달리 베트남은 현지 매니저나 중개업자가 여성을 기숙, 관리하면서 맞선에 동원한다는 특징을 갖는다. 현지 베트남 신부 모집책은 호치민 주변이나 메콩델타 지역의 농촌 마을에서 외국 남성과 결혼 할 여성들을 모집한 후 호치민 시에서 기숙사를 운영하고 있는 마담에게 인계하고 자신이 모집한 여성이 결혼에 성사되는 경우 소정의 커미션을 받는다. 여성들은 호치민시에서 마담이 운영하는 숙소에서 맞선을 보며 생활하는데 결혼이 성사될 때까지 기숙 생활을 해야 하기 때문에 그 기간은 짧게는 수일에서 길게는 수개월 걸린다. 그런데 맞선 전 기숙기간 동안에 여성들은 이동의 자유를 제한[195] 받을 뿐 아니라 기숙생활 자체가 부채예속의 상황을 만들어 낸다. 현지 업자들은 여성이 숙소에 머무는 동안 생활비를 빚으로 계산하다가 성혼이 되면 남편에게서 받는 지참금에서 상계처리 한다. 생활비가 자동적으로 부채로 전환되면서 여성들은 중도에 맞선을 포기할 수 없는 상황에 놓이며 오랜 동안 숙소에

195) 실제로 현지에서 (재)아시아문화교류재단(ACEF) 호치민 교육문화원에서 출국전 여성을 대상으로 한국어와 한국문화에 대한 교육을 실시할 계획이 있었으나 정작 신부를 공급해 줄 기숙사를 운영하는 현지 마담들과의 입장차이로 인하여 숙식문제가 해결되지 못해 사전교육이 실시되지 못한 바가 있다.

서 생활한 여성이라면 생활비는 이미 갚기에 너무 큰 빚이 되어 여성들은 자신에게 주어진 최소한의 권리인 거부권마저 행사하기 어려운 입장이 된다.

2) 맞선과 합방

베트남 법령은 이윤을 목적으로 하는 결혼중개 자체를 허용하지 않기 때문에 중개업자가 주선하는 맞선[196]과 결혼은 항시 공안의 단속과 처벌의 대상이 된다. 특히 2006년 이후 불법 결혼 중개에 대한 베트남 정부의 단속이 강화되면서 베트남 현지에서 한국인 중개업자가 주관하던 불법 맞선이 공안에 의해 단속되는 사건이 수차례 발생하였고 이는 베트남 국내외 언론을 통해 보도되었다.[197] 보통 맞선은 남성의 도착 날 당일에 이루어진다. 맞선 당일 전문 모집책은 이미 모집해 놓은 여성들을 맞선 장소로 동원한다. 봉고차를 이용해 수십 명의 여성들을 한꺼번에 맞선 장소로 이동시키는 경우라면 단속을 피해 늦은 밤이나 새벽시간을 이용하여야 한다. 한국에서 호치민에 도착하는 비행기는 아시아나와 대한항공이 있으며 새벽 12시와 새벽 1시에 현지에 각각 도착한다. 공항에서 중개업자가 봉고차에 남성을 태우고는 묵을 호텔로 향하게 되는데 이때 봉고차 안에서 중개업자와 남성들 간의 상견례가 이루어진다. 자동차 안에서 일정과 맞선에 대해 설명을 듣고 호텔에 도착 가방을 방에 두고는 즉시 맞선 장소로 향한다. 호텔위치는 도심에서 다소 벗어난 곳에 위치하며 중국인 소유의 호텔이나 한국인 중개업자와 신뢰관계가 형성이 된 베트남인 소유의 건물이 된다. 맞선은 대마담의 총괄적인 지휘아래 진행되며 그와 거래하는 소 마담들은 자신이 관리하는 여성들을 맞선 장소로

196) 실제 맞선 장면을 체험하기 위해 현지 중개업자의 도움을 받았다. 주변의 인물들에게 새로이 이 업종에 사업을 하고 싶어하는 사람이라고 소개하면서 경계심을 갖지 않도록 배려해 주셨는데 도움을 주신 최○○님께 이 자리를 빌어 감사드린다.

197) 자세한 내용은 제11장 제2절의 베트남 언론에 보도된 현지중개업자의 불법실태를 참고하기 바란다.

이동시키는데 이때 동원되는 여성의 숫자는 대마담의 역량에 따라 달라진다. 2003년 이후에는 남성고객이 적게는 20~30명, 많게는 200~300명의 여성과 맞선을 볼 수 있었지만 2006년 이후 현지 공안의 단속이 심해지면서 여성의 숫자가 다소 줄어들고 있는 추세이다. 이러한 맞선에 동원하기 위해서는 대마담의 역량에 따라 기숙사를 운영하면서 여성을 관리하고 있는 소 마담을 얼마나 많이 알고 있는가에 따라 달라진다. 맞선의 형식은 과거에 여러 명의 남성이 한방에서 함께 맞선을 보기도 하였지만 최근에는 개별적으로 맞선을 보는 것이 대부분이다. 왜냐하면 맞선장소로 봉고차가 직접 가는 것이 아니고 적당한 거리에 주차시킨 이후에 오토바이를 이용하여 맞선장소로 은밀하게 이동을 한다. 봉고차 주변과 맞선장소 주변에 오토바이가 여러 대 배치되어 있으며 이들에게도 사전에 뇌물이 제공됨은 물론이고 관할지역 담당경찰에게도 미리 뇌물을 주어 주민 신고에 대비해 놓는다. 새벽 2시정도에 호텔에서 맞선 장소로 출발을 한 남성들은 봉고차 안에서 대기하며 한 명씩 맞선장소로 오토바이를 이용하여 은밀하게 이동을 하게 되며 남성이 여성을 선택하고 난 이후에 다른 남성이 또다시 맞선장소로 이동한다. 이렇다 보니 한꺼번에 보통은 남성 5명 이내에서 맞선을 보게 되며 1명당 1시간 이내에 결정된다. 맞선은 차례로 5명의 여성들이 방으로 들어오며 남성이 마음에 드는 여성을 선택하고 1차로 선택된 여성 중에서 다시 마음에 드는 여성을 선택하는 2차 선택을 하고 이때 보통 5명 이내로 압축이 된다. 압축된 5명을 상대로 비로소 남성에게 여성에 대한 간단한 신상정보를 알려준다. 예를 들면 나이와 가족상황, 고향, 학력정도이다. 그러면 5명을 통역하는 베트남 여성이 옆방으로 이동하여 이들에 대한 신체검사를 하는데 이때 출산 경험이 있는지 여부를 눈으로 확인하는 것이다. 이때 이들 여성에게도 남성에 대한 동일한 수준의 정보를 제공한다. 최종단계에서 남성은 최종으로 한 여성을 선택을 하게 된다. 여성에게는 최종적으로 자신을 선택한 남성을 거부할 수 있는 거부권이 허용되지만 기숙생활을 통한 부채와 여성들 간의 보이지 않는 경쟁의식[198]으로 인하여 거부하기 곤란한 상황에 놓이게 된다. 이처럼 베트남에서 맞선은 배우자를 선택하는 방식이나 짧은 시간 안에 배우자 선택이 강요되는 점과 상대방에 대한 불충분하고 허위 정보의 가능성이 높은 것이다. 실제로 맞선에 임하는 남성의 경우 인생의 반려자를 불과 1시간 안에 선택을 하기엔 턱없이 부족하고 물건 고르듯이 수십 명의 여자를 세워놓고 맞선을 보는 방식에 대해 곤혹스러워한다. 심지어는 중개업자에게 애원하다시피 선택해 달라고 하는 경우도 있다. 이때 중개업자는 나름대로 나이와 직업 등을 고려하여 자신의 이윤에 침해받지 아니할 만한 나름대로의 노하우를 활용하여 골라주기도 한다.[199] 왜냐하면 한국 입국 전에 결혼을 포기한다거나 비자발급에 지장이 없어야 하고 한국에 입국해서도 결혼을 포기하지 않을만한 여성을 나름대로 선정해 놓고 있다고 볼 수도 있고 또는 오랜 경험으로 그러한 여성을 보는 능력이 생기기도 하는 것이다.

3) 결혼식과 결혼등록

현재 중개업자가 주선하는 결혼절차는 결혼 증명서 발급 이전에 결혼식을 올리고 합방을 하는 것이 하나의 관행으로 굳어져 있다. 합방이 당사자들에게 결혼 의사를 번복하지 못하게 하는 장치로 이용될 수도 있다. 맞선을 보러오는 여성들은 이미 한국 내에서 혼인신고를 할 수 있는 각종 서류를 소지하고 참석하게 되어 있으므로 남성이 선택을 하고 여성이 동의하게 되면 한국남성은 한국에 귀국즉시 혼인신고를 할 수 있게 준비되어 있다. 그러나 베트남의 경우에는 한국과는 달리 정부의 허가를

198) "남자들이 좋다고 하면 기분 좋아요, 기뻐요. 남자가 좋다고 안한 친구들은 울고........(중략)......나는 싫은데 남자가 맘에 들어 하면 속상해서 울어요. 저는 그 사람 좋았는데 딴 여자 맘에 들어 했어요.........(중략).(국가인권위원회, 2007)

199) 실제로 일부 중개업자는 신랑과 신부에게 자신을 아버지 또는 어머니로 호칭하게끔 하기도 한다.

받아야만 혼인신고가 가능하다. 그러므로 베트남 여성과의 국제결혼에서 90%이상이 한국 내 혼인신고가 먼저 이루어지고 나중에 베트남에서 혼인허가를 밟는 절차를 거치게 된다.[200] 베트남 정부는 이에 대한 절차상의 문제점을 지적하기도 한다.

4) 결혼 후 입국 전까지의 교육, 기숙관리

결혼이후 한국으로 입국하기 전까지의 단계가 매우 중요하다. 2008년 기준으로 배우자 비자를 발급받아 한국으로 입국하기 까지는 약 3개월 이상이 소요되기 때문에 중개업자들은 이 기간 동안 숙소에서 성혼이 된 여성들을 기숙, 관리한다. 중개업자의 주장에 따르면 이 기간 동안 한국어와 한국 음식과 한국 문화를 배우는 기간으로 활용한다고는 하지만 신부가 한국으로 입국하지 않을 경우를 대비하는 성격이 더욱 강하다고 판단된다. 따라서 정부에서는 이 시점이 매우 중요하다고 판단하고 이들을 위한 별도의 프로그램을 추진하고 있다. 호치민 총영사관 별관에서 (사)유엔인권정책센터(KOCUN)가 베트남 호치민에서 결혼이주여성을 대상으로 한국에 입국하기 전 실시하는 "새로운 도전, 한국 알기" 프로젝트(부제 : 베트남 결혼이주 여성을 위한 출국 전 정보제공 프로그램)에 대한 주호치민총영사관의 후원명칭 사용을 허가해 주었다. 교육기간은 '08. 9. 3~'09. 2. 28(6개월간)이고 1일 8시간(주3회 실시, 화·목·금요일)이며 교육 장소는 주호치민총영사관 별관 별채 1·2층이다. 교육내용은 한국어 및 한국문화 정보 전반이며 구체적으로 ① 한국생활 알기 : 음식, 교통수단, 통신수단, 가족문화 등, ② 결혼이주여성을 위한 한국사회의 지원 프로그램 : 한국어 교육 등 ③ 법률문제 : 비자, 체류연장, 긴급 상황 대처하기 등 ④ 한국생활 동영상 상영 등으로 구성되어 있다.

---

200) 제11장 제5절 하우장성 통계를 참조하기 바란다.

제2절 국제결혼 중개업자

1. 베트남 국제결혼업체 실태

국제결혼 중개업을 자칫 잘못 하는 경우에 국제문제로까지 비화되기도 한다.[201] 베트남에서의 국제결혼 중개업체에 대한 현지 현황이 구체적으로 드러난 자료나 통계가 거의 없으며 다만 공관에서 현지 업체 종사자를 대상으로 간담회를 상・하반기에 1회씩 정기적으로 실시하고 있어 어느 정도 윤곽을 파악하고 있을 뿐이다. 국제결혼 중개업체의 현지진출 현황을 살펴보면 현재까지 파악된 업체 수는 40개정도 이다. 중개업 활동이 불법으로 규정되어 있어 비공식적으로 파악하였으며 숫자는 추정치이다. 최근의 특징은 베트남에서 중개업 활동이 어려워짐에 따라 많은 기존의 업체가 캄보디아로 방향을 선회하는 추세이며 동 내용은 IOM 캄보디아

201) 캄보디아에서 해외결혼이 금지되고 국제문제화 될 조짐이 보인다는 보도(경향 2008.4.7일자)가 있었는데 내용은 다음과 같다: 불법 중개업자들을 통한 한국 남성과 캄보디아 여성의 국제결혼이 '인신매매' 논란으로 번지면서 국제 문제화할 조짐을 보이고 있다. 캄보디아 정부는 자국 여성들의 국제결혼을 당분간 금지키로 하는 등 강경 대응에 나섰다. 지난달 국제이주기구(IOM)가 보고서를 통해 '불법 국제결혼 알선 조직이 캄보디아 여성들을 한국으로 송출하는 사례가 급증하고 있다'고 밝힌 데 이은 조치다. 유 아이 캄보디아 여성부 차관은 지난 3일 "캄보디아 정부가 외국인과 결혼하려는 여성들에 대한 서류 발급을 잠정 중단키로 했다"고 밝혔다고 AP·AFP통신이 최근 보도했다. 유 아이 차관은 특히 "이 같은 결정은 결혼을 빙자한 인신매매를 방지하기 위한 것"이라며 "중단 조치는 정부가 국제결혼에 적용할 법률적 틀을 마련한 후 해제될 것"이라고 말했다. 그는 "(국제결혼 사례 가운데) 조직적인 인권유린 사례가 확인되지는 않았다"면서도 "캄보디아 여성 7명이 한국에서의 결혼 생활을 견디지 못하고 귀국했다"고 전했다. 캄보디아 주재 한국대사관에 따르면 결혼비자 발급 건수는 2004년 72건에 그쳤으나 지난해에는 1759건으로 폭증했다. IOM 보고서는 최근 4년 동안 모두 2500여명의 캄보디아 여성이 한국 남성과 결혼한 것으로 추산했다. 보고서에 따르면 한국 남성들은 중개업자에게 최고 2만달러(약 1948만원)를 지불하지만 캄보디아 신부 가족에게 돌아가는 돈은 5%인 1000달러(약 97만원)에 불과하다.

보고서에도 베트남 결혼시장에서 불법적 중개업자에 대한 단속강화가 캄보디아의 국제결혼 급증 요인이 되었다는 언급이 있다.[202)]

2. 혼인중개 실적

직원 등 조직규모를 보건데, 일반적으로 3명 내외이며, 한국인 사장 1인, 통역 1인, 서류대행 및 잡무담당 현지인 1인 등으로 구성되어 있다. 등록 고객 수를 보면 고객을 등록 관리할 정도의 대규모 업체가 많지 않으며, 주로 국내의 "본사"로부터 명단을 통보받고 베트남 현지의 "지사"가 중개업을 하는 경우가 많다. 현지중개업자("지사" 또는 "브로커"로 호칭)와 한국 본사 중개업자는 '위탁'내지 '고용'의 형태로서 둘의 관계는 협력적 · 위계적인 관계이다. 통상 한 달에 4~5건 내외가 대부분을 차지하는 것으로 파악된다. 결혼 후 사후관리 실태와 관련하여 사후관리는 통상 입국 후 3개월간 지원되며 아내가 가출하거나 파경을 맞을 경우 재차 맞선을 주선하고, 지원내용은 주로 통역지원이며 원만한 결혼생활이 이루어지는 경우에는 실질적인 사후관리는 없는 것으로 보는 것이 타당하다. 현지 국가 여건을 볼 때 베트남에서는 영리를 목적으로 하는 중개업은 불법이므로 신고제나 등록제를 통한 활동은 할 수 없으며 음성적으로 진행된다.

3. 활동 실태

결혼 알선 방법을 살펴보자면 고객 유치경로를 볼 때 국내에 있는 본

202) 2008년 3월에 IOM 캄보디아 보고서에 캄보디아 여성들이 인권유린을 당한다는 사례보고가 있어 국제결혼중개업을 금지한 바가 있으며 2009년 9월에 국제결혼중개업자가 캄보디아 여성 25명을 모아 한국인 1명에게 맞선을 보인것이 적발되어 현지언론에 크게 보도되었으며 이러한 공공연한 불법행위로 2010년 3월에 한국인의 국제결혼을 금지했다가 1개월만에 철회하였는데 부부가 함께 머물며 결혼을 하도록 하는 등 관련규제를 도입하였다고 한다(연합뉴스 2010.3.21, 2010.4.27).

사로부터 인계받는 경우가 대부분이다. 또한 최근에는 베트남과의 국제결혼이 많아짐에 따라 베트남에서 시집을 간 여성이 중개업에 종사하는 경우도 많은 것으로 파악되고 있다. 영리목적의 중개업이 불법인 상황에서 이들이 베트남 국내 조직과의 연계에 대해 자연스럽게 연결이 될 뿐만 아니라 기존의 대만남성과 국제결혼을 해본 경험이 있는 베트남 현지인들이 많이 있기에 국제결혼과 관련된 중개시스템이 잘 작동되고 있다는 특징이 있다. 현지에서 뿌리를 내린 한국인 중개업자는 베트남 현지의 공안(경찰), 모집책, 소 마담, 대 마담, 서류대행업자, 호텔관련자, 여행업체, 결혼예식관련 업체, 식당, 차량업계 등과 긴밀하게 연계되어 있는데 간혹 이들의 불법행위로 인하여 물의를 야기한 경우가 있다. 하지만 실제로 불법행위로 단속되는 경우는 현지 실정에 어두운 현지인을 고용했거나 현지 경찰과의 연결망이 허술한 사람들인 경우가 많았다. 일종의 부정부패 사슬로 연결되었다는 것을 알 수 있다. 간혹 위장결혼 알선 브로커의 불법행위가 발생하곤 하는데 실례를 들면 '06년 9월말이후 당관에서 적발한 베트남 결혼허가 증명서 위조건수가 100여건을 상회하였으며, 이와 관련된 일부 불법 국제결혼 중개업자에 대한 사법처리가 진행되고 있으며 동 사건은 경찰 등 수사가 종결되지 않아 사건전모가 밝혀지지 아니한 상태로 정확한 위조 건수 파악은 되지 않고 있다. 아울러 '08년 1월에 위장결혼을 시도[203]하던 사건이 발생하여 법무부에서 내사를 받은 사례도 있다. 베트남에서 국제결혼중개관련 현지법위반 혐의로 체포되어도 형사처벌이 아닌 행정 질서벌인 과태료만 부과되고 있는 실정인데 실제로 '06.9~'07.12까지 현지법령 위반으로 과태료 부과대상 한국

---

203) 택시운전을 하는 남편 A씨가 영사 면담을 요청해왔는데 왜 비자를 발급해 주지 않는가에 대한 항의가 목적이었다. 베트남여성과 분리면담을 실시하니 양측의 모순된 답변이 나오길래 추궁하니 위장결혼임을 실토하면서 "바지신랑"을 해주는 조건으로 400만원을 받기로 했다고 진술서를 작성하였다. 그후 3-4개월 이후에 다시 찾아와서는 마음이 변해서 이젠 진짜 사랑에 빠지게 되었노라고 진술을 번복한 사례가 있었다.

인은 약 60여명[204]으로 파악되었으며 과태료 금액은 1인당 1천만 동~2천만 동(한화 60만원~120만원)에 이른다. 이렇게 다양한 실태를 가지고 있으며 선량한 국제결혼을 행한 사람들의 피해사례 또한 많이 발생한다. 실제로 발생한 사건으로서 위조 증명서로 입국한 경우에 선의의 피해자인 베트남 신부들은 이미 입국은 하였으나 대한민국 내 체류자격에 부합하지 않는 측면이 있어 법무부에서 구제해주는 방안을 강구중에 있는 것으로 알고 있다. 다만, 이 경우에 한국에서는 인도적 차원에서 구제해 주더라도 베트남 정부에서 혼인신고가 합법적으로 이루어 지지 아니하였다는 이유로 구제조치가 없을 경우, 국제결혼과 관련된 통상적인 절차를 밟아야 할 것으로 예상된다. 국제결혼 중개업자의 수수료 징수금액은 대만 6,000~8,000USD, 한국 10,000~15,000불 내외로 파악되고 있다. 구체적 내역을 보면 비행기 값(2회 왕복) 2,000불, 숙식비 1,000불, 현지교통비 1,000불, 결혼비용 패물 1,000불, 처갓집 예물비용 2,000~6,000불, 소개비 2,000~4,000불 등으로 확인되었으며 추가로 서류대행비용이나 신부한국어 연수비용 등의 명목으로 추가 요구하는 사례도 다수 발생하는 것으로 밝혀졌다.

4. 중개업자에 대한 평가

베트남 현지에서 영사경험과 국제결혼 관련 각종 자료를 기반으로 중개업자에 대한 평가를 하자면 양면성을 가지고 있다. 본인이 만나거나 접촉하는 대부분의 중개업자는 나름대로 떳떳하게 영업을 하고자 하는 분들이 많았다. 제도권 안으로 이들을 수용하기 위해서는 이들에게 법이 정한 범위 내에서 합법적인 직업으로 인정을 하고 문제가 발생하지 않도록 사전계도 및 교육을 하는 것이 필요하다고 본다. 직업인으로서의 중

204) 60여건 전체가 불법국제결혼이 아니며 기타 현지법령 위반사례도 포함되었으며 다만 현지법령 위반시 과태료의 금액을 밝히기 위해 사용한 숫자이다.

개업자도 자식을 키우면서 도덕적으로 비난받기 원하지 않고 떳떳하게 직업을 드러내고 싶어 하는 것이 인지상정이다. 하지만 언론이나 각종 연구서에 따른 이미지는 부정적인 면이 많다.[205] 2008년도에 결혼중개업법이 시행되면서 (사)한국결혼상담소협회와 한국국제결혼정보협회 등 주요 국제결혼 관련 단체에서는 정부와 손을 잡고 활동하기를 원하였으나 여러 가지 이유가 있어서 하나의 통일된 단체로 통합이 성사되지 못한 상태로 활동을 하고 있어 아쉬운 면이 있다.

제3절 국제결혼이민관

1. 국제결혼이민관[206] 파견배경

국제결혼의 경우 국적이 다른 남녀가 결혼하는 것이기 때문에 언어·문화·풍습·전통·역사 등 여러 가지 면에서 결혼 이후에 부딪히는 문제가 무수히 많은 장애로 작용할 가능성이 높으며 부부간에 대등한 위치의 평등한 모습을 만들기가 어려운 것이 사실이다. 진정한 삶의 질을 높이기 위해서 그리고 행복한 결혼 생활을 이루기 위한 필요충분조건이 바로 진정한 결혼이며 진정한 사랑일 것이다. 그러나 불행하게도 축복받아야 할 결혼, 특히 국제결혼과 관련하여 국제결혼 가정에 대한 안정적인

---

205) 국제결혼과 관련해서는 일차적으로 사기성 국제결혼 중매업체를 단속하는 것이 필요하다. 사기성 국제결혼은 당사자에게 크나큰 고통을 줄 뿐만 아니라 한국의 국가 이미지를 흐리기 때문이다. 한국인 신랑에 대한 과장된 경제수준 홍보, 결혼 후 본국의 친척에게 정기적 송금 약속, 일부 종교단체가 주도하는 구제결혼에 대한 실태 등을 파악하고 필요한 조치를 취하는 것이 요청된다(설동훈외, 국가인권위원회, 2004).

206) 국제결혼이민관은 '06년도 후엔마이 사망사건과 조선일보 보도 등을 통하여 베트남 국민의 한국인에 대한 반한감정이 절정에 달하면서 베트남 신부에 대한 인권보호를 위해 노력하는 한국정부의 진정성을 보여주었던 외교관직이다.

신분보장이 이루어 지지 못했던 것이 사실이다. 베트남 신부 후엔마이 사건을 예로 들어보자. 19세 베트남 신부는 2007년 7월 갈비뼈가 18개 부러져서 죽은 슬픈 사연을 가진 사건이다. 그 후 2008년 3월에 대전 고법에서 그녀의 남편에게 12년형을 선고하였다. 이때 베트남 언론은 12년 형량이 사건의 잔혹성에 비추어 낮다는 불만이 있기도 하였던 반면, 한국 법원이 사건의 전모를 분석하여 국제결혼으로 야기되는 문제점에 대한 인식과 책임을 일깨운 계기가 되었다는 만족할 만한 판결이라는 서로 다른 논조로 현지 언론에 보도된 바 있다. 보도내용은 국제결혼의 구조적인 문제점으로 국제결혼의 매매혼적 경향과 짧은 기간에 성혼이 이루어지고 국제결혼중개업자의 폭리 등 불법행위 중단과 엄중한 처벌이 필요하다는 여론이 비등하였다[207]. 이러한 일련의 사건들이 바로 국제결혼이민관이 도입 배경이 되었다. 국제결혼의 상업화 및 중개시스템상의 제반문제로 인권침해 문제가 지속적으로 제기됨은 물론 국제적 문제로 비화되는 사례가 증가하였고 특히 중개업체를 통한 단기간의 결혼 입국과정에서 문제가 있다고 판단하여 우리정부의 대사관 차원에서 혼인의 진정성 여부를 판단해 줄 것이 요구되었다. 그러므로 결혼이전 단계부터 정부차원의 적절한 개입을 통해 국제결혼의 폐해를 최소화하고 국제결혼 당사자 보호를 강화할 필요가 있었다. 특히 '06.4.26 국정과제회의에서 대통령이 여성결혼이민자에 대한 혼인의 순결과 자유·가치관을 존중하기 위해 관련부처와 협의를 거쳐 결혼사증인터뷰제도 도입을 추진하라고 지시하였다. 그리하여 주호치민총영사관(베트남 호치민)과 주필리핀대사관(필리핀 마닐라)에 파견기간 1년으로 영사를 각각 1명씩 파견하게 된다. 아울러 이전부터 국제결혼과 관련하여 결혼 전부터 정부차원의 적절한 개입을 통해 국제결혼의 폐해를 최소화하고 국제결혼 당사자 보호를 강화할 필요가 있음을 주장하는 연구논문이 있었다.[208]

---

207) 뚜오이쩨일보('08.3.14), 노동자신문('08.3.15), 청년일보('08.3.14-15)

2. 국제결혼이민관 주요성과

1) 국제결혼이민관의 역할

외교부, 법무부, 여성가족부 등 관계부처 간 협의를 거쳐 결정된 주요 수행 업무를 보면 아래와 같다. 현지 영사로 부임하기 전에 임무에 대해 부처 간 충분한 합의가 이루어지지 아니한 상태에서 혼인 전 배우자 기초신상정보제공 및 혼인사증 발급 시 사전인터뷰, 국제결혼이민자 대상 사전교육 및 오리엔테이션 등의 업무는 현지공관 사정에 따라 실시 여부를 검토하는 조건으로 관계부처 간 협의가 있었으며 추가로 현지에서 공관장의 재량으로 업무조정을 하도록 한 결과 본인이 영사관의 대외홍보 및 NGO담당 업무를 겸직하였다.

<표 12-5> 국제결혼이민관의 주요업무

○ 주재국 국제결혼 정책 · 제도 및 자료조사
○ 결혼이민자들의 한국생활 적응에 필요한 정보생성 및 배포, 홍보 및 상담
○ 혼인 전 · 후 한국생활 적응을 위한 국제결혼이민자 대상 교육실시 가능성 연구
○ 주재국 여성가족 관계기관 · 단체와 협력
○ 국제결혼 및 가족관련 고충민원처리
○ 기타 공관측이 제시하는 관련업무 등

2) 신속 · 정확한 현지상황 파악 및 대응

208) 대통령자문 빈부격차·차별시정위원회, 국제결혼 중개시스템:베트남·필리핀 현지실태 조사, 2005

국제결혼이민관의 성과는 당초에 의도했던 목적을 얼마나 달성했는가에 의해 판단할 수 있을 것이다. 먼저 종합 평가를 하자면 첫째, 주재국 정부와의 신뢰형성 및 협력강화를 위한 토대를 구축하였다. 국제결혼이민관 파견으로 국제결혼문제 해결을 위한 우리정부의 노력과 의지를 베트남 정부에 과시하였으며, 국제결혼 문제로 불미스런 사회문제로 여론화 되었을 때 국제결혼이민관 파견을 좋은 이미지 제공의 근거로 활용, 우리정부의 사태해결 노력을 높이 평가하여 초동단계 진화 가능하였기 때문이다. 특히 주재국 정부의 언론사 방문과 친분을 배경으로 그 위력을 여러 번 발휘하였으며 베트남 여성연맹 등 주재국 국제결혼관련 기관 및 단체와의 Network강화를 통한 연대를 통해 문제를 해결하는 성과를 이루어냈다. 둘째, 국제결혼문제를 해결하기위한 전문가로서의 패러다임 정착을 들 수 있다. 현지 실정에 맞는 신속·정확하고 입체적인 정보제공으로 올바른 정책결정에 기여하였으며, 출국 전 사전교육 프로그램에 대한 지원 등 한국사회 조기 적응 및 정착 지원을 위한 환경을 조성하고 국제결혼과 관련된 교육을 발전·심화시켰으며 베트남 간부급 공무원과 대학생 등 지도층을 대상으로 한국정부의 베트남 신부에 대한 사회통합 지원정책을 설명하는 기회 수시로 제공하였다. 셋째, 국가 이미지 제고 및 위상강화에 기여하였다. 중개업자 간담회 개최 등 홍보 및 교육을 강화를 통하여 인권침해 문제 제기 및 국제적 문제 사전 방지를 위한 기반을 조성하고 언론을 대상으로 적극적인 홍보로 한국에 대한 긍정적 이미지를 강화하였으며 현지 교민의 사기진작과 화합을 위한 각종행사 지원 및 참여를 하였다. 주요활동 실적은 국제결혼이민관의 업무범위를 유형화하여 통계빈도로 처리하고자 한다.[209)]

209) 빈도수는 본국에 전문으로 보고한 보고서 중에서 현지 언론에 보도된 수준의 정보의 효용성이 높다고 판단되는 보고서만을 선별하여 산출하였다.

<표 12-6> 국제결혼이민관 주요 실적

구분	빈도
○ 주재국 국제결혼 정책 · 제도 및 자료조사(주재국 현지상황 파악, 현지 언론 보도내용 포함)	16건
○ 결혼이민자들의 한국생활 적응에 필요한 정보생성 및 배포, 홍보 및 상담(혼인 전 · 후 한국생활 적응을 위한 국제결혼이민자 대상 교육실시 가능성 연구 등)	5건
○ 주재국 여성가족 관계기관 · 단체와 협력(베트남 정부 및 공무원, 학생을 대상으로 면담이나 특강, 홍보 포함)	12건
○ 국제결혼 및 가족관련 고충민원처리(중개업자 대상 간담회, 국내의 국제결혼관련 단체나 기관, 언론 등에서 베트남 현지실태 조사시 안내와 설명, 교민대상 인터뷰나 홍보 포함)	14건
○ 기타 공관측이 제시하는 관련업무 (NGO 활동지원, 교민행사 참석 및 지원, 총영사관 홍보 등)	5건

결혼이민관의 역할을 평가해 보건데 역시 가장 중요한 것이 주재국 현지에서 상황 파악이 용이하다는 점이며 주재국의 국제결혼 정책 · 제도 및 자료조사에 신속하고 정확하게 접근할 수 있다는 점을 들 수 있겠다. 여성연맹 및 결혼지원센터 관계자와 교류를 통하여 이제까지 잘 드러나지 아니하였던 부분을 알게 된 점이나 대만 경제문화사무소(TECO) 방문으로 대만의 사례를 벤치마킹하여 동일한 실수를 되풀이 하지 않도록 노력한 점, 베트남 IOM 사무소장과의 긴밀한 관계유지, 미국과 일본의 국제결혼담당 영사와의 네트워크, 한국 중개업자의 불법중매 적발보도나 국제결혼관련 비판적인 연속보도가 나올 때마다 베트남 여성연맹과 긴밀하고 공조하여 한국 국민에 대한 부정적인 인식을 최소화하기위한 노력 등이 대표적이라고 할 것이다. 둘째로 국제결혼 및 가족관련 고충민원처리를 들 수 있다. 현지에서 활동 중인 중개업자를 대상으로 간담회를 개

최하고, 국내의 국제결혼관련 단체나 기관, 언론 등에서 베트남 현지실태 조사가 매우 빈번하게 이루어지고 있는데 이때마다 현지 실정에 대한 상세한 안내와 설명을 통하여 국제결혼이민자에 대한 올바른 인식을 심어주고, 특히 베트남 현지에 거주하고 있는 교민을 대상으로 인터뷰나 홍보를 함으로서 교민들의 사기진작과 일부 교민 중에서 결혼중개업에 대한 종사자로 하여금 물의를 빚지 않도록 사전 교육 및 계몽활동에 주력하였다. 셋째로 베트남 정부 및 공무원, 학생을 대상으로 면담이나 특강, 홍보 등 주재국 여성가족 관계기관·단체와 협력체계를 구축하였다는 점이다. 베트남 지방정부 지도자를 대상으로 한국학 워크숍을 개최[210] 하였고, 호치민 국립대학, 달랏 국립대학, 호치민대학 주최 국제 워크숍을 통하여 한-베 국제결혼과 한국의 사회통합지원대책을 특강하였으며, 베트남 신부가 가장 많이 배출되는 껀토성, 하우장성, 롱안성, 동탑성 등을 방문하여 베트남 사법청장과 여맹위원장을 만나 협조체제를 구축하였다.[211] 다만 아쉬운 점은 국제결혼이민관 파견 이전에 현지 실정을 정확히 파악하지 아니한 상태에서 부처 간의 협의를 통해 업무범위를 정하다보니 영리목적의 중개업이 불법인 베트남의 실태를 정확하게 파악하지 못한 면이 있었다는 점이다.

---

210) "제2회 베트남 지방정부 지도자 한국학 워크숍"이 '08.5.7~5.10까지 빈딘(Bin Dinh)성 퀴년(Quy Nhon)에서 한국국제교류재단과 호치민국립인문사회과학대학이 주최하고 호치민총영사관의 후원으로 개최되었다. 본 사업의 목적은 한국 관련 업무에 종사하는 베트남 지방정부 간부급 직원을 대상으로 한국 사회와 문화에 대한 기초적인 정보를 제공함으로써 상호 언어·문화·제도의 차이에서 비롯되는 오해와 갈등의 소지를 최소화하고 상호 이해를 증진하고자 함이었다. 본 행사는 베트남 지방정부 국·과장급 고위관리가 대거 참석, 한-베 양국 중앙정부 차원의 전략적 동반자관계를 지방정부 차원까지 확대하는 계기를 마련하고 한국 총영사관-KF, 베트남 지방정부-호치민국립인문사회과학대학이 함께 참여함으로써 민관 협력의 바람직한 모델을 제시한 것으로 평가된다.

211) 베트남에서 국제결혼에 대해 인민위원회 승인하에 법무부가 관리와 책임을 지고 각 지방성 법무청에서 결혼관련 실무를 담당하고 있다. 합법적인 결혼중개행위는 여성연맹산하의 결혼지원센터만이 가능하다.

3) 현지 결혼중개업자와의 간담회 개최

(1) 결혼중개업 관리에 관한 법률 시행에 따른 변화

현지 결혼업에 종사하는 중개업자에게는 2008년도에 제정하여 시행된 중개업법에 대해 관심이 지대할 수밖에 없다. 법에 따라 등록을 실시한 등록업체의 경우는 등록하지 아니한 업체와의 차별화를 요구하기도 하였다. 결혼중개업 관리에 관한 법률에 따라 신고·등록 절차를 마친 전국 결혼중개업체의 현황(203개)이 2008년 9월에 처음으로 발표된 시점에서 중개업법의 실효성 강화를 위한 주호치민총영사관의 후속조치에 현지 업자들이 많은 관심을 보이고 있으며 특히, 제도권 내에서 활동을 하게 된 등록업체의 경우 "나홀로 결혼"에 대한 차별화된 대응방안 마련을 요구하고 있으므로, 법의 실효성 강화를 위해 중개업자와의 간담회를 실시하기도 하였다. 이 간담회에서 나온 건의사항 중에는 등록업체에 대한 총영사관 차원에서의 확인을 강화해 줄 것을 요청했다. 이와 관련하여 공관차원에서는 등록증 관리는 기본적으로 "수익자 부담의 원칙"에 따라 업체가 자체적으로 유지 관리하도록 노력해야 하며, 공관에서는 공지사항을 통하여 유의사항을 홍보하고 필요시 업무량을 고려하여 전수조사가 아닌 표본조사로 확인을 강화하는 것은 가능하다고 답변하였다. 총영사관의 입장에서는 현지에서 영리목적의 중개행위를 불법으로 규정하고 있음을 감안하여 베트남 정부에 대해 총영사관에서 불법행위를 묵인 또는 조장하는 오해를 줄 수 있으므로 신중한 검토가 필요하였기 때문이다. 설령 현지 업자에 대한 현황을 파악하고 있더라도 사건 발생 후 총영사관 차원에서 이들에 대한 처벌규정이나 실질적 규제수단이 없다는 점에서 현황 및 명단을 파악하고 있더라도 규제와 관련하여 처벌수단이 없다는 점을 고려해 본다면 실효성이 적을 수밖에 없다. 또한 '나홀로 결혼'에 대한 규제요청과 관련, 헌법상 행복추구권을 보장하고 국내법상 직업 선택의 자유가 있는 점을 고려한다면 중개업자를 통한 결혼인가 아니면 '나홀로 결혼'인가하는 주체의 문제보다는 혼인의 진정성 확보를 위한 노력이 상대적으로 더 중요하다고 할 것이다. 신랑·신부 간 '사전정보 제공서' 첨부 의무화와 관련, 혼인의 진정성을 확보하고 강화하기 위해서 모범적인 형식의 계약약관을 개발하여 도입하는 것도 바람직하다고 판단된다. 다행스럽게도 공정거래위원회에서 표준약관을 2010년 3월에 마련하였다.

(2) 거주비자 발급 변화의 추이 분석

먼저 양적인 부분에서는 전체 발급건수는 예년도 수준을 유지하는 것으로 보인다. 2006년부터 2009년까지 매년 8천명수준이다. 다만 주호치민 총영사관의 발급건수 약간 감소추세에 있으나 하노이 대사관의 경우에 앞으로도 지속적으로 증가할 것으로 보고 있어 베트남 전체로 볼 때 전년도 수준을 유지할 것으로 예상된다. 한편, 지속적인 증가 추세가 예상되는 반면에 최근의 경기침체와 고환율로 인하여 베트남을 포함하여 전국적으로 한국 내 국제결혼을 희망하는 남성들의 국제결혼 신청건수가 감소추세에 있으며 특히 전자여권 발급과 관련하여 본인이 직접 여권을 제작하는데 참여하여야 하는 입장이라서 농어촌 거주자 및 일용직 근로자 등 별도의 여권발급을 위한 시간확보가 어려운 입장에 있는 신랑들의 경우 주요한 감소 요인이 될 가능성이 있다. 아울러 질적으로 많은 변화가 감지되고 있는데 호치민 중심의 베트남 신부 구성이 하노이 중심으로 변화하고 있다. 이들 출신변화는 베트남 신부의 나이, 학력 등 인구학적으로 많은 긍정적인 신호로 작용할 수도 있을 것이다. 베트남 북부지역 출신의 학력을 보면 62.5%가 고등학교 졸업자이며 중학교는 30.6%, 전문대가 3.83%, 초등학교 1.65%로 나타났다.[212] 연령분포를 보면 20세-24세가 27.4%, 25-29세가 18.8%이며 30세 이상이 12.8%로 설문조사 결과가 나왔

212) 연합뉴스, 2010.6.11

다. 기존 남부출신 중심의 베트남 신부보다 학력은 높아지고 더욱 젊어지는 추세이다.

<표 12-7> 호치민과 하노이 거주비자(F-2) 발급 현황

구분		'00	'01	'02	'03	'04	'05	'06	'07	'08	'09	'10[213]	계
비자 발급 건수	HCM	83	104	354	1,436	2,108	3,846	6,863	6,001	5,401	4,705	1,382	32,283
	HN	-	-	46	166	281	720	1,666	1,955	2,637	2,973	1,057	11,501
	계	83	104	400	1,602	2,389	4,566	8,529	7,956	8,038	7,678	2,439	43,784

4) 결혼중개업과 관련된 현지대책 마련

한-베 국제결혼과 관련하여 현지에서의 각종 국가 이미지를 실추시키는 불법행위가 많았다. 구조적인 사회문제로서 보다 적극적인 향후 대책방안을 제시하고자 한다. 첫째, 국제결혼이민관의 재 파견이다.[214] 기존에 존속하였다가 폐지된 국제결혼이민관 직위의 재 파견이 필요하다. 정부차원의 적절한 개입을 통해 국제결혼의 폐해를 최소화하고 국제결혼의 당사자에 대한 보호강화 목적이 아직도 해결되지 아니하였으며 국익을 위해 필요한 사항이기 때문에 재 파견을 해야만 한다. 오히려 새로운 파견뿐만 아니라 국제결혼이민관의 업무범위를 확대하고 지원을 강화해야만 한다. 국제결혼이민관이 비자발급을 위한 심사에 적극 참여하여야 하며, 혼인당사자 신상(건강상태, 재정상태, 결혼유무 등), 당사자 간 맞선

213) 2010년 1월부터 4월까지의 누계임.

214) 김상윤 주호치민총영사는 부산 결혼이주여성의 사망사건 같은 사태의 재발을 막기 위해 노력하고 있지만 비자발급에 대한 인력부족 등을 감안할 때 한계가 있음을 토로하고 정부가 검토하고 있는 국제결혼이민관의 재파견이 시급하다면서 국제결혼의 특수성을 감안할 때 조속히 파견제도를 복원하는게 중요하다고 강조했다.(한국일보, 2010.7.27)

시 정보교환의 정확성, 인신매매 등 인권침해 여부, 혼인의 진정성 등 확인과 정보제공 등에 대해 직접적인 참여하는 것이 바람직하다. 둘째, 국제결혼관련 통계 수집 및 분석을 위한 전산 프로그램 개발지원이 필요하다. 국제결혼 정책 마련의 기본이 되는 기초통계가 미흡한 실정이며 이에 대한 통계구축을 위해 본부차원에서 전산 프로그램을 개발하여 지원을 해야만 한다. 비자관련 인적사항이 자동적으로 입력되어 필요한 정보(학력, 연령, 출신지역, 가족상황 등)의 사용이 가능하도록 프로그램 개발하여 공관에 지원이 되어야 하며 비자 발급 신청단계에서 발급까지의 처리 진행상황을 단계별로 자동 안내하여 대민 서비스 강화가 뒷받침 되어야 할 것이다. 셋째, 출국 전 교육의 프로그램에 대한 정부예산 지원이 요구된다. 현행 KOICA에서 일부 지원하고 있으나 궁극적으로 정부예산으로 지원하는 것이 바람직하다. 현지 출국 전 교육은 저비용 고효율로 국민통합을 위해 연착륙할 수 있는 현지 정착을 위한 사전 단계로서 매우 중요하며 현재 주호치민 총영사관 공관 민원실을 한국관련 교육용 DVD 상영하여 교육의 장으로 활용 중에 있다. 넷째, 결혼당사자의 양자 직접인터뷰 추진을 적극적으로 검토해야한다. 혼인의 진정성 여부를 판단하기 위해 개별 및 분리 인터뷰 제도 도입이 필요하다. 왜냐하면 대만의 사례에서 검증이 된 바가 있으며 결혼의 질적인 부분에 대해 보완이 가능하기 때문이다. 다섯째, 국제결혼관련 각종 교육교재의 창구 일원화가 필요하다. 특히 외교관의 역할은 각국을 대표하는 최전선에 위치하고 있는 것인바, 국제결혼과 관련하여 입국 전 정보제공을 목적으로 한국에서 제작된 정부 간행물에 대한 요청이 많이 있음에도 불구하고 적시에 자료나 정보제공에 애로를 많이 겪었다. 현지 공관을 통한 국제결혼 관련정보의 배포지원이 가능함을 관계부처에 적극 홍보하여 실질적인 정보의 전달이 가능하도록 조치가 필요하다.

3. 에피소드

1) 중개업자 대상 교육의 필요성

사례들 들어 중개업자를 대상으로 하는 교육이 얼마나 절실히 필요한지 강조해 보기로 하겠다. 2008. 2. 6(水) 09:35경 경북 경산시 상방동 태성맨션 잔디밭에 베트남 결혼이주 여성(Tran Than Lan, '86. 1. 12생)이 추락해 있는 것을 근무 중이던 경비원이 발견하여 경찰에 신고한 사건이 발생하였다. 쩐 탄 란은 '07년 9월 하00와 혼인한 후 '08년 1월 입국하여 경북 경산에서 거주 중이었다. 媤母와 시동생 및 주민들이 지켜보는 가운데 경찰 검시관과 119 구조대원이 현장에 출동하여 확인하였으나, 이미 사망한 상태이었으며 검안내용에 따르면 직접사인은 외흉부 손상과 다발성 늑골 골절이었다. 가족과 인근 주민을 상대로 한 탐문과 검시관 진술 및 검안의사의 소견을 종합하여 추락사로 결론짓고 검사 지휘 하에 유족에게 시신을 인도(2. 6)하고, 가족이 대구 화장터에서 시신을 화장(2. 8)하였다. 남편이 국내 중개업체를 통해 베트남 현지 결혼 중개업자(박00)에게 전화하여 베트남 부모 등 가족에게 사망사실 통보를 요청(2. 6)하였으며 베트남 통역의 연락을 받은 유족은 당초, 시신인도를 요청하였으나 검역과 반입절차 등의 문제로 곤란하다는 말을 듣고는 망자의 삼촌이 통역에게 전화하여 화장에 동의하며 보상금을 요구(2. 6)하였다. 결혼 중개업체 직원(박00)이 유골을 모시고 입국(2. 14)한 후 유족에게 유골과 위로금 전달의사를 수차례 전달했으나, 유족이 수령 거부하자 중개업체에서 유골과 위로금을 택배로 발송(2. 19)하였고 한국경찰은 구정 연휴(2. 6~2. 10) 직후 주한 베트남 대사관에 통보(2. 11)하였다. 베트남 언론은 이에 대해 흥분하면서 크게 보도하였다. "베트남 유족은 시체를 화장하도록 동의 한 적이 없으며 결혼 중개업자가 한국에서 관련 서류를 위조하여 화장을 했다"는 유족의 일방적인 의견을 보도하고, 유골이 아무런 검역 절차를 거치지 아니하고 한국에서 베트남으로 반입된 경위에 대해 의혹을 제기하며, 유족은 쩐 탄 란의 사인을 명확하게 해 달라는 탄원서를 영사관에 정식으로 접수시켰다고 주장하였다. 이에 대한 사실관계는 다음과 같다. 중개업체는 통역을 통해 수차례 유족(모친)과 통화했으며, 유족이 시신반입을 요청했으나, 여의치 않자 화장에 동의했다고 주장하였다. 현지 결혼중개업자(박00)는 시체·유골 등에 관련된 법을 알지 못하여 국내는 물론 베트남 관련기관에 신고하지 아니하고 일반화물처럼 반입하였다고 진술하고 있다. 중개업자는 수차례 방문전달 의사를 밝혔음에도, 유족이 수령을 거부하여 부득이 택배로 발송할 수밖에 없었다고 항변하고 있다. 망자의 모(후인 킴 안)가 2. 13(화) 영사관을 방문하여 담당영사를 만난 사실과 자신의 딸이 죽은 사인을 알아볼 것을 부탁하였고 이에 경찰영사는 국내 담당경찰서를 연락하여 사인 등 사실관계를 확인해 주었으며 문서를 통한 확인은 베트남 대사관을 통하도록 안내하는 등 인도적 차원에서 적극 지원해 주었다. 국제결혼이민관과 경찰 영사는 외교부를 방문하여 사건경위에 대한 사실관계를 설명하면서 일부 언론이 제기하는 의혹보도에 대해 균형감 있는 접근을 촉구하였고 이에 대해 베트남측은 유골을 관계당국에 신고하지 않고 일반 화물처럼 반출했다는 사안에 대하여는 진상조사가 필요하다고 지적하였다. 아울러 두 명의 영사는 뚜오이 쩨 신문사를 방문하여 사실관계를 확인해 주었다. '08. 2. 28(목), 신문사 접견실에서 국제부장(팜 쑤언 로안, Pham Xuan Loan), 취재 기자(윙 티 탄 쭉, Nguyen Thi Thanh Truc)를 만나 사실관계를 설명하자 뚜오이 쩨 신문 국제부장은 일자별 진행사항에 대한 브리핑이 그동안 무분별하게 제기되었던 각종 의혹을 상당부분 해소해 주었다고 평가하면서, 한국 관계기관의 적절한 조치에도 불구하고, 언론의 사실관계 확인 요청에 대한 주한 베트남 대사관의 확인 지연과 유골을 무단 반입하여 유족에게 택배로 발송한 결혼 중개업자의 신중치 못한 행동이 이번 사건에 대한 당지 여론을 악화시킨 본질이라고 주장하였다. 또한 탄 니엔 신문사도 방문하였다. 사회부 부부장(보 콰이, Vo Khoi), 취재 기자(덕 쭝, Duc Trung)를 만났으며 이 자리에서 탄 니엔 보 콰이 부부장은 쩐 탄 란의 모친이 신문사를 방문, 자신의 딸이 억울하게 죽었다면서 각종 의혹을 기사화해 줄 것을 요청하여 망자의 남편이 한국에 있는 등 현실적인 제약요건 때문에 사건 당사자를 취재하지 못하고 다소 편향적인 기사를 게재하였다면서 유감의 뜻 전달했다. 한국에서의 사망한 베트남인에 대해서도 한국 공관에서 신속하게 사실관계를 확인해 주는 것이 인상적이라며 감사의 뜻을 피력하였다. 이후 양 신문사 모두 객관적인 입장에서 보도약속 이행(당관에서 확인해준 사실관계를 2. 29(금) 신문에 기사화)하였으며 뚜오이 쩨 신문 : “본인의 유골이 분명하다” 딴 니엔 신문 : “한국영사관으로부터의 새로운 정보들”이라는 제목으로 보도하였다.

2) 베트남내 사전 교육실시 NGO 단체의 보람과 좌절

(1) 보람

먼저 보람 있는 일부터 언급하기로 하자. 베트남 호치민에는 국제결혼 여성을 대상으로 교육을 실시하는 (사)유엔인권정책센터와 (재)아시아문화재단(ACEF) 등 2개의 NGO단체가 있다. 이 들 단체는 공동으로 베트남 결혼이주여성을 위한 출국 전 정보제공 프로그램을 수행하였다. 이 프로그램의 목적은 첫째, 베트남 여성들의 역량강화이다. 베트남 결혼여성들의 안전한 이주 및 자신의 삶을 스스로 준비할 수 있는 역량과 자기 결정권을 강화하는데 도움을 주고자한다. 둘째, 베트남 결혼 여성들의 조속한 한국 생활의 적응을 위한 자료 제공이다. 한국에서의 생활에 적응할 수 있도록 기본적인 생활 정보 및 문화, 관습 및 복지관련 정보 등을 제공한다. 셋째, 한국에 대한 베트남 사회의 인식 개선이다. 베트남 내

반한 감정 및 한국사회에 대한 오해와 부정적 이미지 개선에 많은 도움을 주었다. 2008년도의 경우 총 사업예산은 2억5천만 원으로 이중 KOICA에서 1억 원을, SK Telecom에서 1억5천만 원을 지원으며 이 프로그램에 참여하는 수강생에게 교통비와 한국음식으로 점심을 무료 제공하였으며 수료를 한 결혼이민 예정자에게는 수료증을 발급하였다. 본 사업은 주호치민총영사관의 후원을 받아 수행하였으며 수료증 수료여부를 비자인터뷰 심사에 참고자료로 연계하여 교육을 실시하였기에 상당히 높은 관심과 성과를 나타내고 있다. 이 프로그램의 사업대상은 한국 남성과 혼인이 결정된 베트남 여성들 중 호치민 주재 대한민국총영사관에서 입국비자 신청이후 교육프로그램 참가를 희망하는 자이다. 참고로 2008년도에는 프로그램 개강이 '08. 9. 3(수)에 있었으며 교육기간은 '08. 9. 3~'09. 2. 28까지 6개월간 실시하였다. 1일 8시간 교육이 있으며 주3회 화·목·금요일에 실시하였다. 교육 장소는 주호치민총영사관 별관에 부속건물인 별채 1·2층을 활용하였다.

(2)좌절

(재)아시아문화교류재단(ACEF) 호치민 교육문화원의 설립 및 역할과 관련된 일이다. 이 단체는 당초 '08. 12월부터 교육실시를 목표로 준비해왔으나, 수강생 모집에 애로가 있어 계속 개강이 미루어지다가 주호치민 원로회 이○○ 회장을 ACEF재단의 고문으로 위촉하고 주호치민 한인회와 연계하여 한국어 교육을 실시하고 있으며 교육 장소는 주호치민총영사관 별관 2층 및 4층을 활용하고 있다. 교육내용을 보면 한국어 및 한국문화 정보 전반이며 교육기간은 1개월이며 1일 3시간(주3회), 월 36시간이 된다. 사전에 충분히 확보된 예산이 없다보니 일정금액의 실비를 받아 진행한다. ACEF의 주요 특징을 보면 문화원명칭으로 '08. 9. 3(수)에 개원식을 가졌다. 실제로 ACEF는 현지 NGO 등록증을 취득하였는데 베트남 NGO를 관장하는 하노이PACCOM과 호치민PACCOM에는 한국

어 교육을 목적으로 등록을 마쳤으며, 한국어 교육은 호치민인문사회과학대학과 MOU 체결하여 진행하고 있다. 당초 결혼중개업자(결혼상담소협회 홍○○ 회장)에 의해 교육생을 지원받기로 하였으나 주호치민총영사관 현지 공관차원에서 중개업자와 결탁된 영리목적의 공관별관 사용을 불허하고 비자인터뷰 시 비자관련 혜택 요청에 대해 강력하게 경고하는 등 ACEF 설립목적에 부합하는 활동을 촉구한 결과 ACEF현지 책임자(김○○ 원장)는 결혼중개업체와의 관계를 일체 청산하고 영리추구 목적의 교육방침을 포기하기로 약속하였다.

제4절 불법결혼에 대한 현지 언론의 시각

1. 논문 분석자료

불법결혼에 대한 현지 언론의 반응은 늘 차갑고 싸늘하다. 우리가 입장을 바꾸어 생각해 보자. 예를 들어 우리나라 여성이 외국 남성에게 시집을 갔다가 폭력의 희생자가 된 내용이 언론에 보도된다면 우리 국민이 느끼는 감정이 어떠하리라는 것은 능히 짐작할 수 있을 것이다. 현지에서 체험했던 감정이 바로 이러한 느낌이었던 것이다. 따라서 베트남 언론에 비친 국제결혼의 이미지에 대한 적절한 논문을 소개하고자 한다. 이 논문은 Belanger, Hong, Wang 등 3인이 2007년에 발표한 "베트남 언론에 비친 국제결혼 : 가부장, 남성다움, 국민화합"이다. 1999년부터 2007년까지 총 300건의 베트남 언론에 실린 내용을 분석하였는데 한국은 92건(30.9%)을 차지하고 있으며 이중 조선일보 사건은 20건에 이른다. 한국은 주로 2006년도와 2007년도에 집중되고, 대만은 이보다 조금 앞선 2003

년부터 2005년에 집중보도 되었다. 국제결혼이 주는 이미지는 복잡하고 분노하며, 미래의 불명확과 불안감, 베트남의 이상적 결혼에 위협을 주고 있다고 분석한다. 다음으로 베트남 신부에 대한 언론보도 내용을 분석해 보자. 대부분의 여성이 가난하고 낮은 교육수준에 무식하며, 동시에 상업주의의 희생자이자 기회주의자로써 또한 물질 만능주의자로 그리고 국가의 수치, 부끄러움의 대상으로 보도되고 있다. 여기에 외국 신랑에 대한 언론보도평가는 가난하고 장애인이며 나이 많은 사람이고 게다가 공격적 성격과 난폭함이 특징이며 도덕관념 및 윤리의식의 부족하고 무능력한 남편으로 묘사된다. 결과적으로 국제결혼 자체에 대한 언론보도 분석에 따르면 국제결혼은 필연적 결과로 인하여 서로 다른 언어, 문화로 인해 비극이 발생하고 언어장벽, 나이 차이 환상이 깨지면서 불행이 시작된다고 보며 젊은 사람에게 결혼을 강요하고 혼혈 세대의 문제가 발생하며 국가의 명예를 손상하고 있다는 부정적인 인식이다. 결과적으로 베트남의 지도자들[215)]은 국제결혼에 대해 부정적으로 생각하고 국민 화합을 저해하는 것으로 판단하고 있다. 그러나 국제결혼을 못하도록 언론을 통해 부정적인 보도를 추진하였으나 정부의 의도대로 되지 않고 있다고 보여진다. 왜냐하면 베트남 언론은 전부 정부 통제아래에서 움직이고 있으나 당초 의도대로 언론의 보도를 통하여 증가추세에 있는 국제결혼이 줄어들지 않고 있기 때문이다. 오히려 국가의 주권에 위협을 가하는 현상으로 나타나고 있으며 자본의 세계화로 인하여 베트남의 편입이 진행되는 중이라고 할 수 있다.

215) 여맹의 고위직과 만난 자리에서 본인에게 언급하길 "국제결혼을 선택하는 여성들은 우리의 감정을 상하게 한다. 가난 때문에 결혼하는게 아니다. 우린 못먹었어도 프랑스와 싸워 이겼다"고 하는데서 자존심에 상처받은 느낌이었다.

2. 현지보도 내용

본격적으로 언론에서 한국과 베트남의 국제결혼에 대해 불을 지피게 된 계기는 조선일보의 보도[216]이후에 시작되었다고 할 수 있을 것이다. 이 기사는 베트남 국민의 자존심[217]을 건드리고 나중에는 조선일보가 사과하기도 하는 등 자칫 국제간의 문제로 비화될만한 사건이었다. 그 후 인권단체나 언론에서 더 많은 관심을 갖게 되었다. 실제로 베트남 내 모든 언론매체는 주요 정부기관과 조국전선, 노총, 청년동맹 등 사회단체와 지방자치단체에서 운영한다. 그리고 수상 직속의 국영매체(국영 통신, 국영 라디오, 국영 TV 등) 사장은 장관급으로 각료회의에 참석하는 등 상당한 영향력을 발휘한다. 이렇듯이 베트남 언론에 보도되었다는 점은 베트남 정부의 공식 입장이나 다름이 없다는 의미를 가진다. 정부 정책에 대한 비판기능이 없다 보니 불법국제결혼과 같은 이슈가 발생하게 되면 이때서야 비로소 언론의 본질기능인 비판적 입장에서 기자들이 정부의 눈치를 보지 아니하고 마음껏 글을 쓸 수 있는 것이다. 지난 2008년도에 주호치민총영사관에 재직하면서 한국과 베트남의 국제결혼 관련 언론보도된 사항을 정리해 보기로 하겠다.

216) 2006.4.21 조선일보, 베트남 처녀들 "희망의 땅, 코리아"

217) 민주언론시민연합(2006.4.28)은 논평을 통해 조선일보 보도는 "한국 남성과 베트남 여성의 국제결혼을 위한 '맞선 현장'을 취재한 이 기사는 한마디로 '한국에서 결혼이 어려운 한국 남성들도 적은 돈을 들여 젊은 베트남 여성들을 신부로 구할 수 있다'는 결혼정보회사의 광고와 다름없는 내용이다. 이 기사에서 조선일보는 베트남 여성을 '가난에서 벗어나기 위해 한국 남성에게 선택되려고 안간힘을 쓰는 존재'로 묘사함으로써 베트남 여성은 물론 베트남 국민 모두에게 굴욕감을 주고 있다. 또 '맞선현장'의 사진을 모자이크도 없이 처리, 베트남 여성들의 얼굴을 그대로 노출시키면서 <"한국 왕자님들, 우리를 데려가 주오">라는 설명을 붙였다. 그밖에 기사 내용에서 베트남 여성들을 비하한 표현은 차마 일일이 열거하지 못하겠다."며 한국민 전체를 부끄럽게 만들었다고 비판했다.

<표 12-8> 2008년도 한-베 국제결혼관련 베트남 언론 보도현황

보도일시	주요 보도내용	언론매체
2.14	쩐탄란 사망사건	전 언론
3.14	후엔마이 남편 12년 언도관련	전 언론
4.4	캄보디아 정부 한-캄보디아 국제결혼 금지	일부언론
4.7-10	한-베 국제결혼 특집기사[218]	법률신문
7.18	한국 중개업자 불법중매 적발	전 언론
8.18	호치민인민위원회 국제결혼 통계발표	일부언론
10.27-29	한-베 국제결혼 비판적 연속기사	청년일보
11.14	한국 중개업자 불법중매 적발	전 언론

현지 채용을 한 현지공관원으로 하여금 매일매일 언론관련 스크랩을 하게끔 하여 만든 자료이다. 물론 좀 더 세밀하게 한국과 베트남의 국제결혼에 관련된 모든 보도내용을 스크랩하여 정리하지 못한 한계점이 있다. 이들 언론의 경우 단순한 사실을 전달하기 보다는 베트남 국민의 자존심을 건드리는 감정에 호소하는 글을 볼 수 있을 뿐 아니라 자국의 신부가 외국의 남성에게 시집을 간다는 사실에 대해 부정적인 시각을 드러내고 있다.

218) 첨부된 부록을 참고하기 바란다.

第13장 한-베 국제결혼의 주요 쟁점과 과제

제1절 베트남에 살고 있는 한국아이들

1. 라이한꿕

베트남 외가에서 살고 있는 한국-베트남 혼혈인(일명, 라이한꿕 : 한국인 아빠와 베트남 엄마의 아이)의 숫자가 800~900명에 이를 수 있다는 언론보도[219)]가 있었다. 언론의 보도내용은 한국과 베트남의 국제결혼 가정의 늘어나는 불화와 이혼율 증가로 인하여 라이한꿕이 발생하게 되는 주요 원인이며 베트남 여성의 모성권(母性權)이 보장되지 아니하므로 남편과 사이가 나빠진 경우 친정으로 보내거나 모국으로 돌아가 버리는 경우가 많다고 한다. 참고로 대만의 버려진 아이들 숫자가 3,000명에 이른다는 대만의 상업주간[220)]('05.6) 보도를 인용하고 있다. 사실관계를 파악하기 위해 TECO 관계자를 만나 보았다. 호치민 대만사무소(TECO) 관계자에

---

219) 조선일보, 2008.5.9; 실제로 이 기사에서 추정하고 있는 산출 근거를 보면 한국 어린이 숫자 산출은 대만으로 시집간 여성을 기초로 추계하였다.

100,000(대만입국자):3,000(아이추정치)=27,000(한국입국자):X

그러므로 X=800~900명으로 추정

220) 商業週刊은 연중기획기사를 주로 다루며 '05년도 주제가 "버려진 아이들"이었으며, 주로 기획기사 제작을 위해 자금모금과 독자의 관심을 끌기위해 자극적인 기사를 많이 다루는 것으로 유명하다고 TECO관계자가 언급하였다.

의하면, 이전에도 베트남 빈롱성에 4,000명의 버려진 대만아이가 있다는 베트남의 공안신문('05.1) 보도가 있었으며 TECO 관계자가 사실 확인을 위해 빈롱성을 방문, 부인민위원장 및 여성연맹위원장 등 유관기관의 관계자를 만나 사실여부 확인한 결과 국제결혼에 대해 경각심을 주기위해 관계 공무원이 고의로 숫자를 부풀려 언론에 흘렸다는 답변을 들었으며 이후 공안신문은 이와 관련하여 사과 보도성 정정기사를 게시한 바 있다고 하였다. 따라서 대만의 버려진 아이들 추정치가 과학적인 산출 근거 없이 보도되었으며 대만의 숫자를 기초로 추정하여 산출된 한국의 아이들 숫자는 아무런 근거가 없으며 자의적인 계산에 불과하다고 할 것이다. 언론보도 이후 대만의 대응이 궁금하였는데 상업주간의 보도이후에 대만에서는 버려진 아이들을 위해 베트남에 중국어 학교를 짓거나 아이들을 데려오자는 대만 국민들의 적극적인 모금운동이 일어나서 미화 3백만 달러($3,000,000)의 기금을 모금하였으며 이 기금으로 대만의 NGO단체가 빈롱성·동탑성·호치민시 등 3곳에서 중국어 학습반을 운영한 바 있다. 다만 그 결과는 각 반에는 불과 3~6명의 어린이만이 참석하여 효과는 미미한 것으로 평가받고 있으며 현재까지도 수업은 계속 진행 중에 있다고 한다. 한편, 대만의 NGO단체는 베트남 여성 및 그 가족을 상대로 대만 귀국을 종용하는 것을 우선순위로 두고 있으며 중국어 교육을 실시하긴 하나 교육전문가가 없다는 점에서 역할의 한계가 있다고 하였다.

2. 발생원인

국제결혼이 단기간에 속성으로 결정되다보니 사랑이 전제되지 아니한 결혼일 가능성이 높다. 게다가 결혼남성의 사회적 위치가 낮은 경우가 많아 이는 가정불화·가정폭력 및 경제적 궁핍으로 연결되며 애초부터 언어장벽으로 원활한 의사소통이 어려운 점 등을 고려하면 살다가 다른 사람과의 비교를 통하여 결혼생활을 지속하고 싶지 아니한 사유가 발생하기도 한다. 게다가 베트남의 母系관습으로 자녀양육에 대한 여성의 집착이 강하고 가정 내부의 문제로서 정부 개입에 한계가 있다. 버려진 아이들 유형을 보면 3가지로 분류가 가능하다[221]. 첫째, 남편과 함께 베트남에 입국하였다가 나중에 들어간다고 하고는 남편을 먼저 귀국시키고 현지에 잔류하는 경우가 있다. 이는 애초 베트남에 입국 목적이 귀국을 하지 아니하고 헤어질 각오로 아이를 데려오는 경우이다. 둘째, 한국 내에서 별거 또는 이혼을 하고 난 이후에 남편이나 시댁의 동의 없이 강제로 아이 데려오는 경우가 있거나 아니면 이혼이 아닌 상황에서 남편이 부재중인 경우에 남편 몰래 아이만 데리고 베트남에 입국하는 경우이다. 셋째는 베트남 여성은 한국에 계속 체류하면서 친정에 애를 맡기고 불법체류와 취업을 하되 남편과는 연락을 두절하는 경우이다. 이때 본인이 잠시 베트남에 아이를 친정에 맡겨두고 재입국하는 경우도 있지만 베트남에 입국하지 못할 입장이라면 자신과 인연이 있는 결혼중개업자에게 부탁하여 아이를 베트남에 입국시키는 사례가 있다. 그렇다면 대만의 경우를 살펴보자. 대만정부는 버려진 아이의 숫자를 370여명 미만[222]으로 파악하고 있는데 그 산출근거로 대만출입국관리소('05.12월 기준)의 출입국 사실조회를 사용한다. 본인이 근무하는 동안 총영사관에서 파악 중인 버려진 한국 어린이의 숫자는 16명('08.5기준)이다. 그러나 한-베 국제결혼이 지속적으로 증가추세에 있으며, 국내에서의 이혼율이 급증하고 국제결혼의 상당수가 사회적·경제적 약자로서 가정의 불화가 많은 현실을 고려해 볼 때 향후 유사한 사례가 지속적으로 증가할 것으로 예상된다. 그렇

221) 본인이 국제결혼담당 영사로 근무하는 1년동안 파악한 주요 원인을 토대로 분석한 결과이다.

222) 출입국사실조회에 조건을 두어 산출한 결과 10세 이하이면서 동시에 2년이상 대만으로 귀국하지 아니한 경우를 조건으로 검색한 결과 베트남으로 출국한 숫자는 총 870여명이며, 이중 500여명은 그 이후에 부모와 함께 대만에 입국하여 정상적으로 학교에 재학중이므로 나머지 인원인 370여명이 남아있는 것으로 추정한다.

다면 이들처럼 버려진 아이들의 당면한 문제점을 살펴보자. 첫째, 불법체류[223] 상태로서 신분상 교육과 의료 등에서 불이익을 받는다. 출생신고나 호적에 기재되어 있지 않는 등 법적인 신분관계에 문제점이 있으며 체류허가가 만료되어 불법 체류상태가 되거나 18세 이상 성인이 되었을 경우에 국적문제 등이 예상된다. 또한 교육혜택이 미흡하다. 베트남에서는 법적인 등재가 없더라도 초등교육은 수혜가 가능하나 중등교육 이상은 호적등록이 있는 경우에만 가능하고 더구나 의료혜택이 불가능하다. 국적이 베트남인 경우, 5세 이하의 경미한 의료비는 무료이나 수술·입원 등은 의료혜택이 없으며 베트남 국적이 없을 경우에는 의료혜택이 법적으로 인정되지 않고 있다. 둘째, 상속 등 재산분배 문제가 발생한다. 다만 재산분배는 주로 개인 또는 가족내부의 문제로서 아직까지는 사회문제로 대두되지는 아니한 상태라고 볼 수 있다. 셋째, 사회비용의 증가이다. 어머니의 보호를 받아야 할 어린이가 보호받지 못할 경우 언어 발달이 늦고 정서적으로 불안 하는 등 사회적 비용이 증가할 우려가 크다. 베트남 정부는 자국민 보호 정책차원에서 베트남 여성의 아이를 자국 내 거주가 가능하도록 인도적 차원에서 조치, 아이를 찾으려는 외국정부의 요청에 무반응으로 대응하는 것이 현실이다. 따라서 우리 정부는 버려진 아이들에 대한 귀환을 위한 노력을 해야 할 것이다. 첫째 정부 간 공식채널을 통한 대화 및 司法條約 체결이 필요하다. 책임과 권한이 있는 정부당국자 수준에서의 해결방안을 강구해야하며 필요하다면 한-베간 민사사법 공조조약 체결로 정부의 직접개입 수단을 마련해야 할 것이다. 이와 동시에 이혼결정서, 양육관련 법원 결정문, 출생 신고서 등 관련서류를 베트남 유관기관에 제출하고 인도적 차원에서 협조요청을 하는 방안도 있다. 베트남의 담당공무원은 상부로부터 구체적인 업무지침이 없다거나

223) 베트남은 현재 이중국적을 인정하지 아니하며 미성년자의 경우 부모 양측의 명시적 동의하에 .베트남 국적취득이 가능하다.

선례가 없다는 사유로 서류 접수자체를 거부하는 경우가 거의 대부분이다. 특히 형사사범으로 수배중이라도 자국민 보호 등의 사유로 소재 탐지 및 영장 집행 등에 베트남 공안 당국의 적극적인 협조가 미흡한 실정이다. 현재 베트남의 二重國籍 허용 추진이 진행 중에 있다. 베트남에서 이중국적을 허용하는 법안이 현재 국회 계류 중이며, 관련법 통과 시 우리나라의 버려진 아이들 본국 귀국은 더욱 어려워 질것으로 전망된다. 둘째, 민원인의 접근방식을 검토해 보자. 양육권자 지정과 관련 민사소송을 통한 구제방법이 있으나 상당수가 경제적 약자이며 언어장애 및 소송장기화 등에 대한 부담으로 음성적 접근을 시도하는 경향이 있는데 귀환이 성과 없이 장기화 될 경우 귀환노력 포기 및 공관에 대해 재외국민 보호 의무를 태만 한다는 비난을 하기도 한다.

3. 개선방향

첫째, 정부의 명확한 입장정리가 필요하다. 국제결혼의 증가에 비례하여 유사사례가 지속적으로 발생이 예상되므로 향후 버려진 아이에 대한 인권침해 논란이 우려될 것이 예상되는 만큼 유관부처 간 입장정리를 통해 사법조약 체결 여부에 대한 정부의 결정이 필요하며, 한-베 영사국장회의 또는 책임 있는 정부 당국자간의 회의를 통하여 상기문제를 공식적으로 거론하여 공론화하는 방안도 검토할 필요가 있다. 이때 유사한 문제로 고민 중인 대만의 사례를 벤치마킹하는 방안도 검토해 보는 것이 좋을 것이다. 둘째, 출입국시 심사강화 하는 방안이다. 남편 없이 영유아 동반하여 베트남으로 출국하는 경우 남편의 동의 여부를 확인하고 아이를 성인이 동반하는 경우에도 가족관계 증명서 등 친족관계를 확인할 수 있는 입증서류에 대한 확인과정이 요구된다. 일부의 경우, 모친이 아이를 동반하지 아니하고 결혼중개업자에게 아이를 인계하여 출국시킨 사례도 있으므로 심사를 더욱 강화할 필요가 있다[224]. 셋째, 이미 확보된 명단에 대한 지속적인 관심이 필요하다. 본인이 파악하여 보고한 아이들 16명에 대한 지속적인 모니터링이 요구 된다[225]. 귀국을 위한 강제 이행수단은 없으나 아이의 미래와 교육 및 한국의 의료시설 등 한국의 여건이 우수한 점을 설명하고 설득하는 작업이 지속적으로 추진되어야 한다. 아울러 민원인 당사자에게 접촉결과를 통보하고 새로운 정보 획득 시 정보제공을 약속하기도 한다. 필요시, 대만 외교부 및 공안과 협조하여 베트남 관련 법(어린이 보호법[226])에 부합하는 적절한 조치를 강구하는 것도 좋은 방법이다.

제2절 국제결혼이 출생율 증가에 미치는 영향

1. 저출산 대안

1984년 이후 한국의 출산율은 꾸준히 감소하여 2005년 1.08명으로 최저를 보인이후 2009년에는 1.15명으로 다소 증가하였으나 국제적으로 비교해 보아도 여전히 낮은 수준이다. 이러한 저출산 현상은 향후 지속적인 사회경제의 발전은 물론이고 세대 간 갈등을 악화시켜 사회통합에 장애가 될 것이라는 우려와 부정적인 전망이 우세하다. 다각적인 정부의 노력에도 불구하고 저출산 현상이 장기화되고 있으며 저출산에 대한 정

224) 우리나라 출입국의 경우 영유아의 여권유무만 확인하고 있으나 TECO관계자에 의하면, 대만의 경우에는 출입국시 가족관계 확인은 물론 남편의 의사를 확인하는 절차를 거치고 있어 사전예방 조치를 취하고 있다고 한다

225) TECO의 민원접수 현황을 보면 50명('04)→46명('05)→26명('06.7기준)으로 파악하고 있으며 지속적인 모니터링을 하고 있는 것으로 확인되었다.

226) 베트남의 어린이 보호법 제13조에 의하면, 부모와 함께 살 권리가 있으며 어린이(16세 미만)를 부모와 격리할 수 없도록 규정하고 있다

부정책에 비판적인 시각도 있다. 농촌인구가 줄어들고 자치단체장이 인구 감소를 방지하기 위한 대안으로 선택한 것이 농촌총각 장가보내기 운동이고 보면 국제결혼이 저출산 시대의 인구증가 대안으로서 기대되어졌던 것도 일정부분 인정해야 할 것이다. 그러면 과연 국제결혼이 인구증가에 기여했는가 확인해 보자. 2009년 전국 다문화가족 실태조사 연구(김승권 외, 2010)에 따르면 결혼이민자가 현재 배우자와의 사이에서 출산한 자녀수를 보면 전체 다문화가족의 평균 자녀수가 0.9명으로 나타났다. 2009년의 합계출산율이 1.15임에 비해 낮은 수치이다. 이 수치는 역대 최저수준인 2005년의 1.08명보다도 적다는 것을 알 수 있다. 결혼이민자의 교육수준별 자녀수를 비교해 보면 교육수준에 비례하는데 초등학교 이하 및 중졸학력은 0.8명, 고등학교 학력은 0.9명, 대학이상은 1.1명으로 나타났다. 아울러 체류기간에 비례하는데 여성결혼이민자는 남성이민자보다 많은 자녀를 두지만 20세 전후의 젊은 연령층이 많아 결혼 후 즉시 자녀를 갖기보다는 다소 미루는 경향이 있는 것으로 분석된다. 출신국별로 볼 때 베트남은 0.9명으로 평균수준을 나타냈다. 현재의 자료로 판단하건데 국제결혼으로 인한 인구증가는 당장에 확연하게 나타나지는 않으나 장기적으로 볼 때 한국에 적응하는 시간이 필요한 점을 감안하면 젊은 여성들이 많이 있기 때문에 일정부분 기여할 것으로 기대된다. 다만 우려되는 점은 나이차가 17세 이상이 나기 때문에 출산하더라도 아이들이 성인이 될 때까지 양육이 어렵다는 점과 경제적으로 사회보장의 지원을 받는 비율이 높은 결혼이민자가 많다보니 사회적 비용의 증가가 예상된다.

2. 대만의 사례[227)]

동남아 출신의 신부는 다른 국가의 이민자보다 더 높은 출생율을 보이

227) Yu-Hua Chen(2005) "대만에서의 국제결혼이 출생율에 미치는 영향분석"

고 있어 국제결혼으로 인하여 대만에서는 출생율이 증가했다. 아울러 대만도 남아선호사상이 국제결혼에서도 높은 것으로 밝혀졌다. 교육수준이 높은 여성일수록 결혼을 연기하는 경향이 있으며 경제적 능력 및 직장과 가정양립이 가능한 여성의 경우 연기를 하는 것이지 결혼 자체를 포기하지는 않는 것이라고 분석한다. 대만인의 결혼에서 자녀의 결혼에 부모의 영향력이 지대하며, 가문의 배경과 사회경제적 위치를 고려하여 개인성격보다는 가족 중심의 결정이었으나 여성의 사회진출 확대 및 경제적 독립이 가능하면서 역기능적인 결혼은 도태되기 시작하였고 사회경제적인 변화는 대만에서의 만혼을 가져왔다. 남녀가 배우자 선택에 있어서 남녀간 교육수준이 비슷하고 결혼에 대한 태도와 남녀 역할에 대한 변화가 나타나고 만혼과 낮은 출산율 등의 특징을 보이고 있다. 농촌 및 산촌지역에 거주하는 젊은 여성이 이탈함으로써 도시로의 여성 이주가 확대되는 반면, 농촌 남성은 결혼시장에서 불이익을 받게 되어 국제결혼이 출현하게 되었다. 국제결혼의 원인에 대한 분석에서 학자는 세계화, 인구학적 분석 등 원인분석에 중점을 두는 반면, 공무원 등 정책결정자는 출생율과 연계한 사실에 기초하여 국제결혼을 바라보고 맞춤형의 정보를 제공하는 경향이 있다.

<표 13-1> 대만의 '05년도 국제결혼 통계

국제결혼 유형	비율	특징
동남아 출신 신부	35.9%	농촌이나 산촌거주
본토 출신 신부	64.1%	주로 대도시에 거주
계	100%(365,000건)	

'05년도 국제결혼의 통계를 통해 재생산의 행태를 보면 동남아 신부는 1.49이며 본토 신부는 1.45로서 동남아 신부가 더 높은 출생율을 나타내고 있다. 낮은 출생율과 성별 불균형 문제를 해결하기 위해 추진하고 있는 국제결혼으로 인하여 대부분 대만인은 외국인 신부로부터 태어난 아

이의 교육 質을 걱정하고 있으며 다만 量적으로는 출생율이 증가하고 있는 것이다. 결론적으로 대만 정부는 인구정책과 재생산을 위한 여러 가지 대책을 내 놓고 있지만 사회경제적인 척도의 의미 있는 발전이 없다면 낮은 출산율은 지속될 것이다. '가문을 잇기 위해', '가족을 위해', '노년을 위해 자식에게 보험 들기' 등은 더 이상 젊은 세대에게 영향을 주지 못하고 있으며 서로 다른 문화와 가치관 차이로 결혼이 불안정하고 상업화된 결혼에서는 높은 이혼율을 보이고 있다. 시민권 제약과 정보부족으로 인하여 가정폭력에 노출되는 희생자가 증가하고 있으며 자녀교육 문제에 있어서도 낮은 교육수준, 언어장벽, 학교수업을 모니터링 해주지 못하기 때문에 자녀도 언어능력이 낮고 학교성적도 낮은 것으로 평가되고 있다.

제3절 건강권

1. 건강지원 프로그램

여성결혼이민자에 대해서 국적 취득 여부와 관계없이 건강보험의 적용이 가능하다. 아울러 국민기초생활보장법 제5조의 2(외국인에 대한 특례)에 의하여 국내에 체류하고 있는 외국인중 대한민국 국민과 혼인하여 대한민국 국적의 미성년 자녀를 양육하고 있는 사람으로서 대통령령이 정하는 사람이 제5조에 해당되는 경우 수급권자가 된다. 따라서 동법에 의해 '07.12월 기준으로 1,187명의 국적 미취득 결혼이민자를 수급자로 보호하고 있는 것으로 나타났다. 아울러 자녀양육기에 다다르면 첫째, 의료취약계층인 여성결혼이민자 및 배우자의 질병 조기발견 및 건강증진을 위해 무료 건강검진을 실시하고 둘째, 건강보험, 의료급여 등 의료보장제도에 의해 혜택을 받을 수 없는 국적 미취득 결혼이민자 및 그 자녀에게 병원입원비 등 진료비를 1회당 500만원 범위 내에서 지원하고 있으며 셋째, 의료기관 및 의료정보 접근성이 떨어지는 다문화가족에 대해 보건소 등록관리 및 방문서비스를 실시해 건강위험요인 및 질환의 자가 관리를 지원할 뿐만 아니라 넷째, 다문화 가정을 대상으로 예방접종 관련 필수 정보를 제공함으로써 예방접종 중요성에 대한 이해를 증진하고 예방접종률을 제고시키는 데 역점을 두고 있다.

2. 연구결과

국제결혼 이주여성 실태조사(보건복지부, 2005)에 의하면 여성 결혼이민자들에게는 빈혈이 12.1%로 가장 흔했고, 알레르기 질환이 10.6%, 위·십이지장궤양 8.0%, 천식 5.5%, 자궁근종 5.1%, 고혈압 4.5%의 순서이었다. 그 중에서, 천식을 포함한 알레르기성 질환, 빈혈, 자궁근종, 난소 낭종과 같은 경우는 여성 결혼이민자들에게 상대적으로 보다 흔한 것으로 확인되었는데 이들의 '삶의 질'을 향상시키기 위해서는 각종 질환에 대한 관리방안이 조금 더 면밀하게 제공되는 것이 필요하다. 그리고 심장병과 중풍 등 뇌심혈관계 질환의 경우는 전체를 합하면 8.1%로서, 단순하게 유병률로만 본다면 일반인에 비하여 5~6배정도 흔한 것으로 확인되고 있다. 현재 여성 결혼이민자 환자들 중에서 치료를 잘 받지 못하고 있는 영역으로는, 정신과적 영역(우울증은 치료 수진율이 26.0%, 정신분열증은 32.7%)과 생활습관병 영역(고혈압은 치료 수진율이 32.2%, 고지혈증은 39.3%), 그리고 부인과 질환 영역(자궁 근종은 35.4%의 수진율을 보임)들이 있으며, 여기에는 보다 적극적인 질병관리방안이 마련되어야 할 것이다. 이와 같이 여성결혼이민자의 경우 의료서비스 접근성이 낮고 모성

건강 위험도가 높음을 알 수 있다. 병원치료를 포기(18%)한 주된 원인은 치료비 부담이고, 농촌거주자는 불임여성이 25%(전체 11.4%), 자연유산 경험률이 13%(전체 9.1%)로 높은 수준이고 낙태 경험률은 20.2%이다.

3. 건강검진 사례

실제로 결혼이민자 여성 건강검진 분석결과를 살펴보기로 한다.[228] 먼저 국가별 출신 현황을 보면, 베트남 출신이 4명(23.5%)이고 중국 출신이 13명(76.5%)으로 나타나서 중국 출신이 3배 정도 많았다. 둘째, 연령 구간별로 나타난 결과를 보면 21~25세가 5명(29.4%), 26~30세가 4명(23.5%)로 나타나 건강검진 대상자로서는 나이가 매우 젊은 층이 52.9%로 나타났다. 31~35세가 6명(35.2%)으로 단일구간으로서는 가장 많았으며 36~40세, 41세 이상은 각각 1명으로 나타났다. 우리나라에 결혼을 통하여 이주한 이후 한 번도 건강검진을 받지 못한 사람들을 대상으로 실시하였다는 것에 큰 의의가 있다. 건강검진 결과를 분석한 결과, 전체 대상자 17명 중 단 2명(11.7%)만이 '특이 소견 없음'으로 판정이 났으며 나머지 15명(88.3%)은 '판정결과'와 '사후관리 의견'란에 질환의심 등 의사의 소견이 있는 것으로 나타나 결혼이민자들의 건강검진이 매우 시급하고 중요한 것으로 보인다. 세부적으로 살펴보면(중복 포함), 'B형 간염'(2명), '간낭종'(1명), '우측 신낭종'(1명), '양측 유방 종괴 의심'(1명), '저체중'(2명), '콜레스테롤'(3명)으로 나타났으며, 특히 'B형 간염 예방접종'은 8명으로 무려 47.0%를 차지하였다. B형 간염보균자 2명을 합치면 대상자의 58.8%인

228) 결혼이민자 여성(이하 대상자) 17명을 대상으로 2009. 10. 13일 대구 수성구 범어동 소재 '사랑종합의원'에서 국민건강보험공단과 공동으로 추진한 무료건강검진 봉사활동이 있었다. 국민건강보험공단에서는 "사랑 실은 건강천사" 봉사단을 '09. 9'부터 운영하고 있는데 안과, 이빈후과, 치과, 한방과 등 최신의료기기를 탑재한 현형 차량을 도입하여 의료시설이 미약한 도서벽지와 다문화가족 등을 대상으로 찾아가는 진료서비스를 실시하고 있다.

점은 다문화 가정의 건강관리를 위한 시사점이 크다. 즉, 우리나라에서는 이미 오래전부터 성장 발달단계에서 체계적인 예방접종을 실시하여 예방하는 것을 자국에서 전혀 예방접종 없이 한국인과 결혼하였다. 또한 3명이 다른 질환으로 정기적인 추적검사 의견이 적시된 것도 심각한 것으로 보인다. 물론 이번 사례를 일반화하기에는 무리가 있지만 의외로 결혼이민자 여성들의 건강상태가 좋지 않는 것으로 나타났다. 전국적으로 결혼이민자 여성들을 대상자로 체계적인 건강검진의 필요하다.

<표 13-2> 연령 및 국가별 유소견 현황

(단위 : 명, %)

구분	검진대상자			유소견			비고
	계	중국	베트남	계	중국	베트남	
계	17 (100)	13 (76.5)	4 (23.5)	15 (88.2)	11 (64.7)	4 (100)	
20~29세	7(41.1)	3	4	7	3	4	
30~39세	9(53.0)	9	-	7	7	-	정상 2명(중국)
40~49세	1(5.9)	1	-	1	1	-	

※ 특이소견 없음 : 2명(중국, 30대)

<표 13-3> 연령 및 국가별 질환 유형별 현황

(단위 : 명, %)

구분	검진대상자			B형간염 보균자 및 예방접종			신낭종, 간낭종, 지방간, 유방종괴			기타(혈압, 저체중 콜레스테롤)		
	계	중국	베트남	계	중국	베트남	계	중국	베트남	계	중국	베트남
계	17 (100)	13 (76.5)	4 (23.5)	10 (58.8)	7 (53.9)	3 (75.0)	4 (23.5)	3 (17.6)	1 (25.0)	5 (29.4)	5 (38.5)	-
20~29세	7(41.1)	3	4	4	1	3	1	-	1	3	3	-
30~39세	9(53.0)	9	-	5	5	-	2	2	-	2	2	-
40~49세	1(5.9)	1	-	1	1	-	1	1	-	-	-	-

제4절 한-베 국제결혼의 미래

1. 지속 가능성

국제결혼에 영향을 주는 요인으로 한국농촌의 성비불균형과 결혼시장의 교란현상, 가난과 실업에 시달리는 송출국의 정책 및 상황, 세계경제체제 내에서의 불균등한 발전과 국제 성별분업의 문제, 상업화된 국제결혼중개업의 문제 등을 지적한 바 있다. 이러한 제반문제가 근본적으로 해결되지 않은 상태에서 한-베 국제결혼을 비롯하여 국제결혼이 갑자기 감소하지는 않을 것으로 예상된다. 다만 향후 추이에 대해 몇 가지 변수를 고려해 본다면 시간이 흐르면서 증가하는 이혼율에 대한 국민의 인식과 베트남의 남초 현상으로 인한 인구학적인 측면으로 구분해 설명하기로 하겠다. 베트남 여성의 이혼건수를 보면 매우 가파르게 증가하고 있는데 2009년도 평균이 4.2%의 증가율을 보이는 반면 베트남 여성의 경우 무려 5배나 많은 19.9%의 증가율을 나타내고 있다. 이는 전체에서 차지하는 이혼 구성비가 15.6%이며 2008년도에 13.5%, 2007년도에 15.4%를 차지하고 있다. 한국인의 이혼율이 2009년도에 6.4% 증가율을 보이고 있는 것으로 보아 한-베 국제결혼자의 이혼증가율이 월등하게 높은 비율로 증가하고 있는 것을 확인할 수 있다. 다음은 베트남 내의 남초 현상으로 인해 여성이 부족하다는 점이다. 따라서 부족한 여성이 외국으로 시집가기가 수월하지 않을 것으로 예상된다. 유엔인구기금(UNFPA)은 2008년 베트남에서 여야 100명에 남아 112명이 태어난 것으로 집계됐다고 발표했다.[229] 향후 3년 이내 여아 100명당 남아 115명으로 늘어날 것으로 예상된다. 따라서 앞으로 2035년께는 남성 인구가 여성인구보다 10%나 많아질것으로 내다보고 있다. 이렇게 여성인구가 부족하면서 조혼 압력이 증가할 것이다. 베트남의 교육부장관은 오는 2030년까지 적어도 300만 명 이상의 남성이 배우자를 찾지 못해 심각한 사회문제가 유발할 것으로 경고하기도 하였다. 최근에는 중국도 베트남 신부에 대한 열풍이 불고 있다고 한다.[230] 한국과 대만의 경우 첫 만남에서 결혼신고까지 6개월가량 걸리는데 비하여 중국인의 경우 한 달가량 걸린다고 한다. 남아선호사상의 전통이 강한 중국의 남초 현상이 심각[231]하며 결혼 적령기에 도달해도 신붓감을 구하지 못하는 중국 노총각들의 베트남 신부 찾기 열풍은 앞으로 더욱 심화될 것으로 보인다.

2. 한-베 국제결혼의 올바른 방향

결론적으로 국제결혼의 올바른 방향을 위해서는 국제결혼에 대한 정부개입이 강화되어야 한다. 정부에서는 국제결혼과 관련하여 다문화가족지원정책을 수립하여 추진 중에 있다. 따라서 국제결혼이후 한국에 입국하기 이전부터 입국이후 정착단계 및 자립하여 생활하는 단계까지 전 생애에 걸쳐 지원체계를 구축해가고 있다. 가장 중요한 것이 국제결혼중개시스템에 대한 관리를 강화하고 입국 전 검증시스템을 효율화해야 할 것이다. 결혼준비단계에서 상당수가 결혼중개업체를 통해 성사되고 있으나 인권침해성 국제결혼이 양산되고 있어 외교문제로 까지 비화되곤 하는 것이다. 여기에서 결혼성사를 위해 허위정보 제공, 대량속성 결혼중개로 인해 결혼이후에 가족갈등, 이혼 및 국가이미지 실추로 이어진다. 따라서 국제결혼 중개에 대한 관리를 강화해야 한다. 아울러 자립 가능한 이민

229) 연합뉴스, 2009.9.10
230) 연합뉴스, 2010.3.31
231) 중국 산시성 지방정부의 자녀 출생성비가 무려 100:235라고 한다(한국일보, 2004.12.21)

자 유입을 위한 입국 전 검증시스템의 강화가 요구된다. 입국 전에 당사자의 정상적인 사회활동 여부와 관련된 재정이나 건강상태 등에 대한 검증이 미흡한 면이 있는데 이는 결혼이후 입국과 동시에 사회보장 등 사회경제적 부담을 가중시키는 요인으로 작용하기도 한다. 심사기준을 강화하고 사증발급지침을 개정하여 혼인의 진정성뿐만 아니라 사회통합 용이성 등을 고려하여 심사가 가능하도록 해야 할 것이다. 아울러 입국 전 결혼이민 예정자에 대한 현지에서의 사전정보 제공을 위한 기회를 확대해야하며 이는 정부 예산으로 지원해야 한다. 입국한 이후에는 이미 진행 중인 다문화가족지원정책에 입각하여 베트남 결혼이민자를 위한 맞춤형 서비스 제공을 하고 자립역량 강화를 위한 분야를 발굴하여 중점 지원해야 할 것이다.

<참고문헌>

계경문 · 김종욱 · 이경희 · 응엔 티 탄 쑤안, 「베트남의 정부조직과 법체계」, 한국법제연구원, 2009

고현웅 외, 「국제결혼 중계시스템 : 베트남 · 필리핀 현지실태조사」, 대통령자문 빈부격차 · 차별시정위원회, 2005

구견서, 「다문화주의의 이론적 체계」, 한국인문사회과학회, 현상과 인식, 제27권 3호(통권90호), 2003

국회다문화가족정책연구포럼, 「다문화가족정책연구포럼 창립기념 토론회」, 2010

관계부처 합동, 「제1차 건강가정기본계획(2006-2010): 함께 가는 가족 2010, 2006

권진숙 외, 「가족복지론」, 공동체, 2006

김경신, 「통합적 가족정책을 위한 가족 및 가족지표개발」, 대통령자문 정책기획위원회, 2007

김두섭 외, 「혼인이주 여성의 사회연결망과 적응」, 한양대학교 인구및고령사회연구소, 2008

김범수 외, 「다문화 사회복지론」, 양서원, 2008

김선한, 「베트남 리포트」, 김&정, 2007

김승권 외, 「2009년 전국 다문화가족 실태조사 연구」, 보건복지가족부 · 법무부 여성부·한국보건사회연구원, 2010

김유경 외, 「다문화시대를 대비한 복지정책 방안 연구-다문화가족을 중심으로-」, 한국보건사회연구원, 2008

김이선, 「다문화가족 자녀지원 정책의 과제」, 젠더리뷰 가을호, 2009

김이선 외, 「다민족·다문화 사회로의 이행을 위한 정책 패러다임 구축(Ⅰ)」,

한국여성정책연구원, 2007

다프네 키츠 지음, 김영화 옮김, 「다문화 사회와 어린이」, 한울아카데미, 2010

데이빗 엠 클라인 & 제임스 엠 화이트 지음, 김종천 외 역, 「가족이론」, 대학출판사, 2000

레 티 귀, 「베트남의 국제결혼 이주여성 현황」, 하노이 인문사회과학대학 젠다와 개발 연구소, 2007

박상식, 「세계화란 무엇인가?」, 한국정치학회, 한국정치학회보 제29집 제1호, 1995

박선영 · 윤덕경 · 박복순 · 김혜경, 「가족의 다양화에 따른 관련법제 정비연구」, 한국여성정책연구원, 2008

보건복지가족부, 「2010년 다문화가족지원 사업안내」, 2010

보건복지가족부 다문화가족과, 「다문화가족 생애주기별 맞춤형 서비스 지원 강화계획」, 2008

부썬 투이, 배양수 옮김, 「베트남 베트남 사람들」, 대원사, 2006

배리 소온 · 매릴린 얄롬 엮음, 권오주 외 옮김, 「페미니즘의 시각에서 본 가족」, 한울 아카데미, 2006

브라이언 터너 엮음, 박형신 외 옮김, 「현대 사회이론의 흐름」, 한울아카데미, 2010

삼성경제연구소, 「다문화사회 정착과 이민정책」, 2010.5.19(제756호)

설동훈 외, 「외국인관련 국가인권정책 기본계획 수립을 위한 연구」, 국가인권위원회, 2002

설동훈 외, 「국제결혼 이주여성 실태조사 및 보건복지 지원정책 방안」, 보건복지부, 2005

설동훈 외, 「결혼이민자 가족실태조사 및 중장기 지원정책방안 연구」, 여성가족부, 2006

소라미, 「국제결혼 이주여성의 안정적 신분보장을 위한 법제도 검토(지정토론 요지)」, 한국법학원, 저스티스, 통권 제96호, 2007

양기호, 「전환기 한국의 다문화정책과 사회통합」, 국토(통권 제342호), 2010

오경석 외, 「한국에서의 다문화주의: 현실과 쟁점」, 한울 아카데미, 2007
울리히 벡 외 지음, 한상진 · 심영희 편저, 「위험에 처한 세계와 가족의 미래」, 새물결, 2010
엥겔스 지음, 김대웅 옮김, 「가족 사유재산 국가의 기원」, 도서출판 아침, 2005
유계숙 외, 「가족 정책론」, 시그마프레스, 2007
유인선, 「새로쓴 베트남의 역사」, 도서출판 이산, 2006
유재현 외, 「달콤한 열대」, 월간 말, 2004
이유진 외, 「다문화사회 기반구축을 위한 사전통합교육 프로그램 개발연구」, 법무부, 2007
전남표, 「국제결혼학 개론: 국제결혼의 허와 실」, 문예미디어, 2008
제이버 구브리움 외 지음, 최연실 외 옮김, 「가족이란 무엇인가?-사회구성주의적 관점에서 본 가족담론-」, 도서출판 하우, 2008
조정문 · 장상희 지음, 「가족 사회학」, 아카넷, 2001
조석주 외, 「지방자치단체의 결혼이민자 지원정책 개선방안」, 한국지방행정연구원, , 2008
조재현 · 송정남 지음, 「베트남 들여다 보기」, 한국외국어대학교 출판부, 2003
최명민 외, 「문화적 다양성과 사회복지」, 학지사, 2009
최현미 외, 「다문화 가족복지론」, 양서원, 2008
최홍 외, 「다문화사회 정착과 이민정책」, 삼성경제연구소, 2010.5.19(제756호)
Do, Thi Nhu Tam et al, 「Marriage of Convenience」, Publishing funded by Save the Children Sweden, 2003
Goodking, Daniel, 「The Vietnamese Double Marriage Squeeze」, international Migration review, Vol..31m No.1.Spring, 1997
Hsia, Hsiao-Chuan, 「Internationalization of Capital and the Trade in Asian Women」, in Delia Augilar and Anne Lacsamana(ed) Women and Globalization, Amherst:Humanity Books, 2004
Hsia, Hsiao-Chuan, 「Imaged and imagined threat to the nation: the media

construcion of the 'foreign brides' phenomenon' as social problem in Taiwan」, Inter-Asia Cultureal Studies, Vol.8, No.1, 2007

Hong, Xoan Nguyen Thi and Graeme Hugo, 「Marriage Migration between Vietnam and Taiwan: A View from Vietnam」, 2005

The Quality of Life Promotion Centre, 「Report on The Pre-assessment of the situation of children from brokered marriages of Vietnamese women with foreigners in Dong Thap Province」, 2006

Lee, HyeKyung, 「International and the state in South Korea」, Citizenship Studies, Vol.12, No.1, 2008

Neuman, W. Lawrence, 「Social Research Methods: Qualitative and Quantitative approaches」 5th edition, Boston:Allyn and Bacon, 2003

Wang, Hong-zen and Chang, Shu-ming, 「The commodification of International Marriages: Cross-border Marriage business in Taiwan and Vietnam」, International Migration, Vol.40, Oxford:Blackwell Publishers, 2002

Wisensale, Steven, 「Marriage and Family Law in a Changing Vietnam」, Journal of Family Isues, 1999